유대인의 자녀 양육법

How to Raise a Jewish Child: A Practical Handbook for Family Life
By Anita Diamant, Karen Kushner ⓒ 2008

Schocken Books

1745 Broadway
New York, NY 10019

Publication Date: August 26, 2008
Previously published under the title: *How to Be a Jewish Parent.*

Translated and used by the permission of the author and arrangement
with the original publisher, Schocken Books, Broadway, New York, USA.
All rights reserved.

Copyright ⓒ 2018 by Dong Yeon

가족 생활을 위한 실용적 안내서
유대인의 자녀 양육법

2018년 7월 23일 인쇄
2018년 7월 30일 발행

지은이 | 에니타 다이아먼트, 카렌 쿠슈너
옮긴이 | 옥장흠
펴낸이 | 김영호
펴낸곳 | 도서출판 동연
등   록 | 제1-1383호(1992년 6월 12일)
주   소 | 서울시 마포구 월드컵로 163-3
전   화 | (02) 335-2630
팩   스 | (02) 335-2640
이메일 | yh4321@gmail.com

Copyright ⓒ 도서출판 동연, 2018

ISBN 978-89-6447-412-9 03300

"이 도서는 한신대학교의 연구비를 지원받아 출판되었습니다."

가족 생활을 위한 실용적 안내서

유대인의
자녀 양육법

에니타 다이아먼트, 카렌 쿠슈너 **함께 씀** | 옥장흠 **옮김**

동연

1장 _ 가치와 목표

01 예루살렘 성전의 황금돔

02 예루살렘 서쪽에서 찍은 성전

03 올리브산에서 본 예루살렘 성전

04 통곡의 벽에서 기도

05 통곡의 벽

1장 _ 가치와 목표

01 히브리대학 회당 외관

02 히브리대학 회당 안내

03 히브리대학 회당 기도시간표

04 히브리대학 회당 오후 기도

05 히브리대학 회당 오후 기도

2장 _ 유대인의 공간 만들기

01 결혼식장

02 신랑과 신부

03 결혼식에서 포도주 잔을 깨뜨림

04 바벨론 탈무드 사진

05 바벨론 탈무드 바바콤마 사진

01 빈민구제를 위한 상자

02 빈민구제를 위한 구호 물건

03 메주자 1

04 메주자 2

05 테풀린

06 정결음식 인증서

3장 _ 공동체 만들기

01 유대교 회당 1

02 유대교 회당 2

03~07 회당 내부

01 정통 유대인 마을 1
02 정통 유대인 마을 2
03 정통 유대인 옷

4장 _ 유대인의 시간 정의

01 할라빵

02~03 금요일 오후 5시 벳예후다

04~05 금요일 오후 5시 프렌치 힐

01~03   안식일 정통 유대인 마을

04   안식일의 예루살렘

05~07   로쉬 하샤나

4장 _ 유대인의 시간 정의

01 대속죄일 닭 1

02 대속죄일 닭 2

03 초막절 1

04 초막절 2

05 초막절의 네가지 식물

06 초막절 기도 1

07 초막절 기도 2

4장 _ 유대인의 시간 정의

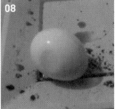

01 유월절 준비 1

02 유월절 준비 2

03 유월절 상징

04 유월절 상징의 음식

05 유월절 식탁 1

06 유월절 식탁 2

07 유월절 마쟈

08 유월절 음식–달걀

5장 _ 갈등

01 강의실
02 유대인 모녀

6장 _ 출생부터 4세까지: 유대인 정체성 형성기

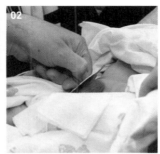

01 할례 1

02 할례 2

03~05 유치원 졸업식

06 정결탕

07 우설초 1

08 우설초 2

7장 _ 5세에서 10세까지 : 가치관 가르치기, 좋은 사람에 도달하기

01   초등학교 운동회 1

02   초등학교 운동회 2

03~06   초등학교 야유회

01~09　초등학교 학예발표회

7장 _ 5세에서 10세까지 : 가치관 가르치기, 좋은 사람에 도달하기

01~03 초등학교 교실

04~07 초등학교 체육시간

8장 _ 11세에서 14세까지: 어울리거나 가까운 나이

01~08   성인식

8장 _ 11세에서 14세까지: 어울리거나 가까운 나이

01~05 맛사다

9장 _ 15세에서 18세까지: 유대인을 선택함을 배우기

01 휴게실에 모여 있는 청소년들

02 쉬는 시간

03 강의실의 청소년들

04 점심시간

05 토요일 사밧이 끝나고 노는 모습

06 유대인 모녀

9장 _ 15세에서 18세까지: 유대인을 선택함을 배우기

01~06 예쉬바 도서관

12장 _ 죽음에 관해 아이들에게 말하기

01 무덤 사진

차 례

제1부
선생님 역할로서의 부모 · 51

제2부

연령과 단계 · 291

제3부

현대 생활 · 409

계속해서 우리에게 중요한 것을 가르치는
우리의 아이들을 위해

Emilia Ball Diamant
Noa Rachael Kushner
Zachary Kushner
Lev Yakov Kushner

머 리 말

이 책은 생활이 주는 가장 큰 모험에 대하여 그 해결 전략 및 방편이 되는 도구에 관한 책이다. 그러나 그 이상으로, '유대인 자녀를 양육하는 방법'은 유대인의 삶을 기념하는 것이다.

유대 민족의 종말에 대한 극단적 통계는 가끔 비밀스런 암호인 '연속성'이라는 단어 아래에서 논의 되고 있지만, 유대인 육아에 대한 열띤 토론을 하게 하는 경향이 있다. 그 토론은 멸종 위기에 놓인 삶의 방식, 타문화와의 동화와 타종교 간의 결혼에 대비한 울타리를 유지하기 위한 최후의 노력처럼 보인다.

우리에게 있어 유대인 자녀 양육은 자녀가 유대교를 버리지 못하도록 벽을 쌓는 것이 아니다. 그 양육은 풍부하고 다양하며 생명을 주는, 전통 안에서 건강하고 즐거운 인간을 양육하는 것이다. 유대인 자녀 양육은 자녀가 가장 현명하고 강하고 행복하게 될 수 있도록 자녀를 도와줄 선물을 제공하는 것이다.

이 책의 각 장에서, 당신은 자녀들의 짧은 어린 시절 양육 기간 동안 당신에게 위임한 삶에 대한 소망, 꿈, 희망, 기도 등에 도움이 되는 수단을 제공 받을 것이다. 자녀들의 이 기간은 수없이 많은 기적이 나타나는 시기이다. 생후 첫 번째 방긋 미소를 짓는 순간, 아이의 첫 번째 이가 솟아나는 순간, 첫 번째 걸음마를 하는 순간, 첫 번째 책을 읽어 내는 순간, 첫 번째로 데이트를 하는 순간, 그 모든 순간들을 즐겨보라.

애니타 다이아먼트 & 카렌 쿠슈너

감 사 의 말

육아에 관한 어떤 책도 그 모든 것이 부모님의 덕택이다. 특히 우리 자신의 아버지 어머니들의 덕분이다. 왜냐하면 그분들은 우리를 위해 할 수 있는 모든 것을 하신 분들이기 때문이다.

이 책은 또한 육아와 생활에서 우리의 동료들에게 엄청난 빚을 지고 있다. 짐 볼(Jim Ball)과 라리 쿠쉬너(Larry Kushner)의 도움이 크다. 그들의 지혜, 유머, 사랑 그리고 기술적 지원은 놀라운 일이다.

모든 부모님, 선생님, 유대교의 랍비, 성가대 지휘자들, 친구들에게 또 그들의 시간과 경험에 감사드린다.

우리는 특히 너그러운 많은 분들에게 빚을 지고 있다. 그분들은 우리가 일하거나 놀거나 잠을 자고 있었을 시간에도 초안의 각 장을 읽고 주석을 달아 주셨던 분들이다.

스티븐 처빈(Steven Chervin), 바바라 데이비스(Barbara Davis), 유대교의 랍비 토쉬아 엘킨(Toshua Elkin), 메들리 펠드(Merle Feld), 셀리아 골드버그(Sheila Goldberg), 베카 혼스타이(Becca Hornstein), 카로린 켈러(Carolyn Keller), 샘 쿠닌 박사(Dr. Sam Kunin), 유대교의 랍비 다니엘 레흐만(Daniel Lehmann), 성가대 지휘자 리키 리피츠(Riki Lippitz), 유대교의 랍비 다니엘 모골리(Daniel J. Margolis), 빌리 맨코우(Billy Mencow), 에드워드 마이어스(Edward Myers), 유대교의 랍비 심카 펄(Simcha Pearl), 아서 사무엘손(Arthur Samuelson), 아미 세일즈(Army Sales), 유대교의 랍비 존 세크너(John Schechter), 사라 루비노

시몬(Sara Rubinow Simon), 유대교의 랍비 리자 스턴(Lisa Stern), 샐리 랜돌프(Sallie Randolph), 제니퍼 투비(Jennifer Turvey), 시랜 빅터(Serene Victor), 유대교의 랍비 데이비드 울프만(David Wolfman), 로렐 자케슬러(Lorel Zar-Kessler), 아놀드 자케슬러(Arnold Zar-Kessler).

특히 유대교의 랍비 바바라 펜츠너(Barbara Penzner)는 에니타(Anita)의 모든 책에 대한 마지막 장에서 공명판(sounding board) 역할과 근원이 되며 손잡이로서 사려 깊은 해설자로 활동해 왔다. 다시 한번 감사드린다(Todah rabah, Barbara!).

유대인 자녀를 양육하고 있는 모든 부모님을 환영하기 위해 업데이트되고 개명된 이 신판에서, 우리는 파울라 브로디(Paula Brody) 박사, 유대교의 랍비 미첼레 로빈손(Michelle Robinson) 및 헬렌 투취만(Helene Tuchman)의 지원에 감사하고 싶다. 또한 소큰 북스(Schocken Books)출판사의 알티 카퍼(Altie Karper)와 제니스 골드클랑(Janice Goldklang)의 지원에 감사의 말을 전한다.

에니타 다이아먼트와 카렌 쿠슈너
(Anita Diamant and Karen Kushner)

추 천 의 글

　교육열은 높지만 사람다운 사람으로 성숙하도록 돕는 교육은 찾아
보기 힘든 현실에 처한 우리에게 소개되는 『유대인의 자녀 양육법』은
신선한 충격을 준다. 유대인들은 세계 도처에 존재하지만 특이한 사고
방식과 생활 형태 때문에 쉽게 눈에 띄게 된다. 바로 특수한 존재 방식
때문에 그들은 언제나 낯선 자들로 간주되었고, 심지어 박해를 받아야
했다. 그래도 여전히 그들은 유대인으로서 정체성을 지키기 위하여 노
력하고 있다. 그들이 특이한 이유는, 그들에게 정체성을 부여하는 토대
가 되는 유대교 자체가 일반 종교와 명확히 구분되는 특성을 지니고 있
기 때문이다. 일반 종교는 주로 죽음 이후에 기대되는 내세에 대하여
말하지만, 유대교는 "지금 여기에서" 살아가는 현실 세계의 인간들에
관심을 집중하고 있다. 하나님을 만나는 곳도 '사회적 삶의 한가운데에
서'이며, '구원'받은 삶을 살아야 하는 곳도 바로 '현실 세계 안에서'이다.
살아있는 동안에 인간은 하나님과 동행하면서 하루하루를 잔칫날처럼
살아야 한다. 유대인들은 현실적인 삶에 집중하므로, 모든 인간의 평화
공존, 즉 '샬롬'을 이루는 것을 주요 관심사로 삼는다. 그러므로 '샬롬'은
그들의 인사말이 되었다. '샬롬'은 사랑과 정의로 이루어지는 포괄적이
며 적극적인 평화를 의미한다. 그들이 지켜야 하는 십계명을 비롯한 율
법들은 본래 사랑과 정의에 바탕을 둔 평화로운 공동체를 형성하도록
안내하고 촉구하는 행동지침으로 제공된 것이다. 그들은 숱한 고난 속
에서도 현실 세계로부터 도피하려 하지 않았다. 그들은 율법에 따라서,
현실세계 안에서 평화롭게 공존하는 공동체를 형성하려 노력하였다.

『유대인의 자녀 양육법』도 바로 이러한 유대인들의 노력을 보여주고 있다. 저자들이 제시하는 자녀 양육법은 유대교인으로 길들이려는 것이 아니라 "전통 안에서 건강하고 즐거운 인간을 양육하게" 하려는 것이다. 자녀 양육은 "자녀가 가장 현명하고 강하고 행복하게 될 수 있도록 자녀를 도와줄 선물을 제공하는 것"이기 때문이다. 유대교는 모험들로 가득한 삶의 여행길에서 가장 현명하고, 가장 강하고, 가장 행복한 삶을 살아가도록 돕는 하나의 '통로'로 이해되고 있다. 여기에서 우리는 가정과 국가에서 시행하는, 혹은 종교집단에서 시도하는 모든 '길들이기' 교육에 대한 문제제기에 직면하게 된다. 부모가 원하는 아이, 국가가 요구하는 인재, 종교집단에 충실한 신앙인을 양성하는 것이 교육의 목표가 되어서는 안 된다는 것이다. 그 제도들은 단지 자녀가 지혜롭고 행복한 삶을 살도록 돕는 '통로'가 되어야 하기 때문이다.

자녀 양육의 과제는 다름 아니라 부모에게 주어진 사명이다. 그러므로 이 책은 부모가 말로만이 아니라 삶의 실천을 통하여 자녀들에게 '교사'의 역할을 하도록 촉구하고, 구체적인 사례들을 제시하면서 교사로서 살아가야 하는 부모의 길을 안내하고 있다. 여기에서 우리는, 교육기관에 자녀들을 맡겨버림으로써 교육적 사명을 회피하려는 모든 부모들에 대한 강력한 이의제기와 마주치게 된다. 우리가 이러한 저자들의 주장에 대하여 당혹감을 느끼게 된다면, 그것만으로도 이 책을 읽은 보람이 있을 것이다.

저자들이 알려주는 자녀 양육법의 기본은 의외로 단순하다. 단지 자녀들과 같이 있으면서 인간이 되는 법을 가르쳐주라는 것이다. 물론 이 단순한 요구는 부모에게 더 큰 부담을 촉구한다. 부모는 자녀들에게 유대인답게 '모범'을 보임으로써 유대교의 가치를 실현하는, 인간다운 '삶의 모델'이 되라는 것이다. 바로 이러한 부담을 짊어질 때에만, 부모는 자녀를 바르게 양육할 수 있으며, 동시에 부모도 스스로가 인간다움을 실현하는 성숙에 이를 수 있다. 그러므로 자녀 교육은 부모에게 의무와 사명이면서 동시에 스스로가 행복한 삶을 살아가는 계기가 된다. 저자들은, 기쁨이 자녀 양육의 핵심이며, 과정이며, 보상이라는 사실을 강조한다. 탈무드는, "모든 아이들이 있음으로 세상이 새로이 시작된다"라고 가르친다. 다음 세대를 키우는 것은 새로운 세상을 만들어가는 하나님의 사역에 참여하는 것이므로, 신비한 즐거움을 경험할 수 있는 가장 중요한 방법이다.

이 책은 유대인 부모들이 자녀를 바르고 즐겁게 키우는 길을 모색하는 실용적인 안내서이다. 우리는 유대인이 아니지만, 이 책을 통하여 스스로의 자녀 교육 방식을 점검하고 새롭게 방향을 설정할 수 있는 지혜를 얻을 수 있을 것이다. 더 나아가, 우리는 '자녀 교육'만이 아니라, 일반 교육이나 종교교육의 실천 방식에 대해서도 재점검하고 개선할 수 있는 기회를 얻게 될 것이다. 특히 자녀들에게 공동체를 형성하는 능력을 부여하려는 교육적 노력, 갈등을 평화롭게 극복하도록 도우려는 지혜, 죽음을 현실적인 삶의 한계로 받아들이도록 도우려는 시도는 우리가 간과하고 있는 교육적 과제들이기에 더욱 소중한 가르침들이다.

이 책은 번역자의 수고로 읽기 쉽게 번역되었다. 이 땅의 모든 사람들이 바른 인간 교육을 통하여 건강하고 행복한 삶을 누리게 되기를 소망하면서, 기쁜 마음으로 이 책을 추천한다.

윤응진 박사

(철학박사, 한신대학교 명예교수, 전 한신대학교 총장)

옮긴이의 글

　21세기 포스트모더니즘 시대에 들어왔지만, 여전히 우리 교육은 많은 혼란을 거듭하고 있다. 이 문제를 해결하기에는 매우 어려운 문제이지만, 역자는 이 문제를 일반 교육과 기독교교육의 두 가지 관점에서 해결 방안을 살펴보고자 한다. 먼저 일반 교육의 측면에서는 교육 본연의 문제인 교육의 본질의 측면에서 접근함으로 해결의 실마리를 찾을 수 있다고 생각한다. 우리 교육의 역사를 살펴보면, 삼국시대, 고려시대, 조선시대까지의 교육 목적은 교육의 본질을 인간성을 함양하는 데에 두기보다는 국가에 필요한 인재만을 양성하는데 초점을 맞추어 교육을 수행해 왔다. 이러한 관점에서 교육의 목적은 국가의 인재상에 어울리는 인간을 형성하는 교육을 해 왔다고 할 수 있다. 그러므로 이러한 교육에서는 21세기에 필요로 하는 창의적인 인간을 길러내기는 매우 어렵다고 할 수 있다. 그러므로 현재 우리에게 필요한 교육의 본질은 지성, 덕성, 영성, 체력 등을 조화롭게 갖춘 통전적인 인간을 양성하는 교육이 필요하다. 다음으로, 기독교교육의 측면에서도 역시 어려움이 반복되고 있다. 2017년 종교개혁 500주년을 맞이하여 학계, 종교계 등에서 마르틴 루터의 종교개혁의 정신을 살리자는 행사들을 다양하게 치루었다. 그러나 어떤 문제 하나라도 제대로 해결하지 못하였다고 할 수 있다. 그 대표적인 예로, 교회 세습 문제, 성직자에 의한 성폭행 및 성추행 등 다양한 문제들이 산재해 있다. 이러한 문제를 해결하기 위한 대안으로 역자는 유대교 교육을 제시하고자 한다. 유대인들은 2,500여 년 동안 소수민족으로 '떠돌아 다니면서'(diaspora), 수많은 고난의 역사 속에서도 선택받은 하나님의 백성으로서 자신들의 고유한 신앙의 정체성과 민족의 정체성을 잘 보존한 민족이기 때문이다. 특히, 역자가 이 책에 관심을 가지게 된 이유는 유대교에 관한 문헌들을 찾기 위해서 2010년 1월, 이스라엘의 히브리대학교에서 유대교에 대한 자료와 문헌을 찾는 중에 에니타 다이아먼트와 카렌 쿠슈너(Anita Diamant and Karen Kushner)가 쓴 *HOW TO RAISE A JEWISH CHILD*(유대인의 자녀 양육법: 가족 생활을 위한 실용적 안내서)를 발견하게 되었다. 이 책의 1부에서는 선생님의 역할과 부모, 2부에서는 연령과 발달단계에 따른 자녀 양육 방법을 그리고 3부에서는 현대의 가정생활을 다루었다. 좀 더 구체적으로 설명하면, 1부에서는 유대인의 가치와 목표, 유대인들의 생활공간, 유대인 공동체, 유대인들에게 주어진 시간 공간에 대해 그리고 유대인들에게 나타나는 갈등 문제들을 다루었다. 2부에서는 출생에서 4세까지: 유대인 자아의 기초 형성기, 5세에서 10세까지: 가치를 가르치기, 참된 인간에 다다르는 시기, 11세에서 14세까지: 적응기, 성인에 다다르는 시기, 15세에서 18세까지: 유대교를 선택하는 사항들을 배우는 것으로 구성되어 있으며, 3부에서는 특별한 요구가 있는 장애인 가정, 자녀를 입양한 가정 그리고 죽음에 대해 설명하였다. 마지막으로 부록에서는 유언장 쓰는 방법에 대해 기술하였다.

이 책은 유대교와 관련된 용어들, 특히, 히브리어가 자주 등장하고 있다. 역자는 독자들의 이해를 돕기 위해, 사진 자료를 추가하였다. 역자가 직접 찍은 사진과 성지 순례를 다녀오신 교수님, 이스라엘에서 대학원 과정이나 혹은 선교를 위해 예루살렘이나 요르단에서 거주하고 있는 목사님이나, 전도사님을 통해 구할 수 있는 사진 자료를 최대한 제시하고, 사진에 대한 설명을 통해서 독자들의 이해를 돕고자 하였다.

또한 이 책을 번역하는 과정에서 혹시 잘못된 부분이 있을 수도 있다. 이점은 계속 수정 보완할 것을 약속드리며, 독자 여러분의 넓은 아량으로 용서를 구한다.

이 책을 번역할 수 있도록 학술연구비(한신대학교 교내 학술지원비)를 지원해 준 학교 당국에 감사드리며, 이 책의 추천사를 써주신 한신대학교 전 총장님이신 윤응진 교수님께 이 지면을 빌어 감사드린다. 그리고 역자가 직접 찍은 사진을 제외한, 사진을 제공해 주신 장신대학교 장신근 교수님, 이스라엘 히브리대학의 이강근 박사님, 요르단의 이정훈 목사님, 예루살렘의 서영주 목사님, 이혜원 사모님, 전용석 전도사님, 이스라엘에 1년 동안 히브리대학교의 연수를 다녀온 김경민 전도사님께 감사함을 표한다. 또한 이 책의 출판을 허락해 준 도서출판 동연 김영호 사장님과 직원들에게도 감사의 마음을 전한다.

2018년 5월
한신대학교에서
옥장흠

들어가는 말

꙰

자녀 양육은 전반적으로 인간의 관행이며, 신성한 관행이다. 아이들을 사랑과 배움의 능력을 갖춘 성인으로 양육하는 것은 '하나님과 교류'하게 되는 방법일 뿐 아니라 또한 많은 사람들이 하나님을 발견하고 인생에서 매우 신성한 것과 연결하게 해 주는 방법이다.

유대교는 다음의 내용들로 가득한 삶의 여행길에서 하나의 통로이다. 종교적, 문화적, 영성적 전략과 도구, 당신이 유대교를 즐기고 그 유대교에 뛰어나게 되도록 도와줄 수 있는 여러 가치와 축하해야할 것들 그리고 삶이 가져다줄 수밖에 없는 가장 큰 모험들로 가득한 길에 유대교는 한 통로인 것이다. 이러한 통로에 당신 자녀들의 발을 딛게 하는 데 있어 핵심은 아이들이 가장 현명하고, 가장 강하고, 가장 행복한 사람이 되도록 도울 아름다운 출생 권리를 제공해 준다는 것이다.

유대 전통의 지혜와 유대 공동체의 활력은 접근 가능하고, 이용 가능하다. 그리고 거기에는 당신이 가지고 있는 이전의 어떠한 경험도 필요하지 않다.

모든 부모들은 아마추어다. 아무리 많은 육아용 책을 읽고, 양육 수업을 받는다 하더라도, 엄마 아빠가 되는 그 즐거움과 수고가 우리를 가장 잘 준비하게 하는 것이다. 일단 엄마 아빠가 되더라도, 모든 아기마다 그들에게 가르쳐 줄 새로운 교훈들이 있게 된다. 그래서 둘째, 셋째 혹은 다섯째 애기가 생기면 당신은 그간의 전문지식과 기대 내용들에 있어 혼란이 오게 된다.

같은 이치가 유대인 자녀 양육에도 유효하다. 당신이 히브리 학교를 12년 다녔고 혹은 매주 교회에 다녔더라도, 유대인 아이들 양육은 모든 이에게 초보자이게 한다.

당신의 삶의 배경이 무엇이든, 당신은 행복하고 건강하며 잘 조정된 유대인 자녀를 키울 수는 있지만, 아무리 사랑이나 헌신이 있다 하더라도 당신 자신의 가족 범위 내에서 완전한 양육을 할 수는 없다.

유대인 자녀를 키우는 데 필요한 속담에 나오는 일명 '마을'에서 당신의 핵가족, 대가족은 살고 있는 것이다. 또한 유대교 유치원 직원, 회당에서 일하는 유대교의 랍비와 성가대 지휘자 및 교육자에 더하여 다른 부모, 아이들의 여름학교 상담자들, 이스라엘 여행 안내자들, 사서, 웹 마스터, 책의 저자들이 모두 그곳 '마을'에 살고 있는 것이다.

이 책은 유대인 자녀를 진실 되고 즐겁게 키우는 길을 모색하는 실용적인 안내서이다.

기쁨, 그것이 전부이다. 기쁨은 유대 자녀 양육에 있어 핵심이며, 과정이며, 계획이며, 보상이다.

기쁘게 양육하는 것에 대한 중요성은 유대인의 전통에 뿌리를 두고 있으며, 율법에 언급된 첫 번째 의무, 즉 "번성하고 번식하라"로 시작하는 것에 근거하고 있다. 다음 세대를 키우는 것은 창조 자체가 신비하고 기본적인 즐거움 속에 인간이 참여하는 가장 중요한 방법으로 여겨지기 때문에 히브리 성경에는 자녀가 없는 것을 비극으로 생각한다.

탈무드(Talmud)에는 "모든 아이들이 있음으로 세상이 새로이 시작된다"라고 쓰여 있다. 행복하고 건강한 유대인 자녀를 양육하는 데 어떠한 신비로움은 없다. 심지어 우리가 사는 세계화 되고 컴퓨터로 연결되어 있는 대중문화에서는 더더욱 그러하다. 그 자녀 양육은 매일, 매주, 매년마다 우리의 선택에 달려 있다.

부모는 자녀들을 위해 무수한 결정을 내린다. 자녀가 스웨터를 착용해야 할까? 우리는 아이들 방 벽에 무엇을 매달아야 할까? 이곳이 자녀에게 안전한 동네일까? 어떤 유치원이 자녀를 위해 최선일까?

부모의 모든 선택은 심지어 스웨터 크기 선택하는 것도 어린 자녀들 눈에는 모델이 된다. 모든 부모의 결정은 아이들 인생의 교훈이다. 유대인 자녀를 양육하는 부모에게는 그 모든 작은 선택들도 유대인으로 살아가는 것과 즐거움을 전해주는 것이다.

이 책은 크고 작은 자녀 양육상의 선택을 유대인의 가치와 전통을 표현하고 전달할 기회로 바꾸는 데 도움을 준다.

이 페이지들에서 다음과 같은 간단한 질문에 대한 답을 찾을 수 있다. "내 아기의 히브리어 이름을 어디에서 찾을 수 있을까?", "네 살짜리 아이에게 유월절이 재미있게 느껴지도록 하려면 어떻게 해야 할까?", "안식일에 무엇을 축복할까?", "13세 성인식을 어떻게 의미 있게 할까?"

또한 자녀가 어릴 때 당신이 선택하는 장기적 의미에 대한 다음의 토론을 볼 수 있을 것이다. "유대인 유치원 또는 여름 캠프를 선택하는 것이 중요한 이유", "유대인 학교에 자녀를 보내는 것이 온 가족의 종교의식에 어떤 영향을 미칠 수 있는지" 등.

이 책은 또한 성장하는 아이들에게 연령에 맞는 선택을 제공하기 위한 다음과 같은 지침을 제공한다. "크리스마스에서 속았다는 느낌이 드는 세 살짜리 아이에게 무엇을 말해야 할까?", "감정적으로 변덕스런 13살 자녀와 성인식에 대한 계획을 어떻게 풀어 나갈까", "십대 자녀가 유대교 율법에 적법한 식품을 원한다고 말할 때 무엇을 해야 할까?"

그리고 부디 미리 읽어보라. 오늘은 이해하기 힘들지만, 팔에 있는 아기는 당신이 상상할 수 있는 것보다 빨리 대학에 진학하여 떠나 버리게 될 것이다. 당신의 유대인식 선택이 가족의 미래에 커다란 영향을 줄 수 있다.

이 책에 있는 답변과 정보는 탈무드를 저술한 유대교의 랍비, 아동 심리학자, 유대교 교육자, 경험이 풍부한 엄마와 아빠들을 포함한 다양한 출처에서 온 것이다. 그럼에도 불구하고, 당신이 이 책으로 인해 "해야 할 일"과 "해서는 안 될 일" 같은 것은 거의 없다. 선택은 바로 당신이 하는 것이다. 바로 당신이 당신의 자녀에 대해서는 전문가이다.

어느 두 가정도 같은 방식으로 일을 처리하지 않는다. 우리는 다양한 양념으로 국에 맛을 내고, 집안 벽을 다양한 색으로 칠하고, 다양한 게임을 하고, 다양한 종류의 음악을 듣는다.

마찬가지로 어떤 유대인 두 가정도 자녀에게 종교적 관행, 문화 및 지역 사회의 동일한 결합을 제공하지 않는다. 현대 유대인들은 과거에는 모든 유대인들이 똑같은 '정통 유대인' 방식으로 일했다고 믿는 경향이 있지만 그것은 사실이 아니다. 유대교는 항상 다양한 삶의 여정에서 많은 종류의 띄울 배를 지닐 정도로 충분히 넓고 깊은 다원적인 전통을 지녀왔다.

그럼에도 불구하고, 전체 공개의 목적으로 이 책은 하나의 '의제' (agenda)가 있다. 이 책의 목적은 유대교의 풍요롭고 다양하며 살아있는 전통과 가치에 관한 유용한 정보를 제공함으로써 건강하고 행복한 자녀를 키울 수 있게 도와주는 것이다. 그래서 이 책을 사용하여 당신 자신의 유대교적 선택을 시작하게 될 것이다.

당신은 히브리어를 읽는 방법이나, 혹은 성경을 인용하는 방법이나, 안식일 빵을 굽는 방법을 알 필요는 없다. 당신은 단지 시작하기만 하면 된다.

참된 부모 역할하기에 있어 우리 모두는 초보자들이다. 당신의 개인적 역사와 관계없이, 자녀에게 유대인의 어린 시절을 제공할 수 있다. 하지만 진실은 건강하고 효과적인 유대인 육아를 당신이 '제공하는' 것이 아니라, 자녀와 함께 유대인의 삶을 공유해야 한다는 것이다. 즉, 자녀에게 성인식으로 갑자기 끝나는 피상적인 유대인 교육을 제공하는 것은 충분하지 않다는 뜻이다.

물론 어떠한 보장도 없다. 당신은 풍요롭고 충만한 유대인 생활에 참여할 수 있고, 즐거운 공휴일을 축하하며, 최상의 유대교 교육자들을 찾을 수 있다. 그리고 여전히 아들딸들이 당신을 놀라게 하거나 실망시키는 유대교 선택을 할 수도 있다. 그러나 모두가 알듯이, 의사가 의사의 부모가 되고, 음악적 열정이 가족에 유전되는 것처럼, 유대교에 대해 긍정적이고 자부심을 가진 사람들은 유대교의 공동체 정신과 유대교식 배움과 연관되어 있고, 가장 중요하게는 평생 유대교식 일명 '여정'에서 즐거움을 찾는 가정에서 출발한 사람들이라는 사실이 일반적 경향이다.

이 책은 언제, 어떻게, 어디서 당신의 여정이 시작되는지에 관계없이 당신을 위한 것이다. 이 책은 종교의식과 전통에 풍요로운 가정에서 성장한 사람들을 위한 것이고, 종교적 교육이나 의식이 없이 자란 사람들을 위한 것이며, 자녀에게 여전히 낯설은 정체성을 제공해야 한다는 관점에 중압감을 느끼고 있는 선택적인 유대인을 위한 것이며, 유대인과 결혼하거나 유대관계를 맺고 유대인식으로 자녀 양육을 선택하려는 모든 사람들을 위한 것이다.

이 책은 유아나 걸음마 단계의 아이들을 위해, 양육을 막 시작하는 엄마 아빠들을 위한 것이며, 취학 전이나 학령기 청소년 자녀를 가진 부모를 위한 것이다. 또한 이 책은 손자 손녀들에게 따스한 유대교 기억을 제공하기를 원하는 조부모를 위한 것이며, 손자 손녀들의 유대교식 양육에 대해 이해하기 원하는 다른 종교 및 문화권 할아버지들을 위한 것이며, 점차 다양한 공동체에서 일하는 유대교의 랍비, 성가대 선창자, 교육자들을 위한 것이다.

이 책은 개혁론자, 보수주의자, 재건론자, 유대교의 갱신론자들을 위한 것이며, 아이들을 유대교 유치원 방과 후 프로그램, 전일제 학교에 보내는 부모를 위한 것이며, 조직된 유대계에서 입지를 여전히 모색하고 있는 사람들을 위함이다. 이 책은 유대교 자체를 전적으로 복종하거나 폐기하는 것으로 보는 고정된 일련의 규칙이라기보다는 일련의 펼쳐진 선택임을 경험하고 표현하는 다수의 북미 유대인들과 자유주의적 유대인 공동체를 위한 것이다.

"제1부 선생님 역할로서의 부모"는 유대인 관행에 대한 소개이다. 이 부분은 당신이 모범으로 삼고 가르치고자 하는 유대교에 대해 생각해 볼 기회를 제공한다. 아이들은 부정직과 위선에 정교할 정도로 민감하기 때문에 유대인 생활에 대한 당신 자신의 연결은 진실 되어야 하고, 어른으로서 충실해야 한다. 그것은 단지 "아이들을 위해서" 노력한다는 것을 뛰어넘는 것이다.

"1장 가치와 목표"는 유대인 아기를 위한 의식에서 인용되고 기도에서 요약된 기본적인 유대인의 가치, 목표 및 기대를 설명한다. 즉 "부디 자녀가 성장하여 율법의 삶과 결혼으로, 의로운 행동으로 가도록 이끌어 주소서." 이 부분에서 당신은 이러한 개념들을 당신 자신과 자녀들을 위한 행동과 목표로 삼는 방법을 파악하게 될 것이다.

"2장 유대인의 공간 만들기"는 유대인의 집을 '작은 성역'으로 묘사한다. 모든 사람들이 유년 시대의 집 벽 안에서 위안과 평화의 의미를 배우기 때문에 유대인의 이미지, 냄새, 맛으로 가득 찬 가정은 생각, 행동 및 행복에 대한 유대인 사고방식에 대해 타고난 친근감을 준다. 이 장은 또한 유대인 가정에게 유대교 율법에 적법한 식품을 사용하는 것에 관한 법과 관습을 해석하는 여러 방법을 제시해 준다.

"3장 공동체 만들기"는 중요한 유대교 선생님과 모범을 보이는 분들을 제시함으로써 유대 자녀를 양육하는데 도움이 되는 조직, 기관, 네트워크와 연결하는 방법 설명한다. 또한 이스라엘 땅과 연결되는 것을 포함하는 세계적인 유대인 '마을'의 일부를 소개한다.

"4장 유대인의 시간 정의"는 유대인 생활의 매순간, 주간, 일년주기를 설명하고, 안식일 소개, 가족이 축하하는 공휴일을 지내는 방법 안내와 더불어 그 내용들을 가정에서 활용하는 방법을 설명한다.

"5장 갈등"은 유대인 가정생활에서 나타나는 배우자, 형제-자매, 부모-자식 간의 불가피한 마찰을 정직하게 바라본다.

"제2부 연령과 단계"는 주요 발육상의 문제와 유대인 부모가 직면하는 선택 사항을 포함하여 유아용 침대에 있는 시기에서부터 대학 생활에 이르기까지의 기간을 다룬다.

"제3부 현대의 생활"에는 21세기에 시작된 삶의 축복과 몇 가지 도전 과제들을 생각해 본다. 유대인 공동체에는 항상 특별한 요구를 지닌 장애 아동과 입양아가 포함되어 있지만, 그들에 대한 특별한 관심사는 이제 더 눈에 잘 띄고, 더 잘 보살핌을 받고 있다.

3부의 마지막으로, "12장 죽음에 관해 아이들에게 말하기"에는 이러한 어려운 대화에 대한 몇 가지 제안이 포함되어 있다.

이 책은 아이디어, 전략, 추천 도서 및 웹 사이트로 가득하다. 모든 출처나 아이디어가 모든 사람에게 적용되는 것은 아니다. 당신에게 의미 있고, 가족에게 옳은 것으로 보이는 것을 시도해 보라.

궁극적으로 자녀가 자신의 방식을 찾을 수 있기를 원한다면 당신 자신의 유대인 방식을 발견해야 한다. 육아의 모든 측면에서와 마찬가지로 거짓된 유대인의 헌신은 없다. 당신이 사랑하지 않는 것을 가르칠 수는 없다.

자녀 양육에 있어 매일 매일의 현실은 즐겁기도, 좌절감을 느낄 수도, 탈진될 수도, 변형될 수도 있다. 우리는 최선을 다한다. 우리는 실수한다. 그리고 우리는 다시 시도한다. 우리 모두가 배우고 성장하는 것이다. 우리 부모가 아이들을 가르치는 것보다 아이들이 우리 부모에게 더 많은 것을 가르쳐 주고 있다.

제1부

선생님
역할로서의
부모

부모는 자녀들에게 "난로는 뜨거워", "하늘은 파랗다", "손을 씻을 때 비누를 사용해", "고맙습니다, 라고 말해"와 같이 많은 객관적 사실과 말하는 기술을 가르치는 데 많은 시간을 할애한다.

그러나 이런 종류의 교육은 부모가 가르치는 내용과 방법 중 작은 부분일 뿐이다. 부모는 아이들에게 음식을 넣어 주면서 맛이 있다는 것을 가르치고, 코에 꽃을 대고 "음!", "아!"라고 속삭이면서 냄새가 좋은 것을 가르친다.

부모는 뽀뽀와 포옹, 웃음과 싫은 내색, 질의응답으로 친절, 관대함, 사랑에 대해 정의를 내려준다. 무의식적으로 부모는 아이들에게 예의범절, 문법 및 성 역할과 같은 복잡한 문화적 구성요소들을 가르치고 있는 것이다.

우리 부모들은 단순히 같은 지붕 아래 있으면서 아이들이 깨어나는 아침이나 잠자러 가는 저녁에 같이 있음으로써 이러한 대부분의 것들을 가르치고 있는 것이다.

단지 같이 있으면서 부모는 자식에게 인간이 되는 법을 가르쳐준다. 그래서 의사의 자녀가 의대에 다니거나 음악 애호가의 아들과 딸들이 악기를 차지하고 있는 것은 당연하다. 그 가정에서 의학이나 음악은 어른들이 이야기하고, 공부하고, 연습하고, 사랑하는 것이라는 것을 아이들은 배운다.

아이들은 부모의 전문적인 발걸음을 따라갈 뿐만 아니라 그들의 매너리즘을 모방하고 그들의 취향을 흡수한다. 사춘기 동안 십대 청소년들은 이러한 패턴을 불쾌한 충격으로 알아차리고 비록 무의식적으로 부모의 몸짓과 가치체계들을 닮지만 시끄럽게 부모의 가장 원하는 소망들을 거부하면서 자신들을 재구성하고 있다. 예외가 많지만, 민주당 운동가들은 민주당원, 음악 애호가는 음악회 정기권 소유자 그리고 유대교에 관심 있는 유대인들은 유대교를 받아들이는 바로 그 아이의 부모가 된다.

"유대교에 대한 관심"은 가족의 배경 또는 심지어 수년간의 유대교 교육보다 더 중요하다. 이러한 의미에서 유대교는 갈색 눈이나 주근깨처럼 유전되는 것이 아니라,[1] 무수한 방법으로 교육뿐 아니라 모범을 보임으로써 부모에게서 자녀에게로 전달되는 것이다.

다음의 네 가지 "원칙"은 부모들이 자녀에게 효과적인 유대인 모델이 되는 길을 찾는데 도움이 될 수 있다

(1) 유대인 학습 모델

부모인 당신이 '모든 것'을 다 알 필요는 없다. 사실, 아이가 당신의

---

[1] 유대인의 법에 따르면, 유대인 어머니에게 태어난 사람은 사실 유대인으로 간주된다. 개혁주의와 재건주의 유대인들은 유대인 교육을 받고 유대인으로 양육된 유대인 아버지의 자녀만을 선언했다. 그러나 실제로, 유대인다움은 점점 더 소속의 문제가 되고 있다. 법으로보다는 "선택에 의해 우리 모두 유대인"이라는 것이다. 저자는 여기서 이야기하고 있다. 저자들은 이 책 전체에 걸쳐 성인으로서 유대인을 선택하게 될 아이들의 유대인 정체성의 형성에 관해 이야기할 것이다.

대답 능력을 뛰어 넘는 질문을 할 때마다 '학습은 모든 이를 위한 것'이라는 유대교의 위대한 교훈 중 하나를 가르칠 수 있는 기회가 있는 것뿐이다. 자녀에게 "잘 모르겠는 걸 함께 살펴볼까"라고 말할 때, 당신은 유대인의 학습이라는 것이 평생의 노력임을 자녀에게 보여고 있는 것이며, 삶의 즐거움 즉 미소를 지으며 노력하는 모습을 보인다면 더욱 모범이 되는 것이다. 자녀와 함께 배우면 그 자녀는 자신들이 사랑하는 어른들과 공유된 목적의식을 갖게 되고 그로 인해 자신의 부모처럼 강력한 유대인의 정체성을 갖게 되고 그런 자기 자신에 대해서 만족감을 느끼게 된다.

아이들에게 효과적인 역할 모델이 되기 위해, 당신이 히브리어를 말하거나 닭고기 수프를 요리하거나 CD 플레이어로 '이디시어' 포크 송을 계속 틀어줄 필요는 없다. 단호한 유대인 정체성이 견고한 기초를 제공하지만, 당신이 반드시 유대인일 필요도 없다. 그러나 효과적인 유대인 부모가 되려면 부모 자신이 유대교를 배우는 사람으로 자신의 정체성을 스스로 형성하는 것이 필요하다.

부모는 자동차 좌석이 가장 안전한 곳, 형제간의 중재 방법, 반복해서 대수학 문제 푸는 방법 등 일명 "아이들을 위해서" 배워야 할 것이 많다. 이와 마찬가지로 많은 부모들이 아이들을 위해 유대교를 배우기 시작한다. 그러나 자녀들을 부모들의 전통에 노출시키는 것이 유대교와의 유일한 연결 고리가 된다면, 축제일을 기념하는 것이 단지 아이들 중심이고 어른들을 위한 내용이 없다면, 회당학교에 자녀를 데려가는 것 외에 부모가 회당에 갈 이유가 없다면, 당신의 유일한 유대인의 헌신이 카풀이라면, 당신의 아이들은 아마도 유대교가 단지 아이들만을 위한 것이라는 생각을 하게 될 것이고 '유대교는 아이들의 성장만을 위한 것이구나'라고 알게 될 것이다.

하지만 아들과 딸들은 엄마 아빠가 유대인의 책을 읽고, 유대인 강의를 듣고, 유대인의 의문점들과 열정을 저녁 식탁으로 가져오는 것을 보았을 때, 그 아이들은 '유대인 연구가 어른들도 하는 것이 구나'라는 생각을 갖게 된다. 그리고 그 아이들 또한 그렇게 하기를 원할 것이다.

(2) 유대교를 가르칠 수 있는 순간을 확인하라

소위 교육자가 "가르칠 수 있는 순간"들과 어떤 사실을 지적하고, 기술을 연마하고, 감사를 독려하고, 새로운 단어를 소개하고, 도덕적 딜레마를 탐색해야 하는 많은 기회들이 일상생활에는 가득하다. 부모님은 자동으로 이렇게 하는 경향이 있다. 차를 운전하면 "저 표지판을 보이니? 합류지점 표시야, 그 말이 무슨 뜻인지 아니?"라고 당신은 말한다. 공원을 산책하다가 "저 소리 들리니? 종달새 노래야"라고 걸음을 멈추고 말을 할 것이다.

단어나 사물이나 가치와 같은 유대인의 매 순간 마주치는 것들을 자녀의 자연스런 호기심과 연결하게 되면 이러한 과정은 단순하게 확장된다. 그 순간들은 축제일, 안식일 및 생활 속 의식행사에 내포되어 있다. 유대교의 전체 의식행사 체계는 그러한 순간들이 모든 유대인 아이들에게 일어나는 것을 확인하는 방법으로 여겨진다. "유대교의 신년축제를 위해 가져온 이 특별한 빵을 봐라", "오늘밤 촛대에 몇 개의 촛불이 있니?"

유월절 기간에 이러한 것이 가장 분명해 진다. 모든 유대인의 의식행사 중에서 가장 사랑 받는 이 축제일은 아이들을 이끌고, 질문을 유발하고, 저녁 내내 가르칠 수 있는 순간을 만들어 내도록 준비되어 있다.

그러나 유대인이 가르칠 수 있는 순간을 '유대인식 시간'에 국한할 필요는 없다. 부모는 히브리 단어 "좋은 아침과 좋은 밤(boker tov and leila tov)", "엄마(Ima) 아빠(Abba)" 등을 일상의 말속에서 소개할 수 있는 것이다. 음식을 사러 가는 시간은 "회당 음식기부행사에 가져가려고 올바른 '기부'로 수프 캔을 고르고 싶구나?"와 같이 올바른 기부(tzedakah)에 대해 가르칠 기회다. 새로운 도시나 나라에서 휴가를 가면서 "이 회당은 우리와 얼마나 다를까?"와같이 여행일정에 유대인의 '명소'를 올려놓아라.

(3) 긍정적인 유대인 추억을 만들어라

대부분의 유대인 성인에게 그들의 가장 행복하고 유익한 유대인의 어린 시절 기억은 가족의 축하연과 연결되며, 식사와 즐거운 시간과 관련이 있거나, 아니면 여름 캠핑이나 청소년 그룹과 연결되어 있다. 자녀에게 이러한 추억을 제공하려면 축제일 식탁에 손님을 초대하거나, 캠핑가기 위한 절약이나, 강력한 청소년 프로그램을 갖춘 회당 선택과 같은 계획이 필요하다.

또 다른 종류의 소중한 기억은 매일 매주의 리듬 속에서 생겨난다. 잠자리에서 유대교 이야기책을 읽어주거나, 금요일마다 할라빵과 작은 케이크를 위해 빵집에 들르거나, 유월절 가족행사를 위해 종이 접기로 개구리를 만드는 순간 속에서 생겨난다.

(4) 성스러운 순간을 위한 방을 만들어라

아이들은 하나님에 대해 호기심이 많다. 아이들은 하나님의 모습, 하나님의 존재, 하나님이 원하시는 것을 묻는다. 대답하는 가장 좋은 방법은 자녀가 하나님이 어떻게 생겼다고 생각하는지, 하나님이 어디에 살고 있다고 생각하는지, 아이가 믿기에 하나님이 무엇을 하시기를 원하는지 등을 자녀에게 묻는 것이다. 아이에게 "틀렸다"라는 말은 삼가 하라. 솔직하게 "하나님의 모습을 아는 사람은 아무도 없어" 또는 "누구나 하나님이 원하는 것을 알아내려고 노력하면서 인생을 보낸단다"라고 말하라.

"G 단어"를 하늘에 있는 수염 난 노인과 불행한 연결을 하지 않는 것이 도움이 될 것이다. 자녀가 하나님에 관해 묻는다면, 부모인 당신의 삶에서 아기의 탄생 또는 입양아와의 첫 마주침, 자녀 얼굴에 이글거리는 안식일 촛불의 빛 등과 같은 "거룩한 순간들"을 자녀와 함께 공유하라. 유대인의 삶은 그러한 거룩한 순간을 위한 많은 틀들을 제공한다. 그 기회들을 이용하고, 축제일의 아름다움과 안식일 식탁에서의 평화를 말하고, 이 거룩한 순간을 인정하고 나름의 이름을 붙여 주라.

어떤 기도든 당신이 기도 할 때마다, 당신은 자녀가 성스러움을 인정하고 표현하는 방식으로 경이롭고 평화로운 순간들을 만들어 나가는 데 도움을 주고 있는 것이다. 자녀가 경외심 나타낼 때마다 자녀들의 세심한 감성에 박수를 보내라.

1장
가치와 목표

유대인 부모들은 음식과 고대 언약인 브리트(*brit*: 약속)로 기쁘게 아이들의 탄생을 축하한다. 브리트는 유대인들이 하나님과의 관계를 생각하는 방식이며, 부모가 가족 친구 및 지역 공동체들이 모인 가운데 "이 아이는 이제 유대인의 일부이다"라고 말할 때 모든 세대에서 갱신되는 일종의 언약이다.

이 언약은 의식절차와 축제행사에서 "봉인"(sealed)된다(제6장에서 설명함). 그러나 이 축제 행사들은 "흥정"(bargain)의 시작일 뿐이다. 거의 모든 브릿 밀랍(brit milab: 할례의 언약)이나 브릿 바트(brit bat: 딸의 언약)에서 부모와 친구들은 언약문의 "미세한 글씨"를 구성하고 있는 다음과 같은 소원과 약속의 기도문을 암송한다.

자녀가 언약 속으로 들어왔으니, 부디 그 자녀가 율법(Torah)과 후파(huppah: 지붕 모양의 덮개 아래에서 올리는 유대인 혼례식)와 마심 토빔(ma'asim tovim: 자선)으로 인도하소서.[1]

---

1 미쉬나 페아(Mishnah Pe'ah) 1장 1절. 아침 기도회에 암송되었다.

이러한 고대 삼중의 소망은 유대인 부모의 꿈과 희망을 표현하는 것이다. 여러 세대들은 이 용어를 다르게 이해하고 해석하지만 근본적인 원칙들은 지적, 정서적, 도덕적, 영적으로 아이들이 잠재력을 완전히 발휘할 수 있기를 바라는 보편적인 소망을 표현하기 때문에 역사를 초월한다.

'토라-율법', '후파', '마심 토빔' 각자의 개념은 각각 은유와 목표이며, 전통적 가치를 내포하고 진정한 표준을 요구한다. 그리고 그 단어들은 명사처럼 보이지만 진정 동사의 명령형 이다.

'토라'는 '배워라'는 의미이며, '후파'는 '사랑하라'를, '마심 토빔'은 '의롭게 살아라'를 의미한다.

이 원칙들은 추상적인 것이 아니며, 각각 '계명'또는 '선한 행위'또는 '유대인의 의무'에 대한 히브리어 단어인 미츠바(Mitzvah)이기 때문이다. 실제로 영어에서는 이 개념의 복잡성을 포착하는 용어는 없다. 미츠바는 동시에 가치와 목표, 개념 및 행동이다. 미츠바는 유대교에 근거해 어떻게 행동하고, 전통에 입각해 어떻게 활동을 하고, 어떻게 열정적으로 삶을 살아갈 것인지 그 세부내용에 관심을 갖게 하는 실천방안이다. 신앙에 대한 문제는 비교적 언급되어져 있지 않은데 그 이유는 아기를 위한 삼중기도에서 하나님을 언급하지 않는 것이 당연한 것으로 여겨지기 때문이다.

물론 많은 유대인들에게 있어서, '계명'은 신성한 사령관을 의미하며, 이는 율법에 계시된 성구인 미츠비시(mitzvah의 복수형)을 지켜 내야함을 의미한다. 하지만 '유대교 전통이 우리를 인도하고 명령한다'라는 것을 느끼고 이해하는 다른 방법이 있다.

엄격한 유대교의 랍비 선생이신 예후다 아리에리브(Yehuda Aryeh-

Lieb of Ger)는 히브리어 미츠바(mitzvah)라는 단어가 '함께'를 의미하는 아람어 단어와 관계있음을 구별하고, 미츠바가 사람을 단결하게 하고 신성과 연관되어 있는 행위로 볼 수 있다고 가르치고 있다.[2]

그러므로 자녀들을 가르치고 모델링하는 것은 역사와 세계 각지의 유대인을 자녀들과 하나로 묶는 방법이 되며, 살롬(shalom: 평화)과 체덱(tzedek: 정의)과 같은 신성한 목적을 가지고 자녀들의 삶을 묶어 주는 방법이 된다.

현대 유대인 페미니스트인 멀 펠드(Merle Feld)는 다른 관점에서 재정의내리고 있다.

> 솔직히 말해 나의 언어는 아니지만, 우리가 쉬도록 '명령을 받은' 것도 아니고 안식일과 그 이외 것을 준수하도록 '명령받은' 느낌을 갖는 다라고도 생각지 않는다.
> 오히려 내게는 좀 더 정확히 '초대 받은'이라는 느낌이 든다.[3]

유대인 부모가 되는 것은 이러한 계율들과의 연결성을 이해해나가는 것을 의미하며, 당신의 자녀들에게 유대인으로서 배우고 사랑하고 선행을 베푸는 방법을 가르치고 보여주는 것을 의미한다.

---

2 스파스 에미즈(S'has, Emes)에 있는 하시디즘 통찰력에 대한 고전 책 제5권 하시디즘 (Hasidism)은 유대인 신비주의의 18세기 부흥을 뜻하였다. 이 연결을 지적한 유대교의 랍비 네히미아 폴랜(Nehemia Polen)께 감사드린다.

3 Merle Feld, *A Spiritual Life-A Jewish Feminist Journey*(Albany: State University of New York Press, 1999), p.10.

1. 율법(Torah)

율법은 복잡한 단어이다. '율법'이라는 단어는 히브리어 성경의 처음 다섯 권의 책을 나타내며, 또한 모세 오경이라고 불렀다.[4]

'율법'은 유대인들이 매년 창세기, 출애굽기, 레위기, 민수기, 신명기 순으로 읽는 손으로 쓰인 두루마리로 된 개괄서이다.

'율법'은 '가르침'을 의미하며 모세의 다섯 권 이상의 책을 가리킬 수 있다. 그것은 유대 평론뿐 아니라 성경 전체에 적용될 수 있고 탈무드(Talmud)에서 시작하여 현대 신학을 포용한다.

마지막으로, 모든 사람은 독특하며 율법 본문과 유대인의 삶에 관한 계속되는 대화에 기여할 무언가를 지니고 있기에 모두가 자신의 일명 '율법'을 소유하고 있다고 말할 수 있다.

기원전 200년에서 서기 500년 사이에 편집된 유대인의 생각의 위대한 집대성인 탈무드는 율법 연구를 모든 인간 노력에 있어서 그 정점에 놓고 있다.

부모를 공경하고, 친절한 행동을 하고, 매일 학습실에 다니며, 이방인을 환영하고, 병자를 방문하고, 신랑신부와 즐거워하며, 아픈 이들을 방문하고, 유가족을 위로하고, 성실하게 기도하며, 분쟁이 있을 때 화평하는 것, 이 내용들은 굉장한 의무이기도 하며 그 보상 또한 굉장하다. 그리고 율법을 연구하는 것은 그들 모두에게 있어 공평하다.

---

4 *Mishnah Pe'ah* 1:1. 또한 아침 기도회에 암송된다. 마지막 줄은 일반적으로 "율법 연구가 그들 모두에게 이르기 때문에"를 의미하는 것으로 해석된다.

율법을 공부하는 것은 인생의 커다란 즐거움 중 하나이지만 전적으로 자신만의 보상은 아니다. 탈무드에서 지적한대로, 그것은 환대를 제공하고, 분쟁이 있는 곳에서 평화를 만들고, 삶의 모든 즐거움(결혼)과 슬픔(장례식)에 참여하는 모든 형태의 의로운 행동으로 이끌기 위한 것이다. 즉 율법공부는 선행에 이르는 길이다.

율법에 기초한 삶은 또한 활기차게 유대성경을 읽고 또 읽는 가운데 다른 사람들과의 지속적인 관계가 맺어지는 것으로 이해될 수 있다. 율법 공부는 율법 자체가 지속적이고 역동적이며 독창적인 창조 과정이므로 암기와 암송을 통해 성취되지 않는다.

그럼에도 불구하고, 유대교 학습 과정은 진정으로 지적인 보상을 만들어낸다. 고전적 율법연구의 본질인 앞뒤의 변증법은 호기심, 부지런함, 지적 정확성을 장려한다. 어려운 질문에 대한 보상과 새로운 아이디어에 대한 경의를 표한다. 우리는 율법을 배우는 학생들이 서로 생각이 다름을, 심지어 교사들과도 정중하지만 강력하게 다름을 표현하는 것을 기대한다.

율법은 내용(통찰력의 빛)뿐 아니라 관계(지역사회의 온기)를 찬양한다. 즉 이는 보다 전통적 언어로는 "율법은 그것에 빠져있는 사람들에게는 생명나무이며, 이를 지지하는 모든 이에게는 행복이 있도다."[5]

---

5 잠언 3:18.

2. '율법' 가르치기

유대인들 사이의 보편적인 읽기 쓰기 능력은 오랜 전통이다. 독서와 글쓰기가 귀족 사회와 그들의 하인들의 특권이었던 시간과 장소에서도 유대인들은 그들의 아들들에게 읽을 것을 가르쳤다. 가장 인기 있는 신랑은 부유한 사람이 아니라 유망한 학자였다. 그리고 비록 읽기 쓰기 능력이 여성에게 덜 중요하다고 여겼지만, 모든 세대의 아버지들은 그들의 딸들이 신성한 히브리어보다는 이디시어와 같이 종종 지방 사투리로 이미 읽는 것을 배웠다는 사실을 알았다.

미국 유대인 공동체는 학업 성취도로 유명하다. 주어진 해(year)에 아이비리그(Ivy League: 미국 북동부의 8개 명문대학들) 학생의 20-40%가 유대인이며,[6] 최근 미국 노벨상 수상자의 약 40%가 유대인이다.[7] 그러나 유대인의 읽고 쓰는 능력은 또 다른 문제이다. 대부분의 미국 유대인은 셰익스피어의 작품에 익숙하지만, 마이모니데스(Maimonides: 유대철학자)의 저작은 훨씬 적은 수의 사람만이 알고 있고 단지 소수만이 히브리어로 읽을 수 있다.

유대인 부모들은 일반 지식과 유대 지식 사이의 불일치에는 덜 관대하기 때문에, 유대인의 개념, 언어, 가치 및 교과서에 대한 확실한 이해를 자녀에게 제공하기 위해 노력하고 있다.

두 명의 유대인이라도 읽고 쓰는 능력에 대한 기본 목록에는 동의에 이르지 못하지만, 유익한 논의를 위해서 유대인의 기본내용에 대한 윤

---

6 Norman F. Cantor, *The Sacred Chain: The History of the Jews*(Harper Collins, 1994), p.400.

7 Charles Silberman, *A Certain People: A'merican Jews and Their Lives Today*(Summit Books, 1985), p.145.

곽을 시도하는 것이 있다. 이 시도는 자녀가 배우기를 원하는 내용을 고려해 볼 때 당신을 올바로 인도해 줄 것이다.

(1) 유대인 어휘

말하는 사람에게 기본적인 유대인의 회원 자격과 숙달감을 주는 영어, 이디시어 및 히브리어 개념들로는 회당(synagogue), 이스라엘(Israel), 유대교의 랍비(rabbi), 성가대 지휘자(cantor), 담대함(chutzpah), 하나님을 경외하는 마음으로 머리를 가리기 위해 유대인들이 쓰는 키파(kippah), 선행(mitzvah), 나르다(schlep), 안녕(shalom), 매일 아침저녁으로 하는 기도에서 읽히는 쉐마(Shema), 안식일(Shabbat), 율법(Torah), 자선(tzedakah) 등이 있다

(2) 유대인의 축제에 대한 친숙함

연간 축하 행사로는 신년(Rosh Hashanah), 속죄일(Yom Kippur), 초막절(Sukkot), 율법감사제(Simchat Torah), 하누카(Hanukkah), 부림절(Purim), 유월절(Passover), 오순절(Shavuot), 식목일(Tu B'Shat), 현충일(Holocaust Remembrance Day), 이스라엘 독립 기념일(Israel Independence Day), 성전파괴일(Tisha B'Av) 등이 있다.

(3) 성경적 인물과 성서 이야기

처음 자녀들에게 들려주는 이야기는 아담과 이브, 노아와 홍수, 아

브라함과 사라, 이삭과 레이첼, 야곱과 레아, 레베카, 요셉과 그의 형제, 모세, 아론, 미리암과 출애굽, 개종한 룻, 선지자 이사야 등에 관한 것이다.

(4) 유명한 유대인

정체성과 자부심을 느끼게 하는 이름들은 바알 셈 토브(Baal Shem Tov), 브리 리아(Bruria), 마틴 부버(Martin Buber), 알버트 아인슈타인(Albert Einstein), 안네 프랑크(Anne Frank), 아브라함 조슈아 헤셸(Abraham Joshua Heschel), 엠마 나사로(Emma Lazarus), 마이모니데스(Maimonides), 골다 메이어(Golda Meir), 라시(Rashi), 이츠하크(Yitzhak), 레아 라빈(Leah Rabin), 조나 살크(Jonas Salk), 헨리타 스졸드(Henrietta Szold) 등이다.

(5) 유대인 지리

예루살렘(Jerusalem), 바빌로니아(Babylonia), 바르셀로나(Barcelona), 바르샤바(Warsaw), 첼렘(Chelm), 자치구 공원(Borough Park), 텔 아비브(Tel Aviv) 등이다.

(6) 유대인의 역사

고대 이스라엘에서 이스라엘 국가에 이르기까지 4천 년의 무용담에는 중세 스페인의 황금시대(the Golden Age in medieval Spain), 유대인 대학살(Holocaust) 그리고 미국의 유대인 이야기(the story of the Jews in America)가 있다.

(7) 현대 유대인 문화

고급에서 초급으로 보면 숄렘 알레이헴(Sholem Aleichem) 이야기,
멜 브룩(Mel Brooks)의 유머, 미키 칸츠(Mickey Katz)의 유대인 대중음
악, 레오나드 베른스타인(Leonard Bernstein)의 교향곡, 조지와 이락
제쉰(George, Ira Gershwin)의 쇼 음악, 폴 사이먼(Paul Simon)의 팝 음
악, 킨티아 오직과 알레그라 굿맨(Cynthia Ozick, Allegra Goodman)의
소설 등이 있다.

(8) 교육용 도구

어린이용 책에서부터 청소년 박람회에 이르기까지 다양하며, 아동
도서는 어린이뿐 아니라 부모를 위한 훌륭한 자료이다. 소수의 콘텐츠가
포함된 책을 공유하는 것은 지칠 줄 모르는 긍정적인 연결을 만드는 친밀
한 방법이다. 회당이나 공공 도서관 사서에게 추천도서를 요청하라. 새
책에 대한 업데이트는 www.jewishlibraries. org 사이트의 "주목할
만한 아동 도서"를 참조하라.

궁극적으로, 유대인의 읽고 쓰는 능력은 일종의 유대인 교육을 필요
로 한다. 유감스럽게도 많은 성인들은 히브리 학교를 유대교와 유대인
의 삶에서 멀어지게 할 수도 있는 비참하고 관련 없는 경험으로 회상한
다. 율법에 대한 사랑을 심어주기 위해 의미와 연결의 원천이 될 수 있

는 유대인 학습에 대한 지속적인 헌신을 함으로써 자녀를 위해 선택한 유대인 교육 기관의 우수성을 알게 될 것이다.

부모는 공립 또는 사립학교와 마찬가지로 히브리 학교 커리큘럼과 교육에도 동일한 기준을 적용해야한다. 부모는 또한 출석, 숙제 끝내기 및 교사 존중 측면에서 동일한 기준을 지켜야한다. 아이들도 유대인 연구가 댄스 레슨, 체조 또는 축구와 같은 '과외 활동'과 동등하지 않다는 것을 알아야 한다.

이 기준을 적용하기 위한 가장 좋은 방법 중 하나는 유대인 학습을 스스로 모델링하는 것이다. 만약 당신이 성인 수업을 받는 경우, "엄마가 히브리어 수업에 갈 수 있도록 보모가 오셨네" 또는 "나는 주일 학교에 다니면서 유대인의 책을 읽는 교회 도서관에 있을 거야" 같이 자녀가 확실히 그 내용에 대해 알게 하라.

그러나 유대인 학습은 교실과 책의 문제가 아니다. 유대인 도서 박람회, 어린이 음악 및 이야기 콘서트, 이스라엘 독립 기념일 퍼레이드, 유대인 공예 박람회, 회당의 부림절 박람회 및 하누카 파티에 가족을 데려가는 것도 유대인의 기본 사항을 전하는 방법이다. 공동체 및 회당을 후원하는 사회 행동 프로젝트에 참여하면 유대인의 가치관이 살아난다. 여름 캠프와 청소년 단체는 자녀들에게 가족뿐 아니라 가족과 별도로 새로운 유대인 동호인과 유대인 공동체에 대한 관심을 갖게 한다.[8]

---

8 For more about the subject, see Anita Diamant, *The New Jewish Wedding*(Simon & Schuster, 1985).

3. 후파(Huppah)

후파(huppah)라는 단어가 아기의 언약식에서 사용될 때, 그것은 일반적으로 '결혼'으로 번역된다. 그 이미지는 '아이가 머리를 들지도 못하네!'라는 약간 어리석다 라는 느낌과 '당신이 그것을 알기도 전에~ 결혼식에~'라는 우울하다는 느낌을 나타내기도 한다. 그러나 후파는 '율법'만큼 복잡한 단어이다. 결혼식 천막을 아름답고 다각적인 상징으로 만들어 인간의 사랑에 말할 수 없는 힘을 가져다주는 "위를 덮거나 그 위에 떠 있는 것"을 의미하는 단어이기도 하다.

가장 기본적인 수준에서, 후파는 침구를 상징한다. 탈무드 시대에는 신랑의 아버지가 안마당에 자주색 텐트를 세우고 부부는 그 안에서 결혼 생활을 했다. 캐노피는 수세기 동안 침실로 사용되지 않았지만 일종의 공개적인 성적 결합을 확인하는 것으로 남아 있다.

유대교는 독신 생활에 눈살을 찌푸리지만 지역 사회의 모든 사람들을 위한 결혼과 부모 역할은 장려한다. 현대의 많은 유대인들은 후파를 게이와 레즈비언 커플 사이의 관계를 포함하여 포괄적인 용어로 읽는다. 후파는 육체적 사랑이 거룩할 수 있다고 선언한다.

또한 후파는 결혼한 부부가 만든 새로운 집을 의미한다. 그것은 가정의 독특한 모델이다. 요새와 같은 것은 아니지만 아브라함의 천막과 같은 4면이 열려 있으므로 항상 하나님이 보낸 사자일 수도 있는 이방인을 환영할 준비가 되어 있다. 실제로, 결혼식 도중에서도, 후파는 신부 및 신랑만이 '거주하는' 것이 아니다. 지역 관습에 따라 유대교의 랍비 한두 명, 성가대 지휘자 한두 명, 부모님과 다른 증인이 거주할 수 있다. 후파는 침실일 뿐만 아니라 거실이기도 하다.

후파는 공동체의 상징이자 개별 가족과 이스라엘의 더 큰 '가족' 사이의 관계이기도 하다. 대부분 후포트(huppot: 후파의 복수형)는 4인의 존경하는 친척이나 친구에 의해 기둥에 올려진 상태로 있다. 부부를 둘러싼 4개 얼굴은 공동체를 대표하는 '집'의 기둥이다. 그들의 존재는 부부 관계가 번창하는 데 필요한 지원과 친교를 맺을 것이라는 것을 확인하고 있다.

후파는 유대인 미래에 대한 상징으로 유대인들이 잉태되고 양육될 첫 번째 성인식에서 "번성하고 번성하라"9라는 어구가 성취되는 곳이다.

유대인의 신비한 전통에서, 후파는 하나님의 임재하심에 대한 표시이다. 성경은 신부와 신랑의 은유를 사용하여 이스라엘 백성과 하나님의 관계를 묘사하고, 유대경전 자하르(Zohar)는 사막에 있는 이스라엘 사람들이 세운 장막을 신부 캐노피(canopy, 침대 위에 지붕처럼 늘어뜨린 덮개)로 비유한다.10 전설에 따르면 신성한 이름이 후파 위에 떠서 그 공간이 영적으로 충만하도록 만든다 라고 한다. 결혼식 전후에 사람들은 후파 밑에서 기도하기 위해 앞으로 나오고 결혼한 부부는 오랫동안 자신들이 후파와 연관되어 있다는 감정을 다시 느끼기 위해 앞으로 나온다고 한다.

어떤 직물이라도 결혼식에서 캐노피 역할을 할 수 있지만, 많은 부부들이 탈리트(tallit)라는 기도용 목도리로 만든 캐노피 밑에서 결혼한다. 행사장 주변과 탈리트 4개 모서리에 있는 츠츠짓(tzitzit)이라는 매듭은 유대 민족 간의 연결, 평화, 정의 그리고 하나님과의 연결을 상기하는 것이다.

---

9 창세기 1:28.
10 *Zahar* 2:16 9a.

마지막으로, 유대인 전통에 있는 이동성과 유연성을 증언하면서 어디에서나 후파를 올릴 수 있다. 후파를 이동해 가지고 다닌다는 것은 또한 인간이 지구상의 어느 곳이든 그곳을 유대인의 공간으로, 거룩한 곳으로, 기쁨을 위한 자리로 변형시킬 수 있음을 보여준다.

4. '후파'에 대해 가르치기

자녀가 '후파로 들어갈' 수 있도록 하는 기도는 그 자녀가 성장하여 다른 사람을 사랑하고 그에게 헌신할 수 있도록 하는 기도이며, 자녀가 유대인으로서 사랑하고 결혼하게 되라는 기도이다.

자녀 양육에 대한 보장은 없으며, 특히 자녀의 애정생활과 같은 신비한 문제에 관해서는 특히 그러하다. 우리는 단지 할 수 있는 최선의 유대인 사례를 제공할 뿐이지만 그 예는 매우 중요하다.

부모들은 서로를 대하는 모든 면에서 '후파'를 가르친다. 아이들은 사랑을 나누는 관계에 대해 배우고 결혼과 헌신에 대한 기대감을 발전시키고 부모님의 행동을 관찰한다. 가장 좋은 교훈은 서로를 위해 시간을 함께하는 애정 어린 파트너의 가르침이다. 또한 결혼 생활을 과소평가하는 농담을 피하고 대중매체 대부분을 차지하는 부정적인 고정관념에 반대하는 목소리를 내는 것에 도움이 된다.

유대인 가정을 환영하는 후파 이미지는 핵가족과 대가족의 경계를 넘어 가족에 대한 느낌을 넓히는 것을 의미한다. 이러한 의미에서, 후파를 가르치는 것은 손님을 환대하는 모델이 된다. 어려운 시기를 겪고 있는 가족과 친구들을 돕고 즐거운 시간에 그들과 함께 축하하며, 손님을 위한 편안한 소파 베드가 있는지 확인하고, 화요일 점심 식탁과 금요일 밤 안식일 식탁에 손님을 초대하는 것을 의미한다.

5. 선행(Ma'asim Tovim)

선행에는 유대인 단체에 돈을 주고, 유대인기구에 자원봉사하고, 의사가 되어 병자를 방문하고, 국제사면위원회에 가입하고, 의회에 출마하며, 자선행사를 조직하고, 슬퍼하는 성도를 위해 요리하는 등 무수한 종류가 있다. 탈무드에는 "그 일을 끝내는 것이 당신의 의무는 아니지만, 또한 자유롭게 그 일을 그만 둘 수도 없다"라고 쓰여 있다.[11]

6. '선행'(Ma'asim Tovim)을 가르치기

이것은 유대인들이 우리가 인생에서 하는 모든 일이 세상을 더 좋은 곳으로 만들 수 있는 것처럼 행동해야 한다는 것을 아이들에게 보여주는 것을 포함한다.

유대교는 인간의 친절이나 관대함이 우여곡절 속에 변화하는 것에 선행을 국한하지 않는다. 유대인들에게 있어 배고픈 사람들에게 먹을 것을 주고, 벗은 이에게 옷을 입히고, 노숙자를 수용하는 것만이 자발적인 자선 행위는 아니다. '자선'이라는 단어는 라틴어 카리타스(caritas)에서 파생되었으며 '기독교 사랑'을 의미한다. 선을 행하는 유대인의 의무에

---

11 *Pirke Avot* 2:21.

기초를 둔 히브리 단어는 '정의'를 뜻하는 체덱(tzedek)이다. 유대인 공동체 전체가 가난한 자와 궁핍한자를 위해 대신하여 조직되어야 하지만, 다른 모든 사람도 그러한 책임을 져야한다.

선행은 3종류의 행동을 포함한다. 즉 체다카(tzedakah), 자멀라잇 하시딤(gemilut hassadim) 그리고 티쿤 올름(tikkun olam)이다.

1) 의로운 기부(tzedakah)

'의로운 기부'라는 뜻의 체다카는 기본적으로 가난한 사람들에게 돈을 기부하는 것을 의미한다. 그것은 가장 중요한 가치이다. 탈무드에서는 체다카는 다른 모든 계명들이 모이는 것만큼 그렇게 중요하다고 한다.[12]

유대교에는 '가치가 없는' 가난한 자의 개념이 없다. 도움이 필요한 사람에게 주는 선행은 모든 인간이 도움을 받을 자격이 있다는 믿음에 근거한다. 그리고 주는 것은 책임일뿐 아니라, 존엄성의 표현인 특권이요 명예로운 사람이라는 멘취(mensch)를 정의하는 것으로 간주된다. 따라서 유대인 법은 가난한 사람들이 자신보다 불행한 사람들에게 줄 것을 요구한다. 비록 그들이 주는 것이 다른 사람의 선행으로부터 온 것이라도.[13]

---

12 Talmud: *Baba Batra* 9a.
13 Danny Siegel, *Gym Shoes and Irises*(The Town Mill Press, 1982), pp.120-124.

2) 친절함과 동정심의 행동(gemilut hassadim)

이것은 미국인들이 맹인에게 읽어주거나, 수프 주방에서 일하는 것과 같은 자원 봉사와 관련된 활동들이다. 돈으로는 고통을 덜어 줄 수 없으므로, 이 활동은 필요에 따라 얼굴을 맞대는 것을 요구한다. 전통적인 양식에는 벗은 사람에게 옷을 제공하고, 아픈 사람을 방문하고, 신음하는 이를 위로하고, 무덤에 고인과 동행하고, 결혼하는 신부에 도움을 주고, 타인에게 친절한 접대를 하는 것 등이 포함된다. 현대인의 정의는 사람들이 일자리를 찾도록 돕고, 사람들에게 독서를 가르치고, 노숙자를 위해 피난처를 제공하고, 동물을 고통에서 구하고, 나무를 심고, 우울한 사람들을 격려하는 것을 포함한다.

3) 세계를 복구한다 (Tikkun olam)

티쿤 올람은 '세계를 복구한다'라는 말로 모든 사람들을 위한 정의, 평화, 자유, 평등을 위해, 자연 세계의 보호를 위해 일하는 종교적 의무이다. 종교 의무와 사회적 의무 사이의 구별은 유대인 생활에서 흐려진다. 성경의 선지자들이 언급한 구속의 개념은 빈곤, 편협함 그리고 모든 형태의 억압을 종식시켜야 함을 요구한다.[14] 이 활동은 세상이 완벽

---

14 이사야 57장 14절-58장 14절 말씀에, 세상 여러 회당에서 모든 대속죄일에 도덕적 의무를 지키라고 반복하여 말하였다.

Behold on the day of your fast you pursue business as usual and oppress your workers. Behold you fast only to quarrel and fight, to deal wicked blows. Such fasting will not make your voice audible on high.

This is my chosen fast: to loosen all the bonds that bind men unfairly, to let the oppressed go free, to break every yoke. Share your bread with the hungry,

하지는 않지만 우리의 도움에 의해 완벽해 질 수 있다는 생각에 근거한다.

7. 의로움을 가르치기

아이들에게 나이에 맞는 자선 기부, 친절함, 세상을 개선하는 경험과 모델을 제공하면, 그 아이들은 자신의 주변문제와 필요성에 대해서뿐만 아니라 상황을 개선하는 것이 자신의 힘 속에도 있다 라는 것을 배우게 된다.

선행을 자녀의 주당 용돈에 포함 시키라. 수표장을 열어 당신이 자선 단체에 기부하는 금액과 지원하는 단체를 자녀에게 보여주라. 학교 봉사활동과 자원봉사 활동을 지원하라. 유대인 자녀의 성인식 커리큘럼에 사회 정의 또는 자선 사업이 있는지 물어보라.

당신이 자원 봉사를 하는 경우, 하는 일과 그 이유를 자녀에게 알리고, 자녀가 또한 자원 봉사에 함께할 수 있는 적절한 기회를 제공하라. 자녀들에게 이 활동을 가르치는 것은 사회학 수업에서 논의된 주제에 대해 의회에 이메일을 보내고, 집회에 참석하고, 지역의 재활용 노력을 지원하며, 그날의 정치적 문제에 대한 유대인의 관점을 적용하여 토론에 참여하도록 권유하는 것을 포함할 수 있다('체다카'에 대한 자세한 내용

---

take the homeless into your home. Clothe the naked when you see him, do not turn away from people in need. ⋯Remove from your midst the yoke of oppression, the finger of scorn, the tongue of malice. ⋯Put yourself out for the hungry and relieve the wretched, then shall your light shine in the darkness, and your gloom shall be as noonday.
Translation from the *Mahzorfar Rosh Hashanah and Yom Kippur*, edited by Rabbi Jules Harlow(The Rabbinical Assembly, 1972).

은 4장을 참조하라.)

권장할 만한 책

아동용 도서

Because Nothing Looks Like God, by Karen Kushner and Lawrence Kushner(Jewish Lights, 2000).

The Bedtime Sh'ma, by Sarah Gershman(EKS, 2007). The CD of the same name is performed hr Rabbi Julie Andelman.

Gods Paintbrush, In Gods Name, and other books by Rabbi Sandy Eisenberg Sasso(jewish Lights).

What Is God? by Etan Boritzer(Firefly, 1990) Part of a series that includes *What Is Right? and What Is Death?*

학부모용 서적

Jewish Literacy by Rabbi Joseph Telushkin(William Morrow, 1991).

Living a Jewish Life by Anita Diamant and Howard Cooper(Harper Collins, 2007).

When Children Ask About God: A Guidefar Parents Who Don't Always Have All the Answers, by Harold S. Kushner(Schocken, 1995).

어린이와 부모가 함께 읽을 책

The Book of Miracles: A Young Persons Guide to Jewish Spirituality, by Lawrence Kushner(Jewish Lights, 1997).

A Coat far the Moon and Other Jewish Tales, selected and retold by Howard Schwartz and Barbara Rush(Jewish Publication Society, 2000).

Does God Have a Big Toe? : Stories About Stories in the Bible, by Marc Gellman(Harper Trophy, 1993).

2장
유대인의 공간 만들기

가정은 마음이 머무는 곳이고, 미각이 형성되는 곳이고, 눈이 처음으로 집중하는 곳이며, 정체성이 만들어 지는 곳이다. 가정은 아이들이 사랑, 존경, 아름다움, 신성함 그리고 공동체에 관한 가장 친밀하고 강력한 교훈을 배우는 곳이다. 대부분의 사람들은 가정을 세계의 다른 피난처인 하나님 나라로 생각한다. 유대인 전통에서 가정은 '작은 성소'(mikdash ma'at)라고 불린다. 그 작은 성소를 유대인 공간으로 한다는 것은 집이 겉모양이 아니라 집안에서 공휴일을 축하하고, 손님을 환영하고, 배우고 가르치며 가족이 행하는 일에 대한 것이다.

그러나 물리적 환경은 단지 부수적이지는 않다. 집을 유대인 공간으로 인식하고 유대인 생활의 아름다운 환경으로 조성하는 방법은 많다. 출입구에는 메주자(mezuzah: 신명기의 몇 절을 기록한 양피지 조각), 벽난로 위에는 촛대와 안식일용 잔, 책꽂이에는 유대교 도서, 부엌에서는 유대인 달력과 정결한 음식을 위한 요리책, 식사하는 방에는 자선용 상자, 거실에는 화가 샤갈(Chagall)의 작품을 준비하는 것처럼 여러 방법이 있다.

당신의 취향이나 관심사가 무엇이든, 당신의 유대인다움이 드러나 도록 하려면, 아이를 위한 암묵적인 교훈은 바로 당신 가족의 정체성과 전통에 대한 자부심이다. 또한 유대교를 아이들에게 가르치는 것은 일 년에 세 번 찬장에서 물건을 꺼내는 것이 아니라 말없이 일상생활에서 아름다운 부분을 끌어내 주는 것이다.

1. 문과 벽

1) 메주자(Mezuzah)

유대인 집 출입구의 작은 상자는 바깥 세상에 "유대인들이 여기에 살고 있다"라는 사실을 표현하는 것이다. 그러나 그 주된 기능은 바로 당신 집안의 가족들에게 '유대인들이 여기 살고 있다'는 것을 상기시키 는 것이다.

각 메주자 안에는, 클라프(klaf)라는 손으로 쓰인 양피지 두루마리 가 있다. 그 안에 쉐마(Shema: 하나님의 유일성에 대한 확언)와 "네가 집 에 앉았을 때, 네가 길을 걸을 때, 네가 누워있을 때와 네가 일어날 때" 와 같이 도처에 하나님을 사랑하는 계명이 새겨져 있다. 그래서 클라프 에는 "집 문틀에 그 말씀을 써 놓게 될 것이다"라는 말이 포함되어 있다.

메주자는 그 공간이 특별하고 거룩한 일이 일어날 수 있는 곳이라는 신호이다. 전통적인 언어로, 유대인 가정에서 일어나는 일의 목표는 샬 롬 바이트(shalom bayit) 즉 집안의 평화이다. 여기서의 평화는 어떤 가 족이든 집안 내에 스트레스가 없거나 문제가 없다는 갈등의 부재를 의미하지 않는다. 샬롬 바이트는 사람들이 서로를 향해 공손하게 행동하고, 자식이 부모에게 뿐만 아니라 부모가 자식에게 그렇게 행동할 때 일어나는 일이다. 그래서 메주자는 집안에 들어올 때 '쓰레기'(garbage)를 집 밖에 두고, 집안을 떠날 때 평화를 가지고 가라는 것을 상기시키는 역할을 한다.

메주자를 매달아 놓는 관행은 성서 시대로 거슬러 올라가고 그 이후로 유대인의 풍경의 일부가 되었다. 그릇은 목재, 세라믹, 유리 등 모든 재질로 만들 수 있으며 유대인 상점 카탈로그에서 다양한 스타일과 가격으로 구입할 수 있다. 노아의 방주에 나오는 동물 또는 장난감 곰으로 꾸며진 아이 방을 위해 특별히 제작된 다채롭고 재미있는 디자인도 있다.

메주자 상자와 두루마리는 일반적으로 별도 판매된다. 두루마리는 히브리어로 세이퍼(safer)라는 숙련된 필경사가 손으로 쓴 것이기 때문에 양피지는 상자보다 더 많은 비용이 들 수 있다.

메즈조트(Mezuzot: 메주자의 복수형)는 새 집으로 이사해서 대개 30일 이내에 메달아 놓지만, 언제든지 아무것도 없는 문 출입구에 치장할 수도 있다. 메주자는 집의 현관문에 매달려 있으며 옷장과 욕실 문을 제외하고는 모든 출입구에 매달 수 있다. 출입구의 위쪽 1/3 위치 오른편에 메달아 놓는다. 메주자는 위쪽은 안쪽 내부를 향하도록 비스듬한 각도로 매달려 있다.

메주자를 걸 때 두 가지 간단한 축복을 한다.

Baruch Ata Adonai Eloheynu Melech Ha-olam asher kidshanu bitsmittan vuitivanu likboa mezuzah(영원하신 분, 생명의 근원이

시여, 이 힘으로 우리가 이 메주자를 붙이는 성체와 함께 삶을 거룩하게 하소서).

Baruch Ata Adonai Eloheynu Melech - 하 올람 쉬 헤야 누 v'yea-manu v'higianu lazman hazeh(영원하신 분, 생명의 근원이시여, 우리에게 생명을 주시고, 성장하도록 도와주시고, 우리가 이 순간에 이르도록 축복하소서).

메주자를 매달아 놓을 때 자녀와 함께하면서 하누캇 하바잇(Hanu-kkat HaBayit: 가정에 헌신)이라는 '집들이 파티'처럼 하나의 행사를 확실히 행하라. 가족들이 축복을 말하고 메주자를 매다는 동안 손님들에게는 문 밖에 모여 있으라고 부탁할 수 있다. 그런 다음, 각각의 손님이 새롭게 헌납된 집에 들어올 때, 손님은 가족에게 "집안은 언제나 웃음으로 채워지고, 동료들이 행복한 행사에 곧 자주 모이고, 다람쥐가 결코 다락방에 둥지를 틀지 않게 하소서" 같은 축복이나 소망을 전달한다.

2) 메주자 안에 쓰인 내용

들어라 이스라엘이여, 하나님은 영원하시고 유일하시다.
너는 마음을 다하고 목숨을 다하고 힘을 다하여 너의 하나님을 사랑해야 한다. 그리고 내가 오늘 너희에게 명하는 이 말씀이 너희 마음속에 있어야 한다. 너는 자녀들에게 부지런히 그 말씀을 가르쳐야하며, 네가 집에 앉아있거나 길을 걷거나 누워있거나 일어날 때 그 말씀을 자녀에게 전해야 한다. 너는 그 말씀을 너의 손에 표식으로 묶어라. 너는 그

말씀을 이마에 붙이는 부적으로 삼아라. 너는 네 집의 문틀과 네 성문
에 그 말씀을 기록해야한다.

시간이 다가 오나니, 오늘 내가 너희에게 명하는 나의 계명에 부지런히
귀 기울이며 너희 하나님을 사랑하고 온 마음을 다하고 영혼을 다하여
나를 섬기면 절기에 땅에 비를 내릴 것이니, 가을과 봄에 비를 내려 풍
부한 곡식과 포도주와 기름을 수확하게 하겠노라. 들판에는 풀밭이 있
고 먹을 풍요로운 음식물이 있을 것이다. 그러나 너는 나 하나님을 멀
리하면서 사치품과 유행의 신들을 섬기도록 유혹 받지 않도록 주의하
라. 왜냐하면 내가 하늘 문을 닫고 비를 막아 땅이 열매를 맺지 못할
것이니 내가 준 좋은 땅에서 너를 곧 멸망케 할 것이다. 그러므로 내
말씀을 네 마음과 영혼에 담아 그것들을 너의 손에 표식으로 묶어 놓
고, 이마에 붙이는 부적으로 삼아라. 자녀들에게 집에 있을 때나 멀리
있을 때나 저녁이나 아침이나 그 말씀을 가르치고 말하라. 너의 집 문
설주와 문에 그 말씀을 기록하라. 그러면 땅 위에 있는 하늘의 날들처
럼, 너의 조상들에게 줄 것을 약속한 그 땅 위에서 너와 너의 자녀들의
날들이 번성케 하리라.[1]

3) 가정을 치장하기

당신의 가정은 당신에 대해 많은 것을 말해 준다. 벽에 있는 예술품,
책꽂이, 종교적 이미지나 의식 용품 등은 당신의 취미뿐만 아니라 당신
의 귀중한 가치를 표현한다. 당신의 가정은 또한 자녀에게 심미적인 기

---

1 신명기 6: 4-9, 11:13-21. Translation from *Vetaher Libeynu(Purify Our Hearts)*, the
   prayer book of Congregation Beth El of the Sudbury River Valley(Sudbury, MA,
   1980), p.35.

준과 시각적인 어휘를 제공한다. 유대인 요소를 가정 장식에 포함시키는 방법은 여러 가지가 있다. 그 방법은 치장품 자체뿐만 아니라 자녀에게 영감을 주기위한 것이다.

히브리 계율의 유대교의 랍비장은 유대인들이 계명을 완수하기 위해 물리적인 물건을 필요로 할 때마다 그 물건이 아름다워야 한다고 주장한다. 따라서 부서진 커피 잔을 사용하여 포도주에 대한 축복을 말할 수는 있지만, 계율을 따르는 즐거움을 향상시키는 훌륭한 중국제 안식일용 컵을 사용하는 것이 좋다.

물론, 한 여성이 예술품이라고 부르는 것은 다른 여성에게는 싸구려 물건일 수 있지만 다행스럽게도 유대인 예술품이나 의식 아이템에 대한 선택의 폭이 결코 커지지 않았다. 즉, 당신이 좋아하지 않는 한 쌍의 촛대나 안식일용 컵을 '정착'(settle)시킬 이유가 없다.

유대인 생활은 보통 안식일의 촛대에서부터 로쉬 하샤나(신년 축제) 인사장에 이르기까지 의식과 계절의 물건을 구입하는 것을 포괄한다. 유대인 생활주기에는 케튜바(결혼 증명서), 출생 발표, 자녀 성인식 사진 등이 포함되어 있다. 그러한 품목을 찬장이나 서랍에 넣어 두지 않고 밖에 표식하면 가족과 친구들이 즐거운 때 다시 방문할 기회를 갖게 되는 것이다.

유대인 의식용 물건도 장식적인 요소이다. 특히 멋있는 하누카(축제용 촛대)는 일 년 내내 벽난로 앞에 있을 수 있다. 어떤 사람들은 양념상자와 같은 좋아하는 의식용 물건을 모으기 시작하고 그것을 전시한다. 그리고 많은 커플들은 그들의 결혼계약서를 액자에 넣어 걸어 놓는다.

개인적으로 유대인의 이미지를 장식하는 창조적인 방법이 많이 있다. 예를 들어, 옛 시골에서 수공으로 만든 빵 덮개 또는 증조모의 여권과 같은 가족 가보를 액자에 넣어 전시할 수 있다. 관심사에 따라 이스라엘의 사진, 히브리어 서예, 유대인 박물관의 포스터, 유대인의 달력, 맥 샤갈(Marc Chagall), 벤 샨(Ben Shahn), 차임 그로스(Chaim Gross), 에이감(Agam)과 같은 잘 알려진 유대인 예술가의 인쇄물이나 포스터를 걸 수 있다.

유대인 공휴일은 아이들이 즐기고 기억할 아름다운 손길로 집을 채울 수 있는 기회를 제공한다. 자녀의 신년 기념작품을 전시하고 다채로운 종이 제품으로 하누카(Hanukkah: 겨울축제) 식탁에 활기를 불어 넣는 것 외에도 신선한 꽃을 사거나 재활용품과 장난감으로 생생한 연회장을 창조하거나, 벽에 예술작품을 재배열하거나, 문 앞에 배너 광고를 걸거나 하는 등이 공휴일을 위한 일이 될 수 있다. 제4장 "유대인의 시간 정의"에는 공휴일 축하에 대한 구체적인 제안들이 들어 있다.

4) 아이들을 위한 유대인 공간 만들기

- 아이의 방에 메주자가 없다면, 그 아이가 방을 선택하거나 하나를 만들어 당신이 그것을 걸 때 가족파티를 열어 축하하라.
- 자녀에게 메주자를 만지고 손가락에 키스하는 전통적인 몸짓을 가르치라.
- 인형의 집에 메주자를 만들어라.
- 히브리어와 영어로 된 자녀의 이름을 자녀 방에 써 놓으라.
- 히브리어 알파벳, 이스라엘, 유대인 절기들에 대한 멋진 포스터로 자녀의 방을 꾸미라.
- 히브리 학교에서 그린 손그림이나 그림을 냉장고에 게시하라.

- 자석용 히브리어 글씨를 냉장고에 부착하라.
- 자녀가 유대인 예술의 멋진 '걸작'을 만들면, 그것을 액자틀에 넣어 눈에 잘 띄는 장소에 걸어 놓아라.
- 각 절기들이 다가올 때, 다가오는 축하에 관한 유대인 서적을 아이 책장에서 겉표지가 보이도록 꺼내 놓아라.

2. 도서

유대인들은 오랫동안 "책의 사람들"(the people of the book)이라고 불려왔다. 사실, 우리는 책의 사람들이다. 미국 유대인들 사이에서 교육적 성취 수준을 감안할 때 대부분의 유대인 주택에는 대학 교과서에서부터 대중 소설, 백과사전 및 사전, 많은 잡지 및 신문에 이르기까지 모든 책장에 이것들을 포함하고 있다.

기대뿐만 아니라 모범을 보임으로써, 유대인 부모는 자녀들의 독서에 대한 진정한 사랑을 권장하는 경향이 있다. 우리가 하는 한 가지 방법은 책을 선물로 주는 것이다. 실제로 대부분의 유대인 아이들은 어린 나이에 자신의 도서를 소유하고 있다. 유아를 위한 히브리어 철자에 관한 책, 취학 전 아이들을 위한 그림책, 다채로운 참고 서적 및 중·고등학생을 위한 소설 및 미스테리물 등은 좋은 유대인 도서이다.

유대인의 읽고 쓰는 능력 육성

- 자녀의 유대인 서적에서 일류의 글과 삽화만을 배치하라.

- 자녀와 함께 유대인 서점에서 쇼핑할 때, 새로운 책에 대한 자녀들의 요청에 '예'라고 말하라.
- 모든 아이에게 자신의 책장을 나누어 주며, 선반 꼭대기에 즐겨찾기와 유대어 제목을 헌정하라.
- 자녀들을 회당의 도서관에서 이야기하는 시간이 있는 곳으로 데려가라. 유대인 이야기하기 콘서트에 데려가라.
- 취침에 책을 읽을 때, 매주 유대교 도서를 포함하라.
- 자녀로 하여금 당신이 유대인 서적을 읽는 것을 보도록 하라.
- 유대인 정기 간행물을 구독하라.
- 유대인 서적을 눈에 띄게 전시하라.
- 자녀의 질문에 답하고 유대인 절기행사를 강화하는데 도움이 되는 참고서가 있는지 확인하라.
- 유대인 요리 책을 구입하여 사용하라.

3. 손님 접대용 방

유대인들에게는 손님을 환대하는 것은 "손님들을 데려 오는 것"이라는 하치나자 오큼(hachnasat orchim)으로 선행이 좋은 매너 이상으로 생각한다. 이 선행은 친구와 친척을 유치하는 좋은 일을 하는 것뿐만 아니라 유대인들이 낯선 사람과 도움이 필요한 사람들에게 자신의 집을 개방한다고 생각한다. 아브라함은 이러한 선행에서 성경적 전형이었다고 한다. 낯선 사람들을 항상 환영한다는 것을 알 수 있도록 자신의 텐트를 양 사방으로 열어 놓았다고 한다. 많은 역사에서 유대인 여행자가 환영받지 못하고 위험에 빠졌을 때, 이 선행은 그 여행자들의 생존에 결정적이었다.

유대인 여행자들은 요즘 자신의 방법을 찾는 경향이 있긴 하지만, 금요일 야간 식사나 유월절 축제를 위해 현지 대학생이나 군인을 초청하는 등의 낯선 사람에게 환대를 제공하는 방법은 여전히 있다. 이 선행은 유대인들에게 국한되지 않는다. 노숙자를 위한 대피소에서 자원 봉사를 하는 것도 이 선행을 표현하는 것이다.

메시아의 전설적 선구자인 선지자 엘리야는 종종 거지로 묘사되어 자신에게 음식과 피난처를 사람들이 제공하는지 안 하는지 그들의 실제적인 도덕성을 시험하는 사람이었다. 유대인의 민속 문학은 숨 쉴 곳을 제공하고 가난한 사람들과 함께 식사를 나누는 것에 대해 풍부한 보상을 받은 사람들에 대한 이야기로 가득하다.

친구와 이웃을 환영하고 식사 및 대화를 위해, 시외 방문객을 위해 침대 또는 접이식 소파를 갖춰놓고 집을 공개하는 부모는 자녀들에게 유대인 생활에서 중요한 교훈을 가르치고 있는 것이다. 아이들은 부모를 보면서 접대의 기술과 즐거움을 배우는 것뿐만 아니라 유대 공동체의 책임감도 흡수한다.

자녀는 지역 사회에서 하나의 일원이 되어 서로 주고받는 역동성을 배움으로써 가정에서 가장 잘 배운 유대인 중 한 사람이 되는 것이다.

4. 주방

주방은 모든 가정의 핵심이다. 어린 시절의 첫 번째 감각적인 경험

과 가장 초기의 기억은 음식맛과 그 냄새이며 이것은 과거의 모습을 일
깨우는 힘으로 설명된다. 유대인들에게 부엌은 '작은 성소' 중의 '신성
한 거룩함'이 깃든 곳이다.

절기들과 안식일 준수에 대한 사랑스런 추억은 부엌과 그 미각에 생
생하게 연결된다. 꿀을 떨어뜨린 사과는 유대인의 새해를 알리는 신호
이다. 신년 축제는 감자 팬케이크와 같은 맛과 연결되어 있고, 유월절
의 또 다른 이름인 무교절은 이스트를 넣지 않은 빵의 축제로 연결된다.
음식 순환은 우리를 자연의 순환과 연결시키는 유대인 절기의 맛을 만
들어 낸다. 고대 달력에 뿌리를 둔 유대인 축제들은 일 년 내내 이국적
인 과일을 우리 식탁에 뿌려주는, 세계 경제에서 거의 없어지는 계절적
수확과 재탄생을 우리와 다시 연결시켜 준다.

그러나 음식은 문화적 인공물 이상이다. 유대인들에게 음식의 준비
와 섭취는 카슈룻(kashrut)이라는 정교한 규약에 의해 규제되는데 이
는 진정으로 인간의 가장 기본적인 욕구를 신성함을 위한 기회로 바꾸
려는 시도이다.

1) 카슈룻(kashrut)에 대한 이해

유대인들이 먹는 것과 유대인들이 음식을 준비하는 방법을 규제하
는 법과 제도의 체계는 성서적 구절을 삶의 방식으로 정교하게 만든 것
이다. 카슈룻은 결코 그 자체로 끝나지 않았으며, 또한 근육병이나 다
른 음식으로 인한 질병으로부터 유대인을 보호하는 건강 규칙으로만
머물지도 않았다. 카슈룻이 부엌과 식탁에 대해 세부적으로 외견상 집
착한 것은 음식에 관한 것이 아니라 우주에서 인류가 머무는 장소에 관

한 것이다.

일부 통역자에 따르면, 하나님의 원래 계획은 인간이 채식주의자가 되는 것이었다. 창세기에 나타난 바와 같이, "땅에 있는 모든 씨 뿌리는 식물과 씨 뿌리는 과일을 가진 모든 나무를 너희에게 주노니, 너희는 먹을 것이니라."[2] 그러나 성경 어디서나 인간의 육식 취향을 인정은 하지만 어떤 생명체(tsa'ar ba'alei chayim)에게도 고통을 가하는 것을 제한하려 노력한다. 유대교의 랍비들은 유대인들이 음식을 위해 동물을 죽일 수 있지만 신성한 제재와 인도적인 방법으로만 죽일 수 있음을 암시하는 정교한 도살제도(sh'chitah)를 성문화했다.

카슈룻은 또한 유대인들을 이웃 사람들과 구분하는 역할을 하는 일종의 담장이었다. 정결하지 않은 식품을 먹는 것에 대해 금지시킴으로써 유대인과 비유대인 사이의 접촉을 제한하고 그들의 동화를 막는 데 도움이 되었다.

가장 중요한 것은 카슈룻이 삶의 일상적인 것 중 하나로 하나님과 연결되어 있는 상태를 유지케 하는 방법이라는 것이다. 음식을 입에 넣고 씹는 것은 생계와 건강을 염려하고 감사하는 것이라는 사실을 의식하게 되며 그것은 영적인 관습이 된다. 가족 식사 시간에 축복을 더함으로 우리는 매일 매일의 힘과 신성함을 인정하게 되고 음식과 사랑에 대한 당연시하는 기적들을 인정하게 되는 것이다.

2) 코셔(Kosher: 유대인의 율법에 따른 정결한 음식)인 것과 아닌 것

카슈룻은 음식을 두 가지 기본 범주인 인간이 섭취하기에 "적합한"

---

2 창세기 1: 29-30.

또는 "적절한" 코셔와, 인간이 먹기에 적합하지 않고 "찢겨져"있거나 "손상된" 트라페(trafe)로 나누고 있다. 식이법의 주요 원천인 율법은 이스라엘 사람들이 먹을 수 있고 먹어서는 안 되는 동물, 새, 물고기 및 곤충을 열거한다.[3] 탈무드 및 그 이후의 법률에 식품 준비를 규제하는 법률이 명시되어 있다.[4]

코셔 식품에는 허브, 잡초, 곡물, 이끼, 균류, 양치류, 꽃, 종자, 뿌리, 견과류, 과일 및 채소 등 지구상에서 자라는 모든 것이 포함된다.

코셔 생선에는 지느러미와 비늘이 있는데 예를 들면, 멸치, 푸른 물고기, 잉어, 넙치, 우럭, 넙치, 고등어, 농어, 연어, 참치, 송어, 방어 등이 있다.

닭고기, 칠면조, 거위, 오리 등 모든 가축의 고기와 되새김질 거리를 씹어 먹고 갈라진 갈래를 지닌 동물인 영양, 코뿔소, 소, 사슴, 염소, 큰사슴, 양, 새끼양 등은 잠재적으로 정결하다. 그러나 더 정결해지기 위해서는 슈쉬타(shochet)라고 불리는 훈련된 유대인 정육점에 의해 슈치타(sh'chitah) 법에 따라 이 동물들과 닭을 도살한 다음, 혈액의 흔적을 없애기 위해 파쇄하고 소금으로 절여야한다.

집에서 기르는 조류의 알은 한 방울의 핏자국도 포함되어 있지 않다면 정결하다.

유제품
맥주, 곡물, 과일 주류를 포함한 모든 주류. "코셔 포도주"는 유대교

---

3 레위기 11장.
4 카슈룻의 법칙은 복잡하고 구체적이다. 유대교의 랍비들의 주요 역사적 기능 중 하나는 정결한 것과 그렇지 않은 것에 대한 판결을 내린 것이다. 이 장에서는 개요만 제공한다.

의 랍비들의 감독하에 만들어진다.5

정결한 음식 중에는 유제품(밀크), 닭고기가 포함 된 고기(flayshig), 모든 요리 및 야채, 생선, 달걀 및 알코올 음료가 포함된 중성(pareve)의 3가지 범주가 있다. 유제품과 고기는 함께 섭취하지 않지만 중성식품은 함께 섭취할 수 있다.

섭취에 적합하지 않은 트라페(trafe) 음식에는 낙타, 당나귀, 돼지, 말 및 설치류와 같은 갈퀴와 쪼개진 발굽이 있는 동물의 고기가 포함된다.

코셔가 아닌 어류에는 지느러미와 비늘이 없으며 게, 가재, 홍합, 새우와 같은 갑각류가 포함된다. 또한 뱀장어, 개구리, 거북이, 문어, 상어, 돌고래, 고래 및 다른 모든 바다 포유류는 금지되어 있다.

독수리, 외가리, 올빼미, 사다새, 백조 및 독수리를 포함하는 야생 조류 및 먹이감용 새는 허용되지 않는다. 정결하지 않은 새의 알은 금지되어 있다.

코셔를 지키는 방법

만약 당신이 정결한 집에서 자라지 않았다면, 카슈룻의 계율을 취하는 것은 엄청나게 보일 수 있다. 그러나 자유주의 유대인은 전통의 정신을 존중할 수 있으며 다양한 방식으로 전통을 배울 수 있다. 다음 전략은 '어려움'의 순서로 나열되어 있다. 사람들은 한 단계가 다음 단계로 이어지는 것을 발견하기도 한다.

---

5 비유대인이 만든 포도주를 마시는 것에 대한 금지는 탈무드로 거슬러 올라간다. 유대교의 랍비들은 우상 숭배에 사용되었을지도 모른다는 이유로 비유대인들이 만든 포도주를 금지했다.

- 성경의 정결자: 율법에 금지된 모든 동물과 물고기를 피하라. 갑각류 또는 돼지고기는 금지.

- 고기와 우유 분리: 스테이크 저녁식사와 함께 롤에 버터는 금지. 닭고기에 크림소스 금지. 햄버거에 치즈 금지. 가정에서 접시와 우유용 냄비와 프라이팬 세트를 사용하고 또 다른 접시는 고기용이다. 고기를 먹은 후에 유제품을 먹을 때까지 기다리라. 관습에 따라 1시간에서 6시간이 걸린다. 전통적으로 유제품을 먹은 후에는 고기를 먹기 위한 대기 기간이 없다.

- 정결한 살코기만: 정육점 주인이 준비하지 않은 고기는 먹지 마라. 식당에서는 물고기 또는 채식 식사만 주문하라.

- 유대교의 랍비 감독: 이 제품은 정결한 제품임을 밝히고 유대교의 랍비들의 감독하에 준비된 상징인 헥셔(hechsher)를 지닌 포장되거나 준비된 음식만 구입하라.[6] 예: Ⓤ, Ⓚ, "k."

- 채식주의자(Vegetarian): 고기를 먹지 말고 모든 육류 아닌 것과 유제품을 조합하라.

- 가정에서나 외출 시: 집에서 코셔를 엄격히 지키는 사람들은 식당이나 다른 사람들의 집에서 채식을 한다. 집에서 정결하지 않은 모든 음식을 피하는 사람들은 식당에서 주 메뉴로 돼지고기를 주문할 것이다. 당신의 관점에 따라 가정과 길에서 카쉬룻의 다양한 수준을 연습하는 것은 위선적이거나, 유대인 공간에서 일어나는 일과 그 외 세상에서 일어나는 일 사이의 단순한 구별이거나 하는 둘 중 하나이다.

---

6 헥셔는 다양한 형태의 다양한 제품에 나타난다. 유대교의 랍비가 음식 준비를 감독했다는 의미는 아니다. 더 자세한 정보는 유대교의 랍비에게 문의하시거나 바아드(vaad)라고 불리는 식사계율을 감독하는 지역위원회에 문의하라.

3) 당신의 정결한 주방

정결한 부엌은 다양한 방법으로 설치된다. 채식주의자 가정, 또는 성서적 카슈룻이 지배적인 채식가정은 단 한 세트의 요리만을 가질 것이다. 정결한 고기를 구입하고 모든 유제품과 고기를 분리하는 가족의 경우 주방에 두 세트의 식기, 수저, 냄비, 프라이팬, 조리기구가 있을 수 있다. 어떤 사람들은 또한 다른 접시 수건, 접시 행주, 스폰지, 주전자, 도마를 사용한다. 유리로 만든 식기는 모든 식사에 사용될 수 있다. 그런 시스템이 갖추어지면 계속 유지하는 것이 어렵지 않다. 대부분의 가정에서 가장 큰 문제는 저장 공간이다.

아무리 당신이 카슈룻을 정의내리거나 실천을 하고 있더라도 어떤 시점에서는 유제품 냄비가 닭고기 스프를 재가열하는데도 사용될 것이다. 또는 레스토랑 샐러드의 중간에 베이컨 조각이 있을 수 있다. 탈무드는 실수가 불가피함을 인정하고 그 실수를 몇몇 형태의 의식정화를 통해 교정할 수 있는 방법을 제공한다. 요점은 재 주문이 아니라 정화이다.[7]

정결한 부엌에서 음식을 저장하는 일이 점차 쉬운 일이 되었는데 건강에 대한 관심이 라드(lard: 정결하지 않은 동물의 지방에서 나오는)를 대부분의 포장된 제품에서 제거했기 때문이며, 헥셔(hechsher: 물품이 정결하다는 것을 나타내는 도장)를 지닌 제품의 총 수가 치솟고 있기 때문이다 . 일반 슈퍼마켓은 대부분의 필수품을 제공할 수 있으며 슈퍼마켓은 유대인 고객에게도 서비스 할 수 있다. 모든 규모의 도시는 적어도 한

---

7 몇몇 사람들은 불쾌한 물건을 뜨거운 물로 간단히 씻거나 식기 세척기를 통과시켜 정당한 장소로 되돌려 놓다. 실수를 바로 잡는 것에 대해 궁금한 점이 있으면 유대교의 랍비에게 물어보라.

개의 정결한 정육점을 지원하고 있고, 더 작은 공동체에 살고 있는 사람들은 우편으로 쇼핑하거나 더 큰 유대인 센터로 통근하여 고기를 사면 된다.

4) 유대인 음식, 코셔 요리

유대인 음식은 베이글(도넛같이 생긴 딱딱한 빵)이나 쿠겔(냄비 구이 요리)보다 훨씬 더 많은 것을 포함한다. 그것은 감자 팬케익과 장미 물, 청어와 팔라펠(튀긴 중동 음식), 치킨 수프와 계란 레몬 수프를 포함한다. 다양한 요리 전통은 유대인 공동체가 빌린 문화의 다양성을 반영한다. 훌륭한 유대인 요리와 정결성에 관한 요리 책이 수십 점 있지만 거의 모든 설명이 담긴 조리법과 요리 책은 정결한 요리사에게 유용할 수 있다. 이탈리아, 중동, 많은 아시아의 채식 요리 책은 훌륭한 자원이지만, 버터 대신 비 유제품 마가린을 사용하거나 쇠고기 또는 치킨 부용으로 야채를 대체하여 모든 제조법을 적용하고 변경할 수 있다. 아프리카계 미국인 가정이나 중국 가정 또는 스웨덴 가정에서 자란 유대인은 어린 시절 좋아하는 대부분의 것들을 코셔의 관용구로 번역할 수 있다는 것을 알게 된다.

5) 나이와 단계별 카슈룻

불행히도, 고정 관념은 코샤를 유지하는 사람은 완고하고 엄격하며 용서를 잘 안한다는 것이 남아있다. 카슈룻 그 자체가 목표가 아니라 유대인 정체성을 부여하고 일상생활에서 거룩함이나 유념하는 마음을 느끼도록 격려하는 방법이라는 것을 기억한다면 유연하며 동시에 정결할 수 있다.

이 개념을 이해하려면 부모는 자신이 먹는 것뿐만 아니라 정결을 유지하는 선택에 대해 이야기하는 방식에서도 일관된 모델이 되어야 한다. 식사 시간에 긍정적인 유대인 추억을 만드는 것이 목표임을 기억하라. '고기' 접시에 버터 토스트를 같이 놓는 아이들의 실수에 대해 절대로 고함치지 마라. 실수가 일어날 것이라는 생각을 받아들이면 아이들은 카슈룻을 유대인 생활의 자연스러운 부분으로 보게 될 것이다.

(1) 유아에서 유치원

자녀가 정결한 가정에서 태어난 경우, 그들은 모국어를 배우는 것처럼 쉽게 시스템과 규칙을 배우게 된다. 카슈룻은 아이들의 음식언어에서 '문법'이 될 것이다.

음식 감각은 선천적이 아니라 후천적으로 획득된다. 치즈버거나 페퍼로니 피자를 먹은 적이 없는 아이는 그 음식을 원하지도 좋아하지도 않을 것이다. 나이가 들면서 자신의 습관을 잘 정립할 것이다.

가능할 때마다 음식을 규제하기보다는 재미의 원천으로 삼으라.

자녀가 굽고 요리하는 것을 돕도록 하라. 음식을 쇼핑할 때 자녀가 정결한 쿠키를 찾아 나서는 탐정이 되게 하고 어떤 종류를 사야하는지 선택하게 하라.

화내지 말고 '실수'를 바로 잡으라. 자녀가 오류를 신속하고 죄책감 없이 시정할 수 있도록 스푼이나 컵에 대한 식사계율을 재설정할 수 있도록 체계를 명확히 밝혀라.

(2) 취학 연령 아동

아이들이 나이가 들고 더 자주 집 밖에서 식사할수록 가족의 식습관과 습관이 아마 유대인 친구들 몇 명을 포함하여 세상의 많은 이들과 다르다는 것을 알게 된다. 취학 연령의 아이들은 왜 맥도날드에서 햄버거를 먹을수 없으며, 왜 집 밖에서 정결하지 않은 고기를 먹는지 물어보고, 왜 패인버그 여사는 핫도그와 함께 우유를 대접하는지 물어라.

자녀가 이해할 수 있는 측면에서 정성을 다해 이유를 설명하라. 예를 들어, "이것은 유대인들이 수천 년 동안 먹었던 방법이며, 우리를 역사에 연결시키는 것과 동시에 우리가 누구인지 다시 생각하게 하는 것"이야, 또는 "카슈룻은 우리가 음식을 먹는 동안에도 하나님과 계속 연결을 유지하는 방법이다."

더 나이든 아이들은 유대인 사이에서 식사규율을 준수하는 데 차이가 있어 충격을 받을 수 있는데 그것은 몇몇 아이들은 치즈버거를 먹고, 다른 아이들은 정결한 음식이 아니기에 집에서 먹지 않는 이유에 대해서이다. 한 가지 가능한 대답은 "우리 가족은 규율을 진지하게 받아들이려고 노력하고 있단다. 우리는 돼지고기나 갑각류를 먹지 않음으로써 계명에 응답한단다. 코엔 가족은 고기와 우유를 위해 별도의 요리를 제공한단다. 나는 파이버그씨가 식사규율에 관해 무엇을 하는지는 확신하지 못하지만 내 생각에 우리 모두가 좋은 유대인이 되려고 노력하는 중이라고 생각해."

자녀가 성장함에 따라 아이들은 레스토랑이나 친구의 집에서 가족의 규칙을 지켜야 할지 여부를 결정해야하는 상황에 불가피하게 처해 있는 스스로를 발견하게 된다. 정결하게 지내라는 자녀들에게 소망을 표현할 수는 있지만 이를 단속하거나 집행할 방법은 없다. 이러한 상황을 통제할 수 있다는 생각을 버리라. 유대인적 선택을 할 때 그 자녀들이 초기 연습단계에 있다는 것을 고려하라.

(3) 청소년

십대들은 음식을 포함한 모든 종류의 일에 대해 가족의 습관과 체계에 도전하는 경향이 있다. 많은 청소년들이 채식주의자가 되기로 결심한다. 어떤 청소년들은 카슈룻의 전체 개념을 거부하고 다른 일부는 부모보다 훨씬 더 준수하는 사람이 되기를 원한다.

먼저 십대 자녀의 의견을 들어보라. 자녀들이 표현하는 생각을 무시하거나 과소평가하지 마라. 당신은 자녀들이 사려 깊은 유대인 결정을 내리기를 원한다. 자녀의 말을 정중하게 경청하고, 사려 깊은 답변을 격려하는 다음의 질문을 하라. "너의 선택이 우리 가족과 얼마나 어울린다고 생각하니? 네 자신이 음식 준비에 기꺼이 참여할 의향이 있니? 너의 생각을 수용하기 위해 우리가 먹는 방식을 바꾸라고 네가 우리에게 요청하는 것이 공정하니?"

6) 유대인과 알코올

유대인 자녀들은 거의 모든 유대인 축하일과 기념일 행사에서 그 일부인 포도주와 함께 자랍니다. 가정과 회당, 안식일, 공휴일 및 생활주기 행사에서 아이들은 음주가 사납게 되거나 폭력적이 되게 하는 것이 아니라 성인과의 공동생활의 일부라고 생각한다.

부모들은 저마다 아이들이 안식일용 컵으로 혹은 안식일 식탁에서 맛을 보도록 허락할지 여부, 그 시기 및 방법에 관해 매우 다른 결정을 한다. 그러나 한 모금 마시도록 허가받은 아이들은 가장 안전한 환경에서 포도주의 효과를 알게 된다. 신성한 순간에 포도주를 사용하면 알코올의 변형적인 힘이 영적 표현과 공동체적 또는 가족 간의 친밀감으로 연결된다. 알코올로 인해 졸린 기분이 들거나 바보 같거나 아플 수 있다는 교훈은 집에서 가장 잘 배운다.

권장할 만한 책

아동용 도서

Fins and Scales: A Kosher Tale, by Deborah Uchill Miller(Kax-Ben, 1991).

A Mezuzah on the Door, by Amy Meltzer(Kax-Ben, 2007)

Tastes of Jewish Tradition: Recipes, Activities & Stories far the Whole Family, edited by Jody Hirsh(Jewish Community Center of Milwaukee, 2001).

학부모용 서적

The Book of Jewish Food, by Claudia Roden(Knopf, 1996).

How to Keep Kosher: A Comprehensive Guide to Understanding Jewish Dietary Laws, by Lise Stern(William Morrow, 2004).

The Jewish Holiday Kitchen, by Joan Nathan(Schocken, 1998).

Kosher for the Clueless but Curious: A Fun, Fact-Filled, and Spiritual Guide to All Things Kosher, by Simon Apisdorf(Leviathan, 2005).

3장
공동체 만들기

공동체는 유대 민족의 핵심 가치 중 하나이다. 개인적인 책임은 유대인 사상의 초석이지만, 급진적인 개인주의는 공동체의 의무를 반드시 구속력이 있는 것으로 간주하는 유대교 내용에 맞선다. 개인적으로나 가족적으로나, 다른 유대인들과 함께 기도하고, 출생을 축하하고, 그들과 함께 죽음을 애도하고, 자원을 모으고, 학교, 회당 및 묘지를 세우며, 어떤 유대인도 배고프지 않도록 하고, 모든 사람들을 위해 평화와 정의를 추구할 필요가 있다. 탈무드는 말한다. "공동체에서 벗어나지 말라."[1]

이런 생각은 자녀가 유대인이 되어 자랑스럽고 행복하게 자라기를 바라는 부모에게 커다란 선물이다. 유대인의 정체성이 전적으로 '자가 생산된' 것일 수는 없기 때문이다. 아무리 헌신적이고 활동적인 부모라도, 유대인 정체성은 가족 밖에서도 배양될 필요가 있다.

유대 공동체 생활은 가족의 모범이나 추억을 대체할 수는 없지만 부모의 가치관과 신념을 보완하고 중요한 방식으로 강화시킨다. 지리적

---

1 Pirke Avot 2:5.

이동성과 소규모 가정이 통치하는 사회에서는 지역 사회와의 연결이 대가족으로서의 기능을 한다. 항상 그러해 왔듯이 공동체가 충고와 지원을 제공하고 어떻게 유대인 생활을 할 것인가에 대한 다양한 모델을 제공한다. 공동체 체험은 아이들이 긍정적인 추억의 창고를 만들고 신성한 순간을 위한 공간을 발견하는 부분이 될 수 있다.

더 큰 유대인 공동체의 일부가 되면 아이들은 모방하고 연구할 전 영역에 걸친 유대 교사들과 모범이 되는 사람들을 제공받는다. 가족 내에서와 마찬가지로 많은 가르침과 학습은 비공식적이고 세대를 아우르는 것이다. 교회나 유대인 공동체 센터에 참가하면 아이들은 운동선수, 예술가, 이스라엘 사람, 할머니 등 다양한 모범적인 사람들을 보게 된다. 그것이 유대인이 되는 방법에 대한 여러 영역을 아이들에게 제공한다. 이 과정은 아이들에게 계속 진행이 되어 그 아이들이 특히 자신보다 나이든 아이들을 지켜보면서 행동하는 방법에 대한 단서를 찾아 나선다.

여러 세대가 모인 공동체에서는 거의 모두가 전문가이자 초보자이다. 걸음마 단계의 아이를 키우는 젊은 부모가 장차 엄마 아빠가 될 예비부모들과 그들 자녀의 유대인 이름을 선택하는 것에 관해 토론할 수 있다. 성인식을 맞이하는 아이를 둔 가정은 막 히브리 학교에 입학한 아이를 둔 가정에게 모범이 되는 역할을 할 수 있다. 부모는 유대인 여름 캠프의 품질에 관한 정보, 어린 자녀를 위해 유월절을 활기차게 하는 방법과 독서 장애를 가진 아이를 위해 히브리어 교사를 찾는 방법 등에 대해 정기적으로 정보를 교환한다.

공동체와의 연결은 또한 유대인 가족의 선택을 강화시키고 새롭게 한다. 유대인의 관습이 당신에게 새롭다면, 공휴일 축하행사는 압도적인 것처럼 보일 수 있다. 학습자 그룹의 일원이 되면 부담이 줄어든다.

그러나 항상 안식일과 공휴일을 기념하더라도, 공동체의 의견과 지원이 활력을 더해 주고 새로운 것들을 시도하도록 자극할 수 있다.

"삶은 사람들과 함께"라고 이디쉬(Yiddish)속담은 말한다. 즉, 당신은 유대인의 삶을 고립된 상태에서 살 수는 없다. 유대인 자녀를 키우기 위해서는 친구, 지인, 유대교의 랍비, 성가대 지휘자, 다른 카풀 운전사, 회당 사무비서, 유대인 공동체 센터 내 수영장 구조요원 등 공동체 내에 많은 사람이 필요하다.

유대인들에게 공동체의 가치는 예배와 생활주기상의 중요한 순간에 나타나는 종교적 관행 속에 묻혀 있다. 유대인 10명이 정족수로 되어있는 민얀(minyan)에서는 카디시(Kaddish: 죽은 자를 위한 기도)를 암송하거나 일곱 가지 결혼 축복을 말해야 한다. 공동체가 신성한 것에 대한 유대인 모델의 일부라는 생각은 아이들이 수업 중에 유대인 생활주기를 공부함으로써뿐 아니라 결혼식과 장례식에 참여함으로써, 공동체의 따뜻함과 기쁨 및 안락함에 대해 참가해 그 기억을 저장함으로써 배우는 것이다

1. 회당에 가입하기

유대인 자녀를 키우고 유대인 가족을 키우는 일은 정말로 전체 공동체를 필요로 한다. 가족에게 적합한 유대인 공동체를 찾는 일은 종종 시간과 노력이 필요하지만 보상은 헤아릴 수 없다.

미국인 가정을 위한 유대 공동체 생활의 중심은 회당이다. 대부분의 유대인들은 그들의 삶의 어떤 시점, 특히 거의 언제나 그들이 부모가

될 때 모임에 가입한다. 아이들이 정식 종교 교육을 받고 궁극적으로 성인식의 일원이 되는 장소를 찾는 것은 소속을 위한 아주 합리적인 동기부여가 되는 것이다. 그러나 유대교 회당 회원 자격이 아이들에게 긍정적인 경험이 되게 하기 위해서는 그 경험이 또한 유대 성인으로서 당신의 목표를 지원해야 한다. 당신이 선택한 회당은 온 가족에게 적합해야 한다.

올바른 회당을 찾는 데는 일정량의 둘러봄이 필요하다. 모든 종파에 속한 각 회당은 독특한 문화나 풍토를 가지고 있으며, 각각 고유한 강점과 약점이 있다. 일부 회당은 사회 활동 프로그램을 전문으로 하며, 일부는 평생 학습에 중점을 두고, 다른 일부 회당은 예배와 영성에 많은 관심을 기울인다. 어떤 회당은 보다 공적인 기풍이 있으며, 다른 회당에는 회원의 참여가 강조된다. 특정 회당에서 일어나는 일을 알아내는 유일한 방법은 방문할 시간을 갖는 것이다.

회당 몇 곳에 전화해서 불러서 회원자격에 대한 자료를 부탁하라. 그러면 당신은 소책자, 회당 소식지 또는 게시판 내용물 등을 받을 것이고, 아마도 유대교의 랍비 또는 회원위원회의 누군가로부터 전화를 받을 수 있다. 일부 회당은 예비회원을 위해 커피 또는 오픈 하우스 제공한다.

읽은 내용과 전화로 질문에 대한 답변을 얻은 방식이 좋다면 자녀가 있든 없든 방문 계획을 세워라. 정기적으로 안식일 예배에 몇 번 참석하라. 자녀를 데려 올 계획이라면 아이 프로그램과 안식일에 음식이나 특정 종류의 장난감에 관한 규칙이 있는지 알아보기 위해 사전에 전화하라. 성스러운 날 기간이나 직전에는 둘러보러 회당에 가지 마라. 왜냐면 모인 사람들이 이례적일 뿐만 아니라, 유대교의 랍비와 회당 직원에게는 엄청나게 바쁜 시기이기 때문이다.

아마도 회당을 선택함에 있어 가장 중요한 고려 사항은 회원들과의 만남일 것이다. 종파나 유대교의 랍비에 근거하여 회당을 엄격히 배제하지는 말고 사람들을 만나서 당신이 공통 관심사와 가치를 그들과 공유하는지 확인하라.

2. 이름에 무엇이 있나?

Temple Beth Am. Beth Am Synagogue. Congregation Beth Am. Beth Am Hebrew Center.

'회당'(synagogue)이라는 단어는 베이트 넥스트(beit k'nesset)에 대한 헬라어 번역인 "집회의 집"에서 온 것이다. 18세기까지 유대인들은 예루살렘에 있는 고대 성전을 언급할 때 '성전'을 사용했다. 예루살렘은 신성한 명령에 의해서만 재건될 수 있었다. 19세기에 개혁 운동은 예루살렘에 재건된 성전의 개념을 거부하고 그 단어를 '회당'의 동의어로 환기시켰다.

덜 '민족적'인 제목으로 들리는 '회중'이나 '히브리 센터'가 1940년대와 50년대에 미국에서 사용되기 시작했다. 오늘날, 자유주의적 유대인들은 종종 자신의 회당을 술(shul)로 언급했는데 이는 한때 유일한 이디시어를 사용한 정통파에서 독일어 쉴라(schule) 즉 '학교'를 뜻하는 것으로 되었다.

당신은 정문 위에 끌로 판 단어를 읽음으로써 자유주의 회당의 교단을 구별할 수는 없다. '성전', '회당', '회중' 및 '학교'라는 단어는 이 책에서 상호 교환적으로 사용되는데 왜냐하면 그 단어들이 유대인 공동체에서 격식 없는 대화 속에서 사용되기 때문이다.

1) 모임집회를 위해 둘러보기

여기에 가족의 공동체 모임을 검색할 때 염두에 두어야 할 기본적인 고려 사항과 질문이 있다.

(1) 유대교의 랍비

회당은 성격과 프로그램으로 가득 찬 복잡한 조직이지만, 회당 생활의 모든 면에 평신도가 참여하고 있음에도 불구하고, 유대교의 랍비들은 여전히 중요한 방식으로 그들의 모임을 형성한다. 회중의 유대교 랍비들의 의무는 회당에서 가르치고, 설교하고, 상담하는 것을 포함한다. 유대교 랍비는 종교 의식과 의식을 주재하고 병자를 방문하며 종교 간 회의와 세속적인 행사에서 유대인 공동체를 대표한다. 유대교의 랍비들은 실제로, 설교단과 공동체에서 유대인의 전통을 구체화한다.

어떤 유대교의 랍비도 그러한 일의 모든 부분에서 탁월할 수는 없다. 서로 다른 역할을 하는 사람들의 감각을 얻으려면 수업이나 회의 및 서비스에 참석하라. 가능하다면 사적인 모임을 계획하고 자신의 필요와 열망을 설명할 수 있을 뿐만 아니라 가족이 회중에 어떻게 들어갈 수 있는지도 물어보라. 많은 회당에서는 신입 회원이 비공식적으로 유대교의 랍비를 만날 수 있는 커피 타임을 개최한다.

(2)위치

집 가까이 있는 회당에 합류하면 명백한 이점이 있다. 편리함을 제외하고는 근접 시설을 이용하면 가족 모두가 수업을 듣거나 자원봉사하거나 단순히 회당에서 '놀 수 있다.' 근처에 살고 있는 아이들은 이웃, 공립학교 및 회당 보충학교에서 중복된 친구들의 그룹을 가질 가능성이 있다.

그러나 지리적인 것만이 유일한 결정 요인이 되어서는 안 된다. 길건너 있는 회당이 유치원생이나 활동적인 청소년이 없는 가정이어서 필요치 않다면, 마을을 가로 질러 운전하여 다른 회당에 가는 것도 시간과 주행 거리 만큼의 가치가 있는 것이다.

당신에게 맞는 성소로 주행하기 위한 노력을 함으로써 자녀에게 당신의 헌신과 진지함을 암묵적으로 보여줘라. 카풀도 많은 이점이 있다. 차안에 있는 시간은 자녀와 이야기하고 다른 부모와 자녀들과 연락하는 시간이다. 회당에 다른 동료 그룹을 갖는 것조차 유익할 수 있다. 청소년기에는 학교의 사회적 압력이 높아지는 경향이 있기에, 회당 학교 공동체가 10대를 위한 별도의 무대와 다양한 같이 놀 친구들 제공한다.

(3) 크기

회당은 50명 이하의 회원에서부터 3천 가구 이상에 이르기까지 다양하다. 작은 회당은 친밀감과 따뜻함을 육성하는 경향이 있다. 그러나 그들은 배타적이게 보일 수 있으며 종교학교와 같이 부모가 원하는 기본적인 프로그램과 서비스를 제공하지 못할 수도 있다. 작거나 새로운 회당은 회원의 시간과 노력을 더 많이 요구한다.

큰 회당은 기업적이고 계층적으로 보일 수 있다. 그러나 더 큰 공동체는 종교 학교, 청소년 단체 및 성인을 위한 "모든 사람들을 위한 것"이라는 프로그램을 포함해 다양한 서비스를 제공 할 수 있다. 대규모 회당은 때때로 하브롯(havurot)이라는 학업과 공휴일 축하를 위해 만나는 소그룹의 구성원을 육성하여 잠재적으로 '따스함의 결핍' 문제에 접근하며 종종 대가족으로서 기능한다.

(4) 종교 학교

회당에서 자녀의 공식적인 유대인 교육을 제공하기를 기대한다면, 교장이나 교육 감독관을 만나서 목표가 학교의 철학에 부합하는지 확인하라. 선생님을 고용한 방법과 돈을 얼마나 많이 받는지 질문하라. 학부모가 학교위원회를 통해서 또는 교실에서 자원 봉사자로서 참여하고 있는가? 회당 유치원이 있는가? 누가 성인식을 위해 아이들을 지도하고 있는가? 성인식 이후에 입학한 학생 중 몇 퍼센트가 종교 학교를 그만 두었는가? 회당은 고등학교 프로그램을 운영하는가? 시간을 내어 여러 교실을 방문하여 아이들이 즐겁게 지내고 있는지 그리고 나이든 아이들이 관련 있는지, 지루했는지 확인하라(이 문제는 7장에서 더 자세히 논의될 것이다).

(5) 성인 학습

자녀 교육에만 전적으로 집중하는 실수를 하지 마라. 당신 자신을

위한 기회를 또한 점검하라. 어린 자녀를 둔 부모를 대상으로 하는 "가
족 교육" 프로그램이 있는가? 성인 교육 강의 주제와 강좌 제공이 당신
에게 호소력이 있는가?

(6) 회당 '스타일'

모든 회당에는 문화가 있으며 그 문화는 더 큰 종파와의 연결 같은
많은 유형의 요소와 예배 도중 배경으로 들리는 잡음 수준과 같은 실체
가 아닌 요소로 구성되어 있다. 전적으로 옳거나 틀린 스타일은 없으며
그 개념은 가족의 개성과 취향에 맞는 장소를 찾는 것이다. 다음은 고려
해야 할 몇 가지 기준이 있다.

- 세대별 구성: 대부분 노인인가? 모두에게 어린 자녀가 있는 것 같
  나? 편부모를 환영하는가? 게이와 레즈비언 가정은 어떠한가?
- 음악: 오르간이 있습니까? 아니면 성가대 지휘자가 기타를 사용하
  는가? 노래 참여가 있는가, 아니면 전문가에게 남겨져 있는가? 성가
  대는 있는가?
- 환영: 사람들이 예배에서 당신에게 다가와 자신들을 소개하는가?
- 형식: 엄숙한 예식과 조용한 헌신 또는 우연한 이야기와 감정적 표
  현에 중점을 두는가? 유대교의 랍비는 설교연단(dais)에서 농담을
  하는가? 회중은 정장 복장인가 편한 복장인가? 아이들은 예배 도중
  항상 앉아 있어야 하는가?
- 성인식: 아이들은 율법을 읽거나 찬송을 하는가? 대부분의 가족들
  이 회당 사교 강당에서 또는 우아한 시내 호텔에서 아이들의 환영회

를 개최하는가?

(7) 자선 및 사회 정의

게시판 목록에 지역 사회 봉사에 자원할 기회가 있는가? 회당은 "유대인의 굶주림에 대한 반응"[2]이라는 '메이존 신도' 조직에 성인식과 아기 작명행사 등 유대인 축하행사와 관련된 식량 비용의 3%를 기부하는 회당인가?

(8) 회비

대부분의 회당 경비는 연간 회원 회비로 충당되며, 몇 백 달러에서 수천 달러에 이른다. 건물 기금 평가 및 학교 수업료와 같은 다른 재정적 기대가 있을 수 있다. 일부 회당은 소득에 따라 비례 가늠자가 있으며 많은 사람들이 회비를 보충하기 위한 기금 모금 행사를 개최한다. 지불할 능력이 없어서 회당이 사람들을 돌려보낼 수 없다. 실제로 대부분은 재치와 비밀리에 재정적 필요를 처리한다.

(9) 혼외 가족 정책

가족 중에 유대인이 아닌 사람이 포함되어 있는 경우, 비유대인의 역할에 관한 서면 방침이 있는지 물어보라. 일부 회당들은 비유대인 배

---

2 Mazon: A Jewish Response to Hunger, 12401 Wilshire Boulevard, Suite 303, Los Angeles, CA 90025-1015.

우자 또는 파트너에게 완전한 회원 자격을 부여한다. 다른 곳에서는 유대인이 아닌 파트너는 투표권이 없는 회원이다.

유대인이 아닌 어머니의 자녀에 관한 정책이 있는가? 일부 보수적 회당인 경우, 아동은 공식적인 개종을 하지 않는 한 히브리 학교에 등록할 수 없다. 이러한 내용은 개혁주의 또는 재건주의 회당의 경우는 아니다. 그러나 그들은 기독교 종교 수업에도 참석하는 아이들의 등록을 막는 지침을 가지고 있을 수 있다.

활동적인 전도활동 위원회(개혁) 또는 케루브위원회(보수파)가 있는지 알아보라. 가능한 경우 위원장에게 이야기하라.

(10) 교단

대부분의 자유주의 회당은 세 가지 주요 운동 또는 그 교단 중 하나와 관련되어 있다. 보수주의자, 개혁자, 재건론자 운동은 모두 유대교의 랍비를 훈련시키고 책, 잡지 및 교재를 출판한다.[3] 이 세 교단은 모두 유대교의 랍비로서 여성을 임명하고 종교 간 신념과 상호 운동에 관련한 대화를 하며 이스라엘 국가를 적극 지원한다. 세 명 모두가 전국 청년 단체, 여름 캠프 및 이스라엘 프로그램을 후원하고 있다.

당신의 추억과 협회에 따라, 당신의 젊은 시절의 교파에 가담하거나 부모님의 운동을 피하려고 시도할 수 있다. 그러나 어린 시절의 회당조차도 당신이 기억하는 것과는 매우 다른 장소일 수 있기 때문에 모든 선입관을 제쳐 두는 것이 가장 좋다.

---

3 세 가지 운동의 역사와 신학에 대한 간략한 토론은 Living a Jewish Life by Anita Diamant and Howard Cooper(Harper Collins, 1991), pp.118-123을 참조하라.

정책과 관행은 시간이 지남에 따라 바뀌며, 세 가지 교단이 중요한 방식에서는 다르지만 그 차이는 때로 실용적인 것보다 이론적인 경우가 있다. 회당 생활의 자치적인 회중 모델은 모든 회당이 교단의 '규칙'과 다를 수 있는 관습과 전통을 가지고 있음을 의미한다. 예를 들어, 악기 음악, 특히 관악기의 사용은 보수주의 관습과 광범위하게 관련되어 있지 않다. 그러나 오르간 반주가 예배의 일부인 보수당 회당이 있다.

개혁파 예배는 대부분 영어로 진행되는 경향이 있다. 보수파 예배는 오래되었으며 히브리어 사용을 강조한다. 재건파 예배는 가장 광범위하게 진행되며, 일부는 전통 히브리어 노래를 강조하고 다른 일부는 독창적인 예배를 글로 작성한다. 개혁파와 그 회중은 보수파보다 유대교가 아닌 구성원들의 참여에 대한 제한을 적게 두고 있다. 탈리트(기도용 숄)와 키파(유대인 남성 모자)는 일반적으로 보수파 회중에서는 남성에게 강제적이며 여성들은 성서 위에서 머리 덮개를 착용해야 하지만 개혁파와 재건파 회당은 거의 필요하지 않다. 그런 다음 또다시 많은 성도들은 여성은 물론 남성도 탈리트와 키파를 착용하는 것을 당연한 것으로 여긴다.

그 운동에 대한 자세한 내용은 다음을 참조하라.

개혁주의 유대교를 위한 연합(개혁파)

뉴욕 NY 10017

633번지 3번가

212-650-4000

www.urj.org.

보수파 유대교 연합 교회

뉴욕 NY 10010

155번지 5번가

212-533-7800

www.uscj.org.

유대 재건파 연합

베이트 데보라

101 그린 우드 애비뉴

젠킨 타운. PA 19046

215-855-5601

www.jrf.org.

알렉: 유대인 갱생을 위한 동맹

Philadelphia/ PA 19119

7000 링컨 드라이브 # B4

215-247-0210

www.aleph.org.

인본주의 유대교를 위한 사회

Farmingham 언덕/ MI 48334

286 Ⅱ 서쪽 12마일 도로

248-478-7610

www.shj.org.

성인용 도서

Conservative Judaism: The New Century, by Neil Gilman(Berhman House, 1993).

Explaining Reform Judaism, by Naomi Patz, Eugene B. Borowitz, and Kerry M. Olitzky(Behrman House, 1996).

Exploring Judaism: A Reconstructionist Approach, by Rebecca T. Alpert and Jacob J. Staub(Reconstructionist Press, 2001).

3. 당신의 유대인 이웃

다른 유대인들과 함께 살면 자녀와 공동체를 위해서 유대인 학교와 친구들을 쉽게 찾을 수 있다. 그러나 적당한 장소를 찾는 일은 이웃의 문제가 아니라 소속의 문제다. 유대인 80%가 사는 도시에 살 수도 있고 여전히 지역사회와 거리를 두고 살 수도 있다. 한편으로는 비포장도로를 따라 다음 집에서 몇 마일 떨어진 곳에서 살 수도 있고 가까이 살면서 회당이나 친목단체의 일원이 될 수 있다.

유대인 공동체를 발견하거나 창조하는 것은 도시나 마을, 교외 나 해안가, 섬이나 산 정상처럼 모든 종류의 환경에서도 가능하다. 고도의 유동성 있고 네트워크 환경에 접해있는 세상에서 다양한 방식으로 당신의 "동네"를 확장할 수 있다.

그러나 어디에 살기를 선택하던 그것은 유대인의 삶과 유대인 자녀 양육에 영향을 끼칠 수밖에 없다. 집을 사거나 임대할 때, 유대인 부모가 고려해야 할 추가 기준은 다음과 같다. "자녀를 공립학교에 보낼 계획인데 자녀가 반에서 유일한 유대인이라면? 학교 시스템에 소수의 유대인 아이들만 있다면 학교가 종교적 차이점을 어떻게 처리해야 하는지 알 필요가 있다. 예를 들어, 12월 합창 공연을 크리스마스 콘서트 또는 겨울 콘서트라고 부르는가, 유대인 학생에게 나팔절과 속죄일 관련해서 시험과 과제를 유연성 있게 제공하는가?"

유대 학교를 우선순위로 삼기로 결심한 학부모는 일반적으로 그 선택에 따라 그 지역으로 이사한다. 그럼에도 불구하고, 유대 학교를 결정한 가정도 이웃을 고려할 필요가 있다. 자녀가 공립학교 학생들이 놀고 있는 블록에서 생활이 단절된 것처럼 느껴질 수 있다. 근처에 다른 유대인 가족이 없으면 카풀도 없을 것이다. 학교 친구들과 데이트를 즐기려면 계획하고, 추가 전화하고 운전하는 것이 필요하다.

이사할 곳을 고려할 때 염두에 두어야 할 몇 가지는 "주변에 회당이 있나? 아니면 통근에 합당하다고 생각되는 범위에 있을까? 유대인 지역센터가 있나? 유대인 유치원은? 만약 당신이 정결하게 지내면 정육점이 근처에 있나? 유월절 기간에 누룩을 넣지 않은 빵(matzah)을 살 곳이 있나? 유대인 서점이 있나?" 하는 것이다.

어디에서 살든지 유대인의 '이웃'을 다양한 방식으로 확장할 수 있다. 서적, DVD, CD 및 CD-ROM을 갖춘 멋진 유대인식 서제를 만들어라. 자녀가 전 세계 유대인 펜 친구들에게 편지를 쓰거나 이메일을 보내도록 격려하라. 유대인 음악과 스토리텔링, 미술 전시회, 이스라엘 영화, 이스라엘 데이 퍼레이드 및 축하 콘서트에 데려가 아이들을 유대인 문화와 지역 사회의 다양성에 노출시켜라. 큰 하누카 축제(Hanukkah) 또는 푸림(Purim) 파티를 집에서 연례행사로 만들어라.

세속적인 관심과 취미를 유대인 세계와 연결하라. 유대인 지역센터는 무술 '가라데'부터 아이들을 위한 극장예술수업에 이르기까지 모든 것을 제공한다. 운동하는 아이들을 장려하여 지역 유대인 커뮤니티 센터의 마카비(Maccabi Games: 격년제 북미 대회를 후원하는 13-16세 아이들을 위한 유대인 아마추어 스포츠 조직)에서 경쟁하도록 하라.

늘 그렇듯, 부모의 행동은 아이들에게 가장 강력한 모델이다. 당신이 음악적이라면 유대인 합창단이나 밴드에 가입하고, 정치 활동가인 경우 유대인 사회공헌위원회, 반(反)명예훼손연맹 또는 회당의 사회행동위원회에 참여하라. 그리고 자녀들에게 당신의 유대인 헌신과 활동에 관해 분명히 알려주어라. 당신이 어디로 가는 중이고 왜 가는지를 설명하지 않은 채 모임에서 사라지지 마시오.

멀리 떨어진 곳에서의 유대인 생활

유대인 가정은 일자리, 군 근무지 배치, 가족 의무, 또는 시골생활에 이끌림 같은 모든 종류의 이유들로 유대인이 모인 중심지에서 벗어나 있게 된다. 부헷 사운드(Puget Sound)의 섬이나 버몬트의 언덕 꼭대기에 있거나 아시아의 군사 기지에 살고 있다고 해서 좋은 유대인의 부모가 될 수 없다는 것은 아니다. 그 역할은 유대인 기관과 서비스로 가득 차 있는 환경보다 더더욱 다양한 종류의 유능함, 독창성, 헌신성을 요구한다.

당신이 조직된 유대인 생활에서 멀리 떨어진다는 것을 알게 되면 가장 먼저 할 일은 근처에 다른 유대인이 있는지 알아보는 것이다. "유대인"의 전화번호부에서 기관과 회당을 확인하거나 전국 이동사무소나 웹 사이트에 연락하라. 회당도 없고 비공식적인 모임도 찾을 수 없다면 학습이나 공휴일 축하 행사에 함께하기를 원하는 다른 유대인을 찾는 광고를 지역 신문에 게재하라. 그러면 그 답장 수에 놀랄 것이다. 이러한 방법으로 많은 친목단체와 회당과 유대인 학교가 주변에 나타나게 된다.

상대적으로 고립된 장소에 있는 유대 자녀를 위해 부모는 유대인 가족캠프, 유대인 여름캠프 같은 부수적인 유대 공동체 경험을 제공할 수 있으며, 아이들을 유대인 여름캠프에 보내어 유대인 요소들을 휴가에 통합시켜 낼 수 있고, 이스라엘로 가는 여행을 계획할 수 있다. 어린 자녀들이 유대인 웹 사이트를 방문하도록 권유하고(바로 아래에 있는 '유대인 여행' 편을 보라), 아이들에게 유대인 도서, CD 및 DVD를 살 수 있도록 용돈을 넉넉히 주시라. 청소년 그룹 여행과 이러한 이벤트와 캠프에서 사귄 유대인 친구들에게 전화하는 것에 대해 흔쾌히 돈을 지불하시라.

운전 거리 내의 적합한 회당을 찾고 가입하기로 결정했다면, 당신의 약속에 대해 일관되고 쾌활한 태도를 취하라. 히브리 학교나 예배 또는 기타 행사를 오가는 데 걸리는 시간에 대해 당신이 불평하면 자녀들은 '유대인 되는 것이 지겨운 일이다'라는 메시지를 받을 것이다.

4. 유대 여행

글로벌 공동체의 일원이라는 것을 자녀에게 가르치는 가장 좋은 방법은 자녀들이 집 밖에서 유대인의 경험을 찾아보는 것이다. 밀워키에서 가족 재결합 모임에 향하기 또는 카리브해에서 크루즈를 타기 전에, 당신의 여행에 유대인 차원을 놓이기 위해 약간의 조사를 하라. 베니스에서는 첫 번째 '게토'를 방문하고, 맨하튼의 동쪽 아래에 있는 테니먼트 박물관에 들르고, 파리의 유대인 박물관을 방문하고, 미국에서 가장

오래된 회당을 둘러보라.[4]

하지만 모든 휴가를 유대인 야외 여행으로 확장시키지 마라. 너무 많은 종류의 관광을 하면 아이들이 참기 어렵게 된다. 그러나 낯선 도시에서 정결한 식당을 찾아보는 것은 개인적으로 유대감을 느낄 수 있는 특별한 여행 경험이 될 수 있다. 마찬가지로 멕시코시티, 몬트리올, 플로리다 주 올랜도에서 안식일 예배에 참석하면 틀림없이 독특한 유대인 추억거리가 생긴다.

가족의 평상시 유대인 관습이 무엇이든, 그 관습을 가는 곳마다 적용하라. 정결한 식사를 하거나 안식일 지키는 것이 당신의 여행에서 아주 특별한 모험이 되도록 그 방법에 대해 생각하라. 당신은 틀림없이 추억에 유대인의 풍미를 더하는 이야기들을 가지고 집에 올 것이다.

이스라엘을 처음 방문하면 삶을 변화시키는 경험을 할 수 있다. 성경에서 묘사된 유물, 건물 및 기념물을 보고 만지게 되면 당신과 자녀가 유대인의 역사, 문화 및 종교와의 관계되어 있다는 관점에 변화를 줄 것이다. 이스라엘에서는 율법이 언덕과 포장도로의 돌 속에도 스며있는 듯 보일 것이다. 세계에서 가장 아름다운 도시 중 하나 인 예루살렘을 사랑하라는 계명은 추상적인 것이 아니라 하나의 기쁨이다.

이스라엘은 다양한 방식으로 유대인을 고무시킨다. 당신이 '유대민족'과 연결되어 있다는 사실은 유대인을 거의 볼 수 없는 곳에서와는 완전히 다른 의미를 가질 수 있다. 그 의미는 일주일간 일지라도, 유대인 시간에 따라 시계와 달력을 맞춰놓고 생활하는 것을 드러내는 것이

---

4 뉴 포트, 로드 아일랜드의 투로 유대교 회당(Touro Synagogue), 사우스 캐롤라이나에 있는 찰스턴의 카할 카도 쉬 베스 엘로힘(Kahal Kadosh Beth Elohim) 그러나 서반구의 가장 오래된 회당은 1651년에 설립 된 쿠라사오(Curasao) 섬에 있으며 아직 사용 중이다!

다. 그곳에서는 모든 사람들이 종교적으로 조심스럽든 아니든, 안식일을 위해 천천히 움직이는 곳이다. 그곳에서는 유월절 밤에 모든 창문에서 나오는 유월절 멜로디를 들을 수 있다.

이스라엘로 여행을 하면 유대인 문명이 과거 속에 얼어있지 않음을 보여주는 증거를 생생하게 볼 수 있다. 이스라엘은 모든 것이 성경의 언어로 표현되어 있는 컴퓨터 언어, 락 음악, 하이패션, 미술, 영화 등이 완성된 정교하고 현대적인 나라이다. 천천히 미묘한 방법으로 이스라엘은 디아스포라(Diaspora: 다른 나라에서 살며 일하기 위한 유대인들의 이동)로 단절된 개념과 노력의 결실을 유대인들에게 매스미디어, 미술, 프로 스포츠, 비즈니스 등으로 재연결해 주고 있다. 물론 더러운 정치, 부패, 오염 등도 있을 수 있지만. 이스라엘은 다른 어느 곳에서는 진보적 유대인들이 실제로 이용할 수 없는 유대인 통합의 모델이다.5

이스라엘을 경험할 수 있는 수많은 방법이 있다. 이스라엘 투어를 전문으로 하는 여행사에서 제공하는 다양한 패키지 계약 외에도 많은 회당들이 유대교의 랍비나 성가대 지휘자가 동행하는 회원용 관광을 운영하고 있다. 지역 유대인 연맹은 독신, 연장자, 젊은 지도자 및 가족의 이익을 위한 모든 종류의 '선교'를 후원한다. 일부 지역 사회는 자녀가 이스라엘을 여행할 때 저축 예금 계좌를 매년 기탁하는 부모에게 적절한 기금을 제공한다.

---

5 예를 들어, 브루클린 주 윌리엄스 버그에는 거의 완전한 정교회/ 하시드 지구가 있다. 이국적이고 어떤 면에서는 매력적이지만, 그것은 완전히 별개로 되어있고 어떤 면에서는 반(反)현대적 모델이다.

아이들과 함께하는 이스라엘

어떤 종류의 여행과 마찬가지로, 부모는 여정을 계획할 때 자녀의 연령과 능력을 고려해야한다. 아이들은 박물관과 고대 유적지에서 지루해한다. 아이가 불만이라면 가족 모두를 위한 여행은 망칠 수 있다.

관광 목표를 제한하면 이 문제는 피할 수 있다. 반면 너무 많은 박물관과 고고학 유적지에서 "너무 가깝지만 너무 먼" 느낌에 좌절감을 가질 수도 있다. 자녀의 연령과 단계에 맞게 여행을 조정하는 것이 아이들이 징징대는 것에 대한 대책으로만 생각하지는 마라. 그 자체로 보람이 될 수 있다. 텔 아비브의 해변에서 휴식을 취하고 유대인의 언덕을 하이킹하고 하이파 놀이터에서 프리스비를 연주하거나 예루살렘 있는 셔크에서 쇼핑할 때, 당신은 다소 느린 속도를 즐기는 것 외에도 만나서 이스라엘 가정에 대해 이야기하고(많은 사람들이 영어로 이야기한다), 그들의 삶이 어떠했는지 맛보는 기회를 갖게 된다는 것을 알게 된다.

어떤 가족은 성인식을 기념하기 위해 이스라엘에 간다. 여행사 패키지 여행 외에도, 일부 지방 연맹은 성인식 비용을 보조하여 가족의 임무를 돕는다[6](8장 참조).

십대 청소년을 위한 이스라엘 여행은 종종 분수령이 되는 경험이다. 유대인 교육자들과 인구 통계학자들은 이스라엘에 대한 독립적인(즉, 비가족적인) 여행이 지속적인 유대인 정체성을 육성시키는 강력한 요소가 될 수 있다고 보고한다. 고등학생 및 대학생을 대상으로 하는 프로그

---

6 유대인 공동체 (United Jewish Communities)는 전국적인 우산 조직으로서 지역 연맹을 통해 이 프로그램을 운영한다. 이러한 종류의 여행은 유대인 정체성을 강화하고 여행을 후원하는 자선 단체에 대한 지원을 육성하기 위한 것이지, 회중 의식을 대신할 수는 없다.

램은 국가 견학, 고고학 발굴, 청소년 선교운동, 생활공동체에 관한 일,
히브리어 연구, 이스라엘과 팔레스타인 청소년 간 대화, 사회봉사기관에
서의 인턴십, 선진 유대교 연구, 예술 프로그램 등 그 목록은 계속 된다.
교단이 후원하는 프로그램에 관한 정보는 위에 열거 된 개혁 및 보수 운동
의 웹 사이트를 확인하고 'Israel'과 'Youth'를 클릭하라[7](9장 참조).

권장할만한 책

아동용 도서

The Great Israel Scavenger Hunt, by Scott E. Blumenthal(Behrman House, 2003).
A Kids' Catalog of Israel, by Chaya M. Burstein(Jewish Publication Society, 1988).
Snow in Jerusalem, by Deborah da Costa(Albert Whitman, 2001).

학부모용 서적

Israel: A Spiritual Travel Guide, by Lawrence A. Hoffman(Jewish Lights, 2005).
The Jewish Traveler, edited by Alan M. Tigay(Jason Aronson, 1994). A collection of articles
  about forty-eight cities(Atlanta to Tel Aviv) from the pages of Hadassah Magazine.

5. 체다카(TZEDAKAH: 자선)

아기가 태어났을 때, 유대인 공동체는 좋은 일을 하는 삶인 마심 토

---

7 지방 연맹, 국가 기관 및 이스라엘 정부를 통해 이용할 수 있는 모든 종류의 대안이 있다.
  수십 개의 조직과 웹 페이지에 대한 링크가 있는 유대인 "컨소시엄"사이트인 www.
  shamash.org를 확인하라.

빔(ma'asim tovim)의 삶을 살기를 기도한다. 부모는 자녀들에게 체다카에 대해 가르침으로써 이 기도를 현실로 만든다.

보통 '자선'으로 번역된 체다카는 추상적인 것이 아니라 일종의 계율이다. 이 계율은 가정생활에 스며들어 유대교 윤리를 가리치고 모범을 보일 기회를 제공하고, 가정이 세상에서 선행을 행하는 것과 연결시켜주는 공식적인 기억들을 만들어 줄 기회를 제공한다. 아이들에게 계율은 특권이요 즐거움이라는 것을 가르치는 것은 유아조차도 선행의 기쁨을 경험할 수 있도록 동전을 자선용 상자에 미끄러뜨려 넣는 것과 같이 단순하게 시작된다. 그 가르침은 기아, 빈곤, 외로움, 불의, 국가 자원 파괴 등을 다루기 위해 세계를 수리하려는 유대인의 의무(티쿤 올람)가 집단적 공동체적 반응과 개인적인 행동을 필요로 함을 보여줌으로써 계속된다.

유대인 부모들은 미국의 취득문화와 반대되는 메시지를 전하는데 어려움을 겪는다. 왜냐하면 그 문화는 우리가 부족한 모든 소비재를 확인시켜 불만을 끊임없이 만들어 내기 때문이다. 자선은 다른 사람들이 진정으로 필요로 하는 것에 초점을 맞출 수 있는 방법이다, 특히 우리 대부분이 즐기는 멋진 편안함과 비교하면 더욱 그렇다.

항상 그렇듯이 자선의 모델인 부모가 가장 효과적인 교사다. 이를 위해 여러 가지 방법이 있는데, 가난한 식탁에 대한 정치역할을 이야기하고, 길거리 걸인에게 돈을 주고, 노숙자 쉼터에서 자원 봉사하고, 회당 사회 행동위원회의 의장을 지내고, 인권 지원 집회에 참석하고, 지역 유대인 연맹을 위한 기금을 모금하고, 암 학회 시위에 참가하는 등이다.

부모들이 유대 규율에 있는 선행을 표현하는 방법들이 무엇이든, 그 방법들은 모든 사람들이 변화를 가져올 수 있고 모든 목소리가 중요하다는 생각을 구체화하는 것이다.

6. 나이와 단계별 자선활동

1) 유아 및 미취학 아동

어린아이들에게 기부와 선행에 관해 이야기 할 때 '자선 단체'가 아닌 '계율'이라는 단어를 사용하면 히브리어 용어와 유대교 개념에 대해 아이가 기본 어휘를 구축할 수 있을 뿐 아니라 선행이라는 생각을 유대인다움과 연결시킬 수 있다.

금요일 밤에 촛불을 켜기 전에 자선용 상자에 돈을 넣는 것이 가족의 관습이라면, 자녀는 기부의 기쁨을 안식일 식탁의 단맛과 관련지을 것이다. 미취학 아동은 여러 가지 방법으로 가정의 자선 상자를 만들 수 있다. 자녀의 그림을 주석 깡통에 테이프로 붙이거나 알루미늄 호일로 우유 곽에 줄을 긋거나 장식모양을 만들기 위해 핀으로 그 상자를 찔러 넣는다.

어린아이들은 구체적으로 생각하기 때문에, 이해할 수 있는 용어로 자선용 상자에 '이유들'을 설명해 주는 것도 도움이 된다. "먹을 음식이 부족한 아이들이 있다. 우리는 가난한 아이의 가족을 위해 빵 한 덩어리를 사기에 충분한 돈을 넣고 있다."

자녀가 슈퍼마켓 선반에서 수프 통 또는 파스타 상자를 선택하게 하여 회당의 수거함에 기부금을 넣어 보게 함으로써 자선행위를 할 수 있다. 많은 유대인 단체들이 가난한 아이들을 위한 장난감을 모으는 하누카 축제(Hanukkah) 시기에 부모들은 자선용 선물을 고르게 하기 위해 아이들을 쇼핑에 데려 갈 수 있다. 이러한 관대함과 친절함의 작은 행동은 믿음과 가치에 대한 교훈이며, 세상의 변화에 대한 책임과 능력에 관한 교훈이다.

간단한 언어로, 당신이 자선의 중요성을 어떻게 이해하는지 설명하라.

"우리만큼 운이 좋지 않은 사람들이 있고, 유대인으로서 그들을 돕는 것은 우리의 책임이야."
"세계의 모든 사람들은 큰 가족처럼 연결되어 있어. 사람들이 너무 가난해서 먹을 수 없으면, 우리는 식량과 돈을 줌으로써 그들을 도와야 해."

2) 취학 연령 아동

자선행위를 연습하는 것은 모든 유대인 학교에서 아이들을 위한 수업 실습의 일부이다. 이것은 공동체 봉사(양로원 방문)와 기금 모금 프로젝트(자연 재해의 여파로 돈을 모으는 것)를 포함할 수 있다. 때로는 아이들이 어디에 기부물품을 보내야 하는가에 대한 집단결정을 할 기회를 갖게 되는 데 이 또한 주고받는 공동체 생활을 행하는 것이다.

부모는 여러 가지 방법으로 아동의 충동을 '해결책의 일부'로 만들 수 있다. 언제나 그렇듯이, 아이들이 보는 당신의 행동이 무엇보다 중요한 교훈이다. 따라서 뉴스에 뒤처지지 않고 저녁 식탁에서 그날의 사건들을 이야기 하면, 아이들은 자신들이 세계 공동체의 일원임을 알게 될 것이다.

당신의 자선 활동에 대해 이야기하라. 자녀에게 얼마나 많은 돈을 누구에게 주는지를 알려주라. 자선 달러를 어디에서 보낼지 결정하는 방법을 설명하라. 유대인들이 유대인의 대의명분을 지원하는 것이 왜 중요한지 설명하기 위해 구체적인 예를 사용하라. "유대인의 음식 저장실에 우리가 기부금을 내지 않으면 누가 하겠니?" 그리고 유대인으로서 당신이 무종파 그룹도 지지하는 이유를 또한 설명하라. "공기가 깨끗하도록 유지하는데 노력하는 단체들에게 기부하는 것은 우리를 포함해 모든 사람에게 도움이 된단다."

풍요로운 도시와 교외에서 자란 아이들은 누가 덜 갖고 있나보다는 "누가 나보다 많은 것을 가지고 있지"라는 것에 익숙해져 있는 경향이 있다. 도표를 만들어 당신의 가정이 공동체와 국가 그리고 세계에서 경제적 영역에 해당되는 지점을 자녀에게 보여 줘라. 그래서 자녀가 다른 사람들을 도울 수 있는 위치에 있다는 것을 이해하도록 도와줘라. 자녀에게 주당 용돈을 준다면 아이에게 말하라 당신은 그 일부분이 자선을 위해 남겨지기를 원한다고. 그리고 자녀들이 그 돈을 어디로 보낼지 결정하는 것을 허용하라. 자녀들이 할로윈(Halloween) 축제를 즐기러 간다면 유니세프(UNICEF)를 위해 돈을 모으라고 권장하라. 크리스마스 만찬 음식을 바깥출입을 못하는 사람에게 제공하거나 노인들의 정원에서 잡초를 뽑는 일과 같은 온 가족을 위한 프로젝트를 찾아라.

3) 청소년

자선행위를 하는 것은 유대 성인 책임의 시작을 표시하는 방법으로 회당에서 성인식 교과과정의 일부가 되었다. 성인식에서는 특정 자선 기부를 위해 선물로 받은 돈의 일부를 배정하거나 손님에게 식품 저장실에 기부할 수 있는 통조림을 가져다 줄 것을 요청할 수 있다. 부모는 그렇지 않았으면 꽃으로 장식된 중앙 장식품에 지불했었을 돈을 기부하자고 가족에게 제안함으로써, 메이슨(Maison: 유대인의 기아에 대한 반응으로 모든 유대인 축하 행사에서 나오는 음식비용의 3%를 기부 할 것을 제안)[8] 조직에 기부함으로써 이 자선 기부를 주도할 수 있다.

유대인 고등학생과 청소년 단체는 실용적인 자선 프로젝트와 유대인 텍스트 연구[9]를 통해 유대교와 사회 정의를 연결시키는 많은 기회를 제공한다. 그 연구는 청소년에게 예민한 주제인 사회 속 개인의 역할에 대한 멋진 토론회를 제공할 수 있다.

가정에서 유대인 청소년들이 자신의 돈을 자선기부에 사용하도록, 열심히 찾은 자원 봉사 활동에 참여하도록, 아이들을 보살피고 옛 회당이나 여성 쉼터를 개조하도록, 수프 부엌에서 식사를 제공하도록 격려해야 한다. 부모들은 점차 이러한 독립적인 노력에 해 물질적 지원을 제공 할 수 있다. 에이즈(AIDS) 연구에 관한 고등학교 댄스 시위를 위한 수표를 발행하고, 이스라엘을 지원하기 위한 집회에 아이들을 운전해 주고, 가난한 사람을 위해 주택 수리를 하는 여행비용을 지불함으로 자녀들을 지원할 수 있다.

---

8 주 2 참조.
9 Danny Siegel의 책은 시작하기에 좋은 곳이다. 이 장 끝에 있는 정보를 참조.

권장할만한 책

아동용 도서

The Humongous Pushka in the Sky, by Danny Siegel. www.dannysiegel.com. *Mrs Katz and Tush*, by Patricia Polacco(Dragonfly Books, 1994).
Partners, by Deborah Shyne Syme(URJ Press, 1990).

학부모용 서적

Giving your money away, How Mush, How to, Why, Where, and to Whom. One of Danny Siegel's many titles about tzedakah. www.dannysiegel.com

4장
유대인의 시간 정의

　유대인의 의식절차는 건축물에서처럼 중요한 형태의 예술로서 시간이 특징이라고 유대교의 랍비 아브라함 조수아 헤셀(Abraham Joshua Heschel)은 글에서 주장한다.[1]

　아름다운 이미지이지만 어리둥절하다. 어떻게 건축물처럼 단단하고 입체적인 것을 시간처럼 일시적인 것과 비교할 수 있을까? 결국, 시간은 날아가고, 우리 손가락 사이로 빠져나가고, 아무도 기다리려 주지 않는다.

　그러나 안식일 준수에 대한 매일의 기도에서부터 연례 축하행사에 이르기까지 유대인의 의식절차는 우리가 멈추어 음미하도록 장려하는 시간 속 고립된 섬들을 만들어 준다. 허둥지둥 일주일, 한 달, 일 년을 보내는 것들과는 달리, 다양한 유대인의 "시간 속 형태들"은 상황을 늦추게 하고 순식간에 지나가는 시간을 심사숙고와 달콤함으로 불어넣어 준다. 유대교의 의식절차 구조를 통해서 우리는 비록 시계와 달력의 대상이 되기는 하지만, 멈추어 주의를 기울일 것을 명심할 때 우리가 보내

1 Abraham Joshua Heschel, The Sabbath(Farrar, Straus & Giroux, 1951), p.10.

는 날들이 진정 우리의 것이라는 것을 알게 된다.

축복과 축제일을 통해 유대인들이 시간을 성스럽게 여기는 것은 현재에 살고, 우리의 눈을 뜨게 하고, 감사하고, 현재 여기에 있게 하는 하나의 부름이다. 유대교는 순간, 날마다, 주마다, 달마다, 해마다, 세대 대대로 모든 가능한 시간표에서 삶과 우주의 경이로움에 깨어있게 하는 수단을 제공한다. 이것은 자녀들이 주마다 단계마다 변화하는 것을 지켜보는 부모에게 특별한 선물이다. 유대인 달력은 시간을 거룩하게 여기는 관점인 '순간을 유념'하는 것과 항상 연결이 되어 있고 이를 가르치기 위한 방법들로 가득하다.

아이들은 규칙적인 패턴에서 시간을 표시하는 것에 대해 자연스러운 친근감을 가지고 있는 것 같다. 목욕 시간부터 생일까지 유아들은 일상생활에 의존하면서, 새로운 생각, 감각, 도전으로 가득 찬 세상을 조직하고 습득하는 데 도움을 받게 된다. 아이들은 예측 가능성에 기초하여 잘 자라며 이를 완고함이나 유연성이 없는 것과 혼동해서는 안 된다.

그래서 아이들은 달콤한 포도 주스와 빵을 맛보는 것처럼 여유롭게 유대인 생활의 즐거움에 빠져 든다. 경이로움을 비판적으로 생각하지 않으면서 겉치레와 장난기를 자연스럽게 습득한 이 아이들은 유대교의 만질 수 있는 관습에 대해 배우는 열렬한 학생이며, 이러한 것이 시간의 흐름을 바꾸어 자신의 노래와 취향과 냄새가 담긴 '중요한 형태'로 되게 한다.

1. 순간마다: 매일에 대한 축복

복되신 주님, 당신은 우리 하나님, 영원의 통치자…(Baruch Ata Adonai, Efoheynu Melech Ha-olam…).

이것은 여러 가지로 번역되어 모든 히브리인의 축복인 비라챠(b'racha)로 시작하는 어구이다.[2] 비라챠(b'racha의 복수형)는 하나님을 축복하고 칭송하는 것이 아니라 하나님은 모든 축복의 근원이라고 선언하는 것이다. 그 단어들은 우리에게 잠시 멈춰 감사하고 삶의 순간들을 거룩하게 여기도록 상기시키는 역할을 한다.

비라챠는 안식일의 촛불을 밝힐 때 또는 공휴일을 시작할 때와 같이 분명히 '종교적인' 다양한 상황에서 낭송된다. 그러나 무지개를 보고, 죽은 자의 소식을 듣고, 제철의 과일을 한입 먹고, 심지어 화장실을 다녀온 후처럼 인생의 매 순간을 위한 비라챠가 있다. 한 가지 전통에 따르면, 유대인들은 초대 받아 매일 백 번의 축복을 낭송한다고 한다.

비라챠는 불교에서 사용하는 용어인 '유념'으로, 경이로움에 대해 유대인의 깨어있는 외침이다. 축복은 우리에게 빵이 많은 이들의 손길과 광합성의 기적으로부터 나오는 것처럼 우리가 우주의 중심이 아니라는 것을 상기시키고, 잠에서 깨어 먹고 화장실 갈 정도로 충분이 건강하고 생생하게 존재하는 것이 좋다는 사실도 상기시켜 준다. 브라챠는 일출, 산 정상, 무지개 같은 것에 대한 우리의 경외감을 특히 유대인의 형태로 알려준다.

---

2 "오래된" 번역은 "당신은 복이 있으시니. 주 우리 하나님, 우주의 왕 이시여." 이 책 전체에 다양한 대안 버전이 있다.

유대인의 축복은 하나님을 두 가지 '목소리'로 표현한다. 아타(Ata: '너')는 독특하고 친숙하며 엘로헤누(Eloheynu: '우리 하나님')는 개인을 더 큰 유대인 공동체와 연결시키는 복수형이고 공식성이 있다. 두 형태의 언급은 또한 영적 경험이 반짝이는 이원성이라는 것을 암시한다. 즉 '하나님과 창조'는 큰 친밀감 또는 하나 됨을, '창조와 하나님'은 거대하고 복잡한 것 앞에 경외감과 겸손을 의미한다.

가장 잘 알려지고 가장 많이 사용되는 히브리어 브라샤 중 하나가 쉐치야누(Shehechiyanu, 당신은 우리를 살아있게 하신다)이다.

Baruch Ata Adonai, Eloheynu Melech Ha-olam shehechiyanu v'keyamanu v'higianu lazman hazeh.
축복 받은 당신, 우주 통치자, 당신은 우리를 살아있게 하시고, 우리를 지켜 주시고, 우리가 이 순간에 도달할 수 있게 하셨나이다.

모든 종류의 시작 '처음'에 대한 감사의 축복으로서, 신년의 시작을 기념하기 위해 로쉬 하샤나 신년 축제(Rosh Hashanah) 식탁에서 낭송된다. 성인식에는 시계를 멈추게 하는데 그것은 모든 축하객이 성년 직전의 젊은이들을 보며 그 아이의 출생에 대해 되돌아보고 그 아이의 미래의 결혼을 상상하기 위함이다.

그러나 쉐해치야누(Shehe chiyanu)는 또한 일종의 '모든 목적'을 지닌 축복으로 일상생활의 어려움에서 고개를 들 때마다 살아있음이 얼마나 좋은지를 기억하고, 세상이 새롭다는 것을 알게 될 때마다 그 축복을 상기하게 해준다. 순간을 축복함으로써 쉐해치야누는 시간이 지나가는 것을 슬퍼할 여지를 남기지 않는다. 쉐해치야누는 긍정적인 것을 강조하고, 미적인 것을 드러내며, 우리에게 변화라는 것은 살아있음의 가치뿐 아니라 보상이라는 사실을 상기시켜 준다. 쉐해치야누는 일상적인 경험에서 나오는 심오한 즐거움을 창조의 전체 구조와 연결시켜 준다.

또한 짧고 쉽게 배울 수 있다. 꼭 집어서, 당신이 해야 할 일은 쉐해치야누("당신은 우리를 살아있게 한다")라고 말하면 된다. 다섯 살짜리 아이가 야채 가게에서 '우유'라는 단어를 처음 읽을 때, 십대가 아침식사를 만들어 준 것에 대해 감사할 때, 당신은 그 순간을 신성하게 받아들인다.

쉐해치야누를 말할 때

봄의 첫 딸기를 먹을 때.

아이가 태어났을 때.

아기가 "엄마"라고 처음 말했을 때.

자녀가 처음으로 축구에서 골인했을 때.

딸이 첫 생리 기간을 갖게 된 소식을 들었을 때.

첫 손님이 당신의 안식일 저녁 식탁에 앉았을 때.

트램폴린(점프용 메트리스)을 조립한 후, 누군가가 뛰어 내리기 바로 전에.

자녀가 유치원에 입학하는 날 아침에.

자녀가 대학 첫 학기 이후 가족 안식일 식탁에 되돌아와 있을 때.

가을 사과를 첫 번째로 물 때.

2. 날마다: 아침과 저녁

대부분의 좋은 밤과 좋은 아침 의식은 자동적이어서 거의 보이지 않는다. 그러나 치아를 닦고, 이야기를 읽으며, 자녀에게 '밤중에' 키스하는 간단한 행동조차도 하루가 끝날 때까지 예측 가능하고 위안이 되는 모습을 제공한다. 이러한 제한된 순간에 유대인 차원을 추가함으로써 부모는 자녀의 세계관을 달콤하고 미묘한 방식으로 형성한다.

유대교는 "누울 때와 일어날 때"3 기도하도록 권장하고, 특정한 야간 기도와 아침 기도를 제공한다. 따라서 다른 날 아침에 감사하는 "Thank you"로 시작하여 지구상의 또 다른 날에 희망적인 "Please"로 끝맺는다.

쉐마(Shema)는 야간 축복이다. 모든 유대인 예배의식 중 가장 잘 알려진 한 줄인 쉐마는 기도도 축복도 아니다. 청원을 하지도 칭찬도 하지 않는다. 그것은 하나님을 통일체(히브리어로 echad: 에코드)로 선언 한다 . 그것은 또한 유대인 정체성과 연결성을 확인하는 것이다. 쉐마는 유대인이 죽기 전에 해야 할 마지막 말이다. 그것이 밤에 "잠에서 깨어나기 전에 죽는다면"처럼 잠들기 전에 낭송되는 이유이다. 아이에게는 어둠 속에서 부드럽게 울려 퍼지는 히브리 단어의 소리가 자신의 침실의 안전과 평화와 관련된 아름다운 선율의 주문(mantra)이 된다.

Shema Yisrael, Adonai Eloheynu, Adonai Echad
오 이스라엘아 들어라, 주님은 우리 하나님이시고, 주님은 하나이시다.

---

3 V'ahavta에서, Shema의 완전한 첫 단락인데, 친숙한 단 하나의 하나님의 일치에 대한 온라인상 성명서를 따른다.

어두운 밤에 조용히 껴안는 동안 암송되는 밤 기도 쉐마는 방금 끝
난 날에 대한, 잘 된 것과 잘못된 것에 대한 아늑한 대화의 무대를 만들
어 줄 수 있다. 또한 그 시간은 테수바(tessuvah, 글자 그대로 '선회' 또는
'회개')에 대한, 당신이 내일 다르게 행하고자 원하는 것을 생각하는 것
에 대한 영적 관행을 진행하는 시간이다.

아침 기도 '모데 아니'(Modeh ani)는 잠에서 깨어날 때, 잠자는 자의
영혼을 회복해 주신 것에 대해 하나님께 감사하는 것이다. 발랄한 선율
로 노래하면 졸린 아이를 깨울 수 있는 사랑스런 방법이 될 수 있다.이
의례 절차와 더불어 자란 사람들은 그 아침 기도가 밤 기도 쉐마
(Shema)처럼 편안함을 준다는 것을 깨닫는다.

> Modeh ani lifanecha, melech chai vikayam, shehechezarta bi
> nishmati bechemlah; raba emunatecha.
> 영원한 삶의 원천이여, 당신의 긍휼하심에 감사한다. 당신은 내 영혼을
> 돌려주었다. 당신의 신앙은 위대하다.[4]

속기 버전은 "모데 아니"(Modeh ani)가 "나는 고맙다"라는 의미일
수 있다.

저녁과 아침 의식을 유대인처럼 하는 다른 방법은 단순히 현대 히브
리어 인사말을 사용하는 것이다. 조명을 끌 때 "Leila tov"(안녕히 주무
세요)라고 말하며, 새로운 날을 맞이할 때 "Boker tov"(안녕하세요)라

---

4 Translation from *Siddur Birkat Shalom*(Somerville, MA: Havurat Shalom Siddur
  Project, 1991), P. I. Used with permission.

고 말하라. 당신의 관습이 무엇이든 간에, 명확한 유대인 방식으로 그 날을 시작하고 마감하는 부모들은 매일의 유대인임을 확인하는 것, 좋은 추억 그리고 우리 삶의 신성함을 부드럽게 인정하는 것들에 대한 모델을 아이들에게 제공하는 것이다.

3. 주마다: 안식일

"가장 중요한 유대인 공휴일은 언제인가?" 이 오래된 '속임수' 질문에 대한 답은 속죄일(Yom Kippur)나 유월절(Passover)이 아니다. 가장 중요한 공휴일은 연례행사가 아니라 매주 일곱째 날이다.

안식일은 히브리 이름을 가진 유일한 날인 유대인 시대의 지도원리가 되는 것(polestar)이다. 나머지는 단순히 안식일과 관련하여 번호가 매겨졌기 때문에 화요일은 욤 세피쉬(Yom Shefishi), 즉 '셋째 날'이다.

유대교의 랍비 헤셸(Rabbi Heschel)은 안식일을 그의 "시간의 건축"이라는 글에서 초석으로 상상했고, 안식일을 "우리 대성당"이라고 불렀다.5 은유는 아름답지만 약간은 금지되어 있다. 대성당은 술 취하지 말 것을 제안하지만, 안식일에는 반성과 기도만큼이나 경박함을 위한 여지도 더 많다.

부모에게는, 안식일이 완벽한 유대교 수업(lesson) 계획이다. 그러나 그 이미지는 안식일의 본질과 교훈이 기쁨이기 때문에 안식일이 과도하게 공식적으로 들리게 한다. 안식일에는 여러 가지 형태와 분위기가 있을 수 있다. 그날의 일부는 명상적이고 평화롭고 학문적일 수도

5 Heschel, *The Sabbath*, p. 8.

있지만 어리석고 관능적이며 편안하고 장난스러운 것도 안식일에는 괜찮다.

안식일은 매주 다가온다. 그러나 안식일은 단지 당신의 집에서만 나타나지 않는다. 당신은 그것을 안으로 초대해야한다. 안식일은 그냥 일어나지 않는다. 그것은 매주 기억되고 만들어져야한다. 이것에 대한 유대인의 어투는 "안식일을 만드는 것"이라는 이디시어 단어 샤비즈(Shabbes)를 사용하고 있다. 식료품 목록에 안식일용 빵(challah)을 추가할 것을 명심하는 것과 같은 작은 일로 시작된다. 결국 연습과 함께 안식일은 당신과 당신 안에서 성장하여 마침내 그 주에서 놓은 지점이 된다. 다음 페이지는 안식일이 어떻게 행해지는지 하지만 먼저, 왜 그런지를 조금 설명한다.

1) 기원과 장애물들

이 단어에 대한 첫 번째 언급은 창세기 앞에 나오는 동사, 즉 "멈춘다" 또는 "중단하다" 또는 "쉬었다"라는 의미의 샤바트(shavat) 형태로 나온다.

일곱째 날에 하나님께서는 당신이 만드신 일을 끝내셨다.
하나님은 일곱째 날을 복 주시고 거룩하게 선언했다. 왜냐하면 하나님께서는 창조하신 모든 일에서 하나님이 멈추셨기 때문이다.

출애굽기에서 하나님은 안식일을 유대인들에게 그들 사이의 관계의 증표로 "주신다"라고 되어 있다. 즉 "내가 그들에게 나와 그들 사이의 표적이 되도록 안식일을 주었다. 그리하여 그들은 내가 그들을 성화시키는 유일한 방법이라는 사실을 알 것이다."6

관습과 율법에 따르면, 유대인들은 하나님께서 제7일에 행하신 일을 모방함으로써 이 언약에서 자신들의 역할을 소중히 한다. 즉 하나님이 쉬셨고 세상을 토브(tov: 'good'이라는 의미)라고 선언한 것처럼 자신들도 쉬면서 세상을 선하다라고 선언함으로써 기념한다.

안식일은 고대 세계에서 혁명적인 개념이었다. 부유한 사람들만이 여가의 특권을 누렸다. 유대인들은 매 일곱째 날을 쉬는 것뿐만 아니라 하인과 비유대인 손님, 심지어는 가축을 포함하여 지역 사회의 모든 사람들이 일을 자제해야 한다고 주장했다. 안식일은 모든 인간이 자유로워진다면 세상이 어떠할 것인가를 일목요연하게 제시함으로써 보편적인 평화와 정의의 꿈에 실질적 요소를 부여했다. 탈무드의 유대교 랍비들은 안식일의 힘을 궁극적으로 구원하는 것이라고 상상했다. 그들은 모든 유대인들이 두 번의 연속 안식일을 완전히 지키면 세상이 에덴동산에서 상상한 것처럼 시간의 시작 때에만 알려진 완벽한 상태로 돌아갈 것이라고 상상했다.7

안식일을 축하하는 것은 유대인들을 갈라놓고 가끔 곤경에 빠지게 한다. 유대인 역사의 여러 지점에서 세속적인 정부당국은 그 준수를 금지했다. 그러나 가장 좋은 시기에도 안식일은 어려운 명령이 될 수 있다.

오늘날, 안식일 지키는 것에 있어 장애물은 대부분 자체적으로 부과된다. 기다릴 수없는 마감 시간, 집으로 가는 긴 통근 시간, 금요일 오후

---

6 Ezekiel 20:12.

7 Shabbat 118b.

늦은 회의, 토요일 축구 경기 등이 있다. 외부 압력을 제쳐두고도 우리가 일주일에 한번 일에서 벗어나 쉬지 못하게 하는 다른 이유가 있다. 즉 아이들은 성미가 까다롭고, 어른은 탈진되어 있고, 냉장고는 비어 있고, 기도는 낯설고, 의식행사는 인위적으로 보이기 때문에 회당은 멀어진다.

그럼에도 불구하고, 안식일을 변형시킬 잠재력은 그다지 매력적이지 않다. 가족생활에 대한 스트레스는 극단적이다. 우리는 단순히 서로를 즐기기에는 너무 시간이 없다. 부모는 소비주의가 왕이 되는 문화에서 연속성과 정체감을 부여하는 것이, 위험하게 보이는 세계에서 안전감을 제공하는 것이, 일간신문 머리기사에서 사라진 도덕적이고 윤리적인 교훈을 가르치는 것이 얼마나 어려운지를 예민할 정도로 잘 알고 있다.

현대 사회에서 안식일을 준수하는 것은 자기결단의 근본적 행위이다. 시간을 내어 시장과 대중매체의 소음을 우리가 소중히 여기는 사람들의 목소리로 대체하면 우리의 가장 중요한 개인적 약속을 이행하게 되는 것이다. 안식일은 단어 속 '가치'(values)와 '우선순위'(priorities)를 행동으로 옮기기 위한 수단이다. 안식일은 우리 아이들을 위해 가장 좋아하는 소망을 연결과 평화라는 단단한 전선으로 변화시킬 수 있다.

안식일은 부모님에게 제1장에 설명된 네 가지 전략을 모두 사용하여 유대인이 될 방법과 이유를 아이들에게 가르칠 무수한 기회를 제공한다. 안식일은 부모가 유대인의 가치와 삶의 형식과 내용을 믿을 만하고 즐거운 방식으로 모델화할 수 있는 방법을 제시해 주는 것에 관한 것이다. 안식일은 모든 종류의 "가르치는 순간"으로 가득 차 있고, 평생 지속되는 맛, 냄새, 소리 및 연상 내용들을 위한 기본 설정인 안식일 식탁에서 시작될 수 있다. 종교적 관점에서, 안식일은 신과의 관계를 기억하기 위해 따로 마련된 시간이다. 아무리 당신이 본질적으로나, 당신 가족의 눈으로나, 율법에 기초하거나 하여 삶의 거룩함을 정의내리고 안다 하더라도, 안식일을 단지 엿볼 뿐이다.

2) 당신만의 안식일 만들기

일부 가족의 경우, 안식일은 금요일 저녁 일몰 직전부터 시작하여 토요일에 일몰 후에 끝나며 하늘에 세 개의 별이 표시되는 25시간의 지속 기간이다.

일부 가족의 경우, 안식일은 금요일 저녁이다. 가족 전체가 테이블에 모였을 때 시작되며 디저트로 끝난다.

대부분의 가족들에게 안식일은 아이가 성장하고 변화하기 때문에, 어른이 그 리듬으로 느슨하게 풀어주는 법을 배우기 때문에, 해를 거듭해서 바뀐다. 모든 가정에서 안식일은 주마다 사람들의 분위기와 집에 손님이 있는지 여부, 양초를 공휴일용 오두막에서 켰는지 등에 따라 다양하다.

비록 당신이 올해, 이번 계절에, 이번 주에 "안식일을 만든다" 하더라도, 안식일의 목표는 항상 가족이 가정생활에서 평온한 휴식을 취하는 것이다. 집에서 안식일 준수에 관해 분개하거나 압박감을 느끼는 경우, 한 발 뒤로 물러나서 다시 생각해보고 선택 사항에 관해 논의해 보라. 안식일은 진행 중인 창조의 부분이다. 회반죽과 벽돌로 만든 대성당과는 달리, 안식일은 살아있는 전통이며 모든 생물과 마찬가지로 변화한다.

기억해야 할 중요한 점은 안식일을 만드는 어떤 올바른 방법은 없다는 것이다. 유대인들은 나라뿐 아니라 부엌에 따라서도 다양한 음식, 멜로디 및 풍습으로 안식일을 경축한다. 당신 가정 내에서 독특한 것과 상관없이, 안식일은 일관된 기초에서 그 주의 나머지 부분과 분리함으로써 특별하고 거룩해진다. 어떻게 당신이 안식일을 다르게 설정하는가는 당신에게 달렸다. 안식일은 넥타이와 하이힐을 내리는 날, 또는 당신의 가장 멋진 옷을 입는 날이 될 수 있다. 점심시간이나 낮잠 시간대에 손님이 항상 있는 날이 될 수 있다. 아이스크림을 함께 먹으러 가는 날, 또는 자녀가 포도주 잔에서 음료수를 마시는 것을 허용하는 날이 될 수 있다. 어떤 선택을 하든지, 일관성은 가족 전통을 창조하는 데 있어 핵심이다. 당신의 실천에 항상 예외가 있을지라도(당신이 휴가를 가거나, 아이들이 여름 캠프에 있거나, 비유대인 가족이 식탁에 있는 것처럼), '규칙'은 분명해야 한다.

'규칙'에 대한 이야기가 어떤 사람들을 발끈하게 할 수 있다. 특히 안식일을 어린 시절의 규제와 자아 거부의 날로 경험한 사람들을. 그러나 정상적인 활동에 대한 제한은 처벌을 의미하지 않는다. 예를 들어, 유대인 전통은 안식일에 관한 대부분의 일을 금지하지만, 일에 대한 금지는 단순히 단순한 일을 위해 따로 마련된 하루 동안의 보호 울타리에 불과하다.[8] 마찬가지로, 안식일 규칙은 가족의 삶에서 그토록 오래가는 휴식과 평화의 섬을 만들기 위한 도구이다.

---

8 안식일에 금지되어있는 종류의 일은 탈무드의 미쉬나(Mishnah)에 열거된 39개 특정 직무의 목록을 기반으로 한다. 유대교의 랍비들은 본질적으로 농사짓는 이러한 일들이 광야에서 이동식 예배소를 건설하는 작업에서 유래되었다고 이론화했다. 일부 유대교의 랍비들은 전기 사용에 대한 현대적 금지를 포함한 다른 제한이 미쉬나와 유대 부속 규약에 근거한다고 한다.

기도, 공부, 먹는 것은 아이들을 가르치고, 결혼을 준비하고, 사랑하는 것처럼 안식일에 허용된다. 안식일은 잠자고, 읽고, 채팅하고, 노래하고, 명상하고, 친구들과 함께 방문하고, 아이들과 놀고, 숲을 걷거나 해변에서 산책을 나가기 위한 것이다.

안식일은 또한 "예"라고 말하는 날이기도 하다. 대부분의 경우 부모는 반대론자가 되도록 요구받는데 이 또한 부모의 일 중 중요한 부분이다. "아니, 아침에는 초콜릿 케이크를 먹을 수 없어", "아니, 우리는 지금 놀 수 없다. 너는 학교에 늦는다." "아니, 오늘 반바지를 입는 것은 너무 춥다." 안식일은 이러한 반사적 또는 자동적으로 "아니오"를 버리고 당신의 그러한 방식을 벗어나 "예"로 가보도록 노력하는 날이다.

역설적으로 말하면, 하루를 쉬는 것은 쉽지 않다. 안식일은 정말 일종의 훈육이다. 당신이 안식일에 "예"라고 말하는 것의 의미는 인생의 다른 중요한 요소에서는 "아니오"라고 말하는 것이다. 자유주의 유대인들은 안식일에 속하고 속하지 않는 것, 안식일의 정신을 어기는 것과 육성하는 것 등에 대한 기준을 설정하느라 애를 쓰고 있다. 전통적으로 안식일에는 돈을 쓰거나 돈을 내지 않는다. 일부 유대인들은 모든 형태의 쇼핑을 피하면서 전통을 존중하지만 안식일 오후에 아이들을 데리고 나가는 것을 예외로 한다. 유대인 중 일부는 콤팩트 디스크 플레이어나 바이올린으로 음악을 연주하는 것이 피해야 할 일이라는 생각에 동의한다. 그러나 다른 사람들에게 안식일은 어떤 형태로든 음악의 아름다움을 즐길 수 있는 드문 기회이다.

히브리어에는 안식일에 관한 계명의 두 가지 버전과 유대인들이 그것을 지켜야하는 것과 관련된 두 가지 동사가 있다. '경비하다'(to guard) 또는 '지키다'(keep)를 의미하는 샤머(shamor)와 '기억하기'라는 동사의 자코르(zachor)가 있는데 이는 우리가 안식일에 말하고 행하는 모든 것에 관해 주의를 기울여야 함을 암시한다. 자코르는 우리가 안식일의 평화에 대한 척도에 반하는 모든 선택을 측정하도록 요구한다.

끝없는 대중문화 세계 문화에서 일몰부터 일몰까지 안식일을 기억하는 것은 엄청난 훈련이 될 수 있다. 클라리넷을 공부하거나 테니스를 치는 것과 같이 자유롭게 선택한 다른 분야와 마찬가지로 보다 기본적인 것들을 배우는 데는 시간이 필요하고, 세밀한 점을 익히기 위해서는 몇 년이 걸린다. 그래서 아이들이 때때로 안식일 식탁에서 징징거리거나 아빠가 금요일 밤에 아이들과 저녁을 먹기에는 너무 늦었더라도 너무 걱정하지는 마라. 당신 생각에 안식일이 '지켜져'(ought)야 한다는 것과 현실의 안식일을 비교하지 않도록 노력하라. 이번 주는 당신 추구한 것이 안 되더라도, 다음 주는 항상 있다.

안식일은 시간이 지나면서 쉬워지고, 또한 더 달콤해진다.

3) 안식일 맞이하기

모든 안식일에는 세 가지 '계절'이 있다. 안식일 전야인 금요일 저녁은 안식일 중 가장 가정과 가족이 중심이 되는 부분이다. 그것은 축제분위기의 저녁식사 테이블을 중심으로 한 오감의 축하자리이다.

토요일 아침은 가장 예식적이며 형식적이며 공동체적인 부분이다. 지성을 존중하는 그 시간은 율법을 읽는 것에 초점이 되는 예배를 중심으로 삼는 경향이 있다.

토요일 오후는 그날의 가장 구조화되지 않은 부분이며, 가족 관계를 확인하고 간단한 즐거움을 선사할 시간이다. 점심시간부터 안식일을 끝내는 하브달라(Havdalah: 분리)의 짧은 기도까지의 시간은 이상적으로는 의무가 없는 영역이다.

당신이 막 안식일을 축하하기 시작한 경우라면, 그 모든 일을 하려고 애쓰지는 마라. 금요일 저녁 축복으로 시작하여 가족에게 적당한 그 다음 단계로 진행하라.

자유주의 유대인의 경우, 안식일은 금요일 저녁식사 식탁에서 시작된다. 유대인의 법은 석양에 앞서 18분 동안 촛불을 밝히는 것을 요구하지만, 대부분의 가족은 일몰 한 시간 후든 한 시간 전이든 모든 사람이 모이고 저녁을 먹을 때만 안식일을 시작한다.

저녁식사 테이블은 금요일 밤에 초점을 맞추고 먹는 것이 유대인의 열정이지만, 음식은 식사를 안식일의 의식 시작으로 만드는 부분의 일부이다. 마찬가지로 중요한 것은 먹는 곳(부엌이 아닌 식당이나 갑판)과 테이블 준비 방법(종이 대신 천 냅킨, 신선한 꽃)이다. 당신이 로스트 치킨 축제나 테이크아웃 피자나 특별한 빵 접시 또는 간단한 도마를 가지고 있든 아니든, 안식일용 촛대와 포도주 컵은 안식일이 곧 다가온다는 단서가 된다.

다음은 '무대 설정' 방법에 대한 제안이다.

(1) 정장 또는 편한 복장

청바지를 입든, 잘 차려입든 안식일을 맞이하기 위해 외모를 바꿀 어떤 것이든 안식일에 인사하기 위해서라면 좋다. 이것은 손과 얼굴을 씻는 것과 모자(yarmulke)를 쓰는 것과 같이 간단하다. 향수를 뿌리고 싶다면 약간 만, 자녀도 원한다면 허락하고 시계는 제거하라.

(2) 주머니를 비우거나 지갑을 자선용 상자로 바꿔라

자선을 위한 돼지 저금통처럼, 자선용 상자(pushke라고도 함)는 세계의 다른 사람들이 도움이 필요하다는 것과 유대인들이 우리가 가진 것을 가난한 사람들과 공유한다는 것을 상기시켜준다(자선에 대한 자세한 내용은 3장을 참조.)

(3) 분위기를 바꿔라

전등 빛을 낮추고. 전화 플러그를 뽑아라. 테이블을 준비하는 동안 좋아하는 유대인 음악을 틀어라. 일몰을 몇 분간 지켜보라. 테이블 중앙에 장식물을 놓아라. 신선한 꽃이 있다면 건네서 모두 냄새 맡을 수 있게 하라. 촛불을 밝히고 식사하라.

(4) 노래 부르기

안식일의 노래는 훌륭하다. 자녀가 유대인 유치원, 주간학교 또는 히브리 학교에 다니는 경우, 당신에게 노래 하나를 가르쳐 주게 된다면 그 자녀는 기뻐할 것이다. 그러나 거의 모든 노래는 그 '분위기'를 축하 분위기로 바꿔 놓을 것이다.

(5) 집에 천국 냄새가 나도록 하라

저녁식사가 스토브 또는 오븐에 있다면, 당신은 이미 거기에 있는 것이다. 효과적인 방법은 몇 분 동안 오븐에 빵을 따뜻하게 데우는 것이다. 평온함과 안전함을 불러일으키는 데는 빵 향기가 최고다.

(6) 테이블에서 모두에게 인사하라

양초를 밝히기 전에 잠깐 손을 꽉 잡아라. 모든 사람이 심호흡을 하며 얼굴과 어깨의 긴장과 함께 풀 것을 제안하라.

양초에 불을 켜고, 식탁을 돌아다니며 가족 구성원들이 "이번 주는 뭐, 뭐 때문에 멋졌어"라는 문장을 완성하도록 하라. 이제 축복을 받을 준비가 되었다. 당신의 집에 가져 오는 마법의 말, 촛불, 포도주 및 빵에 대한 핵심적인 축복이 낭송된다.

(7) 촛불 밝히기

Baruch Ata Adonai, Eloheynu Melech Ha-olam asher kid'sha-nu b'mitzvotav vitsivanu l' hadlik ner shelshabbat.
거룩한 축복, 당신의 임재는 창조물을 채우신다. 주님은 우리를 당신의 계명으로 거룩하게 하시고 안식일의 등불을 비추라고 우리들을 부르신다.[9]

매주 금요일 밤 유대인들은 전 세계에서 이 의식에 참여하고 있는

---

9 This translation, and all translations of blessings in this chapter, come from *Vetaher Libeynu*("Purify Our Hearts"), the prayer book of Congregation Beth El of the Sudbury River Valley(Sudbury, MA, 1980).

데, 그것은 이미 1세기경에 유대인 생활의 일부였다.[10] 이전 시대에 안
식일 전등은 오일 램프였다. 오늘날 양초는 유대인 상점과 많은 슈퍼마
켓에서 예식을 위해 팔리는 짧고, 흰색의, 동물성 지방이 없는 정결한
양초들이 일반적이다. 생일 축하에 쓰이는 색깔이 있거나 또는 무지개
색 양초로 대신하는 것도 재미있다.

두개의 양초가 전통적이지만 일부 가족은 모든 아이를 위해 여분을
둔다. 일부 가정에서는 모든 사람이 자신의 촛대를 가지고 있다. 손님
도 촛대를 가져올 수 있다.

전통에 따르면, 촛불을 밝히는 계율은 집안의 여자에게 속하고, 많
은 여성들은 자신의 것으로 그 관습을 소중히 여긴다. 그러나 일부 가족
의 경우 성별에 관계없이 모든 사람이 돌아가면서 그 일을 한다.

양초를 먼저 밝히고 두 번째로 축복을 암송하는 것이 전통이다.[11]
축복하는 동안 눈을 감거나 덮는 관습은 세상의 변화를 일으킨다는 것
이다. 왜냐하면 눈을 다시 뜰 때 아브라카다브라!(Abracadabra: 주문을
외울 때 쓰는 말. "수리 수리 마수리" 같은 말), 평일, 일하는 날의 세상은
특별하고 거룩하며 안식일이기 때문이다.

양초를 밝힘으로써 구별을 표시하기 위해 "안식일 안녕" 또는 "좋은
안식일"이라는 단어를 사용하여 모든 사람들에게 다시 인사할 수 있다.
많은 가정에서 촛불을 밝힌 후 "안식일 안녕" 노래를 부른다. 일부 가정

---

10 Hayyim Schauss, *The Jewish Festivals*(Schocken, 1962), p.33. The blessing
   dates from the eighth or ninth century.
11 축복을 말하기 전에 먼저 행동을 취하는 것은 순서에서 벗어난 것이다. 왜냐하면 빵을
   먹거나 포도주를 마시는 것과 같은 행동을 포함하는 대부분의 경우에서 축복이 먼저 언
   급되기 때문이다. 일단 축복이 낭송되면 안식일이 시작되고 불이 켜지지 않기 때문에
   촛불을 사용하는 것은 불가능하다.

에서는 식탁에 있는 모든 사람들이 키스를 교환하는 습관이 있다.

축복을 말하거나 찬양하기 전에, 사람들은 불길을 손으로 세 번 돌린다. 이것은 촛불로 그리는 신비한 몸짓으로 하나님이 현존하심에 대한 보편적인 상징이다. 많은 사람들이 점등되기 전이나 눈을 가리거나 하는 그 순간을 위해, 조용한 기도나 평화와 고요함의 기도를 위해 잠시 멈춘다.

아이들은 촛불의 힘과 아름다움 그리고 성냥과 불길에 매료된다. 성냥을 '후' 부는 것은 어린아이들에게는 탐나는 영광이다. 시간이 지남에 따라 성냥과 양초는 처음으로 성냥을 켰을 때, 처음으로 축복을 인도할 때, 자녀가 자신의 촛대 세트를 얻는 생일 때, 9월에 대학 기숙사에서 그 자녀가 촛불을 밝힐 때 등의 이정표가 된다.

(8) 포도주를 위한 축복

Baruch Ata Adonai, Eloheynu Melech Ha-olam boray p'ree hagafen.
거룩한 축복, 당신의 현존하심은 포도나무 열매를 맺게 하시면서 창조물을 가득 채우신다.

유대교는 시간을 거룩하게 하기 위해 포도주를 사용한다. 카도시(kadosh: 신성함)와 동일한 히브리어 어원인 '거룩한'에 기초하여 '신성함을 만드는' 그 행동 즉 포도주 위에서 축복하는 것은 사실상 유대인 생활의 즐거운 축하의 일부이다. 공휴일과 결혼식을 위한 몇 가지 확장된 거룩한 축복이 있지만, 금요일 밤 및 토요일 점심을 위해, 그 핵심은 항상 동일한 보라프리 하가폰(boray p'ree hagafen)이다.12

신성함을 말하는 방법에 관해 많은 가족 전통이 있는데 많은 사람들이 일제히 보라프리 하가폰을 암송하지만, 일부 가정에서는 지도자가 여러 가지 시점에 합류하는 다른 사람들과 신성함에 대한 긴 노래를 부른다.

당신, 당신의 가족, 또는 손님이 신성함 또는 여기에 언급된 다른 기도에 대한 단어에 익숙하지 않은 경우, 일부, 가정용으로 많은 유대인 단체에 의해 만들어진 작은 기도서 밴처즈(benchers)를 갖는 것에 대해 생각해보라. 이디시어로 '기도하다'라는 단어에서 유래한 많은 기도서는 히브리어와 영어 번역 외에도 바꿔 쓴 음역을 포함한다. 또는 맞춤형으로 한두 장되는 가정용 기도서를 작성할 수도 있다.

어떤 가족의 경우, 리더 또는 전체 인원이 안식일을 기념하는 동안 서서하는 습관이 있다. 그러나 다른 모든 사람들은 모두 앉아서 한다. 어떤 사람들은 하나의 컵에 축복을 말한 다음 다른 컵에 쏟거나 부어준

---

12 금요일 밤에 핵심 브라챠(b'racha)는 두 개의 긴 구절 사이에 끼어 있으며, 하나는 세계의 창조를 말하는 것이고, 다른 하나는 이집트에서의 출애굽과 안식일의 신성을 생각해 보게 한다(히브리 사람을 위한 모든 기도서 "매일기도 제목" 참조):
여섯째 날 저녁이 있었고 아침이 되니라. 그리고 하늘과 땅과 그들이 가진 모든 것이 완성되었고, 일곱째 날에 하나님께서는 하나님께서 만드신 모든 일로부터 쉬셨다. 그리고 신이 일곱 번째 날을 축복하고 거룩하게 만들었다. 왜냐하면 신이 창조하고 만든 모든 일에서 신이 쉬었기 때문이다. 신성한 축복, 당신의 임재는 포도나무의 열매를 맺는 창조물을 가득 채운다. 거룩한 축복, 당신의 임재는 창조물을 채우고, 당신은 우리를 당신의 계명으로 거룩하게 만들었고, 우리를 기쁘게 했다. 사랑으로 우리는 창조의 역사를 상기시키는 당신의 거룩한 안식일의 은사로 우리에게 호의를 베푸셨다. 우리가 이집트에서 나가는 것을 상기시켜주는 것은 거룩한 날들의 첫날이다. 당신은 거룩한 안식일을 모든 세대를 우아하게 하는 보물로 우리에게 주셨다. 거룩한 축복, 당신은 안식일을 거룩하게 만드신다.

다. 다른 곳에서는 모두가 자신의 잔으로 마신다. 일부 가족은 안식일 기념을 위해 정결한 포도주만 사용하는 것을 강조한다(정결한 포도주에 대한 설명은 3장 참조). 포도 주스는 포도주의 좋은 대용물이다. 왜냐하면 그것 또한 '포도나무의 열매'이기 때문이다.

(9) 빵을 위한 축복

Baruch Ata Adonai, Eloheynu Melech Ha-olam hamotzi le-chem min ha-aretz.
거룩한 축복, 당신의 임재는 창조물을 가득 채우고 지상에서 빵을 가져옵니다.

하로츠(Hamotzi: 앞으로 가져온 사람)라는 축복은 안식일뿐 아니라 언제든지 빵 덩어리 위에서 낭송된다. 그러나 일반적으로 식사 전에 축복을 말하지 않는 유대인들에게는, 하로츠는 안식일에 먹은 빵 덩어리라는 생각을 한다. 이것이 많은 아이들이 배우는 첫 번째 축복이기 때문에, 안식일 식탁에서 아이들에게 주고 함께 나누는 것은 영광이다.

빵을 쪼개는 것과 같은 간단한 습관과 더불어 다양한 방법이 있다. 전통적으로, 테이블에 빵 두 덩어리가 있는데 풍요로움을 상징하고, 고대 유대인이 회당에 가져온 '두 배 몫'(double portion)을 회상케 한다. 그것은 이집트에서 탈출하는 동안 유대인들이 보답으로 받은 두 배 몫의 만나 나무열매를 상징하는 것이다.

어떤 가정에서는, 빵을 찢어서 그 조각들을 식탁 주위에 건넨다. 그 관습은 일반적으로 안식일 식탁에서 폭력과 전쟁을 상기시키는 날카로운 칼을 피하는 방법으로 설명된다. 그러나 다른 가정에서는 빵을 얇게 썰어 큰 접시에 담는다. 일부 가족들은 모두 축복하는 동안 빵이나 접시를 만지기 위해 식탁 중앙으로 간다. 빵을 소금에 절이는 관습은 회당시대를 상기하는 것으로 설명할 수 있는데, 그때는 하나님께 제단에 올리는 제물이 소금에 절여 있었다.

유대인계 미국인들에게 있어서, 그 빵은 금요일 밤과 공휴일에 제공되는 계란이 풍부하고 꼰 빵 덩어리를 의미한다. 율법에서, 그 빵은 특별한 안식일 빵이었고, 축복을 위한 유대법률에 따라 준비되는 어떠한 빵 덩어리도 그 이름으로 불렀다.[13] 다른 문화권에서, 비록 안식일에는 그 주의 '일상적인 빵'과 다르게 하기 위해 모양과 맛이 특별하게 만들어졌지만 그 빵은 현지 빵의 맛과 모양을 취했다.

정결한 빵은 유대인 빵집에서 이용가능하고 그 외 빵은 많은 슈퍼마켓에서 판매된다. 아이들은 빵과 다른 안식일 음식을 사기 위한 매주의 여행을 고대한다. 그것은 과자나 컵케이크에 대한 아이의 요구에 '예스'라고 하는 또 하나의 기회이며, 달콤함을 유대인의 삶의 리듬과 연결하게 하는 방법이다.

할라빵은 냉동 구매하여 집에서 구울 수 있다. 그것은 또한 긁어서 굽기에 편한 빵 중 하나이며, 아이들은 반죽을 내리치고 그것을 땋는 것에 관련되기를 좋아한다(아이들과 함께하는 할라빵 굽는 것에 대한 단계별 안내는 존 나단(Joan Nathan)의 『아이들의 유대인 공휴일 날 부엌』을 참조하라).

---

13 할라빵을 만드는 과정은 고대 회당 시대로 거슬러 올라간다. 유대인들이 우리의 누룩 덩어리보다 평평한 피타 빵에 훨씬 더 가까운 것을 먹었을 때. 그 빵의 종교적인 정의는 반죽 조각이 굽는 동안 부서지며 제물로 태워지며 축복을 암송하는 것을 요구한다(민수기 15:17-21).

4) 다른 안식일 축복

다음의 축복은 불과 몇 주 후에 집에서 전통이 될 수 있다. 이러한 축복은 일반적으로 촛불 밝히기와 안식일 사이에 추가되며, 손을 씻는 것이 항상 간단한 기도 전에 행해진다.

5) 가족을 축복하기

우리가 가장 사랑하는 사람들을 위한 가장 중요한 축복으로 여기도록 허용해 주는 세 가지 축복이 있다. 당신이 히브리어나 영어나 어떤 언어를 사용하더라도, 가족을 축복하는 것은 최소한 짧은 기간이나마 불필요한 오해와 지난주의 긴장을 없앨 수 있다.

(1) 아이들을 위한 축복

아들에 대한 전통적 축복은 비교적 희미한 에브라임(Ephraim)과 므낫세(Menashe) 즉 야곱이 요셉과 그의 이집트인 아내 아세나(Asenath)의 아이들인 손자들을 축복한 것에 근거하고 있다. 이들이 비(非)유대인 어머니의 아들이라는 사실은 유대인의 포용성과 유대인들이 결혼생활, 양자 입양 및 개종으로 어떻게 성장했는가에 대한 강력한 확인으로 이해할 수 있다.

딸을 위한 축복은 사라(Sarah), 레베카(Rebecca), 라첼(Rachel), 리아(Leah) 등 성서에 나오는 각자의 방식으로 강한 여성 대표들 4명을 열거한다.

양 부모든 한쪽 부모든 모두 감사와 사랑을 속삭이는 전통적 축복을 말한다.

(2) 소년들을 위해

Y'simcha Elohim k'E.frayim v'ch'M'nashe.
하나님이 당신을 에브라임과 메나세로 만드소서.

(3) 소녀들을 위해

Ysimeych Elohim k'Sarah, Rivkah, Rachel v'Leah.
하나님이 당신을 사라, 레베카, 라헬, 레아로 만드소서.

(4) 소년 소녀 둘 다를 위해(제사장 축복)

Y'varech-e'cha Adonai v'yish-marecha.
Ya'er Adonai panav eylecha vichuneka.
Yisa Adonai panav eylecha v''yasem I' cha shalom.
주님이 당신을 축복하고 당신을 계속 지키길 바랍니다.
주님이 주님의 얼굴을 당신에게 비추고 당신에게 은혜를 베풀어 주라.
주님이 너에게 은혜를 베풀고 너에게 평화를 주길.

부모는 때로는 가족이름을 대체한다. "베시(Bessie) 할머니와 루스 (Ruth) 할머니처럼 되게 하소서." 마시아 포크(Marcia Falk) 시인은 전통적 축복을 각각 아이의 개성을 나타내는 언어로 다시 썼다.

6) 아이들을 위한 축복(마샤 포크에 따라)[14]

(1) 소녀에게: (그녀의 이름)

Hayi asber tihyi-
vahayi brukhah-
ba'asher tihyi.
… (그녀의 이름)

너 다움으로 존재하라 그러면 축복을 받을 것이다. 너의 그 모든 것에.

(2) 소년에게: (그의 이름)

(그의 이름)
Heyeyh asher tihyeh-
vahayi brukhah-
ba'asher tihyeh.
vahayi brukhah- (그의 이름)

너다움으로 존재하라 그러면 축복을 받을 것이다. 너의 그 모든 것에.

---

14 Marcia Falk, The Book of Blessings(HarperSanFrancisco, 1996), pp.124-125. Used by permission.

(3) 배우자를 위한 축복

고대 관습에 따르면, 남편은 잠언을 아내에게 읽어주거나 노래를 불러준다.[15] 에세트 차일(Eshet Chayil: 용기를 가진 여성)이라 불리는 이 부분은 아내의 관대함, 아름다움, 사업적 통찰력, 지혜 및 사랑스러움을 칭찬한다. 많은 부부가 오늘날 그 주간의 사소한 말다툼을 끝내는 멋진 방법으로 "당신을 사랑한다"라고 말하기 위해 이 순간을 이용한다.[16]

모든 가족을 축복하는 대안으로 재건주의자의 가정 기도서에서 비롯된다.

안식일 식탁에 있는 모든 사람이 다음과 같이 말한다.

Harachaman Huyevarech bevirkat shalom.
자비로우신 이여, 우리 모두를 평화의 축복으로 복 주소서.[17]

7) 손 씻기

이 의식은 청결에 관한 것이 아니다. 어린아이라도 그 의식이 결코 아프게 하지 않는다. 먹기 전에 손을 정화하는 순간을 갖는 것은 목회자들이 제물을 제공한 그 시절부터 내려오는 정화의식의 흔적이다. 그러

---

15 Proverbs 31:10-31.

16 Marcia Falk has also written a beautiful "Blessing the Beloved", based on the poetry from Song of Songs(*Book of Blessings*, pp.126-27), which is presented in three forms: for use by a woman and a man, by two women, or by two men.

17 Rabbi David A. Teutsch, ed., *Kol Haneshama: Songs, Blessings, and Rituals for, the Home*(Reconstructionist Press, 1991), p.5.

나 성전이 파괴된 이후에, 가족 식탁이 공개 제단을 "거룩한 신성한 것" 으로 바꿔 놓았고, 잠시 멈춰 손을 씻고 축복을 암송하는 것이 식사와 같은 일상적인 행동에서조차 성스러운 것을 가장 많이 발견할 수 있다 는 것을 상기시키는 방법이다.

Baruch Ata Adonai, Efoheynu Mefech Ha-olam asher kid-shanu bîmitzvotav vitsivanu al netifat yadayim.
거룩한 축복, 당신의 임재는 창조물을 채우고 우리를 당신의 계명으로 거룩하게 만들고 우리 손을 씻으라고 우리에게 요구한다.
Baruch Ata Adonai, Efoheynu Mefech Ha-ofam asher kid-shanu b'mitzvotav vitsivanu al netifatyadayim
축복하시는 신성한 이여, 당신의 임재하심이 창조물을 가득 채우시고, 당신의 계명으로 우리를 거룩하게 하시고, 우리가 손을 씻게 요구하시 나이다.

손 씻기는 식탁 근처 특별한 사발이나 싱크대에서 진행되고, 몇몇 사람들은 놋대야(laver)라고 불리는 특별한 두 개의 손잡이가 있는 컵 을 사용한다. 몇몇 가정에서는, 차례대로 서로의 손가락 위로 물을 붓 는 관습이 있다. 또 하나의 관습에 따르면, 당신은 손 씻기와 축복하기 중간에 말하기를 삼간다. 모든 사람이 싱크대에서 식탁으로 되돌아오 기를 기다리는 동안 한 단어 미만의 가장 효과 있는 멜로디(niggun)를 모두가 부르게 되면 아이들이 이러한 행동을 하기가 더 쉽다.

(1) 저녁식사 동안

입 밖으로 나오는 말에 대해 의도적이 되는 것이 결코 쉽지 않지만 안식일 식탁은 우리가 말하는 내용과 방식에 주의를 기울여야할 장소이다. 당신이 존경하는 손님을 위한 파티인 것처럼 안식일 식탁을 생각하는 것이 도움이 될 것이다. 거기서는 못다 한 숙제나 처리하지 못한 영수증 따위를 가져 오는 것은 적절치 못할 것이다.

안식일 저녁식사에 손님을 초대하는 하나의 멋진 이유는 다른 사람의 존재가 모두를 더 좋은 행동으로 이끌며, 대화의 내용을 높이며 분위기를 밝게 하는 경향이 있기 때문이다. 그러나 비록 가족만 있다 하더라도, 멋지게 차려진 식탁은 좀 더 유쾌한 대화를 위한 무대를 설치하는 것이다. 자녀가 그 주에 일어난 이야기를 말하도록 장려하라. 부모는 지난 안식일 이후 당신이 배우고 즐긴 것을 회상하면서 시작할 수 있다. 그러나 가장 중요한 것은 말하는 방식이다, 간섭하거나, 비난하거나, 문제를 풀려고 애쓰지 마라. 소문을 내거나 사람들을 험담하지 마라. 가족을 축복하는 좋은 느낌을 계속 유지하고 "아니오"라고 말하지 않도록 노력하라.

(2) 식사 후 축복

유대인들은 식사 후 음식에 대한 감사를 표하는데 위에서 설명한 벤처즈(benchers)라 불리는 포켓용 크기로 인쇄된 기도서와 버캣 하마존 (Birkat Hamazon, 음식을 위한 축복)으로 불리는 기도서 그리고 축복에 관한 선문집으로 그렇게 한다.

버캣 하마존을 아는 사람들은 그 말과 멜로디를 유대인 여름캠프, 젊음이 클럽, 혹은 학교에서 배웠고, 그리하여 그 기도를 크고 집단적인 식사와 연관시킨다. 버캣 하마존 전체는 여러 페이지의 긴 기도서이지만 영어판뿐 아니라 두 페이지 형태의 히브리어 축약판이 있다. 그 판이 작은 모임에는 더 적당하다고 느낄 것이다.

축약판으로, 당신은 간단히 다음과 같이 말할 수 있다.

Baruch AtaAdonai, Hazan et Ha-kol.
거룩한 축복, 모든 사람들의 지지자.

(3) 저녁식사 후

안식일 저녁식사 후 전통적인 오락은 노래하는 것이고 대부분 참석자들은 많은 안식일 노래인 쯔미로트(z'mirot)에 가락을 포함시킨다. 식탁에 사람이 많을수록 노래는 더 활기 있고 다양해지는데 그것이 손님을 초대하는 하는 또 하나의 이유가 된다.

노래가 안식일을 펼쳐나가고 긴장을 푸는 유일한 방법은 아니다. 밖으로 나가 밤하늘을 보고 달에게 히브리 이름으로 인사해라("당신의 달력" 부분을 확인하라).

안식일을 위해 비축한 책을 크게 읽어라. 보드 게임을 하라. 악기를 연주하라. 함께 음악을 듣고 춤을 춰라. 아이들에게 억지로 들이밀기 전에 여분의 이야기를 읽어줘라. 저축한 책에서 크게 읽으라. 부부가 금요일 밤에 사랑을 나누는 것은 전통이다.

8) 금요일 밤 교회 예배

금요일 저녁 예배는 안식일을 환영한다는 뜻의 카불라트(Kabbalat)라고 불린다. 어떤 회당은 회중의 촛불 밝히기, 안식일 기도, 식사 기도를 갖춘 성서 낭독회(bimah)로 식탁 축복을 한다.

일부 회당에서는 카불라트 안식일 예배가 일찍 열려서 나중에 사람들이 저녁식사를 위해 집에 갈 수 있다. 하지만 다른 회당에서는 저녁식사 후 금요일 저녁 예배가 있게 되고 안식일의 기쁨이라는 오네그 샤벳(Oneg Shabbat) 모임이 뒤따른다. 그때는 친구들과 사교하고, 새로운 사람들을 만나고, 안식일의 사탕을 먹고, 그 공동체를 즐기는 시간이다.

많은 회당에서는 어린 자녀를 둔 가정을 대상으로 매주 금요일 밤 예배를 설정한다. 여기에는 공동 안식일 저녁식사가 포함될 수 있다. 이 저녁식사는 노래를 배우고 집에서 보내는 안식일에 대한 아이디어를 얻을 수 있는 좋은 장소가 될 수 있다.

안식일 음식

안식일은 우리를 초대하여 세 가지 '향연'을 즐기도록 하는데 그 주의 최고의 요리로서 대접하는 금요일 밤 저녁이 그렇다. 유대인 법에 따르면, 금요일 일몰 후 불을 밝히고 요리를 하는 것이 허용이 되지 않는데 이는 유대인 가정주부들이 대부분의 금요일을 장을 보고 세끼 식사를 요리하느라 보내는 것을 의미하기 때문이다(제3장 '음식'편은 유대인이 먹어야 할 것과 먹지 말아야 할 것에 대해, 왜 음식이 모든 유대인의 준수 사항의 일부인가에 대한 법률인 카슈루트(kashrut)를 설명한다).

오늘날 유대인 부모에게 있어 어려움은 한편으로 여분의 특별한 안식일 음식에 대한 열망과 억압받을 정도는 아니지만 그 기대가 수반하는 계획, 장보기, 요리하기로 인해 압박감을 느끼는 것 사이에서 균형을 유지하는 것이다.

당신이 집에서 어떻게 안식일을 준비할까 생각할 때, 스스로와 당신 생활의 현실적인 것들에 진실하라. 편부모나 맞벌이 가정에서는 외부에서 가져오는 음식으로 향연을 갖는 것도 좋은 해결책이 될 수 있다. 당신이 단지 부엌에서 시간을 보내기를 원하지 않는다면, 안식일의 요리에서 당신을 자유롭게 해주는 날로 만들 새로운 방법을 시도하라. 그러나 당신이 요리를 좋아하고 시간도 있다면 안식일에 가족과 손님에게 오랫동안 좋아해온 것들과 새로운 요리법으로 접대할 수 있다.

금요일 밤 저녁식사에 닭 가슴살이 중앙에 놓여야 한다는 규칙은 없지만 부모가 그와 같은 특별한 안식일 음식을 금요일 밤마다 접대하는 이유는 그 계획을 용이하게 하는 것 뿐 아니라 그 음식을 의식절차의 일부분으로 바꾸기 위함이고 가족의 전통을 만들기 위함이다. 그래서 안식일은 그 향이 닭 수프든 야채 라자냐(이탈리아 요리)든지, 구별되고 좋은 기억을 떠올리는 냄새를 가지게 된다. 어린 소년은 금요일 밤에 엄마가 닭을 굽는 것에 익숙해서 안식일에 손님을 위한 특별한 대접으로 요리한 가슴살을 보고 외치게 된다. "와! 노릿 노릿한 닭고기!"

9) 토요일 아침

토요일 아침은 안식일에서 가장 예배적 요소가 많다. 그래서 가장 '성인'(adult)적인 시간이다. 그러나 또한 안식일에서 가족들이 더 큰 유대인 공동체와 연결하는 때, 즉 가장 사교적인 부분이 될 수 있다.

아이들을 안식일 아침 예배로 데려가는 것은 부모의 태도, 회당 정책 및 프로그램, 아이들의 성격, 또래에 따라 즐거움이나 고난이 될 수 있다. 어린아이들은 발육상 예배의 내용을 이해할 수 없으며 대부분 조용히 앉아서 2시간에서 3시간 반 가량 진행되는 동안 주의를 기울이는 것이 거의 불가능하다는 것을 알게 된다. 모든 사람이 비참한 경험을 피하기 위해서 자녀가 즐겁게 자신이 할 수 있는 것을 배우도록 돕는 데 초점을 맞춰라.

실제로, 예배는 큰 경험의 한 부분일 뿐이라는 것을 기억할 때 특히 아이들은 예배에서 많은 것을 얻게 된다. 아이들에게는 회당에 간다는 것은 잘 차려 입고, 가족과 함께 걷거나 차로 운전하는 도중에 노래하고 단어 게임을 하는 것, 특별한 회당 친구를 만나는 것, 특별한 책, 장난감, 간식을 가져 오는 것 등을 포함한다.

안식일에 회당에 다니는 것은 모든 유형의 유대인의 경험을 자녀에게 제공한다. 아이들은 어른들이 기도에 참여하는 것을 보고, 멜로디를 들으며, 율법예배(아래에 설명 됨)가 연출되는 것을 유심히 보고, 회당에 가지 않았더라면 만날 수 없는 아이들과 친구가 되고, 가족의 관행이 더 큰 유대인 세계의 일부분임을 알게 된다. 그것을 통해 아이들은 회당에서 편안함을 느끼게 된다.

안식일 예배가 가족 모두에게 즐거움이 되도록 하기 위해 부모가 취할 수 있는 실질적인 단계가 있다. 당신이 항상 수중에 간식을 많이 가지고 있는지 확인하라. 일부 회당에서는 부모가 조용한 놀이를 위해 책, 크레파스, 퍼즐 등으로 가득 찬 안식일용 상자 또는 배낭을 가져온다. 그러나 당신은 회당의 관습인 민하그(minhag)를 존중하기 위해 회당 정책을 먼저 점검하는 것이 중요하다. 왜냐하면 많은 보수파 회당은 글, 그림 또는 공예품을 허용하지 않기 때문이다.

일부 회당에서는 유아를 위한 주간 활동, 취학 연령 아이를 위한 대화식 학습 예배, 심지어 아기를 위한 보육까지 제공한다. 자녀들은 방 주위에서 예배가 진행되는 것을 보거나 마지막 찬송가로 부모님과 다시 합류하기 위해 성스러운 곳으로 종종 다시 되돌아오게 된다. 그러한 프로그램이 아직 존재하지 않는다면, 프로그램을 요청하고, 조직하고, 그 내용들을 채우는데 도움을 줄 수 있다.

모든 예배와 마찬가지로 안식일 예식은 히브리어의 양, 기간, 형식, 음악 및 아이 프로그램의 관점에서 회당마다 다양하다. 다양한 회당들이 유아와 걸음마 단계 아이들이 있는 가정에서 나오는 와자지껄한 소리를 용납한다. 그래서 당신과 가족 모두에게 편안한 회당을 찾는 것이 중요한 이유가 된다. (3장의 "회당에 합류하기"를 참조하라.)

자녀를 회당에 데려올 때 자녀가 얼마나 오래 머무를 수 있는지 정직하게 평가하라. 모든 가족은 아이의 나이와 기질, 발육상의 능력, 회당의 기준 내용과 관습을 고려하면서 이 질문에 개별적으로 답을 해야 할 필요가 있다. 물론, 그 답은 아이가 변화함에 따라 바뀔 것이다. 그래서 당신의 결정을 새롭게 하고 재평가해야 한다는 것을 명심하라.

안식일 아침 예배(Shacharit): 개관

안식일 아침 예배에는 세 가지 부분이 있다. 도입부는 매일의 아침 축복, 찬송, 찬송기도로 구성된다. 두 번째 부분은 쉐마(Shema)와 그 축복이 이어지고, 기도 선집인 아미다(Amida) 혹은 테필라(Tefila)로 마무리 되는데 이것은 서 있는 동안 암송된다.

예배의 세 번째 부분은 예배 중심이며 예배의 절정으로 율법 읽기가 있다. 그 율법은 노아의 방주(Ark)에서 꺼내져 기쁜 노래 소리를 향해 회당 주변으로 옮겨진다. 율법 두루마리를 덮고 있는 장식은 읽기 준비를 위해 제거된다.

히브리 성경 중 최초 다섯 권인 율법은 각각 파라샤(parasha) 혹은 시드라(sedra)로 불리는데 54개의 영역으로 1년 주기로 읽는 것이다.[18] 모든 영역은 8개 부분으로 더 나눌 수 있는데 그 각각을 알리야(aliyah)라 한다. 이는 각각을 읽기 전후에 축복을 하는 사람에게 부여된 영광의 이름이기도 하다. 13세를 축하하는 자리인 성인식에서 그 알리야로 축하한다. 유대 회당의 랍비는 종종 드라쉬(d'rash) 혹은 드바 율법(d'var Torah)이라는 설교를 그 주의 율법 내용에 근거하여 진행한다.

율법 예배는 항상 '결론' 혹은 '완성'을 뜻하는 하르타라(Haftarah)라는 성경 보충 교재를 포함하는데 그 교재는 선지서의 글에서 발췌한 것이다. 파라샤나 하르타라를 읽으면 율법서는 노아의 방주로 되돌아가게 되고 예배는 애도자를 기리는 것과 마지막 찬송을 포함하는 마감기도로 끝이 난다.[19]

예배 이후에 대부분의 사람들은 초대되어 그 축제일을 함께한다. 모든 이가 포도주, 빵과 가벼운 과자를 놓고 또는 점심식사를 같이 하며 축복하기 위해 모여든다.

---

18 안식일은 전체 1주 단위의 율법 일부분인 파라샤를 전통적으로 크게 소리 내어 읽는 날이다. 어떤 회당은 3년마다 율법 독서주기를 채택하여 매주 각 파라샤의 내용 중 3분의 1만 읽는다.

19 많은 회당에서 율법 중심의 예배 이후에 무사프(Musaf) 라는 부수적인 예배를 짧게 드린다.

10) 토요일 오후

이때는 안식일 중 가장 비공식적이다. 유일한 '공식적인' 활동은, 아침식사는 중요하지 않아서 두 번째 안식일 식사로 생각하는 점심식사다. 점심은 전통적으로 포도주와 빵을 놓고 축복하는 것으로 시작된다.[20]

안식일 점심식사는 가족이 좋아하는 그 주간의 피자, 베이글, 타코 같은 식사를 즐기는 시간이다. 편하게 각자 음식을 조금씩 가져 와서 나눠 먹는 식사(potlucks) 또한 좋은 아이디어이고, 식탁에 손님이 오래 머물러 담화하고 노래하도록 장려하는 것도 좋고 자녀들이 친구를 초대하여 식사하면서 함께하는 것도 좋다.[21]

전통적으로, 안식일 오후는 낮잠도 자고, 산책도 하고, 이야기도 하고, 독서도 하는 시간이다. 정원에서 편지를 쓰거나 어슬렁거리는 것은 덜 전통적이지만 여전히 휴식과 안식일에 유념하는 것에서 괜찮다.

안식일은 부모와 자녀가 함께 놀거나 어른들이 도서관이나 미술관에서 '데이트'를 갖는 좋은 시간이다. 오후 시간이 늘어남에 따라 편안하게 머물러있는 것도 어렵게 되는데, 특히 다른 연령대의 아이들의 경우나 외부에서 해야 할 일이 있거나 선택해야 할 경우가 그러하다. 어떤

---

20 어떤 참석자도 긴 안식일 점심 기도를 하게 되며 혹은 짧게 성찬 포도주(borey p'ree hagafen)를 사용할 수도 있다.

21 점심시간에 완전한 식사를 하는 계율 지키기 위해, 그러나 안식일에 요리하는 것에 대한 규칙을 어기지 않은 채, 유대인 주부들은 느리게 요리되는 찜 종류 요리를 고안했는데 이것은 버너나 오븐에 밤새 고아 끓이는 것이다. 이것은 보통 육고기이고 동유럽에서는 콜렌트(cholent)라고 부르고 모로코에서는 다피나(dafina)라고 부르며 아랍 제과점 오븐에서 따뜻한 상태로 유지되며, 이라크의 요리사들은 티베트(tbeet)라고 불리는 닭고기와 쌀을 넣어 천천히 끓이는 요리를 만들었다.

일을 하든, 시간을 한껏 즐기고 사랑하는 사람들과 나누는 안식일의 원
래 목적에 충실하도록 노력하라.

11) 하브달라(Havdalah)

안식일은 시작할 때처럼, '평일'과 구별되는 안식일을 축복하는 것
으로 마친다. 마감하는 의식은 '분리'또는 '구별'을 의미하는 하달라라
고 한다. 안식일을 기념하는 시간을 많이 보내지 않았더라도, 이 모임
을 통해 다시 한 주가 시작하기 전에 당신은 재편성할 기회를 한 번 갖
게 된다.

하브달라는 오감을 포함하는 생생하고 짧고 극적인 예배이며 아이
들에게 완벽할 수 있다. 이 의식은 포도주와 향긋한 향료, 불, 구별에
대한 네 가지 축복으로 이루어져 있고 간단한 두 개의 노래로 끝난다.

하브달라 의식을 행하는 방법

① 태양빛이 하늘에서 희미해지는 것을 보면서 준비했다가 조명을
끄는 것으로 시작한다. 공식적으로 별이 보일 때 또는 너무 희미해서
어두운 색실과 흰색 차이를 구분할 수 없을 때가 하브달라에 맞는 시간
이다.

② 하브달라용 촛불을 켜라. 보통 양초는 적어도 두 개나 여러 개의
다양한 색으로 꼰 심지로 구성되어 있다. 축복은 '불빛들'을 의미하기에
하나 이상의 심지가 필요하다. 안식일에 불을 밝히는 것을 금하기에 축
복은 하지 않고 공식적으로 안식일은 끝이 난다. 하브달라용 양초는 모

든 유대 상점에서 구입할 수 있다.

③ 다음은 포도주에 대한 축복이다.

Baruch Ata Adonai, Eloheynu Melech Ha-olam boray phree
hagaftn.
거룩한 축복, 당신의 임재는 창조물을 채우고 포도나무의 열매를 맺게
하십니다.

컵을 들지만 모든 축복이 끝날 때까지 마시지 않는다.

④ 향기로운 향신료에 대한 축복.

Baruch Ata Adonai, Eloheynu Melech Ha-olam, boray minay
bsamim.
거룩한 축복, 당신의 임재는 창조를 채우고 향긋한 향신료를 만듭니다.

축복 후에는 정향과 계피와 같은 달콤한 향신료가 들어있는 상자를
주변에 건네는 것이 일반적이다. 하지만 다른 향기로운 허브, 꽃, 과일
또는 달콤한 풀도 안식일의 단맛과 다가올 한 주의 소원을 상징하는 데
사용될 수 있다. 향료 박스는 고풍스런 은 세공품부터 유치원 우유곽
예술작품에 이르기까지 다양하다. 세라믹, 주석 및 목재로 된 다양한
선택품들은 유대인 매장에서 이용 가능하다.

⑤ 타고 있는 불에 대한 축복이 낭송된다.

Baruch Ata Adonai, Eloheynu Melech Ha-olam, boray m'oray ha'eysh.
거룩한 축복, 당신의 임재는 창조물을 채워 불의 빛을 형성한다.

유대인의 축복은 일반적으로 어떤 종류의 행동을 요구하기에, 전통적으로 화염의 온기를 느끼기 위해 손을 들어 올리고 한 손가락을 다른 손가락과 구별하기 위해 그 빛을 사용한다. 어떤 사람들은 손톱으로 빛을 반사하고 손바닥에 그림자를 드리우게 하기 위해 손가락을 컵 모양으로 동그랗게 모아 쥔다.

⑥ 하브달라의 축복이 암송된다.
거룩한 축복, 당신의 임재는 창조물을 채우십니다. 당신은 거룩함을 거룩하지 않은 것과 빛을 어둠과, 이스라엘을 다른 민족과, 안식일을 다른 6일과 분리하신다. 거룩한 축복의 하나님, 당신은 거룩한 것을 일상적인 것과 분리하십니다.
창조하심과 우주를 구별하심에 감사하며 축복하나이다.

⑦ 지도하는 사람이 포도주을 마시거나 혹은 나머지 사람들이 나눠 마신다. 그러나 접시에 부어 넣기 위해 약간의 포도주은 남겨 둔다.

⑧ "엘리야 후 하나비"(Eliyahu Hanavi)를 노래한다. 이 노래는 선지자 엘리야가 오실 것을 촉구한다.

선지자 엘리야
엘리사께서 길아드(Gilad)에서 티쉬바(Tishba)로부터
우리 시대에 곧 올 것이다.
다윗의 아들 메시아와 함께.

엘리야는 메시아의 전설적인 전령이며 그의 도착은 안식일이 결코
끝나지 않을 것임을 의미한다.

⑨ 하브달라의 불길은 포도주에서 사라진다.

⑩ 불길이 사라지면 '좋은 한주'를 의미하는 "사브아 토브"(Shavua
tov)라고 말하고 새 주를 시작한다. 같은 이름의 노래를 부르는 것이
관례이다.

사브아 토브 [여덟 번]
좋은 한 주
평화의 한 주
기쁨이 임하시며
그리고 즐거움이 충만하기를…

자신의 안식일을 만들기 위한 아이디어

상호간의 안식일 저녁식사
한 달에 한 번, 한 가정 이상과 금요일 밤 식사 준비를 교환하라. 이

것은 가족과 친구들이 계속 연결을 취할 수 있는 훌륭한 방법이다. 이는 안식일 음식을 요리하는 수고를 덜어주고, 가족이 안식일을 준수하는 데 필요한 아이디어, 노래 및 관습을 선택하는 좋은 방법이기도 하다.

전화기 내려놓기 또는 자동 응답기가 작동시키기

적어도 식탁 의식 15분, 금요일 밤 3시간 또는 하루 종일 동안 안식일의 여러 부분을 위해 그렇게 하라. 그렇게 하면 당신이 안식일에는 '다른 공간'에 머무는 데 도움이 된다.

안식일 일기 쓰기

촛불을 켜기 직전이나 몇 분 시간을 내어 토요일 오후에 당신과 가족의 생활에서 진행되고 있는 일을 적어 놓아라. 금요일 오후에 자녀들 사진을 찍어라.

금요일 밤을 위해 아이들이 안식일 장소 카드를 만들도록 부탁하라

특히 손님을 식탁에 모시는 경우라면. 이것을 특별 손님 스크랩북에 저장할 수 있다.

당신만의 안식일 기도서를 만들어라

가족의 기도와 관습에 대해 한 페이지 분량의 안내서를 작성하라. 당신이 그것을 복사해서 비닐로 코팅하기 전에 아이들이 그것을 장식하도록 권장하라. 이 기도 안내서가 식탁에 오는 손님들에게 아주 좋다. 가족용 기도서는 당신의 관습이 바뀜에 따라, 자녀가 성장함에 따라 바뀔 수 있고, 가족의 스크랩북에 멋지게 추가될 수 있다. 대안으로 기도서를 구입해서 아이들의 삽화로 표지를 원하는 대로 알맞게 바꿀 수 있다.

어린아이들을 위한 안식일 상자를 만들어라

각 아이를 위한 신발 상자를 장식하고 그 상자에 모자, 안식일용 컵, 촛대, 빵 덮개 등을 채워라.

공휴일에 안식일을 가져가라

유대 상점은 여행 컵과 촛대를 판매하지만 그것을 챙기는 것을 잊었을지라도 걱정하지 마라. 당신은 포도주의 축복을 위해 어떤 유리컵이든 사용할 수 있고, 해변의 조개껍질로나 바닷가에서 나온 돌로도 양초 홀더를 만들 수 있다. 당신이 현지 상점에서 '진짜' 안식일용 빵을 찾을 수 없다면, 다른 빵 한 덩어리도 괜찮다. 당신이 어디에 있든 어떻게 하든, 공휴일 중 안식일 지키기는 모텔 방이든, 산허리 텐트 앞이든, 호숫가 오두막이든 마술적이고 지울 수없는 가족의 추억을 만들어 준다. 화재경보기가 호텔에서 어떻게 울려 퍼졌는지, 또는 옆 캠프장에 있는 사람들이 당신의 축복 노래를 듣고 어떻게 맞장구를 쳤는지 등 그 이야기를 자꾸 하게 될 것이다.

안식일 뒤에 남겨라

안식일을 지나 도시 밖으로 나가야 한다면, 당신이 없는 동안 가족 중 한 사람이나 보모처럼 보살펴주는 사람들이 당신의 자녀가 안식일을 지키는데 도움을 주도록 하는 것을 확인하라. 멀리 있는 동안 아이들이 Shabbes를 만들도록 도와줄 수 있는지 확인하라. 또는 안식일을 지키는 다른 가족과 함께 안식일의 일부 또는 전부를 자녀들이 보내도록 주선하라. 이것은 부재 시 연속성과 편안함을 제공할 뿐만 아니라 아이들이 다른 사람들도 안식일을 지키고 있다는 것을 알게 될 기회이다.

한 주의 중심이 안식일이 되게 하라

금요일 밤 저녁식사 초대 또는 토요일 점심식사 초대 손님을 계획하라. 자녀가 당신이 안식일 메뉴를 계획하는데 도움을 주도록 부탁하라. 목요일 저녁에 안식일 식탁을 준비하라.

12) 현실 세계에서의 안식일

안식일을 만드는 것은 평화, 연결, 행복, 가족의 조화를 발전시키고자 결정을 내리는 것을 의미한다. 이 좋은 아이디어를 누가 포기하겠는가?

하지만 금요일 밤이 다가오는 때쯤 갓난아이는 경련을 하고, 유아는 성미가 더 까탈스럽고, 아빠는 도시 밖에 있다. 토요일 아침에 올해의 가장 큰 축구 게임이 있는 것을 알게 되고, 토요일 오후 교향악단에서 하는 흥행 티켓을 얻는다. 당신의 십대 아이는 금요일 밤에 학교 댄스나 주말에 걸친 스카우트 여행을 한다. 집에 있는 어느 누구도 깨끗한 양말 한 켤레가 없으며 세탁소를 방문하지 않으면 월요일의 큰 회의 때 입을 정장이 없을 것이다.

현실 세계 속 안식일에 오신 것을 환영한다. 안식일에 '예'라고 말하는 것은 완전히 새로운 선택과 변화를 의미하는 것이다. 당신이 선택한 대로 왜 당신이 샤브레를 만들고 있는지 염두에 두라. 율법은 벌이 아닌 기쁨으로 안식일을 지킨다고 말하고 있는 사실을 명심하라.

할 수 있는 한 안식일에 기쁨을 더 해라. 잡일을 피할 수 없다면 차를 세차하거나 잎을 긁거나 가족 구성원으로서 쿠키를 굽는 것과 같이 공유하고 즐길 수 있는 프로젝트를 선택하라. 오후 늦게까지 심부름하는 것은 미루어라.

안식일에 축구 경기나, 티볼, 야구, 하키, 피아노 레슨, 댄스 강습 같은 것을 하는 것에 대해 괜찮다고 느끼는 부모는 자녀를 단지 차에서 내려놓는 것이 아니라 머물러서 그 팀을 응원하거나 수업을 지켜보기로 결정할 것이다. 그리고 이후에 아이스크림을 같이 먹을 것이다.

안식일의 선택사항들은 부모들 사이에서 논의할 수 있는 좋은 주제이며 거대한 회당 워크숍이나 토론회를 위한 것이 되었다.

가족들이 안식일을 경험하는 것은 집에 있는 아이들의 나이에 따라 다양하고 자녀들이 성장하고 발전함에 따라 변화한다.

13) 아기와 함께하는 안식일

발달에 관한 연구에 따르면, 자궁을 떠나는 순간부터 아이들은 배우고 있다고 지적하고 있다. 그러한 이유로 부모는 자신의 아기를 위해 클래식 음악을 틀어주고 완전한 문장으로 말하도록 요청 받고 있다. 모짜르트가 유아 뇌에 좋고, 말로 하는 자극이 언어에 대한 신경 경로를 돕는다면, 유대인 멜로디와 히브리 단어 및 의식행사 리듬을 추가하는 것도 나중에 삶을 형성하는 사전 언어 경험의 일부가 된다. 유대인 생활이 처음인 부모에게는 이러한 것을 실험해 볼 멋진 때이다. "잘못하고 있는 것"은 없다.

14) 유아 및 미취학 아동

이 시기의 아이들은 부모를 모방하는 것을 좋아하기 때문에 안식일의 기쁨을 나누고 가르치는 데 훌륭한 기간이다. 두 살짜리 아이들이 촛불에 눈을 감을 것이다. '안식일'(Shabbat) 및 '자선용 상자'(Tzedakab box)와 같은 단어를 사용하면 세 살짜리 아기도 사용할 수 있다. 안식일이 진행되는 장소에서 히브리어 글자를 본 네 살 된 아이들은 모양과 소리를 알아보기 시작할 것이다. 다섯 살짜리 아이들은 안식일을 위한 빵과 접대물을 위해 빵집에 가는 것을 학수고대하며 일주일을 보낼 것이다.

이러한 '마술적인 기간'에, 아이들은 전심으로 미래세계에 들어가게 되어 나무 촛대, 안식일 빵과 컵 등의 놀이 세트를 얻게 된다. 당신이 저녁 식탁에서 음악을 틀어주고 그 주위에서 춤을 추는 등의 준비를 하는 내용이 안식일을 집으로 가져오는 것이라고 설명하면, 아이들은 당신을 믿을 것이고 그렇게 성공할 것이다!

물론, 어린아이와 함께하다 보면 시무룩한 시간도 있다. 피곤한 아이들은 주의를 기울이거나 즐기지도 못한다. 그래서 몇몇 부모들은 안식일 준비를 금요일 저녁에 일찍 한다. 양초에 불을 밝히고, 포도 주스와 아이들에게 맞는 크기의 빵을 준비해서 어른들이 앉기 전에 진행한다. 몇몇 가족들은, 아이들이 안식일 의식을 즐길 수 있을 때에도 부모 중 한 명이 집에 있지 못할 수 있다. 이것이 이상적이지도 않고 확실히 온 가족이 모일 때처럼 기분이 좋지도 않을 것이다. 하지만 때로는 그것이 유일한 방법일 경우가 있다. 비록 아이들이 이미 디저트를 먹었고 잠잘 준비를 하고 있다 하더라도, 아빠가 집에 돌아오시는 나중을 위해 안식일용 빵을 '비축'(saving)하는 것을 제외하고는 모든 의식절차를 다 할 수 있다.

가능한 한 일관성을 유지하라. 아이들은 예측 가능한 일정에 기초하여 성장하며, 역경에 직면하여도 가족에서 행하는 그 의식이 자녀의 탄력성을 보호한다는 연구도 있다. 이것은 아이들이 규칙에 대한 변경이나 예외를 참을 수 없다는 것을 말하는 것이 아니라 그 이유를 다음과 같이 설명하는 것이 좋다는 것이다.

보통 우리는 지금 안식일을 준비해야 하지만 삼촌의 생일 파티에 가는 것이 중요하다고 결정했어. 다음 주에 집에서 안식일을 준비하자.

아이들이 초기 어린 시절의 경험에 대해 특별한 것을 거의 기억할 수는 없지만, 일관되고 즐거운 가족 안식일을 준비하는 연습은 사람들을 평생 동안 유지케 하는 사랑과 안전의 지울 수 없는 '증거들'(proofs) 중 하나이다.

안식일 전통 만들기
- 편지를 쓰거나 조부모 또는 다른 가족에게 전화하라.
- 온도, 달의 위상, 일몰의 시간, 풍경의 계절적 변화 등에 관한 메모와 함께 안식일 날씨에 관한 일기를 씀으로써 자연에 주의를 기울여라.
- 주간(weekly) 율법 부분에서 나오는 이야기를 전하거나 유대인 서적 한 권을 큰 소리로 읽어라.
- 생활의 일부인 탬버린, 드럼, 레코더 또는 기타 악기와 더불어 음악을 만들어라.

- 안식일마다 새로운 미술 도구를 탐색하라. 한 주는 크레파스, 다음 에는 수채화, 다음은 점토, 목탄 스케치, 찢어진 종이로 만든 모자이 크 등이 이어지도록.

15) 취학 연령 아동

학교에 다니는 아이들은 부모와 별개의 삶을 살 수 있으므로 안식일 테이블은 일주일에 대해 보고할 수 있는 좋은 장소가 될 수 있다. 각 아이에게 그 주간에 배운 것에 대해 경험을 나누거나 가르쳐달라고 부 탁하라. 방해하지 않고 듣는다. 이것은 그들이 당신에게 얼마나 중요한 지를 보여줄 뿐만 아니라, 대화의 미세한 기술에 대한 소개이기도 하다.

유대인의 보충 수업이나 낮 수업에서 아이들이 만드는 예술작품과 공예 프로젝트를 전시하고 사용함으로써 자녀의 유대인의 삶을 존중할 수 있다. 아이들은 자신들이 만든 빵의 받침대, 향신료 상자, 자선용 상 자, 접시받침대 등 중앙 장식품이 당신의 최고의 중국물품과 함께 탁자 에 있게 될 때 매우 자랑스러울 것이다.

학교에 다니는 아이들이 안식일에 관심을 갖는 데 도움이 되는 방법 이 많이 있다. 요리를 좋아하는 아이들은 안식일을 위해 음식을 만들도 록 권장할 수 있다. 아이들은 또한 안식일 의식을 담당할 수도 있다.

그러나 5학년 쯤 되면, 어떤 아이들은 더 이상 '아이 물건'(kid stuff) 놀이를 원치 않을 것이다. 그들은 저녁식사 후에 성인 대화를 듣기 위해 어슬렁거리거나 식사를 마치자마자 테이블에서 벗어나고 싶어 한다. 열 살 또는 열한 살 쯤의 일부 소녀들은 자신들을 '예비 십대'(preteen) 로 생각하기 시작하고, 이것이 유대인 식으로 활동하는 청소년을 매우 강력한 역할 모델로 삼게 한다. 그러나 이 시기에 어른들이 모범을 보이는 것이 매우 중요하며, 아이들은 안식일이 부모와 다른 어른들에게 중심이고 즐길만한 것이라는 사실을 알아야 한다.

어떤 부모들은 아이들이 결국 유대인의 모든 것에 대해 분개하고 반항할 것이라는 두려움 때문에 안식일 규칙을 강요하는 것에 대해 걱정한다. 그러나 이웃에서부터 자녀가 듣는 음악 수업에 이르기까지 모든 선택 사항에는 한계가 있다. 어느 시점에서, 자녀는 어디에서 살 것인지와 바이올린을 계속할지의 여부, 유대인이 되는 방법에 대한 자신의 결정을 내려야 한다. 한편 의사 결정은 부모의 수중에 있는 채로 남아있다.

그러나 당신의 가족이 어떻게 그리고 왜 안식일을 만드는가에 관해 질문하면 더 나이 많은 든 아이들은 정직한 대답을 들을 자격이 있다. 그들은 또한 가족 전통에 대한 그들의 시각을 존중받는 청중으로서의 자격이 있다. 어떤 부모들은 13세 미만의 아이가 너무 어려서 가족의 준수사항을 선택할 수 없다고 생각하지만 다른 사람들은 취학 연령의 아이들이 때때로 가족과 함께하는 안식일을 놓치게 되는 선택을 하는 것도 허용한다.

자녀에게 그러한 선택권을 줄 때마다 당신은 당혹스럽게 하는 아이들의 그 결정과 더불어 살아가야 한다는 마음의 준비를 하라. 나중에 당신은 묻는다. "안식일 저녁식사를 하기 위해 집에 머물지 않고 생일 파티에 가는 건 어떠니? 우리와 함께 있는 것이 그리우니?"

진정으로 호기심이 많으며 자녀가 죄책감을 느끼지 않도록 노력하고 있음을 분명히 밝혀라. 이렇게 하면 자녀는 다음에 다른 결정을 할 기회가 생긴다. 자녀의 결정에 대한 당신 자신의 반응에 대해 이야기하고, 비록 그 자녀를 그리워했지만 아무튼 가족이 안식일을 축하했다는 것을 알게 하라.

16) 청소년

청소년기의 발전 과업 중 하나는 부모와 가족과 별개로 독립적인 자아를 만들어내는 것이다. 때로는 이러한 것이 가족의 유대인 관행을 거부하는 경우와 관련될 수도 있다. 다음은 이러한 과도기적 기간을 위한 몇 가지 간단한 전략이다.

첫째, 십대 친구들이 금요일 밤 저녁식사를 위해 집에 오면 항상 환영 받을 것이고 토요일에 어울려 다녀도 환영한다는 것을 분명히 하라. 그런 다음 십대 청소년에게 유대인 캠프와 유대인 청소년 그룹에 대한 관심을 지원함으로써 유대인 친구를 사귈 것을 적극 권장하라. 유대인 고등학교 프로그램에 출석해야 한다고 주장하라. 이러한 종류의 활동과 관계는 십대가 자신의 안식일 전통을 발달시키는 데 도움이 된다.

예배드리러 가는 것은 십대의 해야 할 목록에서 꽤 낮은 범주에 있다. 예배에 참석하는 아이들은 일반적으로 친구가 거기에 있기 때문에 그렇게 한다. 이것은 가족이 다니는 회당에 아이가 자신의 또래 집단을 히브리 학교 수업이나 '청년 모임' 또는 청년 그룹 등을 통해 접할 수 있을 때 발생한다.

많은 청소년들이 안식일 준수에서 벗어나게 하는 경쟁적인 관심사가 있는데, 학교 운동 경기, 공연 및 춤이 금요일 밤에 예정되어 있는 경우다. 부모는 이 문제에 대해 다양한 방법으로 대응한다. 어떤 사람들은 십대들이 외출하기 전에 안식일 축복을 받기 위해 집에 있어야 한다고 요구하고, 다른 사람들은 안식일에 비유대인 활동을 인정하지 않는다.

10대 자녀가 금요일 밤에 집에 없을 경우 전화를 통해 연락하려고 노력하고, 자녀가 어디에 있든 "좋은 안식일이야"(Shabbat shalom), "사랑해"(I Love you)라고 말하도록 노력하라.

청소년기는 젊은이들이 스스로 선택하도록 연습할 때이다. 십대가 안식일에 관해 결정하도록 부탁하라. 그가 무엇을 하든지 간에, 당신이 동의하든 그렇지 않든 간에, 자녀가 유대인의 선택을 하고 있음을 상기시켜라.

많은 사람들이 성인이 되는 길에서 방황하다 가족의 전통을 버리고 떠난다. 그렇다고 그들이 유대교를 거부한다는 의미는 아니다. 과민 반응을 하지 않도록 노력하라. 자녀에 대해 그리고 유대교단에 대해 그리고 당신이 자녀가 어렸을 때 제공한 모범에 대해 신념을 가져라. 당신 자신도 부모님으로부터 독립적이 되려고 애썼던 사춘기를 기억하라. 그리고 제5장 "갈등" 편과 제9장 "15세부터 18세까지" 편을 읽어라.

권장할만한 책

아동용 도서

Annie's Shabbat, by Sarah Marwil Lamstein(Albert Whitman, 1997).
Joseph Who Loved the Sabbath, by Marilyn Hirsch(Puffin, 1988).
Mrs. Moskowitz and the Sabbath Candlesticks, by Amy Schwartz(Jewish Publication Society, 1991).

부모를 위한 도서

The Book of Blessings, by Marcia Falk(Beacon, 1999).

Kol Haneshama: Songs, Blessings, and Rituals for the Home(The Reconstructionist Press, 1991).

The Sabbath, by Rabbi Abraham Joshua Heschel(Farrar, Straus & Giroux, 2005).

4. 달마다: 공휴일 축하하기

유대교 랍비 삼손 라파엘 히르쉬(Rabbi Samson Raphael Hirsch)는 "유대인의 달력은 그의 교리 문답"(The Calendar of the Jewish his cate-chism)이라고 기술하고 있다.[22] 대부분의 사람들은 가톨릭 신앙에서 교리 문답과 교리를 연관 지을 수 있지만, 그 단어는 특히 종교적 신념에 대한 질의응답의 형태를 언급한다.

유대인 공휴일 주기는 특히 아이들로부터 질문을 이끌어 냄으로써 유대교의 핵심 신조를 가르치고 있다. 유월절에 아이들이 질문을 하게 하는 것은 '음식'이라 불리는 시더(Seder, 유월절 축제)를 가르치는 요점이다. 실제로 시더의 예배의식에 네 가지 질문을 만들어 아이들은 "왜?"(Why)라고 묻는 것을 확인하라.

그러나 동일한 과정이 유대인의 한 해 내내 일어난다. 아이들은 각 공휴일 풍습과 이야기에 노출되어 유대인의 지식의 토대가 되는 질문을 던진다. "내 게임용 회전탑 옆에 있는 글자는 뭐지? 사람들은 왜 속죄일에 금식하지? 왜 하만은 유대인들을 그렇게 미워했을까? 하나님

---

22 Samson Raphael Hirsch(1808-1888), one of the founders of modern Orthodoxy in Germany.

께서는 어떻게 처음으로 태어난 애굽의 모든 자녀들을 죽일 수 있었을까?"

일부 답변은 자녀의 유대인 교실 교사와 유대교의 랍비(들)가 할 수 있다. 그러나 모든 유대인 공휴일은 종교 행사뿐만 아니라 문화 행사이기도 하다. 이 의미는 이야기와 서적 및 수업을 통해서뿐만 아니라 음식, 노래, 가족 모임, 특별한 옷 등과 같은 감각을 통해 무수한 방법으로 교훈을 가르치고 강화한다는 것이다. 그래서 공휴일 주기가 유대교 교육의 가장 효과적인 형태 중 하나가 된다. 공휴일을 공유하는 것, 공휴일을 모델링하는 것이 유대인 부모에게 있어 핵심적인 교훈에 관한 계획이 되는 것이다.

어린아이들은 규칙적인 수면 시간과 식사 시간에 기초하여 잘 자란다. 그래서 그들은 행동에 대한 규칙과 안전하게 느끼기 위한 명확한 예측을 필요로 한다. 물론, 너무 많은 일관성은 엄격한 완고함으로 바뀔 수 있다. 유대인 부모의 경우 목표는 전통에 대한 존중과 변화하는 현실과의 균형을 맞추는 것이다. 즉 "온 가족이 예배 후에 함께 걷지 않으면 로쉬 하샤나(Rosh Hashanah) 축제가 되지 못 할 텐데", "이제 아이들이 고등학생이니, 집에서 선물을 교환하는 대신에 노숙자 쉼터에 있는 가난한 아이들을 위한 선물을 포장하면서 하누카(Hanukkah) 축제 첫 날밤을 보내자"처럼.

따뜻하고 오래 지속되는 유대인 가족 추억을 만들고 싶다면, 같은 기도를 하고, 같은 음식을 먹으며, 같은 노래를 부르고, 같은 가족을 방문하고, 같은 회당에 다니는 것처럼 해마다 같은 것을 해야 할 것이다. 그러나 자녀 발달의 변화를 반영하여 관행을 더하고 변경하는 것이 또한 중요하다. 예를 들어, 한 아이의 독서 능력은 유월절 이야기 잔치에

서 보모를 필요로 하는 경우에서 아이가 참가하는 경우로 그리고 결국
자신이 그 잔치를 주도할 수 있는 경우로 바뀌게 된다.

공휴일은 달력에 고정되지만 축하행사의 구체성에는 무수한 차이
가 있다. 두 가정이 정확히 같은 방식으로 어떤 행사를 축하하지 않는
것과 마찬가지로, 세파르디아(Sephardic)와 아시케나지(Ashkenazic)
유대인들은 다르게 식사를 요리하고, 다르게 노래를 부른다. 시간이 흐
르면서 유대인의 역사적 상황에 따라 축하의 이유조차도 변했다. 예를
들면 유대인들이 핍박 받고 힘이 없는 민족이었을 때, 하누카는 기적적
인 구제의 축제였다. 그러나 이스라엘이 1948년에 국가가 된 후에, 마
카비(Maccabees, 1878년 캐나다 Ontario주에서 결성된 유대인의 비밀 결사
단)가 이룬 탁월한 군대승리에 대해 새로운 초점이 맞춰지게 되었다.

1년 동안 달력에 있는 유대인 공휴일을 축하하는 것은 자녀와 가족
전체를 유대인 세계의 나머지 부분과 유대인 역사의 소용돌이로 연결
하게 하는 것이다. 이는 "왜 우리는 크리스마스를 축하하지 않을까?"라
는 너무 일반적인 질문에 "우리는 하누카 축제와 부림절(Purim), 유월
절(Passover)과 안식일(Shabbat)을 축하하느라 바쁘기 때문이야"라는
억지로 답하는 것과 같다.

1) 하루 혹은 이틀?

유대인이 공휴일을 기념하는 데 있어 더 혼란스런 측면 중 하나는
유대인 공동체의 일부 지역에서는 이틀 동안 공휴일을 축하하는 반면
다른 지역에서는 단 하루만 기념한다는 사실이다. 보수파, 정통파 및
많은 재건파 회당들은 가을 수확축제, 유월절, 늦봄 수확축제 등에서

첫째와 마지막 날 이틀을 축하한다. 개혁파 회당과 이스라엘에 살고 있
는 유대인들은 단지 하루만 기념한다.23 마찬가지로 유월절에서 몇몇
유대인들은 8일 동안 발효 식품을 삼가지만 반면에 다른 유대인들은
7일 후에 다시 빵을 먹는다.

그 차이는 고대로 거슬러 올라가는데 그때는 보이지 않는 초승달이
나타내는 정확한 날짜가 항상 쉽게 결정되는 것은 아니었다. 이스라엘
의 땅 밖에서 살았던 유대인들은 틀린 날을 축하할 위험보다는 달의 나
머지 부분이 초승달에 의해 정해졌기 때문에 이틀 동안 공휴일을 준수
하기 시작했다. 그 동안은 일하는 것을 삼가고 예배에 참석해야 했다.
이스라엘에서는 정확한 타이밍을 신속하게 전달할 수 있었고 신년
(Rosh Hashanah)을 제외하고는 1일간의 관례가 계속 유지되었다. 비
록 수학적으로 구성된 달력과 현대의 커뮤니케이션이 오래 전부터 초
승달의 시기에 대한 모든 의심을 제거했지만, 많은 사람들은 그 오랜
관행이 너무나 소중히 지켜지는 관습이어서 바꾸기 어렵다고 생각
했다.

2) 인사하기

"구트 욘티프"(Gutyontif), '즐거운 공휴일'의 이디시어 버전은 문자
그대로 '좋은 하루'를 의미하는 히브리어 욤 토브(yom tov)를 기반으로
한다. 차그 사매취(Chag sameach)는 히브리어 인사말로 차그는 '공휴
일'을 의미하고, 사매취는 '행복'을 의미하는 말로 심차(simcha: 기쁨)와

---

23 2일간의 신년 축제 전통은 디아스포라 (Diaspora)보다 선행하며 여전히 이스라엘과
일부 개혁 신전에서의 관행이다.

같은 어원에서 나왔다. 유대인의 새해인 로쉬 하샤나(Rosh Hashanah)에서 '좋은 해'에 대한 히브리어는 "하샤나 토브"(Shanah tovah)라고 말한다.

기억할 만한 공휴일 만들기

- 집을 장식하라. 아이 미술품을 냉장고에 걸어놓고 저녁 식사하는 방을 위해 중앙 장식품을 만들고 앞문은 꽃으로 장식하라.
- 다가오는 공휴일에 관한 책을 어린아이들에게 읽어준다. 나이에 적절하고 약간 어렵기도 한 책을 선택하라.
- 공휴일의 의미에 관한 수업에 참석하라. 부모와 자녀가 함께 배울 수 있는 가족 프로그램에 등록하라.
- 매년 같은 공휴일에 같은 가족사진을 찍는데 유월절에는 테이블에서, 로쉬 하샤나에는 화려하게 치장하고, 초막절에는 청바지를 입고, 하누카에는 전등 주변에서 찍어라.
- 당일 적절한 듯한 자선 단체에 기부하라. 속죄일(Yom Kippur)에는 하루 식량 상당의 음식을 지역 식료품 저장실에 보내거나 그날 회당의 음식자선 행사에 참여하라.
- 유대인 요양원에 가서 예배에 참석하거나 회당에 갈 수 없는 사람들을 인도하도록 도와라.

5. 당신의 달력

당신은 유대인의 달력이 필요하다. 시에라 클럽 달력은 아름답기 하지만, 12월 14일이 첫 번째 하누카 양초를 밝히는 밤인지 혹은 공휴일 중 꽉 찬 하루의 첫날인지를 알려주지는 못한다. 미술관 달력은 초막절을 언급할 수도 있고 하지 않을 수도 있지만 새해 축제일(Tu B'shavt)에 대한 행방은 거의 확실히 알려주지 못할 것이다.

유대인 달력에서는 자신의 이름과 번호 체계를 지닌 달과 날이 항상 세속 달력과 관련하여 배치되는데, 세속달력은 12개의 친숙한 로마 교황 그레고리력에 대한 페이지가 함께 있다. 유대인들에게는 이 점에 차이가 없다. 근무 주간, 모기지 지불 및 세금 일정은 세속 달력에 의해 결정되며 유대인 날짜는 종교 목적으로만 사용된다. 공휴일 설정 이외에 유대인 결혼계약(ketubot) 날짜를 위해서나 고인의 1주기 날(yahrzeit)을 결정하기 위해 사용한다.

유대인 달력에는 시민의 기능은 없으며 심지어 이스라엘에서도 없다. 그러나 그 달력은 공휴일 주기를 활발하게 알려 주고 제 시간에 신성한 것과 접촉시켜 준다. 유대인 달력에 있는 예술작품에는 거의 항상 그 달의 공휴일에 대한 삽화로 된 설명이 있어 의미 있는 장식적 요소를 집안에 더 할 뿐 아니라 다가오는 축제 또는 안식일을 나타내 주고 있다. 토요일이 새해 첫날(New Year's Day)이나 7월 4일이 우연히 한날에 해당되지 않으면 세속적인 달력에서는 토요일이 단순한 토요일이지만, 유대인 달력에서는 매주 토요일이 주간 율법읽기 라는 제목으로 이름 붙여져 특징적으로 된다.

유대교 달력은 유대인의 한 해가 출발하는 9월에 시작된다. 유대교와 비유대교 날짜 및 공휴일 사이의 연간 차이는 가끔 하누카가 추수감사절이나 크리스마스에 가까운 날에 해당되듯 두 가지 달력에 있는 다른 근거들을 설명한다. 일반 세속적 1년은 양력인 반면 유대인 1년은 기본적으로 음력이다. 아침보다는 저녁에 공휴일을 시작하는 유대인 관습은 창세기 1장 5절의 말씀 "그리고 첫째 날에 저녁이 있고 아침이 있었다"에 근거한다.

　유대인 달력에는 아주 다양한 스타일이 있기에, 하나를 고르는 것은 당신 가족의 취향과 흥미를 표현하는 것이다. 큰 서점과 유대인 상점은 유대인 예술복제품부터 이스라엘 사진, 음식 및 요리법 그리고 유대인 유머에 이르기까지 모든 것을 다루고 있는 선정 책자를 제공하는 경향이 있다. 당신이 지역 연합체에 기여하거나 사회운동과 연계된 회당에 속한다면 자동으로 무료 유대인 달력을 얻을 수 있다. 몇몇 회당과 주일학교는 그 달력을 기금모금 용도로 만들고 있고 장례를 치른 대부분의 가정은 무료로 달력을 나눠 준다

가족 달력

• 주요한 가족용 달력으로 유대 달력을 선택하라. 부엌이나 가족용 방에 눈에 띄게 큰 것을 걸어놓고 모든 사람의 일정이 곧바로 진행되도록 사용하라. 이 달력은 가족이 '유대인 시계'(Jewish Clock)에 따라서 생활하고 있다는 것을 미묘하지만 지속적으로 상기시켜 줄 것이다.

• 가족 달력을 사기 위해 장을 보는 연간 행사를 하라. 유대인 가게에 가서 함께 선택할 달력을 둘러봐라. 아이들이 제일 좋아하는 것을 고르도록 하거나 '우승자'를 결정하기 위해 가족 투표를 하라. "탈락한" 후보 달력은 아마 아이 방 용도의 선물이 될 것이다.

• 한 달이 바뀔 때마다 가족을 모으고 아이들이 차례로 페이지를 뒤집게 하라. 대부분의 유대인 달력의 삽화가 그 달의 공휴일에 맞추어졌기 때문에 다가오는 축제와 축하 행사에 관해 이야기 할 좋은 시간

이 될 수 있다. 다가오는 공휴일 및 가족 생일을 강조 표시하려면 색
상 표식을 사용하라.

- 달력을 사용하여 달의 순환을 계속 관찰하라.[24] 유대인의 달은 신월
(Ros Hodesh) 또는 "달의 머리"(head of the month)라 부르는
초승달로 시작된다. 초승달은 하늘에서 보이지 않으며 매월 열다섯
째 날에 가득 차게 된다. 당신은 각각의 만달을 하나의 행사로 삼을
수 있고, 아이들을 밖에 데리고 나가 그 달의 이름을 부르며 인사할
수 있는데 그 이름은 다음과 같다. Tishri(9월/10월), Heshvan(10월
/11월), Kislev(11월/12월), Tevet(12월/1월), Shvat(1월/2월),
Adar(2월/3월)[25], Nisan(3월/4월), Iyar(4월/5월), Sivan(5월/6
월), Tammuz(6월/7월), Av(7월/8월), Elul(8월/9월). 일기를 쓰
면서 달이 올라 있는 지점과 뒷마당의 나무를 통해 달이 어떻게 보
이는지, 기온은 어떤지를 추적하라.

- 자신의 유대인 달력을 만들어라. 소프트웨어 및 조립용품을 사진으
로 이용할 수 있고 가족사진이나 아이들의 미술작품으로 달력을 만
들려면 공예상점 이용도 가능하다. 유대인 공휴일뿐만 아니라 가족
생일도 기입하라. 유대인 공휴일에 해당하는 일반 달력의 날짜를 찾
으려면 http://bnaibrith.org/caln.html을 확인하라.

---

24 유대인 달력에서 달은 29개월 또는 30일로 구성되며, 354일이 일 년이며, 11.25일이
태양력에서 부족하다. 그 불일치는 Adar와 Nisan의 봄철 달 사이에 가끔 쌓인 윤년이
추가되어 해결된다.
25 유대인 달력 19개 중 7개에 Adar II라고 하는 Adai가 추가된다.

권 장 할 만 한   책

성인용 도서

이 장에서 역사, 예배의식 및 신학에 대한 간략한 개요는 단지 소개일
뿐이다. 다음 책들은 더 깊이 있게 설명하고 있다.

The Jewish Holidays: A Guide and Commentary, by Michael Strassfeld(Collins, 1993).
The Jewish Way: Living the Holidays, by Rabbi Irving Greenberg(Jason Aronson, 1998).
Seasons of Our Joy: A Modern Guide to the Jewish Holidays, by Arthur Waskow(Beacon,
1991).

6. 가을: 신년, 속죄일, 초막절과 율법수여일

유대인의 해(year)는 공휴일의 홍수 같은 느낌으로 시작된다. 티 쉬리
(Tishri)의 히브리 달 첫 번째에서 스물세 번째까지 신년(Rosh Hashanah),
속죄일(Yom Kippur), 초막절(Sukkot), 율법독서축제(Simchat Torah)
등 총 4개의 종교 행사가 있다. 유감스럽게도, 많은 유대인들은 '공휴일'
을 기념하는 데 있어 속죄일을 음침한 음표로 성급하게 끝내고, 달콤하
게 유대인의 한 해를 시작하는 더 행복하고 가정에 근거하는 공휴일을
놓치고 있다.

전체 사이클은 후회에서 기쁨에 이르기까지 광범위한 인간의 감정
을 여행한다. 신년은 세계 창조에 대해 기뻐하고, 속죄일에는 창조의
약속을 지키지 못한 것에 대해 속죄하고, 가을 추수축제에서는 지구상
의 삶에 감사드리며 율법독서축제에서는 공부와 지역 사회의 즐거움을
기뻐한다.

당신의 가족이 가을 공휴일을 축하하더라도, 그 공휴일은 자녀의 가장 오래된 유대인 추억 중에 하나로 남아 있다. 유아기에도 아이들은 예배와 축하행사에서 나오는 리듬과 멜로디를, 가족과 친구들의 모임에서 생성되는 따스함을, 특별한 음식의 향과 맛을 흡수한다. 그리고 아이들은 부모가 진정으로 속죄일에 잘못한 것에 미안해하여 참가하는 것을 보았을 때나, 율법 독서 축제에서 경쾌하게 춤을 추는 것을 보았을 때 유대인 성인이 되는 법을 배우고 있는 것이다.

1) 가을 공휴일 준비

- 신년과 속죄일에 들을 수 있는 동물이나 숫양의 뿔인 쇼파(shofar)를 갖추라. 유대 가게나 카탈로그에서 이용가능하며, 이것은 신성한 물건이 아니라 아이 어른 모두 다루고 연습하고 갖고 노는 물건이다.
- 신년과 속죄일에 입을 새 옷을 사라. 공휴일 준비를 위해 이발 예약도 하라.
- 사과 따는 것을 매년 신년 전에 가족 나들이로 삼아라.
- 현지 양봉가를 찾아 꿀통을 살펴보고 약간 구매하라.
- 클로버, 사과 꽃, 일반 꽃에서 나온 다양한 꿀을 확보하라. 맛을 보고 차이를 구별할 수 있는지 알아보라.
- 당신이 사용하게 될 기도서(machZor)의 사본을 얻고 구조와 내용을 숙지하라. 같은 마음으로 공휴일의 노래와 멜로디가 담긴 테이프 또는 CD를 구입하라.
- "Akedah, etrog, kittel, KolNidre, lulav 'machzor, ne'ila, lshanah tovah tikatevu, shofar, sukkah, Sukkot, Taschlich,

teshuva, ushpizin" 등 많은 히브리어 단어가 있다. 이 책의 끝에 있는 용어집을 확인하라. 자신만의 한 페이지짜리 가을 공휴일 용어집을 만들어 사용하라.

- 자녀가 만든 디자인이 들어 있는 유대인 신년 카드를 만들어 자녀가 가족 및 친구들에게 보내게 하라.
- 가족의 자선 상자에 있는 잔돈을 계산하고, 그 돈을 어디에 보낼지 의논하고, 자녀가 그 현금을 우편으로 보내도록 하라.
- 공휴일 전에 사랑하는 사람들의 무덤을 방문하라. 강력한 회상의 시기 동안 당신은 그들을 절실하게 그리워할 것이다. 이것은 그들이 같이 있지 않더라도 삶이 계속된다는 사실에 애통해하고 평안을 찾는 길이다.

2) 신년과 속죄일

"높은 거룩한 날들"에는 신년과 속죄일뿐만 아니라 그들 사이의 날도 포함된다. 이 모든 경외의 날인 야밈 노라임(Yamim Nora'im)은 성인에게는 진지하게 영혼을 찾아보는 시간이다.

두 공휴일의 예식에서 가장 중요한 은유 중 하나는 "생명의 책"이다. 이 이미지에 따르면 일 년 중 첫날에 모든 의로운 사람들의 이름이 이 책에 쓰여 있고 따라서 그들에게는 일 년을 더 보장받게 된다고 한다. 그러나 전적으로 선하지도 의롭지 않은 사람들에게도 희망은 있다. 사악한 자조차 신년과 속죄일에 이르는 10일을 갖게 된다. 속죄일 마지막 순간 동안 그 책이 봉해지기 전에 자신들의 잘못에서 돌아서게 하는 기간이다.

전년도의 잘못을 돌이켜 보게 하는 것이 그 신년과 속죄일들의 영적 '사업'이다. 회당 예배는 우리가 반성하고 결심할 시간을 주지만, 기도와 명상만으로 슬레이트 지붕을 깨끗이 닦을 수는 없다. 다른 사람들에게 저지른 죄를 없애는 유일한 방법은 진실하게 사과하고 용서를 구하는 것이다.

이 개념의 대부분은 어린아이들이 이해하는 수준을 넘어서는 것이지만, 공휴일은 성장과 변화에 대해 부모님들에게 이야기하고, 사람들과 신에게 "나는 미안한다"라고 말하는 것이 중요함을 이야기할 수 있는 기회를 진정으로 제공한다. 그래서 아이들은 확실히 새해의 개념을 '세상이 새로 태어난 날'(the birthday of the world)로 관련시킬 수 있다.

(1) 신년(글자 그대로 '그 해의 머리')

이 축제는 창조물을 경축하고 창조주께 경의를 표하는 날이다. 신년 축제로 바뀌게 되는 유대인의 해(year)는 그에 할당된 숫자가 고대 유대교의 랍비들의 계산에 근거하는 것으로 세상이 창조되었던 시기를 중심으로 한다.[26]

가정에서의 축제일 기념

가정에서 하는 축하의 초점은 신년 축제 시작에서 제공되는 저녁식사이다. 이 저녁식사는 유대인 달력의 최고 요리 중 하나이다. 일부 가족은 세대에 따라 오래된 메뉴와 조리법을 사용하지만 아이(대부분의 성인)가 2년 연속으로 제공되는 식사나 특별 요리를 '전통적'으로 취급

---

26 따라서 2000년은 5760-5761년에 걸쳐 있다.

하기 때문에 새로운 '유서 깊은'(venerable) 관습을 시작하기 쉽다.

그날의 메뉴는 유대인의 하위문화와 가정마다 다르지만, 두 가지 관습이 널리 보급되어 있다. 건포도를 포함 또는 제외한 상태의 둥근 빵은 1년이 순환되는 상징으로 사용하는 것이고, 사과를 꿀에 담그는 것은 달콤한 신년의 전조로서 보는 것이다.

신년제 이브에 식사 전에는 다음과 같은 축복이 낭송된다. 그리고 식사 전 손 씻기를 위한 축복을 더 할 수 있다.

촛불 밝히기를 위한 축복:
Baruch Ata Adonai, Eloheynu Melech Ha-olam, asher kid-shanu b'mitzvotav vitsivanu l'hadlik ner she!yom tov.
축복받은 당신, 영원한 분, 모든 세계의 주권자, 당신은 우리를 당신의 계명으로 거룩하게 만들고, 우리에게 축제의 등불을 밝힐 것을 요구한다.[27]

포도주를 위한 축복:
BaruchataAdonai Eloheynu Melech Ha-olam borayp'ree hagaftn.
복 있는 당신, 영원하신 모든 세상의 주권자여, 당신은 포도나무의 열매를 맺게 하셨나이다.

---

27 어떤 촛불과 마찬가지로 만약 그 공휴일이 안식일에 해당되면, 기도는 안식일 축복의 두 배가되고 "Shelyom tov" 대신 "shel Shabbat vyom tov"("안식일과 라이벌의 불빛")으로 끝난다.

공휴일에 대한 축복:

Baruch Ata Adonai, Eloheynu Melech Ha-olam, shehechiyanu v'keyamanu v'higianu lazman hazeh.

복 있는 당신, 영원하신 모든 세상의 주권자여, 당신은 우리를 살아 있게 하시고, 우리를 지탱 해 주시고, 우리를 이 순간으로 데려 오셨나이다.

빵에 대한 축복:

Baruch Ata Adonai, Eloheynu Melech Ha-olam, hamotzi le-chem min ha'aretz.

복 있는 당신, 영원하신 모든 세상의 주권자여, 당신은 지상에 빵을 가져 오셨나이다.

꿀에 담근 사과에 대한 축복:

BaruchataAdonai, Eloheynu Melech Ha-olam, borayp'ree ha'eytz. Y'hi ratzon she'te'chadesh aleynu shana tova umetukah.

복 있는 당신, 영원하신 모든 세상의 주권자여, 당신은 나무의 열매를 맺게 하셨나이다. 모든 부모들의 신, 주님! 우리를 선하고 달콤한 한 해로 새롭게 하소서.

회당에서 기념하기

신년은 주로 예식적이거나 예배식 공휴일이다. 신년 축제 예배를 일반화하기는 어려운데 모든 회당이 일 년 내내 다른 예배를 행할 때 성결의 날의 형식과 내용을 선택하기 때문이다. 그럼에도 불구하고 공휴일 예배의식에는 몇 가지 핵심 요소가 있는데 쇼파(숫양이나 다른 동물의 뿔) 불기나 신년 및 속죄일에 또 다시 재현되는 특색 있는 공휴일 멜로디이다.

신년의 기도는 심판과 회개가 주제이며, 아버지 왕으로서 하나님의 반복되는 이미지는 모든 유대인 공휴일의 가장 기억에 남는 기도와 멜로디 중 하나인 아비누 말케이누(Avinu Malkeynu, "아버지, 우리의 왕")로 들리게 된다.

그날 아침 예배 중, 창세기 21, 22장을 읽는 율법 독서는 언제나 중심이다. 율법에서 가장 강력하고 문제가 되는 이야기 중에서, 창세기 21장은 하가르와 이스마엘을 사막으로 던져 버린 다음 연이은 구속에 대한 이야기다. 둘째 날에 읽는 율법인 창세기 22장에는 아브라함의 신앙에 대한 끔찍한 시험이 있는데, 그는 아들 이삭을 희생시키라고 요청받는다.[28] 이 이야기는 "이삭의 구속"이라는 아케다(he Akedah)라고 부른다. 이 부분의 율법은 아침 예배에서 하나의 중대한 지점으로 유대교 랍비의 설교 주제가 될 수 있다.

교회 예배 후에, 사람들은 일반적으로 가족이나 친구들과 점심을 먹는다. 그런 다음 히브리어로 "떨어져 나가라" 또는 "버려졌다"라는 뜻의 타쉴리크(Tashlich) 의식을 위해 호수, 강 또는 항구로 이동하는 것이 전통이다. 비공식적이고 예배 의식 없는 관습으로 사람들은 주머니 속 부스러기를 물속으로 비워냄으로써 상징적으로 죄를 던져 버린다. 일부 유대교 회당과 기도와 모임을 위해 만나는 그룹모임은 공동으로 이러한 타슈리크 행사를 한다.

---

28 하프타라(Haftarah) 독서는 또한 매우 강력하다. 첫날에 사무엘상 1:1-2:10은 한나의 아이를 위한 기도에 대한 이야기이다. 둘째 날 독서 과제는 예레미야 31:1-19이다.

'꽥꽥' 거리는 오리로 가득 찬 연못에 빵을 던지는 것은 특히 아침에 오랫동안 앉아있던 아이들이 좋아하는 신년 활동이다. 어떤 가족은 이 시간에 지난해에 했던 불친절한 말에 대해 서로 사과한다.

그 축제의 두 번째 날을 축하하는 사람들은 해질녘에 촛불을 밝히고 축복을 하며 축제음식을 대접한다. 연이은 둘째 날을 위한 축복의 말을 하기 위해, 몇 달 동안 못 먹어 본 과일을 마련하라.

둘째 날 예배는 다양한 율법과 하프타라(Haftarah) 읽기를 특징으로 하는데, 일부 회당은 다른 예배의식을 사용한다. 신년 첫날이 안식일에 해당되면 탈리쉬 행사는 둘째 날에 시행된다.

(2) 공휴일 사이

신년과 속죄일 사이의 안식일은 "돌아오는 안식일"이라는 뜻의 샤벳 슈바(Shabbat Shuvah)다. 공휴일 사이의 10일 기간은 숙고의 기간으로 간주되므로 소외된 친구 및 가족과 통화 또는 카드로 다시 연락하기 좋은 시간이다. 일부 회당은 윤리적인 유언장 쓰기에 관한 워크숍을 제공한다. 이 유언장은 사랑하는 이들, 특히 아이들에게 유언으로 남기를 바라는 신념과 통찰력을 표기하고 있다(부록 편에 있는 유언장 쓰기 참조).

(3) 속죄일

일 년 중 가장 우울한 이날은 성서에서 "안식일 중의 안식일"이라고 불리는 샤벳 샤브(Shabbat Shab)라 부른다. 반성과 회개에 헌신하는 이

날에는 건강한 성인들은 일몰에서 일몰까지 모든 음식과 음료를 멀리하며 금식한다.

가정에서 기념하기

이 축제가 아마도 모든 공휴일 중 가정에 근거하는 것이 가장 적은 경우이지만 가족 식사로 시작하여 끝난다. 앞서 단식을 염두에 두고 저녁식사를 요리하기에 일반적으로 너무 풍성하거나 매운 요리는 피한다. 다른 축제의 저녁식사와는 달리, 양초 밝히기를 나중에 하여 속죄일과 단식이 공식적으로 시작됨을 표시한다.

식사 후와 축제용 양초를 켜기 전에 전통적으로 죽은 가족을 기억하는 촛불을 밝힌다. 특별한 "해의 시간"(year's time)이라는 뜻의 야흐쟈이트(yahrzeit) 양초는 유대인 상점과 일부 슈퍼마켓에서 판매된다. 이 촛불들은 정식 축복 없이 불을 켜지만 일부 사람들은 조용히 기도하기도 한다. 아이들에게 추모하는 사람에 대해 이야기하기에 적당한 시간이다.

식사를 마친 후 속죄일용 양초를 켜고 다음과 같은 축복을 한다.

Baruch Ata Adonai, Eloheynu Melech Ha-olam, asher kidshanu b'mitzvotav vitzivanu l'hadlik ner shelYom HaKippurim.
우리 주님이시여, 축복이 넘치나이다. 당신은 우리를 계명으로 거룩하게 하시고, 우리를 불러 속죄일에 불을 밝히도록 하시나이다.

속죄일은 가벼운 식사로 끝내며 금식을 마친다. 이 식사에는 빵에 대한 축복 인 하로츠(Hamotzi)를 제외하고 공식적인 의식이나 예식이 없다. 미리 준비된 음식은 뷔페식으로 준비되며, 그동안에 가족과 친구들은 금식의 상대적 어려움과 유대교의 랍비 설교의 내용을 토론한다. 금식을 깨지 않은 다른 사람을 식탁에 초대하는 것도 하나의 선행이다.

많은 가족이 배고픈 사람들을 돕기 위해 돈과 통조림을 기부한다. 유대교 회당은 종종 지역 음식 저장소에 나눠줄 음식을 모은다.

회당에서 기념하기

예배는 시작기도와 저녁예배인 콜 니드레(Kol Nidre)를 생각나게 하는 멜로디로 시작된다. 콜 니드레는 각 사람이 다가오는 해에 신과 자신에게 한 모든 맹세와 약속을 무효화하는 아람족 선언이요, 인간의 결심이 나약함을 인정하는 선언이다.

콜 니드레 예배의식의 한 특징은 비두이(Viddui)라는 공동고백이다. 다음 날에도 수차례 반복되면서 공동의 죄를 알파벳 순서로 열거한다. "우리는 학대하고, 배반하고, 잔인하고, 파괴하고, 비참하게 하고, 속인다." 콜 니드레(Kol Nidre)는 유일한 저녁예배로 회중들이 기도용 어깨용 숄을 걸친다. 또한 이 기념일에는 복장과 관련된 다른 독특한 관습이 있다. 몇몇 사람은 순결의 표시인 흰 옷을 입고, 일부는 긴 흰옷의 키틀(kettle)이라는 예복을 입고, 일부는 사치품의 상징이었던 가죽 신발을 피하는 고대의 관례에 따라 운동화나 다른 고무밑창이 있는 신발을 착용하고, 어떤 사람들은 겸손을 보여주기 위해 맨발로 기도한다.

속죄일 예배는 하루 종일 진행되고, 아침 예배(Shacharit)는 회당에서 속죄일을 위한 제사의식을 묘사하고 있는 레위기에 나오는 율법읽기를 포함한다.[29] 어떤 회당은 다른 율법 읽기로 대체하기도 하는데 신

---

29 모든 회당이 여기에 열거된 모든 예배를 드리는 아니며, 여기에 설명된 순서나 내용도

명기 29장 9절에서 30장 20절로 "내가 오늘 너희 앞에 삶과 죽음, 축복
과 저주를 놓았나니 생명을 택하라"라는 구절로 끝나는 것이 그 대체
내용이다. 아침 하프타라 독서는 정의를 요구하고 종교적 위선을 비판
하는 이사야의 열정적인 설교 내용이다.

무사프(Musaf)라는 '추가적'인 예배는 사차리트(Shacharit) 다음에
오는 것으로 순교자 열전 암송을 포함한다. 그 열전은 로마인들이 탈무
드 현인들을 살인한 목록으로 시작된다. 이 예배는 나치의 유대인 대학
살을 정점으로 다른 박해 사례를 설명한다.

하루 중 가끔 사망한 사랑하는 사람을 회상하는 이츠코(Yizkor)라
는 추모식이 있다. 일반적으로 어린아이들은 추도예배에 참여하지 않
는다.30

오후 예배 민차(Mincha)는 전통적으로 근친상간의 법칙(레위기 18
장)을 기술한 율법 독서를 포함한다. 그러나 이것은 또한 율법의 다른
부분(레위기 19장)으로 대체된다. 이 부분은 "신성함에 대한 규약"으로
언급되며 "네 이웃을 너처럼 사랑하라"는 훈령을 포함한다. 오후 독서
하프타라(Haftarah)는 요나서 읽기이다.

속죄일 예배는 히브리어에서 나온 "잠그기"라는 네일라(Ne'ilah)로
마치는데 하늘 문과 "생명의 책"을 상징적으로 닫는 것을 나타낸다. 많
은 사람들은 이 짧은 예배 내내 서 있고 마지막 쇼파를 붊으로 끝이 난다.
어떤 회당에서는 네일라 예배가 짧은 저녁예배인 마아리브(Ma'ariv) 예
배나 안식일뿐 아니라 이 공휴일을 끝내는 의식(Havdalah)들 다음에

보편적인 것은 아니다.
30 이츠코 참여 대한 관습은 다양하지만 부모가 아직 살아있을 경우 많은 사람들에게는
   그 예배에 참석하는 것이 미신적인 것으로 남아 있지만 많은 **유대교의 랍비들과 회당**은
   모두가 머물 것을 권한다.

진행될 수도 있다.

하나의 대안

일부 가족은 이 공휴일에 회당 예배를 저버리고 숲이나 해변에서 하루를 보내는 경우가 있다. 자연 세계의 조용한 아름다움에 둘러싸여 부모와 자녀는 기도와 시를 읽고 용서에 대해 이야기하며 내년을 향한 가족의 목표와 유대인 결의에 관해 토론할 수 있다. "올해 우리 자선 모금한 것을 어디로 가져가지?", "우리는 어떻게 안식일 준수를 가족 모두를 위해 더 잘 할 수 있을까?", "올해는 우리가 회당에 가입하거나 우리 가족이 필요한 것을 더 잘 충족시켜 주는 회당을 찾아보는 해가 될까?"

(4) 거룩한 날: 나이와 단계

신년과 속죄일은 많은 자기반성과 자기 통제를 요구한다. 비록 이 내용이 10세 또는 13세 미만의 아이에게는 언뜻 보기에 부적절하거나 심지어 억압적으로 보일 수도 있지만, 미국인 회당이 수용할 수 없을 정도로 많이 채워지는 이 두 공휴일의 보편적인 힘은 젊은이들도 느낄 것이다.

아이들에게는 그 의미와 영향이 훨씬 적지만 이 공휴일은 엄숙하고 엄청난 규모로 인상적이다. 특별한 식사와 가족 및 친구들의 관심 외에도 아이들은 군중과 성역의 크기를 알 수 있다. 매년 시작되는 학교의 흥미는 유대인들의 일 년이 시작되는 것과 연관된다. 그리고 일반 학교에 다니는 아이들에게는, 자신들이 이 유대인 축제를 기념하기 위해 학교를 빠진다는 사실은 그 축제일의 중요성을 내포한다.

자녀들이 성장함에 따라 그들은 율법 독서에 나오는 강력한 이야기와 예배의식의 주제에 대해 더 많이 이해한다. 그러나 아주 어린아이들에게조차도 유대인 공동체의 유아부터 할아버지 할머니에 이르기까지 참가하는 그 집회로 인해 유대인 공동체가 크고 중요하며 "이것이 우리가 속한 곳"이라고 생각하게 한다.

영유아

아기와 유아를 성역으로 데려 오는 것은 개별적인 소명이다. 자고 있거나 옹알대는 유아는 예배에서 아름다운 존재감을 더 해준다. 그러나 울부짖는 아기는 대단히 혼란스럽고 바깥에서 진정시켜야한다.

유대교 회당은 아이들을 위한 보모 및 유아 프로그램의 질적인 면에서 다양하며 비록 회당에서 좋은 보살핌을 받을 수 있다고 하더라도 몇몇 아이들은 아빠 엄마가 구내에 있다는 사실을 알게 되면 혼자 남겨지는 것을 참을 수 없을 것이다. 종종 가정에서 보모를 고용하거나 유아를 보육원으로 데려가는 것이 특히 부모가 예배에 참여하기를 원할 때 가장 좋은 방법이다. 게다가 어떤 아이들은 큰 무리의 소음과 압도에 너무 민감하여 회당에서 비참하게 느끼게 된다.

아기가 어떻게 반응할지 확신이 없지만 회당에 데려 가려고 한다면, 아기가 까다로울 경우는 회당을 떠날 준비를 하라. 당신이 만약 신년 축제와 속죄일 행사가 '가정'한 것과 같은 기대를 내려놓을 수 있다면, 간호하는 어머니와 함께 로비에서 종교적 경험을 하게 될 것이고 자녀가 회당 운동장 주변에서 뛰어 다니는 것을 지켜보게 될 것이다.

미취학 아동들

취학 전 아동은 예배의 일부를 즐길 수 있다. 가족이 정기적인 안식일 예배에 참석한다면, 음악이 얼마나 다른지, 율법이 사람들처럼 어떻게 다르게 '옷을 입고' 있는지를 지적할 수 있다. 신년 축제에서는 군중이 경쾌하고 축제 분위기인 경향이 있는데 이는 지켜보는 사람에게도 멋지다. '유대인 같이 보이는' 방법과 모든 다양한 얼굴들에 대해 언급하라.

회당 밖에서 간식을 제공하라. 속죄일에는 꼭 회당 밖에 음식을 보관하여 아이들에게 필요할 경우 집에서 또는 차 안에서 식사하라.

취학 연령 아동

아이들이 성숙함에 따라 부모들은 나이에 맞는 보상으로 더 온전한 예배 참석을 제안 할 수 있다. "네가 희브리어를 그리 잘 읽을 수 있으니, 너는 예배에 조금 더 오래 머물 수 있을 것 같아." 또는 "너는 충분히 나이가 들어서 우리와 함께 콜 니드레(Kol Nidre, 속죄일 전야 예배)에 갈 수 있을 거야."

자녀가 준비되었다고 생각되면 가족에 대한 어려운 줄거리를 가진 율법 독서의 쟁점을 이야기하라. 즉 죽을 가능성이 있는 사막에 맏아들을 내던지는 아버지, 같은 아버지가 둘째 아들을 데리고 그 둘째도 죽을 것이라는 모든 증거를 가지고서도 산으로 데려갈 것이라는 줄거리에 대해….

자녀에게 의견을 부탁해 보라. 이삭의 아버지가 이삭을 산으로 데려갔을 때 이삭이 생각했던 것에 관해, 또는 요나가 니느웨 백성을 도와주라고 하나님이 부탁했을 때 왜 요나는 도망갔는지에 대해. 자녀는 교실에서 이 점에 관해 토론했을 것이지만 예배드리러 가고 오는 차 안에서 자신이 알고 있는 것을 공유하는 것에 즐거워할 것이다.

아이들을 예배 경험에 노출시키는 것과 고통을 야기하는 것 사이에 미세한 선이 있다. 속죄일은 아이들은 물론 어른들도 힘들 수 있다. "너무 지루하다"라는 말은 아이의 관점에서 볼 때 정확하게 묘사하는 것이기에 열 살짜리 아이들의 불안을 무시하지 마라. 아이들이 회당에 있어야 한다고 고집하는 것에 대해 신중히 생각해보라. 그렇지 않으면 공휴일이 두려움과 끔찍한 전쟁터로 뒤덮이게 된다. 주니어 예배 또는 기타 활동으로 자녀의 연령대에 알맞은 프로그램이 있는지를 확인하라.

많은 학령기 아이들은 속죄일 금식에 대한 생각에 매력을 느끼거나 일부는 약간 걱정한다. 13세 미만의 누구도 금식할 것으로 예상되지 않으며 금식 때문에 고통 받는 어느 누구도 시도할 필요도 없다. 자녀가 호기심이 있거나 금식을 하고 싶다면 그 이유에 대해 이야기하라. 자기 정화라는 개념은 아이에게 별로 의미가 없으며, "자신의 죽음을 연습하는" 생각는 너무 무서울 수 있다. 그러나 일부 아이는 배고픈 사람들과 공감하기 위해 진짜 배고픔을 경험하기 원할 수도 있다. 일 년에 한 번이기에.

아이들이 단계별로 금식하는 법을 배울 수 있도록 도와 줄 수 있다. 이는 자신의 한계를 인식하는 동안 참가하겠다는 그들의 바람을 인정하는 좋은 방법이다. 하루 종일 스낵을 먹어 보거나 물로 반나절을 시도해 보는 것을 제안하는 것으로 시작하라. 다음 해에는 아침부터 저녁까지 물로 금식하는 것을 제안하라. 아이들에게 텔레비전이나 좋아하는 음식을 24시간 동안 포기하는 것처럼 다른 종류의 '금식'을 시도하도록 권유할 수도 있다.

아이가 금식하기로 결정하면 그 추진력에 지지와 존경심을 보내라. 하지만 너무 중요하게 생각하지는 마라. 그렇지 않으면 자녀가 '실패하는 것'에 대해 끔찍한 느낌을 가질 수 있다.

청소년

일단 아이들이 성년식을 맞이하고 종교적으로 성숙한 13세가 되면, 자녀들은 유대인의 의무를 어떻게 준수하는가에 대한 방법을 결정할 권리를 갖게 된다. 게다가 당신이 17세 자녀가 속죄일 예배에 참석하기를 많이 원하는 만큼 그렇게 그 자녀도 강요당하는 나이를 뛰어넘을 수도 있다.

그렇더라도 당신이 자녀가 기념일에 대해 사려 깊은 선택을 할 것을 요구할 수 없다는 것이 아니다. 몇 가지 선택을 제안할 수도 있다. "만약 네가 예배에 참여하고 싶지 않다면, 어린아이들을 위한 프로그램을 도와주고 싶지 않니?" 또는 "회당 속죄일용 통조림 저장소를 위해 음식을 모으는 일을 맡아 해 볼래?" 또는 "올해 요양원에서 신년 예배를 운영하는 청년 그룹에 가입하는 것은 어떠니?"

'성스러운 날' 행사에 이르는 때쯤, 부모들은 회개와 자기 점검과 더 나은 사람이 되기 위한 결심에 대한 주제를 제기할 기회와 책임이 주어진다. 그리고 그 모든 것들이 청소년 자녀에게도 공명이 있게 되는데 왜냐하면 청소년들도 자신들이 누구인지 알아내려고 애쓰고 있으니까.

10대 자녀에게 당신이 더 좋은 사람이 되고자 하는 갈망과 반성에 대해 말을 걸어보라. 그리고 말하는 장소로는 아마 차 안에 나란히 있는 것이 가장 좋을 것이다. 회개한다는 정신으로, 당신 스스로 정직하게 사과하라. "네 숙제에 대해 너무 잔소리해서 유감스럽게 생각해. 나는 너에게 많은 믿음을 가지고 있어. 나는 네가 성장하고 있고 너 자신에 대해 더 책임감이 있다는 사실을 명심하기 위해 더 열심히 노력할게."

만약 당신이 침묵하며 참을성이 있다면, 당신의 십대 자녀에게서 몇 가지 뉘우침을 들을 수 있다. 그러나 그가 아무 말하지 않더라도, 당신은 틀림없이 어떤 반성하는 생각을 시작한 것이다. 모델링은 모든 연령 또는 발달 단계에서 진지한 종교성을 가르치는 가장 좋은 방법 중 하나이다.

자녀와 함께 거룩한 날을 축하하기

- 자녀의 일반 유치원 또는 공립학교 수업에 사과 주스, 둥근 빵, 얇게 썬 사과, 꿀을 가져 오라. 공휴일의 의미와 그 공휴일을 어떻게 축하하는지 설명하라.
- "세상의 생일"을 기념하여 생일 케이크를 굽거나 장식하라. 어린아이들에게 생일 카드와 테이블 장식을 하도록 권장하라.
- 둥근 빵을 굽거나 구매하라. 반죽에 있는 건포도는 감미로움을 더한다. 그리고 그 빵에서 타쉬리크(Tashlich: 죄를 쫓아내는 신년행사)에 사용하기 위한 몇몇 빵 껍질 또는 부스러기를 모아 놓아라.
- 타쉬리크를 위해 종이 봉지를 장식하라 좀 큰 아이들은 봉지를 바느질하고 직물페인트로 장식할 수 있다.
- 다른 가족들과 함께 타쉬리크 피크닉을 계획하라. 그리고 오리 연못에서 만나 오후를 함께 즐겨라.
- 찰흙으로 사과와 꿀을 위한 특별한 그릇이나 접시를 만들어라 .
- 공휴일에 관한 책을 읽고 공휴일 멜로디와 주제가 포함된 테이프를 들어라.
- "미안하다"라는 메모를 작성하고 도시락에 넣거나 축제일 식탁에

놓아라.

- 항아리를 위해 꼬리표를 만들고 하누카 축제에 회전탑 놀이를 위해 동전을 모으기 시작하라.

3) 초막절과 율법수여일

가을 공휴일의 두 번째 두 개의 축제는 첫 번째 두 개의 축제가 우울한 분위기인 만큼 더욱 즐겁다. 수코트(가을 추수 축제)와 심치 율법(Simchat Torah, 율법의 기쁨)은 자연과 지역 사회의 즐거움, 아이들과 공유할 수 있는 시각적, 촉각적, 육체적 방식의 학습의 즐거움을 축하한다. 이 두 축제는 속죄일 단식을 깨뜨린 직후에 오두막 건설을 시작하라는 명령에 의해, 가을 공휴일의 첫 번째 두 축제와 연결된다.

이 초막절은 티쉬리(Tishri)라는 달의 보름달에 시작되는 7일 또는 8일간의 추수 축제이다. 회당은 이츠코(Yizkor) 추모식과 함께 첫날 예배와 그 주 마지막 날 예배로 기념한다. 그러나 이 축제의 주된 상징, 활동 그리고 의무는 고대 이스라엘인들이 수확기에 농작물 근처에 건설한 구조물을 연상시키는 일시적인 초막 수카(sukkah)이다. 이 초막절은 또한 이집트로부터 탈출한 것을 나타내는 상징물이기도 하다. 수카에서 보내는 시간은 느긋해지는 방법, 자연 세계와 다시 연결하는 방법, 가장 기본적인 인간기도 중 하나인 "감사한다"라는 것을 제공하는 방법이다.

(1) 초막절 가정에서 기념하기

대부분의 회당은 집단용 초막을 만든다. 그러나 초막에 '거주한다' 는 것이 모든 유대인에게 의무로 되어 있기에 필수적으로 가정 중심의 의무이다. 한때 미국 유대인에게는 거의 알려지지 않은 초막이 주는 즐거움이 추수 축제가 매년 상승하는 것과 더불어 재발견 되고 있다. 조립식 용품은 우편 주문, 인터넷 및 일부 목재상에서 널리 구입할 수 있다.

그 초막은 작고 임시적인 구조로 바깥벽에 기대거나 그 자체가 독립 구조로 서 있도록 만들어져 있다. 소나무 보드, 대나무, 플렉시 유리, 알루미늄 폴, 캔버스, 면화 침대보, 합판 패널 등 모든 종류의 재료가 측면을 구성할 수 있도록 사용된다.

초막의 가장 중요한 부분은 잘려진 나뭇가지 층으로 만들어진 지붕이다. 스카취(s'kach)라고 불리는 이 재료는 하늘을 완전히 가리지 않은 상태로 그늘을 제공하고 별빛이 밤에 가지를 통해 보이도록 할 것이다. 상록수는 야자수 가지와 옥수수 줄기처럼 좋은 스카취가 된다.

당신이 초막에 얼마나 머무르는가는 기후와 그 초막이 얼마나 늦은 가을에 해당되는지 여부에 달려 있다. 그러나 그것은 가족 스타일의 문제이기도 하다. 등산객과 야영자는 뒷마당이나 현관에서 침낭을 사용할 수 있는 기회에 뛰어 들고 만성적인 도시인은 안뜰에서 휴식과 뒤뜰에서 이른 저녁식사를 하는 것에 만족할 것이다.

그러나 초막을 어떤 방법으로 사용하더라도 그것은 자녀들이 가장 좋아하는 공휴일 중 하나가 될 수 있다. 뒷마당이나 베란다에 초막을 두는 것은 유대인 클럽회관을 갖는 것과 같다. 즉 아이들이 세우고 장식하고 친구와 이웃들에게 보여주고 공유할 수 있는 비공식 공간이다.

이 축제는 가능한 초막 안에서 하는 축제 식사로 시작된다. 양초, 포도주, 빵 및 축복감사에 대한 기도에 더하여 초막 안에 있음에 대한 특별한 축복이 있다.

Baruch Ata Adonai, Eloheynu Melech Ha-olam, asher kid-shanu b'mitzvotav vitsivanu leyshev ba-sukkah.
축복이 풍성하신 주님 우리의 왕이시여, 당신은 우리를 계명으로 거룩하게 하시고, 우리에게 초막 안에 거할 것을 부탁하시나이다.

이 초막절의 다른 상징은 유자나 레몬 같은 과일 에트로(etrog)와 야자수 잎이나 상록수 가지, 벚나무 큰 가지로 이루어진 초록 꽃다발 룰라브(lulav)이다. '네 종류'로 구성되어 있다는 에트로와 룰라브는 고대의 신비로운 의식의 일부분이다.[31] 이 의식은 그 네 종의 물건들을 나침반의 네 지점을 향해 흔들고 위 아래로 흔들며 신이 모든 곳에 있다는 것을 나타내는 몸짓이다. 유대인 상점은 이 과일과 꽃다발을 비축해 놓고 있고 많은 회당은 그것들을 신도를 위해 주문한다. 당신도 또한 좋아하는 히브리 학교 및 가족 교육의 프로젝트로 각각의 종류의 줄기를 묶어서 당신만의 꽃다발을 만들 수 있다.

아이들과 함께 가을 추수 축제 기념하기
• 초막을 찾으러 가족나들이를 계획하라.
• 호박, 조롱박, 옥수수대 그리고 당신의 집인 초막을 장식하기 위해

---

31 수세기 동안 4종(과일 3개, 4번째 꽃다발)은 인체의 일부와 유대 민족의 요소, 창조의 남성과 여성의 요소에 대한 많은 해석과 기호를 부여 받았다.

농장에 가라.

- 초막을 포스터, 종이 체인, 종이 꽃, 인형, 장난감, 당신이 받은 신년 연하장으로 장식하라.
- 당신이 처음으로 호박파이나 그 계절의 꿀 케이크를 만들어라.
- 당신이 신년 축제 전야에 사과를 따서 가져온 과일과 함께 사과를 매달아라.
- 초막에 전기를 가동시켜라. 전등 줄을 매달고, 아이들이 숙제하고 음악 듣고 심지어 그 안에서 TV도 보도록 권장하라.
- 아이들이 초막을 침실로 삼아 외박하도록 권장하라.
- 자녀의 선생님과 학교 친구들을 초대하여 초막을 방문하게 하고 자녀가 초막의 의미는 무엇이며 가족이 어떻게 그 초막을 만들었는지를 설명하게 하라.
- 달의 움직임을 추적하라. 은색 마커를 사용해 아이들이 달을 그리도록 하라. 초막절 축제가 시작될 때는 보름달이다.
- 초막절 축제는 환대와 축제의 모임과 연관이 있으므로 초막을 장식하는 파티를 열고, 초막 저녁식사를 조직하고, 안식일 손님을 초막에 초대하고, 주말 오후에 초막 개장 1주년을 개최하라.
- 고대 전통에 따르면, 아브라함과 사라, 모세와 미리암 등 '성경상의 조상들'인 우쉬피진(ushpizin)의 영혼들이 초대받으면 당신의 초막을 방문한다고 한다. 과거와의 연결이라는 정신에서, 증조할아버지 할머니 이야기를 하라 그리고 사진 앨범이나 가족 영화를 꺼내 자녀들에게 조상님들을 소개하라.
- 가족 자선상자를 초막에 넣고 아이들이 매일 그것에 변화를 주도록 하라. 일주일이 지나면 돈을 가게에 가져가서 아이에게 통조림을

선택하게 한 다음 지역 식료품 저장실로 가져가게 하라.
- 무엇보다도 당신이 초막에서 즐겁게 보내라. 카드놀이, 새로운 보드 게임을 하라. 실없는 노래를 불러라. 달을 보고 울부짖는 소리도 내 봐라.

단지 자신만의 초막을 만들 수 없기 때문에 그 축제의 정신 속으로 들어갈 수 없는 것은 아니다.

- 빈 가구 상자로 아이들용 초막을 만들어라. 그림 그리고 색칠하고, 잎을 잘라서 당신만의 초막 지붕을 '만들 수'조차 있다.
- 신발 상자 또는 공예용 스틱으로 탁상용 초막 모델을 만들어 이것을 일주일 내내 식당 중앙에 놓고 사용하라.
- 가을 단풍, 조롱박, 유대 공휴일 카드로 초막을 장식하라.
- 식당 테이블 위에 종이나 소나무 가지로 만든 완성된 '지붕'을 올려 놓아라.
- 회당의 초막에서 하는 행사에 참석하라.
- 다른 가족과 함께 초막을 만들거나 회당의 초막을 음식을 가져가 먹는 식사용이나 주말 점심식사에 사용할 수 있는지 물어보라.

(2) 율법의 기쁨 축제

초막절 축제의 마지막 심차 율법(Simchat Torah)은 맨 마지막에 도착한다.[32] 이 축제의 이름은 "율법의 기쁨"(Joy of the Torah)을 의미하

---

32 초막절의 8일째인 Sh'mini Atzeret는 사실은 또 하나의 휴가이지만, 이스라엘 땅의 장

며 한 해의 율법 독서의 완성과 율법 독서의 주기를 갱신하는 것을 기념
한다. 추수 축제와 달리 이 공휴일은 회당에서 가장 많이 행해지지만
초막절과 마찬가지로 열정과 아이를 위한 특별한 역할로 경축된다.

이 축제는 노래, 춤, 특별한 음식과 음료를 갖춘 유대인 결혼식을
연상케 하는 모든 에너지로 경축된다. 율법 독서는 긴 기도용 목도리로
만들어진 후파(huppah)라는 결혼식 천막의 밑에서 가끔 행해진다. 그
리고 심지어 의식을 주관하는 부부도 있다. 그들은 신명기 마지막 부분
및 창세기 첫 번째 낱말을 읽는 사람으로, 토라의 신부(칼라, kallah) 또
는 신랑(하탄, hatan)이라고 불린다.

이 축제를 기념하는 회당 저녁예배에서, 모든 율법 두루마리는 보관
된 곳에서 제거되고 하카포(hakafot)라고 불리는 일곱 개의 원 또는 행
렬로 성역 주변을 행진하게 된다. 율법을 옮기는 영광은 공유되며 일부
회당에서는 모든 사람이 자신의 차례를 맡게 된다. 어떤 회당은 전체
율법 두루마리를 거대한 원형으로 펼치며 사람들은 신중하게 양피지를
드는데 성인과 아이들이 잊을 수 없는 광경이다.

많은 회당들이 예배 후에 음악과 함께 율법과 춤을 추며 결혼식과
마찬가지로 샴페인을 즐기며 축하 행사에 활력을 불어넣는다.

아이들은 깃발과 소형 율법 두루마리 또는 율법 장신구를 들고 하카
포에 참여한다. 어떤 회당에서는 유치원이나 히브리 학교에 입학한 아
이들이 이 축제에서 종교 학교에 '봉헌'되거나 환영을 받게 되고, 각각
아이들은 작은 기도용 목도리나 자신만의 율법 두루마기를 받는다. 유

마와 관련되어 있는 회당이 애매하게 기념하여서 Simchat Torah에 의해 오래 전 11세
기부터 가려져, 초막절 축제 주기인 9일에 경축되었는데. 그것이 율법 독서회가 설립된
때이다.

대교 랍비는 특별한 축복을 위해 모든 아이들을 설교 연단으로 부른다. 어린아이들은 이 축제의 소동으로 매혹되거나 겁에 질리게 된다. 그래서 행복하지만 시끄러운 이 행사에 아이들을 데려오기 전에 아기들의 기질과 수면 주기를 고려하라.

대부분의 미취학 아동들은 이 축제의 자유로운 정신과 깃발과 배너판을 들고 성소나 사교용 강당 주위를 돌아다니며 부모와 함께 춤을 추는 기회에 매우 기뻐한다.

이 축제는 유대인 연구의 새해를 시작하는 것을 기념하여 취학 연령의 아이들에게 새로운 유대인 도서를 주는 멋진 행사이다. 문맹 퇴치 프로그램과 도서관에 기부하는 것은 특히 이시기에 적절한 자선 형태이다. 자녀가 왜 그리고 누구에게 기부하고 있는지 확인하고 그리고 작은 아이들이 우표를 핥아서 그것을 우체통에 넣게 하라. 더 나이든 아이들은 자신의 소장품을 살펴보고 자신이 성장해서 읽지 않는 것을 책을 살 여유가 없는 아이들에게 기부한다.

권장할만한 책

아동용 도서

Eric Kimmel, *Gershon's Monster: A Story for the New Year* (Scholastic, 2000).

Jacqueline Jules, *The Hardest Word: A Yom Kippur Story* (Kar-Ben, 1991).

Barbara Diamond Goldin, *Night Lights: A Sukkot Story* (URJ Press, 2002).

Elsa Okon Rael, *When Zayde Danced on Eldridge Street* (Simon & Schuster, 1997) Simchat Torah.

Barbara Diamond Goldin, *The World's Birthday:A Rosh Hashanah Story* (Harcourt, 1995).

7. 겨울: 빛의 축제, 식목일

1) 하누카

하누카(Hanukkah)는 유대인의 공휴일 중 가장 가정과 가족 중심의 축제 중 하나이다. 선물, 게임, 맛있는 음식이 가득하여 아이들의 즐거움이 된다. 유대인의 모든 공휴일과 마찬가지로, 이 공휴일은 아이들이 하누카에 대해 듣거나 읽거나 하여 새로운 축복을 숙달하는 것뿐만 아니라 부모님이 자신을 즐기는 것을 지켜봄으로써 아이들이 배울 수 있는 기회이다.

(1) 하누카 역사

하누카의 이야기는 히브리어 성경에는 포함되지 않은 고대 기록 모음집인 아포크리파(Apocrypha)의 일부로 마카비(Maccabees)라는 책에서 발견된다.[33] 기원전 2세기, 시리아의 앤티오추스 에피판스(Antiochus Epiphanes)가 이스라엘 땅을 지배하고 그들의 종교를 계속 실천했던 유대인을 박해했다. 앤티오추스가 예루살렘 성전의 신성모독을 명령했을 때, 그는 반란 상황에 빠지게 되었다. 그 반란은 마타씨아스(Mattathias)와 그의 다섯 아들 마카비 일가(Maccabees)가 이끌었으며 그들이 3년 전쟁 후 시리아 군대를 패배 시켰다. 마카비 일가는 회당을 기원전 165년

---

33 하누카와 관련된 군사적 용기에 관한 두 가지 이야기가 있다. 외경에서 발견된 이 이야기들은 영웅적인 여자들의 이야기다. 즉 유다 땅에 대한 포위 공격을 이끄는 사령관을 죽인 한 미망인 주디쓰(Judith)와 이교도의 우상에게 굴복하기보다는 그들과 함께 죽은 일곱 아들의 어머니 한나(Hannah)에 관한 것이다.

경에 다시 헌납하고, 그들의 승리는 8일간의 축하로 기념되어야 한다
고 선언했다. "하누카"는 '헌신'에 대한 히브리 단어를 기반으로 한다.

하누카는 유대인 달력에서 급진적인 혁신이었는데 하나님보다 인
간의 역할을 존중했기 때문이다. 수백 년 후 탈무드에서 유대인의 율법
을 성문화한 유대교의 랍비들은 군대의 승리를 기념하는 공휴일로 인
해 혼란스러워했다. 그들은 그 공휴일이 자신들의 시대에서 유대인들
사이에 위험을 무릅쓰는 것을 고취시킬지 모른다고 두려워했다.

그러나 사람들은 빛과 환희에 대한 한겨울 축하 행사를 포기하지 않
으려했다. 비록 그 내용이 이교도 전환점에서 차용된 것이라 하더라
도….

유대교 랍비들은 하나의 이야기를 가지고 하나님을 투영하여 성전
의 신성화를 확인하려 했다. 그 이야기는 마카비 일가가 단지 하루 동안
만 지속될 신성한 기름을 발견했는데 어떻게 하여 8일 동안 기적적으로
그 기름이 지속되었는가에 대한 것이다. 겸손한 기적과 군대의 승리 사
이의 긴장감은 하누카를 흥미롭게 하는 요소이다.[34]

(2) 하누카 빛

다른 많은 종교 전통과 마찬가지로, 유대교는 빛을 중심으로 한 휴
가와 함께 겨울 동지의 어둠을 밝게 한다. 하누카의 가장 친숙한 상징은
8개의 가지로 나뉜 촛대이다. 나뭇가지 모양의 촛대를 나타내는 데 사

---

34 하누카의 역사적 중요성에 대한 매혹적이고 정교한 설명을 보려면 유대 회당의 랍비
　　Irvihg Greenberg(Simon & Schuster, 1988)의 『유대인의 길』에서 "동화, 문화변용
　　및 유대인 생존: 하누카", 258-282쪽 참조.

용할 수 있고 어떤 촛대라도 언급하는 데 사용하는 "메노라"(menorah)
와 하누카에서만 사용되는 특별한 8개의 가지를 지닌 버전인 "하누키
아"(hanukkiah)가 있다.

하누키아는 공휴일의 난로로서 가정과 마음을 따뜻하게 한다. 관습
은 하누키아를 창문 가까이 두고, 지나가는 사람들을 위해 밤을 밝게
하고 하누카의 기적과 기적이 일어날 수 있다는 생각을 "선포하는 것"
이다. 또한 창문에 있는 메노라는 유대인의 자존심에 대한 확언이다.

일몰 후에 언제든지 원하는 대로 많은 메노라로 비출 수 있다. 안식
일에는 하누키아 촛불이 안식일 조명 앞에 켜져 있다.

"조력자" 양초라는 뜻의 샤마쉬(shamash)로 시작하라. 이 양초는
높이나 거리에서 다른 것들과 떨어져 있다. 이 양초를 다른 양초에 불을
붙이는데 사용하라. 하누키아는 오른쪽에서 왼쪽으로 채우는데 매일
밤마다 하나씩 더 추가하라. 하지만 왼쪽에서 오른쪽으로 불을 밝히면
최근의 촛불이 항상 먼저 빛난다.

당신이 촛불을 밝힐 때, 두 가지 축복이 낭송되거나 불린다:

복이 많으신 우리의 주님 당신은 우리를 계명으로 거룩하게 만들고 우
리에게 하누카 불빛을 비추도록 요구하십니다.
복이 많으신 우리의 주님 당신은 이 계절에 옛날 우리 조상들을 위한
기적을 행하셨다.

첫날밤 축복을 위한 감사의 일반적인 기도가 추가된다.

복이 많으신 우리의 주님 당신은 우리를 살아있게 지키시고, 우리를 지

탱케 하시고. 우리를 이 순간으로 데려왔나이다.

전통에 따르면, 양초가 타는 동안 아무도 어떤 일을 하기로 되어 있지 않다. 빛은 휴식을 위한 기간을 표시한다. 축복 직후에는 "시대의 가락"이라는 마우즈 쯔루(Maoz Tzur)를 부르는 것이 관습이다. 다른 하누카 노래를 아는 가족도 노래를 부른다. 미취학 아동들은 당신에게 "나는 작은 드레이들(Draydl)을 가졌다"거나 "꼭대기"라는 히브리어 뜻의 시비본(Sivivon)을 가르쳐 줌으로 기쁨을 선사할 것이다. 하누카 노래를 배우고 싶다면 노래방이나 테이프에 대한 캔터 또는 유대교 랍비에게 물어 보시고, 하누카 CD 및 테이프를 탐색해 보라.

하누키오트(Hanukkiot: hanukkiah의 복수형)는 미키 마우스에서 워터 포드 크리스탈에 이르기까지 다양한 스타일, 모양, 크기 및 가격으로 배열되어 있어 구입 가능하다. 당신도 도자기에서 감자에 이르기까지 다양한 재료로 하누카 메노라를 만들 수 있다. 가족 모두가 자신의 메노라를 가질 수 있으며 손님도 자신의 메노라를 가져올 수 있다. 양초가 많을수록 밤이 밝아진다.

(3) 선물주기

불이 켜진 후 대부분의 가족은 선물을 교환한다. 이디쉬어로 '돈'이라는 하누카 젤트(gelt)를 주는 관례는 그것이 실제 동전이든 금 호일로 싼 초콜릿 동전이든 17세기 폴란드로 거슬러 올라간다. 이 관습은 하누카가 크리스마스를 둘러싼 소비자 열풍에 근접했기 때문에 정교한 선물을 주는 것으로 발전했다.

어떤 부모들은 하누카의 밤마다 선물을 주면서 크리스마스와 경쟁하려고 하는 실수를 저지르며, "그들의 공휴일은 하루만 지속되지만, 우리의 휴가는 8일 동안 계속된다"와 같은 말로 실수를 한다. 그러한 접근 방식은 방종과 탐욕을 조장하는 경향이 있다.

하누카에 선물은 본질적으로 잘못된 것이 없다. 실제로 그들은 아이들에게 받는 것뿐 아니라 주는 즐거움을 가르칠 수 있는 기회를 제공할 수 있다. 많은 가정은 각 아이가 선택하고 선물을 주고받는 밤을 가질 수 있도록 "지정된 선물 주는 사람 규칙"을 정한다. 주는 것은 자녀에게 "감사한다"라는 단어가 중요한 이유를 가르치는 좋은 방법이다. 또한 엄마가 정말로 좋아할 수 있는 것에 대해 생각함으로써 다른 사람의 입장에서 공감을 실천할 수 있는 기회이기도 한다.

어떤 가정에서는 수제 선물이나 책을 주고받는 데 하루 밤을 지정한다. 어떤 밤에는 선물을 건너뛰고 가족과 함께 연극이나 영화를 보러 갈 수 있다. 자선을 위해 하루 밤을 헌신할 수 있다. 드라들(draydl) 게임을 하기 위해 당신이 사용해온 잔돈을 세고 돈을 어디로 보낼지 결정하라. 하누카의 정치적 주제는 유대인과 모든 억압받는 사람들을 위한 종교적, 정치적 자유를 위해 일하는 단체에 대한 기부를 나타내는 것이다.

(4) 음식

전통적인 하누카 음식은 기름의 기적 이야기를 회상하여 하는 튀김이다. 아쉬케나직(Ashkenazic) 유대인은 전통적으로 사과 소스와 신 크림으로 접대하는 라트케스(latkes)라고 불리는 감자 팬케이크를 먹는다. 이스라엘에서는 젤리 도너츠(sugganiot)가 공휴일의 명물이다.

세파르딕(Sephardic) 유대인은 달콤한 시럽을 넣은 튀김을 선호하고 이탈리아 인과 모로코 인은 튀긴 닭고기를 제공한다. 러시아의 유대인들은 불타는 듯한 브랜디에 젖은 설탕 덩어리를 컵이나 잔에 떨어 뜨려 양초의 불빛에 '불타는 차'를 마신다.[35]

(5) 파티들

하누카 파티는 8일 밤 일부 또는 전부에서 열릴 수 있다. 대부분의 회당은 가족 프로그램을 운영하는데 팬케이크 식사나 심지어 경쟁적으로 하는 팬케이크 요리 경연대회, 노래 축제, 스토리텔링, 아이들을 위한 게임 및 음악 콘서트 등을 포함한다. 가정에서는 전통적으로 가족과 함께 친구들을 초대하여 팬케익을 나누고, 노래하고, 드레이들(draydl) 게임을 한다.

가장 보편적인 하누카 파티 활동은 뜻밖의 행운의 도박 게임인 드레이들이다. 각 플레이어는 초콜릿 동전, 버튼, 땅콩 또는 페니를 사용하여 4면의 드레이들(팽이)을 차례로 회전시킨다. 4면의 각각은 히브리어 철자를 지니고 있다. 만약 드레이들이 "nun" 철자에 해당되면 당신은 꽝이고, "hay"면 항아리의 반을 갖게 되고, "shin"이면 적금통에 물건을 더 넣어야 하고, "gimel"이면 항아리 전부를 갖는다. 철자는 히브리 문장에 대한 이합체로, "Nes gadolhaya sham", 즉 "저기서 큰 기적이 일어났다"라는 뜻이고, 이스라엘에서는 히브리 문자로 된 "pey"

---

35 Claudia Roden, The Book of Jewish Food (Knopf, 1996), p. 33. 치즈와 유제품은 외경에서 경축된 다른 주인공인 주디스를 기념하는데 사용되는데, 주디스는 유대인의 적인 홀로페스에게 그 음식들을 먹였다. 홀로페스가 잠들었을 때, 주디스는 그를 죽이고 사람들을 구했다.

가 "shin"으로 대체되고 "Nes gadolhaya po" 즉 "여기에 큰 기적이 일어났다"라는 뜻이 된다.

어린아이들은 게임을 좋아하며, 대개 나이가 많은 이들은 아이들이 게임 즐기는 것을 돕는다. "인간 드레이들" 게임을 하기 위해 아이들은 떨어질 때까지 회전하며 마지막에 서있는 사람은 상을 받는다.

그러나 드레이들 게임은 한계가 있기 때문에 가족의 이익에 부합하는 활동을 계획할 수 있다. 이 활동은 매년 몸짓으로 단어를 알아 맞추는 파티, 낙서하기 토너먼트, 또는 부림절(Purim) 축제의 전통 음식인 하레나쉔(harenaschen) 대 라트케스(latkes)의 상대적인 장점에 대한 정식 토론의 무대 열기 등으로 진행된다.

아이와 함께 하누카 축하하기

- 파란색과 흰색 수제 종이 체인, 반짝이 깃발, 중심을 장식할 물건, 또는 당신이 좋아하는 물건 등으로 집을 장식하라.
- 일주일 내내 하누카 냅킨을 사용하고, 가게에서 구입하거나 손수 만든 하누카 접시 받침대를 깔고 식사하라.
- 일요일에는 매년 개최되는 "당신만의 하누카 아이스크림 만들기" 파티를 열어라.
- 하누카 쿠키 커터를 사서 쿠키를 색색의 설탕으로 입히고 장식하라.
- 일주일 내내 냉장고에 드레이들 게임의 승자와 패자의 집계표를 게시하라.
- 라트케 요리법을 모아서 감자, 부추, 고구마, 사과 등 다양한 종류로 만들어 봐라
- 플라스틱, 목재, 도자기, 금속 등 모든 종류의 재료로 만든 상판을

사용하여 드레이들 게임의 소장품을 만들기 시작하라.

- 매년 모든 아이들에게 다른 드레이들 게임을 선사하고 특별한 상자에 그것을 보관하라.

- 음식, 재활용품, 자연의 보물인 감자, 조개껍질, 달걀껍질, 컵케이크, 스펀지, 주석 캔, 피자 반죽, 플레이 도우, 돌, 조약돌 등으로 촛대를 만들어라.

- 작은 플라스틱과 나무로 된 드레이들을 창문 선반과 식탁 위쪽 면에 흩어놓아라. 물론 집에 유아가 없는 경우.

- 양초가 아직도 타고 있는 동안 하누카 이야기를 매일 밤 읽어라.

- 소품과 의상으로 하누카 이야기를 연출하라. 가방에 신을 포함하여 모든 캐릭터의 이름을 넣고 모두가 자신들의 역할을 그리도록 하라.

- 마시멜로 과자 혹은 생강이 들어있는 빵으로 식용 드레이들을 만들거나 땅콩버터 샌드위치를 마시멜로 모양으로 잘라라. 아이디어와 쉬운 요리법을 위해 조안 네이선(Joan Nathan)의 저서 『아이들의 유대인 공휴일을 위한 주방』(*The Children's Jewish Holiday Kitchen*)을 보라.

- 바깥으로 나가 창문에 있는 촛불을 보며 감탄하라. 하누카 촛대를 전시하는 것은 마카비의 시대와 마찬가지로 오늘날 종교의 자유를 기념한다. 유대인 역사의 많은 부분에 있어 이런 행동은 위험할 수 있다는 사실을 말하라.

- '기적'이라는 단어의 의미에 대해 이야기하라. 어느 날에 마카비(Maccabees)는 오래가는 기름이 단지 운이 아니라 기적이라고 결정했을까? 기적은 홍해가 갈라지는 것과 같은 거대한 사건에 국한되어 있는가? 일상적인 일도 기적일 수 있나? 저녁 식탁을 돌아다

니며 모두가 "매일의 기적"이라고 부르게 하라. 대화가 가볍도록 유지하라. "오늘 밤 팬케이크가 타지 않은 것도 기적이야", "강아지가 일주일 내내 카펫에 응아를 하지 않은 것도 기적", "아기가 새 이가 난 것도 기적이야."

• 일반사전과 백과사전에서 '헌신'이란 의미의 단어 하누카를 찾아보라. 앞으로 몇 달 동안 자녀에게 더 큰 소리로 책을 읽어주거나 더 규칙적으로 안식일 저녁식사를 하는 것 등 무언가를 하는데 자신을 헌신하라.

(6) 크리스마스와 하누카

크리스마스는 기독교 문화가 압도적인 미국에 사는 유대인들이 부정할 수 없는 차이를 직면하게 한다. 성인들은 시간이 지남에 따라 평온을 유지하지만 그 문제는 부모로서 자녀가 외부인 위치에 있다는 사실을 발견하고 대면하는 것을 볼 때 다시 검토된다. 우리는 그 계절이 주는 실망으로부터 자녀들을 보호하기를 대단히 원하지만 크리스마스의 맹공격에서 유대인 자녀를 보호할 수 있는 방법도 많지 않다. 왜냐하면 그 맹공격은 크리스마스와 세속적 문화가 행하는 것은 기본이요, 국가가 경제력으로 그렇기 하기 때문이다.

당신이 외부인이라는 사실을 알게 되는 것은 결코 쉬운 일이 아니다. 그러나 크리스마스 시즌에 유리에 코를 대고 있는 아이가 있으면 두 배나 힘들다. 왜냐하면 그 계절은 특히 그 어린 자녀들을 유혹하고 즐겁게 하도록 되어있기 때문이다. 크리스마스를 부러워하는 것은 아이들에게 종교적인 문제가 아니다. 아이들은 반짝이, 깜박이는 불빛,

사탕 그리고 무엇보다도 장난감을 원한다.

유대인 자녀들은 크리스마스에 그들에 맘껏 참가하는 것을 금하는 것에 대해 질투심, 슬픔, 분노 등 여러 가지 방식으로 반응한다. 어린아이는 울 수도 있다. '공정함'에 사로잡힌 취학 연령의 아이들은 때로는 모든 TV 광고 및 공휴일 장식에 분노를 나타낸다. "왜 행복한 성탄절 표지판만큼 행복한 하누카 표지판이 없을까?"

어떤 아이들은 크리스마스에 관한 모든 것을 싫어하는 게 쉽다고 생각한다. 그러나 그것은 10월부터 1월까지 미국에서 사는 것이 어렵게 하는 방법이다. 다른 한편으로, 어떤 아이들은 축하할 많은 공휴일이 없는 유대인이 아닌 친구들에게 "유감스럽게 느낀다"라고 말한다.

자녀의 입장이 어떻든 자녀에게 자녀들의 감정을 벗어나서 이야기하려고 하는 것은 의미 없고 심지어 해롭다. 왜 자녀가 크리스마스에 대해 '합리적인 능력'을 갖도록 하려고 노력합니까? 그 자체가 모두 비합리적인 기대에 관한 것인데? 아이가 "나는 하누카를 좋아하지 않아, 나는 크리스마스를 원해"라고 말하면, 그 아이가 하는 말이 진심이 아니라고 말하지 마라. 자녀가 "나는 크리스마스 불빛이 싫어"라고 말하면 그 불빛이 예쁜 것이라고 방어하지도 마라. 그냥 경청하고 공감하라. 부모로서 크리스마스에 대한 당신의 감정을 어떻게 다루는지 아이에게 설명하라. 당신이 하누카를 좋아하는 이유와 그것이 어떻게 일 년 동안의 유대인의 축하와 어울리는지를 말하는 것은 좋지만, 어느 것이 더 좋은가에 대한 논쟁이 되지 않도록 하라.

게다가 자녀의 성장에 따라 자녀의 열정적인 지위가 바뀔 것이다. 초등학교를 시작할 즈음에 대부분의 아이들은 모든 가족이 자신의 방식으로 일을 하고 있다고 이해한다. 그래서 한 부모는 다음과 같이 말할 수 있다. "나는 제인의 크리스마스트리가 멋지다는 것을 알고 있다. 하지만 그것은 우리 종교의 일부가 아니야. 우리는 하누카를 안식일을 포함하여 1년 중 가장 가치 있는 부분이라고 생각해." 유대인 공휴일의 전체 순환 즉 하누카뿐만 아니라 수코트(장식하고 놀 수 있는 큰 오두막), 부림절(옷 입히고 허락하는 소음), 유월절(가족 축제) 등 유대인 공휴일의 전체 주기에 참여하는 아이들은 크리스마스에 대해 '도둑맞은 느낌'을 덜 느끼게 된다. 그렇더라도 그 아이들은 아마 크리스마스를 축하하기를 바라는 것을 중지하지는 않을 것이다. 많은 유대인 아이들은 비유대인과 결혼한 가족 출신 친구들이 있는데 그 가족은 촛대에 불을 밝히는 것과 양말을 걸어놓는 것 둘 다를 행하는 듯 보인다. 부모 중 한 명이 비유대인이라면 두 공휴일을 다 축하해야 한다는 주장은 아이에게 매우 설득력 있는 것처럼 보일 수 있다.[36]

크리스마스는 흔히 손자, 조카, 사촌들과 공휴일을 나누기를 원하는 그리스도인 친척과 조부모를 포함하는 유대인들에게 다양한 문제를 제기한다. 일부 가족들은 추수 감사절을 큰 가족 모임으로 만들려고 애를 쓰고, 12월에 방문하는 것을 피하려 한다. 특히 장거리 여행이 관련된 경우 특히 그렇다. 그러나 많은 자유주의 유대인 가정은 축하 행사가 자신의 집 밖에 있는 한, 비유대인 친척이나 친구들과 크리스마스를 나눌 수 있다는 자신감이 강하다.

여섯 살까지는 대부분의 아이들은 할머니와 할아버지의 집에서 크리스마스를 축하하는 것은 생일 파티를 위해 친구의 집에 가는 것과 같

---

36 두 축제를 기념하는 비유대인과 결혼한 가족은 이 토론에 실망할 수도 있지만, 두 축제일 다 실행하는 가정의 결정과 선택은 이 책의 범위를 벗어난다. 결혼 생활과 관련된 책을 참고할 수도 있다. 이 중 가장 좋은 것 중 하나는 Judy Petsonk과 Jim Remsen(William Morrow, 1988)의 *Intermarriage Handbook*(유대인과 기독교인을 위한 안내서)이다.

다고 이해한다. 당신은 케이크와 아이스크림을 즐기고, 선물을 주며, 파티를 호의로 받아들인다. 그러나 당신이 자신의 집으로 돌아갈 때, 일명 당신의 생일이 아니기 때문에 축하는 끝난다. 유대인이 아닌 가족과 친구들이 하누카 축제에서 팬케이크와 촛불을 함께하기 위해 집에 왔을 때도 마찬가지이다.

유대인 회당과 유대인 단체는 대부분 "12월 딜레마"(December Dilemma) 워크샵을 진행한다. 대개 복잡한 정서와 가족의 기대를 어떻게 요령 있게 다루는가를 결정하려고 노력하고 있는 비유대인과 결혼한 부부를 위한 것이다. 그러나 12월은 모든 별자리의 유대인 가족에게 문제를 제기한다. 우리는 '계절 인사장' 즉 크리스마스카드를 외할아버지 외할머니 고모 외삼촌에게 보내는가? 우리는 열 살 자녀가 가장 친한 친구가 회당 하누카 파티에 왔기 때문에 그 친구와 한밤중 모임에 가도록 허락하는가? 우리가 학교에서 하는 크리스마스트리 장식에 대해 혹은 학교 연례 겨울 콘서트에 나오는 크리스마스 음악에 대해 어떻게 반응해야 하는가? 우리가 하누카 축제에서 벗어나 너무 많은 것을 "유대인식 크리스마스"로 바꾸어 놓고 있지는 않은가?

일부 유대인들은 파랗고 하얀 선물 포장, 6각형의 반짝별, 드레이들 모양의 전선줄 등의 이미지를 갖고 있는 크리스마스와 똑같은 문화적 '어휘'로 하누카를 축하하는데 반대한다. 비평가들은 유월절과 비교하여 '사소한' 축제라고 생각하는 하누카가 크리스마스의 '유대인 아듀'로 변형되는 것을 두려워한다.

그러나 하누카를 옛날에 그랬던 것보다 더 큰 파티로 만드는 것이 그 하누카의 유대인성을 무효화하는 것은 아니다. 특히 하누카가 전체 유대인 공휴일 주기의 일부일 경우에는…. 하누카는 유대인 달력에서

혁신의 예를 보여주는 것이며, 8일간의 빛의 축제를 전적인 동화됨에
반대하는 하나의 승리로 기념하기 위해 성경상의 공휴일 주기에 삽입
한 것이다. 무슨 교훈이 더 적절할 수 있을까?[37]

12월은 유대인 부모에게 힘든 달이 될 수 있다. 경쟁하는 많은 요구
와 감정적인 매력이 있다. 감자튀김을 하고, 슈퍼마켓 직원이 "메리 크
리스마스"라고 할 때 뭐라고 대답할지를 결정하려고 노력할 때, 가족의
전통을 일관되게 유지하고 방어를 피하고 가장 중요하게 기쁨으로 축
하하라.

(7) 하누카, 나이와 발달 단계

영유아

하누카 속의 광경, 냄새, 비언어 및 언어적 연상 내용은 어린 눈과
귀에 새겨져 있다. 그리고 비록 그 아이들이 첫 번째 공휴일을 실제로
기억하지는 않지만, "제시의 첫 하누카 축제" 그리고 "할머니에게서 조
금 도움을 받아 촛대를 밝히는 두 살짜리 David"의 사진은 결국 지울
수 없고 소중한 기억이 될 것이다.

유치원 및 취학 연령

모든 아이들은 정당한 이유로 하누카 축제를 사랑한다. 그 이유는
예술과 공예, 노래와 게임, 이야기, 활동 등이 모든 아동의 발달 능력과

---

37 이스라엘에서는 하누카가 크리스마스와 관련이 없다는 이유로 '사소한 축제' 지위에 있
   었지만 그 지위가 승격되었다. 이스라엘 유대인 사이에서는 국가를 수립하고 유지하기
   위한 군사 투쟁이 모든 가족의 이야기의 일부이며, 하누카는 고대 승리뿐만 아니라 현대
   승리임을 단언하고 있다.

관심사와 일치하기 때문이다.

이 공휴일은 또한 유대인 학교 환경에서의 수업 및 축하를 위한 자연스러운 초점이며, 많은 공동체의 공립학교는 계절의 다른 공휴일과 더불어 "빛의 축제"에 대해 인정하고 심지어 가르쳐준다.

새로운 하누카 그림책을 빌리거나 구입하여 자녀의 유대인 교과과정을 보완하고 지원할 수 있다. 취침 시간에 함께 책을 읽고 나이에 맞는 용어로 공휴일의 의미와 가치에 대해 이야기하라.

하누카는 영웅과 나쁜 놈의 이야기를 선보이다. 더 강력한 적보다 더 영리하고 더 잘 싸우는 솜씨 있는 약자 마카비는 어린 시절 환상에 호소력을 준다. 특히 슈퍼 영웅들을 모방하기를 좋아하는 어린 소년들에게 공통적으로. 어떤 부모들은 싸움과 군대의 승리를 영화롭게 하는 것을 피하기를 원하지만, 선과 악의 싸움은 세계에 나쁜 사람들이 있다는 것을 점점 더 잘 이해하는 아이들에게 호소력이 있다. 선량한 사람 중 한 명인 척하는 것은 통제권을 주장하는 한 방법이다.

하누카는 또한 당신이 믿는 것을 위해 당당히 맞서는 문제를 제기한다. 부모는 폭력에 의지하지 않고 입장을 취하는 방법을 생각해 볼 수 있는지 아이들에게 질문을 하고 언제 싸움이 타당한 지에 대한 토론을 할 수 있다.

청소년

청소년들은 하누카에 선물받기를 기대하고 원하지만, 아마 그 공휴일 게임은 자신들에게는 너무 유치하다고 느낄 것이다. 그 아이들에게 더 어린 애들을 즐겁게 하는 일을 맡기는 것도 그들의 자존심을 희생하지 않고 참여할 수 있는 방법이 될 것이고, 고등학생들은 종종 어린아이들을 위해 회당 파티를 운영하는 것을 돕는다. 유대인 학교와 청소년 단체는 이 계절에 가난한 아이들을 위해 장난감과 책 보관소를 운영하거나 혹은 하누카 파티를 양로원에서 하기도 한다.

당신의 신념을 위해 당당히 일어서는 것은 십대에게 큰 관심 주제이다. 하누카는 청소년들에게 몇 가지 도발적인 질문을 제기할 기회를 제공한다. "너의 신념을 위해 위험을 감수하려면 무엇이 필요할까?", "인종 차별적인 말투를 사용하거나 게이 농담을 하는 친구에게 네가 불편하다고 정식으로 이야기를 언제쯤 하겠니?", "네가 다니는 공립학교가 갑자기 매일기도를 명령한다면 항의집회를 조직하겠니?", "금요일 밤에 댄스가 있다면?", "안식일에 고등학교 졸업식을 한다면?"

또는 "회당이 엉망이 되었기 때문에 마카비가 전쟁에 나가는 것이 옳았을까?", "너는 무엇을 위해 싸울 거니? 수단이 그 의미를 정당화할까?"

이 질문들이 대화를 시작하게 하는 것이다. 이러한 대화는 당신의 십대 자녀에 따라 다르지만, 가족과 함께하는 저녁식사보다 학교에 카풀로 타고 가는 동안이 더 효과적일 것이다.

2) 식목일(TU B'SHVAT)

히브리의 5월 15일 식목일은 탈무드에서 "나무의 새해"로 묘사된다. 그것은 아마도 과일 나무가 십일조로 충분히 오래되었을 때 농민들이 예루살렘에 있는 성전으로 보낸 작물의 일부분을 알 수 있도록 나무에 날짜를 적어 놓는 방법으로 시작했다. 오늘날 식목일은 일종의 유대인 지구의 날로 기념되어 기후 변화, 대기 및 수질 오염, 산림 파괴 및 기타 생태계 악화로부터 지구를 보호하려는 현대적인 노력과 전통적인 유대인 가치관을 연결한다.

북반구의 유대인들을 위해, 식목일은 "제 때에 도착"한다. 하누카와 부림절 사이의 중간, 겨울의 황량한 마음속에서 봄이 오기를 기대하는 공휴일이 가장 좋다. 재발견된 식목일 잔치는 16세기 신비주의자 사페드(Safed)가 고안했고, 한때 비밀스러운 축하 행사로 그 본을 받은 것이다.

(1) 역사

기원전 586년과 70년경에 처음으로 이스라엘 땅에서 유대인이 흩어지면서 식목일이 농업 축제에서 5월에 겨울을 보낸 곳으로 연결되는 방식으로 바뀌었다. 그곳에서는 비가 오면 봄의 첫 징후가 나타난다.

수세기 동안 디아스포라(Diaspora) 추방지의 유대인들은 이스라엘에서 재배된 것들을 먹음으로써 연결 고리를 유지해 왔다. 쥐엄나무는 이동이 용이해서, 성 요한의 빵으로도 알려진 보크서(bokser)라는 쥐엄나무가 아시케 나지(Ashkenazic) 유대인들 사이에서 공휴일의 전통 음식이 되었다. 세파딕(Sephardic) 유대인은 식목일을 특별한 과일 접시, 노래 및 아이 게임으로 축하했다. 유대인 세계 전역에서 이스라엘의 열매를 먹는 일은 가난한 사람들에게 과일을 위한 돈을 주기 위한 노력만큼이나 중요하다고 여겼다.

이스라엘이 국가로 되기 전 학교 선생님들은 노래와 나무 심기로 공휴일을 재고안 했고, 1948년에 이스라엘 국가가 창립된 후 비쉬바트가 유대인 식목일이 되었다. 전 세계의 유대인 아이들은 종이컵에 씨앗을 심고 유대인 국가기금 단체를 위해 돈을 모았다. 이 단체는 이스라엘의 산림 개척 노력을 계속 지원하고 있다.

식목일은 생태 활동을 유대인의 가치관에 연결시키는 훌륭한 기반이 되었다. 율법 자체도 생명의 나무라고 불려 나무 심기는 거룩한 행위로 간주된다. 1세기의 현자인 유대교의 랍비 요하난 벤 자카이(Johanan Ben Zakkai)에 따르면, "네가 만일 네 손에 묘목이 있으며, 어떤 사람이 너에게 말한다. 보라, 여기 메시아가 온다! 먼저 묘목을 심고 그 다음에 나와서 메시아를 만나러 나오라."[38] 율법은 전쟁 포로 시대에 적의 과일을 잘라내는 것을 금지한다. 나무가 도시 포위 공격을 위해 필요하더라도 말이다.[39]

보충 교실과 주간학교의 식목일 커리큘럼은 이스라엘의 경관에 초점을 맞추고 인류의 개념을 하나님의 창조의 청지기 직분을 담당하는 지구를 지키는 자(shomrei adamah)로 소개하고 있다. 이 공휴일은 '세속적인' 관심과 '종교적인' 가치 사이의 유대인 연결을 예로 들고 있다. 과학을 계율과 연결시키면서, 유대인 프로그램은 세상을 수리하는 것을 강조한다. 유대인 배경에서 환경을 위해 공원을 청소하고, 종이를 재활용하고, 나무나 멸종 위기에 처한 펜더를 위한 돈을 모으는 등의 일을 하면 아이들은 종교, 생태계, 팀워크에 대한 교훈을 얻게 되고 성취감을 느끼게 된다. 아이들은 또한 그들이 변화를 가져올 수 있다는, 유대인처럼 시도할 것으로 예상된다는 메시지를 얻게 된다.

당신의 가족과 함께 식목일 축하하기

- 예술 공예 프로젝트를 수행하라. 자선용 상자를 식수용 캔, 재활용

---

38 *Avot de Rabbi Natan*, 31b.
39 신명기 20:19.

종이 타올 롤로 만든 숲, 꽃과 나무의 콜라주, 종자 심기용 장식 종이컵 등의 모양으로 만들어라.

- 각 아이에게 "애완용 식물"을 줘라. 어린아이를 위해서는 선인장 또는 유지하기 쉬운 식물을, 더 나이든 아이들은 꽃 봉우리를 주라. 아마 마라릴리스 식물이 특히 좋은 선택일 것이다.

- 식용 가능한 것을 심어라. 기후가 올해의 야외 원예를 허용하지 않는 경우 유월절 축제를 위해 수확할 파슬리 씨앗으로 창문용 상자를 사용해보라.

- 청과물 가게를 방문하고 과일을 살펴보라. 전에 맛 본 적이 없는 과일이나 채소를 찾아보라.

- 올리브, 야자수, 무화과, 아몬드, 감, 오렌지와 같은 이스라엘 농산물을 구입하라. "가시 배"라고도 하는 외부에 가시가 있지만 내부는 달콤하거나 선인장 과일인 사브라(sabra)를 시도해 보라. 거대한 포멜로, 포도와 오렌지 사이에 있는 자몽 또한.

- 근처 야생 생물에게 먹이를 주라. 팝콘을 줄에 매달아 지붕에 걸거나 새들을 위해 덤불 주위에 놓아라. 꿩과 다람쥐를 위해 으깬 옥수수를 뿌리고 나뭇가지에 매달려 있는 솔방울 위에 버터를 바른 모이통을 만들어라.

- 시음 게임을 즐겨보라. 눈가리개로 가리고 번갈아 가며 냄새, 촉감 또는 맛으로 과일을 추측하라.

- 종자 카탈로그를 살펴보고 다음 봄에 선택하라.

- 식물원을 방문하라.

- 마당을 돌아보고 나무가 관심을 기울여야하는지를 확인하라.

- 이스라엘에 나무 심기를 위한 유대인 국가 기금 단체와 "기아에 대

한 유대인의 반응"이라는 마존(Mazon)에 기부하라. 그래서 다른
사람들이 먹을 수 있도록 하라. 또는 환경 보호에 전념하는 국내외
조직을 지원할 수도 있다.

- 가족의 환경 개선 노력을 늘려라. 가족이 일주일에 만드는 쓰레기의
  무게를 재고 재활용을 통해 그 양을 줄이기 위해 노력하라. 화장실
  변기의 물을 절약해 줄 공간 점유 물건을 설치하라. 충전용 배터리
  세트를 구입하라.
- 아이들이 탁자를 장식하게 하거나 당신의 식목일 축제를 위한 좌석
  표를 만들어 보게 하라.

(2) 식목일 축제

"유월절 축제"라는 단어는 '명령'을 의미한다. 유월절 축제에서와 마
찬가지로 식목일 축제는 기도, 노래, 식사, 음주 및 토론이 포함된 식탁
에 대한 예배의식이다. 역사적인 것과 가족의 기대가 가득한 유월절 축
제와는 달리, 이것은 대부분의 사람들에게 새로운 것이므로 크게 공개
된다. 친구와 이웃에게 채식주의 음식으로 초대하는 좋은 기회이다. 그
리고 자녀들도 친구들을 초대하도록 권장하라.

많은 유대교 회당이 거의 항상 가족을 대상으로 하는 식목일 축제를
운영한다. 아니면 집에서 직접 운영할 수 있다. 글자 그대로 '이야기'라
는 뜻의 하가다(haggadah)를 직접 만들거나 아래 나열된 출판 버전 중
하나를 구입하라.

당신의 축제는 식사를 즐기기 전에 포도주와 과일을 위한 축복을 낭
송하는 것과 같이 간단하다. 또는 당신은 절기와 대응하기 위하여 과정

을 편성하고 공휴일의 의미에 관하여 대화를 할 수 있다. 관습과 전통은 이 축제와 관련하여 그렇게 새롭고 유동적이어서 잘못될 리 없다.

식목일 축제를 고안한 신비주의자들은 네 잔의 포도주와 네 가지 종류의 과일을 중심으로 그것을 구성했다. 첫 번째 포도주 잔은 흰색이고, 두 번째와 세 번째는 흰색과 장미 또는 얼굴 홍조 같은 빨간색 혼합물이며, 마지막은 빨간색이다. 또는 흰색과 빨간색 포도 주스로 대체할 수 있다.

같은 축복이 각각의 컵 앞에서 낭송된다.

복되신 주님, 당신은 포도원의 열매를 맺게 하셨나이다.

과일은 메뉴에서 요리의 핵심이며, 일부 사람들은 5월의 15번째 날짜에 맞추어 15가지 종류의 음식을 제공하려 노력한다. 과일은 계절에 대한 은유, 구성 요소, 인간의 특성, 신의 신비한 발현 등 네 가지 범주로 나뉜다.[40]

똑같은 축복이 열매의 각 범주에서 먹기 전에 낭송된다.

복 있는 주님. 당신은 나무의 열매를 만드셨나이다.

네 가지 종류의 열매는 하나님과의 친밀감 증가 정도를 상징한다.

— 1단계: 견과류, 감귤류, 멜론, 파인애플, 석류, 코코넛 등의 외부에

---

40 See Arthur Waskow, *Seasons of Our Joy* (Beacon, 1991), for a full discussion of the mystical methodology of the Tu B'Shvat seder.

서 단단한 과일. 겨울. 지구. 몸.

— 2단계: 부드러운 외부 및 하드 내부 씨가 있는 과일. 체리, 복숭아, 매실, 야자수, 올리브 및 아보카도. 봄. 물. 감정.

— 3단계: 온전히 먹을 만하고 작은 씨가 있는 과일. 딸기, 사과, 무화과, 포도, 건포도, 배. 여름. 공기. 지력.

— 4단계: 섭취되는 것 이상의 가장 높고 순수한 단계로서, 이 과일은 순수하게 상징적이며 인간이 먹을 수 없다. 솔방울, 도토리. 단풍나무 시럽 또는 단풍 설탕 사탕이 식용 상징으로 사용될 수는 있다. 가을. 불. 정신.

(3) 메뉴

식목일 축제의 음식은 종종 생과일 접시로 구성되어 있지만, 사과 조각들과 멜론을 자른 것들은 군침이 돌게 하는 향연과의 연관성을 생각나게 하는 '명령'이라는 단어의 약속에 부합하지 못한다. 창의적인 요리사는 식목일 축제를 위해 많은 재미있는 메뉴 계획을 갖고 있다. 예를 들면 다음과 같다.

이스라엘 사람 – 호모스(Hummos), 타보울리(tabouli), 피타 빵, 다진 샐러드, 감귤류 샐러드와 펠라펠(felafel).

채식주의 미식가 – 호박 수프, 폴렌타 야채 라자냐, 아몬드와 녹색 콩, 타르트 타틴.

국제적인 것 - 구아카몰레(Guacamole), 초록 셀러드를 곁들인 콩과 치즈 고추양념 요리(enchiladas), 또는 달걀 레몬 수프, 가지와 오이 셀러드, 복숭아 아이스크림.

권 장 할 만 한 책

아동용 도서

Marji Gold-Vukson, *Grandpa and Me on Tu B'Shvat* (Kar-Ben, 2004).

Stephen Krensky, *Hanukkah at Valley Forge* (Dutton, 2006).

Barbara Diamond Goldin, *Just Enough Is Plenty* (Puffin, 1990). Hanukkah.

Sarah Marwil Lamstein, *Letter on the Wind* (Boyd Mills, 2007). Hanukkah.

Jane Breskin Zalben, *Pearl Plants a Tree* (Simon & Schuster, 1995).

"Rugrats Chanukah"(1991). VHS video.

Matt Biers-Ariel, *Solomon andthe Trees* (URJ Press, 2oor). Tu B'Shvat.

학부모용 도서

Roberta Kalechofsky와 Rosa Rasiel, *The Jewish Vegetarian Year Cookbook* (Micah Publications, 1997). 식목일 축제장에는 축제와 조리법이 들어 있다.

Isaac Bashevis Singer, *The Power of Light* (Farrar, Straus & Giroux, 1990). Hanukkah.

Ari Elon, Naomi Mara Hyman/Arthur Waskow edit., *Trees, Earth, and Torah: A Tu B'Shvat Anthology* (Jewish Publication Society, 2000).

8. 봄: 부림절, 유월절, 유대인 대학살 기념일, 이스라엘 독립 기념일, 제33일절

1) 부림절

부림절은 유대인 할로윈, 유대인 마르디 그라스 그리고 세속적인 새해 이브가 하나로 통합된 것이다. 시간상 춘분 경에 해당하는 5월 14일은 봄을 축하하는 날로 큰 목소리와 다소 음산한 외침으로 우리에게 웃음이 종교적 행위가 될 수 있다는 것을 상기시켜준다.

이 축제는 속죄일과 정반대편에 있다. 속죄일이 아마도 가장 어른스러운 연중 공휴일이라면, 이 축제는 가장 천진난만하다. 사실 이 축제는 어른들이 아이들처럼 행동하도록까지 권장한다. 아이들은 맘껏 즐기고, 의상을 차려입고, 소리 내는 물건을 받게 되고, 회당에서 큰 소동을 벌려보라는 말도 듣게 된다.

이 축제는 정상 및 규칙에서 자유로운 공휴일이다. 이 축제에서, 유대인들은 도박을 하고, 옷을 맞바꿔 입고, 만취하도록 술을 마실 뿐 아니라,41 심지어 가장 신성한 성경말씀도 조롱하도록 권장한다. 그럼에도 불구하고 이 축제는 사소한 공휴일로 간주되지 않는다. 탈무드에 의하면 메시아가 나온 후에도 이 축제만이 축하받을 것이라고 한다. 분명히 완벽한 세계에서도 우리는 여전히 자신을 비웃을 필요가 있다.

이 축제 기간에는 일이나 공부를 자제할 의무는 없다. 유일한 종교적 계명은 에스더서에 대한 대중의 독서를 듣는 것이다. 축제는 저녁

---

41 탈무드는 부림절 축제가 모든 유대인들이 의무적으로 술을 마셔서 축복하는 모르데샤 (Mordechai)와 저주하는 하만(Haman)을 구별할 수 없도록 한다. Megilot, 7b.

예배에서 이야기를 읽는 것으로 시작된다. 그러나 에스더서 목록 (Megillat Esther)[42]을 읽고 찬송하는 것은 다른 성경의 독서와는 다르다. 우선, 재미있는 목소리를 사용하는 의상을 입은 선수들이 가끔씩 연출한다. 그리고 청중은 악당 하만의 이름을 떠내려 보냄으로써 그 축제에 참가하도록 권장하며 근처의 모든 수단을 사용해서 소리 치고, 피리를 불고, 항아리를 치고, 피리를 부르고, 그라거즈(graggers)라는 특별한 소리 내는 물건을 사용한다.

일명 "부림절 율법"이라는 것은 그 축제일의 성격상 신성함과는 한참 거리가 있다. 유대교의 랍비는 Cookie Monster와 유대인의 관계에 대한 설교를 하고, 회당 소식지는 회교도 로데오와 코셔 랍스터에 대한 광고를 발표할 것이다. 전통적인 기도는 브로드웨이의 쇼튠 멜로디로 불려질 수 있다. 부림절 쉬피엘(Purimshpiels)이라는 연극 공연은 국내, 국제 및 회중 정치와 인격을 희화화한다.

어떤 유대인 회당이나 유대인 단체는 의상 파티나 라스베가스의 밤을 위한 기금을 모으는데, 유대인 법에 의해 일반적으로 금지된 도박이 이 축제에서는 허용되기 때문이다.

부림절에 대한 이야기는 히브리 단어 퍼(pur)에서 그 이름을 따온 것이다. 그 의미는 에스더서에서 유대인 학살의 날짜를 정하기 위해 추첨을 했기 때문에 복권에서처럼 '행운'과 같은 것이다. 이 책에 설명된 사건이 역사상 어떤 편견을 지니고 있다는 증거는 없다. 실제로, 전체 이야기(ganze의 megillah)는 주인공의 이름이 비옥한 이쉬타르(에스더)

---

42 성경에 나오는 네 개의 다른 두루마리(megillot)는 유월절에 읽는 아가서, 봄 추수 축제에는 룻기서(Shavuot), 회당파괴를 기리는 축제에는 예레미야서, 가을 추수제에는 전도서가 있다. 그러나 에스더서가 "megillot"로 알려져 있다.

와 호전적인 모르득(모르드개)처럼 지역 신들에 속하기 때문에 페르시아의 전설을 기반으로 한 것이라는 증거가 있다. 그리고 공휴일의 마스크와 음주는 고대 페르시아의 봄날 흥청거림을 상기시킨다.

에스더서는 히브리 성경에서 편찬된 가장 오랜 이야기 중 하나이다. 신의 이름이 어디에도 나타나지 않고 신의 성적인 허튼소리, 바람피우는 왕 그리고 폭력이 풍자적인 소재이다. 그 책은 아이들에게 적합하지 않은 이야기이기에 항상 아이들을 위해 일소된다. 그러나 어둡고 낮은 목소리와 죽을 운명을 뛰어넘는 아찔한 승리는 박해와 불행한 결말을 지닌 오랜 역사를 살아온 민족에게 좋아할 만한 것이 되었다.

에스더서

옛날에 거대하고 풍요로운 유대 공동체가 페르시아에서 번영을 이루고 있었다. 유대인 모데샤는 아하수에루스 왕의 궁정 신하였다. 어느 날 그 왕이 왕비 바쉬티를 손님들 앞에서 나체로 나타나라는 그 전의 명령을 거부했기 때문에 추방했다. 그 왕비를 대체하기 위해 그 왕은 미인대회를 열었고 모데샤의 친척인 에스더가 뽑히게 되었다.

그러는 동안, 셈족을 끔찍이 반대하는 하만은 수상이라 명해졌다. 모데샤가 유대인은 오직 하나님에게만 절하도록 되어 있기에 그 하만 수상 앞에서 절하는 것을 거부하게 되었고, 그때 하만은 그 모데샤를 죽일 계획으로 복수를 음모하게 되었으며, 왕국에 있는 모든 유대인들을 대학살하려는 음모를 꾸미게 되었다.

에스더가 결국 그 음모를 좌절시키고, 유대인들이 복수하고 아하수에루스 왕은 하만을 처형대에서 교수형에 처하라고 명령했다. 그 교수대는 바로 그 당시 수상으로 임명되었던 모데샤를 겨냥해 지어졌던 것이다.

그러고 나서 에스더, 모데샤 그리고 페르시아의 유대인들은 그 이후 행복하게 살게 되었다.

(1) 음식

전통 부림절 음식은 달콤하다. 아쉬케나직 유대인들은 "하만의 주머니"라는 뜻의 하멘타쉔(hamentaschen)이라 불리는 세 모퉁이가 있는 반죽을 만든다. 가득 채워진 반죽은 최소 12세기 이후 동유럽 사회에서 부림절 축하 내용 중 일부가 되었다. 전설에 따르면 그 하멘타쉔 반죽을 채우기에 좋은 양귀비 씨앗이 사용되었다 한다. 이는 에스더 여왕이 왕에게 접근하기 전에 3일간 단식했던 것을 기념하기 위한 것으로 그 기간 동안 그녀는 그녀의 백성에 반대하는 법령을 폐지시키기 위해 하나님께 기도하면서 그 씨앗 이외에는 아무것도 먹지 않았다고 한다.

세파딕 요리사는 "orejas de Aman: 하만의 귀"라고 불리는 과자를 만든다. 이들은 튀겨지거나 구워지고 시럽으로서 접대된다.

전통적으로 과자를 다른 사람과 나누는데, 그 관습은 이디시어 용어로 "보내는 부분"이란 뜻의 살라크 모니즈(Shalach Mones)이다. 이 부분은 유대인에게 가난한 자에게 두 부분을 나누도록 지시하는 에스더서의 한 절을 말한다. 유대인 공휴일 때마다 가난한 사람들에게 주는 일은 책임감과 특권으로 간주된다. 일부 회당에서는 메기야(megillah: 에스더서에서 수록된 두루마리 성서)를 읽기 전에 자선용 돈을 모은다.

더불어 이웃이나 친구에게 음식을 가져 오는 습관이 있는데, 일종의 "과자 안 주면 장난칠 테야"라는 할로윈 날 아이들이 이웃집들 앞에서 외치는 소리의 반대 경우이다. 일부 가족은 수제 쿠키, 이스라엘 사탕 및 말린 과일로 된 접시 또는 간식 봉지를 제공한다.

(2) 아이들과 함께 부림절 축하

아이들은 부림절을 만끽한다. 유대교 회당과 유대인 센터는 축제, 의상 콘테스트 및 퍼레이드를 후원한다. 유대인의 날 학교와 유치원에서는 퍼레이드와 인형극을 개최한다.

그러나 부림절에 숨어있는 진지한 교훈이 있다. 세상은 유대인에게 변화가 가능하고 때로는 위험한 곳이며 유대인들은 생존을 위해 위험을 감수하고 함께해야 한다는 것이다. 에스더서는 아이들에게 아름다운 여왕이 아니라 실제 인간, 두려움에도 불구하고 사람들을 돕는 유대인의 여장부 모델을 아이들에게 제시한다.

더 나이 많은 아이들은 부림절 이야기의 해피엔딩에도 불구하고 승리가 지속되지 않았다는 것을 알고 있다. 훨씬 더 끔찍한 많은 "하만들"이 유대인들에게 대항하여 일어났다. 그럼에도 불구하고, 그 메시지는 여전히 관련성이 있다. 우리는 여전히 여기에서 이야기하고 있다. 궁극적인 승리는 살아있는 것이라고.

그러나 이러한 교훈은 대부분 암시적이다. 부림절은 무엇보다도 젊은이들이 차려 입거나 소음을 즐길 수 있는 파티이다. 십대들은 얼굴에 그림 그리기에는 나이가 들었지만 회당을 돕고, 청년 그룹이나 자선 단체를 위해 돈을 모으는 방법으로 회당 부림절 카니발을 운영하면서 참여한다. 이것은 아이들에게 작은 아이들의 즐거움을 위해 바보가 될 수 있는 기회를 제공하는데, 일부는 재미있는 모자를 쓰거나 광대 옷을 입을 수도 있고 작은 아이의 재미있는 목소리로 말할 수 있다.

정장을 하고 가면을 쓰니 부림절은 유대인 할로윈처럼 보이지만, 그 '내용'은 매우 다르다. 부림절 복장은 사람을 겁주기보다는 항상 재미를 위한 것이다. 그리고 부림절은 모두 받는 것(trick-or- treat)이라기보다는 주는 것(shalach mones와 자선)에 관한 것이다.

(3) 부림절의 재미있는 놀이

- 반짝이, 깃털, 금속 종이, 플라스틱 '보석' 등을 사용하여 마스크와 왕관을 만들라.
- 부림절 이야기를 연기할 때 쓸 막대기 인형의 모형을 만들라.
- 아침 일찍 잠옷을 입은 상태로 샬 라크 모네의 맛있는 과자를 제공하라.
- 반죽을 만들고 친구들이나 회당에서 빵 굽기를 하라. 또는 여러 다른 빵집에서 반죽을 구입해서 맛을 보라.
- 반죽을 위한 삼각형의 부림절 접시를 만들라.
- 초콜릿 믹스 상자를 현지 식품 저장실에 가져 와서 단맛을 나누라.
- 매년 각 아이들에게 새로운 악기를 주고 특별한 부림절 상자에 보관하라.
- 가면이나 의상을 입은 온 가족의 연례 스냅 사진을 찍어라. 또는 멋진 초상화 복장을 제공하는 사진 스튜디오에서 가족 초상화를 찍을 수도 있다.
- 부림절을 하루 앞두고 준비하라. 아침에는 피자를, 저녁에는 팬케이크를 제공하라. 저녁 식탁에 재미있는 모자를 써라.
- 저녁에는 가족이 농담 축제를 한다.

- 자녀에게 "마르크 형제"(the Marx Brothers) 혹은 "멜 브룩스"(Mel Brooks)를 DVD로 소개하라
- 다른 가족들을 초대해서 몸짓게임, 종이 봉지 연출, 짧은 풍자, 한 접시씩 각자가 가지고 와서 여는 저녁 회식 등을 하라.

2) 유월절

유월절은 유대인 공휴일 중에서도, 가장 풍성한 것 중에서도, 가장 달콤한 것 중에서도, 그 모든 것 중에서 가장 소중하게 간직된다. 봄철과 햇빛처럼 그들의 되돌아옴을 경축하면서 유월절은 유대주의의 심오한 낙관주의를 표현한다. 어둠을 넘어 빛을, 죽음을 넘어 탄생을, 노예 상태를 넘어 자유를 선호하는 존재의 그 위대한 이중성을 해결하면서. 유월절은 이집트에서 탈출하는 이야기를 다시하면서 시작되고 노예들이 먹었던 음식인 발효되지 않은 빵(matzah)을 1주일 동안 먹는 기간이다.[43]

유월절에 대한 히브리 단어인 페샤흐는 파라오가 이스라엘 노예들을 풀어주도록 강요하기 위해 신이 풀어놓은 역병의 마지막을 가리키는 말이다.[44] 모세는 죽음의 천사가 처음 태어난 것들을 죽이는 동안 그 집을 "넘어갈 것"을 위해 유대인들에게 어린 양의 피로 그들의 문설주를 칠하도록 지시한다.

창세기에서 시작되는 성서적 사가는 출애굽기에서 유대인들이 어

---

43 유월절의 다른 이름으로는 유월절 예식 축제 인 하그 하 페샤흐(Hag ha-Pesach)가 있으며, 무교절의 축제 인 하그 하 마트(Hag ha-Matzot)가 있다.

44 페샤흐라는 단어는 또한 하나님께서 각 히브리인 가족에게 죽일 것을 명하고 그리한 어린 양을 가리킨다. 그리고 그 피로 문지방에 표시를 하라 명하신 것을 가리킨다.

떻게 이집트에 왔으며 그들이 떠났는지를 말하고 있다. 요셉이 권력을 잡은 이야기, 모세의 출생과 종교적인 부름의 이야기, 히브리 아기들을 죽이기를 거부한 조산원, 인류 역사에 신의 개입 등에 관한 것이다.

이것은 7일 또는 8일의 축제 중 첫 번째와 두 번째 밤에 열리는 축하 행사에서 말해지는 이야기이다. 그러나 유월절 축제의 임무는 단지 이 야기를 전하는 것이 아니라 그것을 재현하는 것이다

모든 사람, 특히 아이들에게는 그들이 거기에 있다고 느끼게 된다.

축하행사는 야외극, 생생한 장면, 고급 음악 교실 등 독특하게 진행 한다. 테이블은 제단과 무대 세트이다. 의식에 쓰이는 대상물은 소품이 고, 축제의 예배의식을 포함하는 책(haggadah)은 대본과 수업 계획이 다. 이 축제의 목표는 이야기하고, 생각하고, 먹고, 시간이 지나 자신의 방식을 되돌아보며 논의해 보고, 일상생활에 그 경험을 비추어 우리가 누리는 자유를 맛보는 것이다.

유대인들은 항상 유월절을 위해 모든 정지 지점을 뽑아낸다. 최고의 도자기는 찬장에서 나온다. 특별한 요리법이 매년 만들어진다. 집안은 청소, 요리 및 준비의 열광 속에서 발칵 뒤집어지게 된다. 가족들은 축 제에 함께하기 위해 이동한다.

유월절과 비교되는 유일한 공휴일은 크리스마스이다. 세속적이고 교인의 자격을 빼앗긴 미국인들이 크리스마스를 기대하고, 축하하고, 사랑하는 것처럼, 어떤 다른 유대인 공휴일도 축하하지 않는, 연계가 없고 일반적인 유대인이라도 예배에 참석하는 것을 규칙으로 한다.

크리스마스처럼, 유월절은 온 집안, 특히 부엌을 떠맡게 된다. 크리 스마스와 마찬가지로 유월절에 대한 애착은 그 뿌리가 어린 시절의 경 험을 불러일으킨다. 그 경험은 아름다운 종교적 축하 자리들과 중앙 무

대에 친척들이 아이들과 함께 모여 있는 것을 포함한다. 율법은 이 중요한 이야기를 다음 세대로 계속 건네주는 것이 중요함을 다음 구절로 분명히 밝히고 있다. "너희가 그 날에 대해 자녀에게 말하게 하겠노라."[45] 축제 테이블에서 아이들은 그 드라마에 중요한 역할을 한다. 아이들이 참여하고 질문하는 것은 귀중하며 중요하다.

유월절 동안 두 가지 중요한 계명들이 있다. 첫 번째는 축제에 참석하여 이야기를 듣고 말하는 것이다. 두 번째는 일주일 동안 모든 발효 식품을 피하는 것인데, 이는 출애굽과 노예에서 자유로 전환함을 재현하는 방법이다. 계획에서부터 준비하고 와서 축하하는 것에 이르는 유월절의 모든 부분은 자녀가 참여하고 배우고 즐기며 성장할 수 있는 기회를 제공한다.

부림절 악기와 마스크를 치우자마자 계획이 시작된다. 자녀를 계획의 모든 단계에 포함시켜라. 당신이 하고 있는 일과 그 이유를 설명하라.

아이들과 함께 유월절을 준비하기

- 부림절이 시작되면 찬장에 있는 발효 식품을 "먹어 치우는" 과정을 시작하라. 당신이 새로운 상자의 마카로니와 크래커를 사지 않는 이유를 설명하라.
- 유월절 노래를 새로 녹음하고 축제 몇 주 전에 연주를 시작하라.
- 도서관, 서점 및 비디오 가게에 가서 새로운 유월절 책과 테이프를 확보하라. 유월절 비디오 테이프 및 DVD를 원하는 대로 자주 보게 하라.
- 몇 년 전의 가족 부림절 축제의 사진으로 포스터를 만들어라.

---

45 출애굽기 13:8.

- 축제를 만드는 방법에 대한 워크샵에 참석하라. 많은 회당에서 제공받은 내용들은 그 축제일에 관한 기본적인 정보로 당신에게 자녀를 즐겁게 하는 방법을 보여주고, 당신 자신의 창의성을 고취시킨다.
- 축제에 유대인 여행자, 대학생 또는 예배에 참석하는 남성, 여성을 접대하기 위해 등록하라.
- 당신의 회당이 축제에 참석하지 않을 수도 있는 회중의 미망인 가족이나 홀로 된 가족과 어울리고 있는지를 알아보라.
- 당신 자신만의 무교절의 빵을 구워라! 심지어 발효 가능성을 막기 위해, 물을 반죽에 더한 정확히 18분 후에 그 빵을 구워야 한다.[46] 몇몇 회당은 무교절 빵굽기 기간을 유월절 경에 운영하고 있다. 상업적인 제과점이 사용하는 특별히 정결한 유월절 반죽을 구입하는 것은 불가능하다는 사실을 명심하라. 제과점 빵은 유월절용 정결한 무교절 빵이 아닐 것이다. 그러나 이 과정을 통해 "고통의 빵"에 대한 새로운 인식을 얻을 수 있다.
- 유대인 공동체의 모든 구성원이 축제 동안 무교절 빵과 포도주를 먹을 수 있도록 어떻게 모든 가족이 유월절 음식 자선 행사에 도움을 주어야 하는지를 자녀에게 알려주라.
- 지역 식료품 저장실에 발효가 포함된 음식을 기부한다면 자녀를 함께 데려 가라.

---

46 무교절 빵 제조법에 대해서는 다음을 참조하라. Joan Nathan, *The Jewish Holiday Kitchen* (Schocken, 1998), 248.

(1) 축제 계획하기

축제는 유익한 유대인 추억의 교훈적인 순간들과 즐거운 유대인 추억거리들로 가득 차 있다. 그러나 당신이 그것을 생각하고 계획하는 데 시간을 투자할 때만, 스스로에게 묻기 시작하라: 우리 아이들은 얼마나 오래 테이블에 앉을 수 있는가? 어떤 종류의 축제에 우리 아이들을 연관시킬 것인가? 아이들이 저녁에 정말로 원하는 메시지가 무엇이었으면 하는가?

축제를 개최하는 사람들은 종종 맛있는 식사를 제공하고, 아름다운 테이블을 세우며, 축제에 "있어야" 하는 것에 대한 다양한 가족 구성원의 기대를 충족시켜야 한다는 압박감을 느낀다. 그러나 자녀의 학습 경험을 놓치지 마라.

축제의 주된 목적은 이야기를 다음 세대로 계속 전달하는 것이다. 실제로, 무교절 빵 접시를 높이 들고 저녁 후식용 빵을 숨기는 것과 같은 "전통적인" 유월절 의식은 아마도 즐거운 오락으로 아이들을 계속 관련 맺게 하고 그 아이들이 "왜?"라고 물어 보도록 하는 좋은 방법으로 발명되었을 것이다. 일명 "네 개의 질문"(유월절의 첫날, 둘째 날 밤에 가정에서 행해지는 축제의 의미에 관한 네 개의 질문)은 논리적이기에 식사가 끝날 때 한 번 읽게 되지만, 축제에서는 더 일찍 전달되었는데 그때가 아이들이 여전히 깨어있을 가능성이 높기 때문이다.

자녀의 필요와 능력에 적합하게 축제를 맞추는 것은 훌륭한 아이디어이다. 많은 사람들이 네 명의 자녀가 그 네 가지 질문에 대해 비유적으로 이야기 하게 되어 그 범주 때문에 괴롭지만, 이 이야기는 아이들이

다르게 배우므로 서로 다른 교수법이 필요하다는 사실에 대한 기본적인 이해를 반영한다. 우리는 유아, 취학 전 아이들처럼 "묻지 못하는 사람"에게도 하로이트(haroet)나 마로르(maror) 같은 음식을 나타내는 단어를 가르친다. 그리고 10대들에게 '구속'의 의미에 대해 토론하도록 그 단어들과 연관된 것들을 남겨둔다.

아이가 식탁자리에 유일한 아이가 되게 하는 것을 피하라. 자녀의 나이 또래 사촌이나 다른 아이들이 없을 경우 친구를 초대하라. 대부분의 유대인 아이들은 가족과 함께할 것이기 때문에 이것은 일반적으로 테이블에 비유대인 자녀가 있을 수 있음을 의미한다. 유대인이 아닌 사람들은 초대장을 명예로 생각하고, 축제를 진지하게 받아들이며, 자녀에게 자신의 전통에 대한 새로운 관점과 존경심을 제공하는 경향이 있기 때문에 이것은 대개 유익한 일이다. 그 사람이 참여하면 환영하고 모든 질문은 좋다는 사실을 손님에게 분명히 하라.

그러나 당신은 전체 축제를 미취학 아동을 대상으로 한 인형극으로 바꾸고 싶지는 않을 것이다. 그러한 접근은 나이 많은 아이들을 멀리하게 할 수 있으며 심지어 유월절이 성인을 위한 것이 아니라는 메시지를 보낼 수도 있다. 균형을 이루는 방법이 있다. 예를 들어, 탁자에 있는 대부분의 아이가 매우 어리다면, 완전히 다른 두 가지 축제를 가질 수도 있다. 첫날밤은 아이 교육에 주어지며, 둘째는 어른들이 고려하는 축제에 의미를 두는 것인데 이 경우 아이 돌봄이를 고용할 필요가 있다.

또 다른 전략은 추상적인 토론을 하거나 전례집을 오래 읽는 동안 아이들에게 양해를 구하는 것이다. 포도주 컵, 일명 네 가지 질문, 전염병, 힐렐 샌드위치 등 관심이 높은 지점에서 드럼을 세게 치거나 징소리를 내거나 휘파람을 부는 식으로 아이들을 다시 불러올 수 있다.

물론, 당신이 다른 사람의 집에서 축제에 참석하는 경우 절차 진행에 대한 통제력을 덜 갖게 된다. 어떤 사람들은 축제에서 일어날 일과 어떻게 아이들이 있어야 하는지에 대한 고정된 기대를 가지고 있다. 과거에는 어른들이 전례집에 나오는 단어를 읽는 동안 아이들은 가만히 않아서 조용히 있어야 했다. 그러나 당신이 축제를 주제하는 데 변화를 주는 것에 저항한다고 생각지 말라. 왜냐하면 많은 축제가 어린 손님들 특히 손주들을 위해 변형되었기 때문이다. 당신이 축제에서 손님이 될 경우 인형, 악보, 기타 소품과 같은 자녀를 위한 특별한 요소를 추가할 수 있는지 여부를 물어라

(2) 이야기의 선택과 사용

글자 그대로 "말하기"라는 뜻의 하가다(haggadah)는 축제 예배의식을 담고 있는 책이다.[47] 많은 하가도트(haggadot: haggadah의 복수형)는 유월절의 역사에서부터 축제용 식탁을 차리는 데 있어 세부 내용에 이르기까지 모든 것에 대한 많은 정보를 포함한다. 가족에게 적합한 하가다를 선택하는 것은 축제를 계획하는데 있어 가장 중요한 결정 중 하나이다.

선택할 수 있는 수십 개의 하가도트가 있다. 일부는 주로 히브리어이고, 다른 일부는 주로 영어이며, 소수의 타 문자로 음역한 히브리 축복서가 있다. 장황한 학술적 각주가 있는 호화로운 박물관 품질의 하가다가 있고, 색깔을 넣은 페이지와 풀어야 할 퍼즐도 갖춘 만화판도 있

---

47 유대인들은 2세기 이후 특정한 종류의 축제로 유월절을 축하하고 있으며, 기본구조는 11세기까지 설정되었다.

다. 몇몇 하가도트는 어린 자녀를 둔 가정에 맞춰져 있으며 일부는 가족을 위해 올바른 축제를 구성하는 데 도움이 되는 유용한 '메뉴'를 제공하는 경우도 있다.

서점과 도서관 외에도 회당, 유월절 직전에 열리는 유대교 공동체 센터 도서 박람회 또는 인터넷을 통해 많은 좋은 하가도트를 찾을 수 있다. 당신의 유대교의 랍비, 성가대 지휘자 또는 회당 교사도 또한 제안할 수 있다.

일단 선택을 하면 테이블에 충분한 복사본을 확보하라. 집중력과 참여는 모든 사람이 책을 읽을 때 훨씬 쉽지만 적어도 두 사람 이상이 공유할 필요는 없다는 사실을 명확히 하도록 노력하라.

어느 하가다를 사용하든, 시간을 가지고 편집하거나 예배에 맞추라. 아이들이 더 나이가 들 때까지 올해는 어느 부분의 독서를 포함 시킬지 그리고 어느 부분을 생략할지를 결정하라. 당신의 하가다를 일련의 무대 지시 사항이나 즉각적으로 행해야 할 것으로 생각하고 축제 그 자체를 하나의 즉흥적인 것으로 생각하라.

당신이 단일하게 혹은 반응을 봐서 하고 싶은 영역이 있는가? 참가함이 항상 더 활기찬 축제를 위해 효과가 있지만 '참가' 자체가 반드시 차례대로 식탁주위를 돌며 하가스에 있는 내용을 읽는 것을 의미하지는 않는다. 당신이 희망컨대 토론의 발판 역할을 할 몇 가지 읽을 부분을 선택하고 개방형 질문에 대해서도 생각하라.

리더는 하가다 책의 복사본에 주석을 달아야 한다. 인형극을 위해 어느 지점에서 멈출지, 다음 과정을 언제 제시할지, 원컨대 자극적인 질문이 될 것을 언제 물을지 등에 관해 메모를 해야 한다. 지도자의 복사본은 당신이 내년의 축제를 계획하는데 도움이 될 수 있다. 즉 "우리가 더 일찍 수프를 제공할 필요가 있나?", "우리가 이 노래에 대해 새로운 멜로디를 배울 수 있나?"

　참여를 높이는 한 가지 방법은 하가다 책의 몇 부분을 사전에 손님에게 할당하여 축제의 리더십을 공유하는 것이다. 각기 자신의 스타일로 음악 소품 혹은 대체 번역물, 토론 제안서 등을 가지고 리드할 페이지를 사진 찍어 놓아라.

　당신만의 이야기 모음집으로서 독서할 내용, 시, 예술작품, 다양한 소스에서 나온 노래들을 복사해서 만드는 것도 또한 가능하다. 비록 시간이 걸리지만, 이 과정은 아이들의 발육 단계에 그 축제를 맞추기에 완벽하며 자녀들이 성장함에 따라 업데이트할 수 있다. 어린아이들은 예술작품에 기여할 수 있고 나이든 아이들은 그 예배를 준비하는 데, 시를 쓰는 데, 축제를 주도할 때 역할을 담당하는 데 도움을 줄 수 있다. 매년 찍은 스냅사진을 곁들여 가족 이야기 모음집을 만들면 귀중한 기록이 될 것이다.

(3) 음식과 메뉴

　유월절 식탁의 음식은 유대인 달력에서 가장 중요한 요리이다. 그것과 견줄 만한 잔치는 없다. 메인 코스는 물론 가정마다 다르지만, 아쉬케나직(Ashkenazic) 유대인들 사이에서는 로스트 치킨, 칠면조 또는 쇠고기 양지머리가 전통적이다. 세파딕(Sephardic) 유대인은 종종 구운 양고기를 제공한다.[48] 아스파라거스와 딸기와 같은 봄 음식은 봄의 계절을

---

48 실제로 Ashkenazic 전통은 어린 양을 금지한다. 우리는 어린 양을 희생시키는 성경적 관행을 더 이상 지키지 않기 때문에 이 금지 조항은 성전파괴 이후 유대교의 극적인 변화

상기한다. 많은 유월절 요리 책이 있으며 모든 유대인 요리 책에는 특별 조리법 및 메뉴에 관한 유월절 장이 있다.

그러나 음식에 너무 많은 관심을 기울이는 것은 위험이 있다. 요리사는 축제를 즐기기에 너무 압도되거나 분개해서는 안 된다. 그래서 각자 먹을 음식을 가지고 오는 축제가 이제는 흔하다. 사람이 많이 모이는 경우 일부 주인은 심지어 요리사를 고용하거나 봉사하고 청소하는 일을 돕기 위해 보조 요리사를 고용한다.

식사와 관련된 오랜 쟁점은 독서와 식탁 의식이 끝난 후에만 먹는 습관에서 비롯된다. 사람들이 배가 고플 때, 하가다의 진도에 따라 읽고 이야기하는 것은 특히 아이들에게 시련이다. 저녁식사에 급히 진행하는 것을 피하는 한 가지 방법은 축제의 첫 번째 부분에서 음식을 제공하는 것이다. 카르 파스(녹색 채소)를 축복한 후에, 그것은 먹기에 '정결한' 음식이므로 먹어라. 전채 요리 및 가벼운 손가락 음식과 함께 계속되는 의식, 축복 및 대화가 진행되어야 함을 강조하라.

(4) 축제일 식탁 차리기

축제 식탁은 단지 먹는 곳이 아니라 제단이다. 식당은 더 이상 식당이 아니라 멋진 이야기를 전하는 무대이다.

많은 가정에서는 최고의 아마포와 가장 아름다운 차가 일 년 중 가장 아름다운 식사를 만들기 위해 나타난다. 그렇지만 축제의 요점이 아이들을 참여시키는 것이므로, 축제는 지나치게 공식적인 행사로 되어서는 안 된다. 그리고 실제로, 하가다의 책에서는 고대의 자유로운 남

를 인정하는 것이다.

성의 자세와 의자에 쿠션이나 베개를 놓아 보존된 풍습, 즉 몸을 눕히라고 지시한다. 식당으로 들어와 베개와 고급 요리를 보게 되는 어린아이는 틀림없이 그 변화에 충격을 받아 도대체 무슨 일인가 하고 묻게 될 것이다. 이것이 바로 유월절의 목표이다.

출애굽을 재현하는 또 다른 방법은 식탁에 앉아있는 것을 미루고 서재나 방에서 사전 행사를 거행하는 것이다. 소파에 앉아 있거나 바닥에 베개를 놓아 기대고 있으면 저녁식사를 기다리는 것에서 편안한 대화의 분위기로 바뀐다. 카페트 위에 매트나 테이블보를 몇 개 배치하고, 축제 초기 동안 씹어 먹을 수 있는 야채, 올리브, 다른 전채요리를 먹어라. 심지어 '텐트' 분위기를 위해 침대보 등을 매달아 놓을 수도 있다.

(5) 식탁 위에

다른 유대인 축제 테이블에서 사용된 촛대와 정결한 컵 외에도 유월절 축제 테이블에는 다음과 같은 몇 가지 의식 물품이 추가로 필요하다.

축제용 접시

이 접시는 유월절 테이블의 중심으로 6개의 전통적인 물품을 지니고 있다.

- 어린 양의 구운 정강이 뼈: 이것은 옛 회당 시절에 축제에 가져온 제사 희생제물을 상징한다. 구운 닭 또는 칠면조 뼈로 대신할 수 있다. 채식주의자는 사탕무 또는 순무와 같은 볶은 뿌리채소를 사용한다.

- 구운 달걀: 희생적인 성전 제사의 관행을 상기시키는 또 하나의 예식이며, 봄철과 재탄생 예고를 알리는 것이다.
- 쓴 허브, 보통 양고추 냉이: 노예의 가혹함을 상기시킨다.
- 소금물: 히브리 노예가 흘린 눈물.
- 카르파스(Karpas): 봄철을 상징하는 파슬리 또는 양상추인 녹색야채, 아쉬케나직 유대인들은 때때로 감자를 사용한다.
- 하로셋(Haroset): 열매, 포도주, 견과류의 달콤한 반죽, 이스라엘 사람들이 만든 회반죽을 상징한다.

많은 자유주의적 유대인들은 이제 유월절 축제 접시에 오렌지를 놓는다. 이 평범하지 않은 추가는 질문을 유도한다. "왜 오렌지이지?"

그 대답은 1970년대의 성서에서 제외된 외경에 있는 한 이야기에 근거한다. 한 남자가 "오렌지가 축제 접시 위에 속한 것처럼 여성들도 유대교의 랍비 신분에 속한다"라고 말했다고 한다. 그 이야기는 오렌지와 함께 퍼졌고, 유대인 생활의 모든 분야에서 여성의 역할의 중요성을 확인시켜 주었다.

무교절 빵과 덮개

축제 동안 사용되는 세 개의 빵은 냅킨이나 '주머니'가 달린 특별한 천으로 덮여 있다. 빵의 중간 조각은 그리스어로 '디저트'라는 뜻의 아피코멘(afikomen)으로 식사 끝 무렵에 먹는다.

엘리야의 컵

술잔은 미래에 대한 희망의 약속을 가져 오는 전설적인 방문객인 선지자를 위해 포도주로 가득 찬다. 엘리야가 축제에 도착하여 세상을 구원한다는 것을 알린다는 희망으로 넘치는 잔은 엘리야를 초대하는 잔이다. 번갈아, 엘리야의 잔은 식사를 마친 후 비어있는 채로 남겨지고 식사 후 적당한 순간에, 그 잔이 주위로 건네지는데 이는 모든 사람이 자신의 잔에 있는 포도주로 채우기 위함이요, 모든 이가 세상에 평화를 가져오는데 도움을 주어야 함을 보여 주기 위함이다.

미리암의 컵

술잔에는 오렌지처럼 물이 가득 차 있는데, 이것은 유대인 여성의 역할을 기념하는 새로운 의식용 물건이다. 모세의 누이인 미리암 (Miriam)이 사막의 방랑자들의 갈증을 풀어주는 신화적인 우물과 관련이 있다. 미리암은 유대인들이 이집트인의 추적을 피하고자 할 때 히브리 민족을 노래로 인도했다라고 기록되어 있다.

포도주 잔

네 잔의 포도주를 축복하고 마시는 것은 모든 축제의 빠뜨릴 수 없는 부분이다.

손 씻는 곳

테이블의 양쪽 끝에 컵과 손수건이 준비된 상태의 물 그릇.

자녀를 초대해서 축제 식탁을 차리고 접시를 준비하는 일을 도와주도록 시켜라. 아이들의 나이에 따라, 아이들은 손님을 위한 좌석표를 만들고, 빵의 커버를 만들고, 양고추냉이 뿌리를 비비고, 사과즙을 섞어서 피라미드 형태로 만들고, 식목일에 심은 파슬리를 수확하고, 달걀

이 오븐에서 갈색으로 되는 것을 지켜보고, 식료품 가게에서 가장 좋은
자파 오렌지를 고르고, 식탁을 위한 세 개의 '완벽한' 무교절 빵을 선택
하고, 엘리야와 미리암을 위한 컵을 채우는 등의 일에 도움을 준다.

네 부분의 유월절 축제 구조

아가다(이야기 모음집)는 다양하지만 다음 요소는 실질적으로 거의
모든 축제의 일부이다. 별표는 가장 아이들과 친숙한 순간을 나타낸다.
만약 당신이 어린 자녀가 식탁을 오고 가는 것을 허용한다면, 이 순간이
그 아이들을 불러 지켜보고, 듣고, 참여하게 하는 시간이다.

기억하라. 명심할 것은 이 축제는 하나의 개요일 뿐이다. 스토리텔
링, 활발한 대화 및 웃음을 통해 의미를 채우는 것은 전적으로 당신의
몫이다.

1부: 소개

* 촛불 켜기.
* 포도주 첫 잔 위에 축복(kiddush).
* 이 순간에 도달한 것에 대한 기도(Shehechiyanu).
* 공식적인 손 세척(축복 없음).
* 녹색 야채 위에 축복하고 소금물에 담근 후 모두가 맛본다(Karpas).
  (제안: 손가락 음식과 전채 요리를 테이블 위에 올려놓으라.)
* 아지코멘 (Ajikomen), 덮인 접시에 있는 3개의 무교절 빵 중 중간
  부분이 부서져 있고, 큰 부분이 숨겨져 나중에 아이가 "되찾을" 수 있다.

2부: 스토리 이야기하기

매기드(maggid, 이야기)는 다음 한 줄의 말로 시작된다.

"이것은 우리 선조들이 노예였을 때 이집트에서 먹은 노예의 빵이다. 굶주린 모든 사람들이 와서 먹게 하라."
전통적인 아가다집에는 실제로 출애굽 이야기가 들어 있지 않다. 지도자는 그것을 알고 그것을 자녀가 이해할 수 있는 방식으로 그들 자신의 말로 표현한 것이라 추정한다. 극적인 화려함, 의상, 인형극 그리고 후각으로 스토리를 이야기하면 그것이 아이들과 어른들에게 가장 중요한 지점이 된다.

* 네 개의 질문.
　이 축제에 아이들의 참여는 결정적이다. 율법학자 마이모니즈(Maimonides)는 부모들은 식탁을 치우고서라도 아이들이 질문을 하게 하기 위해 무엇이든 하고 모든 것을 할 것을 지시했다. 역사의 어느 시점에서, 아이의 역할은 의식화되어서 이 4개의 질문으로 되었고, 그 질문들을 막내아들이 암송하거나 노래할 것으로 예상된다.
　질문은 다음과 같다. "우리는 왜 무교절 빵을 먹는가? 왜 우리는 쓴 허브를 먹는가? 우리는 왜 야채를 두 번 담그나? 왜 우리는 몸을 눕히고 있어야 하나?" 다른 말로 하면, 우리는 여기서 뭐하고 있는 거지? 당신의 축제 식탁에서 자녀들로부터 나오는 어떤 질문도 그 모든 질문에 박수갈채를 보내라.
　(제안: 수프를 제공하라.)

* 네 명의 자녀

이것은 부모가 각자 자녀들의 능력에 맞는 방식으로 자녀의 질문에
어떻게 대답해야 하는지에 대한 비유이다. 전통적인 버전은 아들들
에 대해서만 언급하는데, 지혜로운, 사악한 또는 고집스런, 단순한
그리고 너무 어려서 질문할 수 없는 등 네 가지 유형의 아들을 묘사한
다. 현대 아가다집은 종종 아들뿐만 아니라 딸을 포함하도록 바뀌었다.

* 열 가지 재앙

히브리인들을 내보내지 않으려는 파라오의 거절에 대한 처벌로써 애
굽인들에게 닥친 재앙의 목록으로, 이것은 유월절 축제에서 극적인
순간이다. 각 재앙에 이름이 붙여지면 모든 참가자는 각자의 잔으로
포도주 한 잔을 마시고 그 잔을 접시에 떨어뜨린다. 이것은 이집트인
들이 겪은 고난을 상징하며 우리가 공감하는 자기 부정을 상징한다.

* "다이에누"(Dayenu): 유대인들을 노예로부터 해방시키기 위해 하
나님이 행하신 기적들을 열거하는 노래.

3부: 축복과 식사
* 두 번째 포도주 잔을 축복한다.
* 축복과 함께 공식적인 손 세척.
* 못치(Motzi, 곡물로 만든 음식을 축복)와 맞짜(matzah, 발효가 안
된 빵)에 대한 축복.
* 쓴 허브를 축복.
* 힐렐(Hillel) 샌드위치: 쓴 양고추 냉이(maror)와 달콤한 견과류 반

죽(haroset)의 혼합물을 준비하여 빵 위에 발라서 먹으며 동시에 자
유의 단맛을 즐기면서 노예의 슬픔을 회상한다.
* 나머지 식사가 제공된다.

4부: 피날레

* 아피코멘 빵은 아이들이 "다시 샀다." 그리고 그 조각은 모두가 먹는다.
* 식사 후에 축복(Birkat Hamazon).
* 포도주 세 번째 잔을 위해 축복.
* 선지자 엘리야를 위해 문을 열어 놓는다.
* 노래하기.
* 네 번째 포도주 잔을 위해 축복.
* 음악으로 설정된 문구("Lshanah ha-ha'a h'Yerushalayim")로 "내
  년에 예루살렘에서"라는 뜻이며 내년에 모든 것이 자유롭고 아무도
  노예로 예속되지 않을 것이라는 희망을 표현한다.

(6) 아이들과 즐기는 축제

당신의 자녀들이 유월절 축제가 자신들의 것이라 느낄 수 있도록 하
는 많은 방법들이 있다.

예술과 공예

아이들은 정문에 환영하는 표시를 할 수 있으며, '넘어가는'(passing
over) 첫날밤에 유대인을 구한 어린 양의 피를 상징하는 붉은 색 리본
으로 문을 치장할 수 있다.

커다란 흰색 손수건과 직물 페인트를 사용하여 빵(matzab) 덮개를 만들어라. 이는 모든 가족이 축제에 참가하도록 하기 위해서 "유월절 축제에 대한 애정"으로 하는 것이고 축제 동안 몸을 기대는 용도로 쓰는 베갯잇을 장식하라.

유월절 축제 접시는 점토로 만들 수도 있고, 깨끗한 플라스틱 랩으로 장식된 종이 접시로 만들 수도 있다. 아이들은 찰흙이나 재활용된 물건으로 만든 소형 유월절 모형을 만들 수 있어 박제된 동물과 인형으로 자신 만의 축제를 갖게 된다. 이것들과 다른 프로젝트는 축제 사전에 만들 수 있다. 또는 어른들의 담화가 너무 많게 되면, 식사 중에 별도의 테이블에서 진행할 수 있다.

텐트를 세워라

유월절 축제 중 관심이 별로 없는 부분에서는 테이블이나 시트 아래에 특별한 공간을 만들어 아이들에게 그들이 이스라엘인 척하는 장소를 제공하라. 공예품이나 게임을 준비하라. 아이들이 그 안에서 잠들게 하라.

이야기를 생활 속으로

아이들에게 모세와 출애굽에 관한 이야기를 나누게 하기 위해 희극, 인형극 또는 판토마임을 공연하도록 격려한다. 이 작업을 수행하는 데는 모자에 미리암, 모세, 개구리, 하나님, 파라오, 나레이터 등의 역할을 그리는 등 여러 가지 방법이 있다. 의상 상자를 제공하거나 아이들이 각 역할에 대한 마스크를 만들도록 하라. 학부모는 참여하거나 관람객이 될 수 있다.

역병 재즈

종이 접기 개구리, 플라스틱 벌레, 맑은 물 그릇에 떨어트린 붉은 색소(피), 타 버린 전구 또는 어두운 안경(어둠), 쌀(이, 기생충), 탁구공(우박), 버블 랩(종기), 완구 동물(소 질병).

나이 든 아이들과 십대 청소년들은 식탁 주위를 다니면서 에이즈, 노숙자, 빈곤, 암, 인종주의, 반 셈족주의, 오염 등의 현재 재앙들의 이름을 열거한다.

일어나서 움직여라

너무 앉아 있는 것은 아이들과 어른들에게는 힘든 일이다. 이스라엘 민족이 애굽을 떠날 때의 이야기를 할 쯤 세파르디 유대인들은 일어서서 식탁을 걸어 다닌다. 어떤 가정에서는 공사 감독자의 채찍을 모방하여 파나 부추 같은 파란 채소로 서로를 "채찍질"한다. 히브리 사람들이 갈대 바다의 건너편에 도착한 것을 기뻐할 때, 음악을 틀고 춤을 춘다.

빵을 가지고 노는 재미

유월절 축제는 모두가 빵 한입을 먹을 때 끝난다. 아이들이 빵 조각을 훔쳐서 어른들에게 다시 판매한다는 오랜 전통이 있다. 빵을 "되찾는" 여러 가지 방법이 있다. 13세 미만의 모든 아이를 위해 집안 모든 곳에 빵 조각을 숨길 수 있으며 이것을 "더 따뜻해진다"라는 게임으로 만들 수 있다. 아니면 단서를 지닌 보물찾기를 할 수 있다. 아이들이 빵을 찾으면 전통적인 실버 달러보다는 선물로 다시 되살릴 수 있다.

빵 찾기용 선물을 너무 정교하게 만들지 마라. 만화경, 퍼즐 또는 유월절, 미리암, 니산(히브리어 달의 이름)등의 이름을 가진 부드러운 인형 동물 같은 간단한 물건들을 고수하라.

웃음

와인을 처음 쏟은 사람에게 어리석은 상을 주라. 유월절과 관련된 농담을 하도록 모두에게 요청하라. 유월절 노래 "Dayenu"(아마 충분할 걸) 또는 "Echad Mi Yodeah"(누구 아는 사람?) 노래 중 모든 구절을 누가 가장 빨리 암송할 수 있는지 알아보기 위해 대회를 해보라.

디저트를 먼저 먹는 자유를 축하한다! 후식용 초콜릿 빵으로 시작하라.

노래하기

모든 교훈적 이야기는 노래로 만들어져 불린다. 식사 자리를 축제로 만들기 위해 노래 부르기 만한 것은 없지만, 한두 사람만이 그 노래를 알고 있다면 이것은 실패한다. 가족 모두가 몇 곡의 음악에 익숙해지도록 유월절 사이 몇 주 동안에 테이프나 CD를 틀어주라, 그들이 가사를 모르는 경우 사람들이 "야~ 다~ 다" 같이 추임새를 넣도록 격려하라. 노래 악보를 나눠주고 "내가 망치를 썼다면"과 같이 대부분의 사람들이 알고 있는 쉬운 영어 노래를 포함하라. 피아노 또는 기타가 있는 경우 반주를 장려하라.

당신이 유월절 축제의 빛을 지킨다는 정신에서, "쇼 사업 같은 사업은 없다"라는 곡에 "우리의 유월절 축제 같은 축제는 없다" 같이 노래 패러디를 포함하라.[49]

---

[49] 인터넷은 분명히 그러한 패러디의 무진장한 공급원이다. 예를 들면:
　우리의 축제 같은 축제는 없다. / 내가 어떤 축제도 모르는 것처럼. / 그 모든 것이 종교적

엘리야

엘리야를 위한 문을 열어주는 것은 아이들을 위한 모든 유월절 축제의 가장 극적인 순간 중 하나이다. 아이 한 명 또는 모두에게 문을 열어 밤을 들여다보도록 내보내라. 그들이 테이블에 돌아 왔을 때 기적을 본 사람이 있는지 물어보라. 컵에 든 포도주를 보고 빠진 것이 있는지 확인하라.

발효식품의 섭취 금지

유월절 축제 후에, 유월절은 모든 발효 식품에 대한 개인과 가족의 "금식"(fast)으로 계속된다. 이 상대적으로 겸손한 형태의 자기 부정은 애굽에서의 노예의 빈곤과 애굽을 떠난 후 광야에서 헤매던 히브리인들이 직면한 박탈감을 상기시킨다. 금지 음식을 먹지 않는 금식에 대한 또 다른 해석은 효모가 "악한 성향"(yetzer harah) 또는 비천한 자기 중요성에 대한 은유로 간주된다. 유월절은 우리 자신을 균형 잡힌 좋은 삶을 사는 데 다시 헌신할 수 있는 기회가 된다.

카슈루트(kashrut)라고 불리는 유대인 음식에 관한 법률은 유월절 기간 동안 새로운 범주의 피할 음식을 포함키 위해 변경된다. 그 범주는 그 기간에 피할 모든 음식을 설명하고 있다. 말 그대로 "발효"라는 뜻의 금지 음식인 하메츠(Hametz)에는 밀, 귀리, 호밀, 보리, 밀과 수수, 효모 또는 발효제로 만든 식품 및 쉽게 발효될 수 있는 식품이 포함된다.

계율이다. / 성경이 허용하지 않는 것은 없다. / 우리가 어떻게 교훈서 전체를 읽는지 들어보라. / 그 모든 것이 히브리어로 속에 있다. / 왜냐하면 우리가 어떻게 하는지 알기 때문이다. / 우리 시더와 같은 시더는 없다. / 우리는 부풀리는 이야기를 전한다. / 모세가 백성들을 열기 가운데로 데려 갔다. / 서있는 동안 그들은 만나를 구웠다./ 지금은 그 이야기는 없다. / 그냥 이길 수는 없나? / 눈 속에서 계속 갑시다! / 쇼와 함께 가자!

동유럽의 아시케나직 유대인의 관습에 따르면 하메츠에는 콩, 완두콩, 렌즈 콩, 쌀, 옥수수, 콩류 등이 있다. 그러나 세파르딕 유대인들은 유월절 동안이 이 모든 것들을 먹는다.

일부 가정은 철저한 봄철 청소로 유월절을 준비하며 가정의 모든 구석구석에 하메츠가 없는지 확인한다. 이 과정은 특히 부엌에서 강력하다. 일부 유대인들은 하메츠가 들어있는 음식을 모두 버리고, 개봉하지 않은 상자와 캔을 자선 단체에 기부한다. 다른 사람들은 맥주와 다른 주류, 케첩, 식초 및 과자 설탕과 같은 하메츠 음식을 일주일 내내 밀봉하거나 표시를 해서 상자 또는 찬장에 보관한다.[50]

수세기 동안 유월절 전통은 부엌에서 완전한 전환을 하게 되어 단지 특별하고 정결한 유월절용 접시, 은제품, 리넨, 냄비 및 프라이팬만 사용할 수 있었다. 유월절에 가정의 극적인 변화는 유월절 요리의 연례 출현을 고대하는 아이들을 위한 지속적인 기억이다. 그 아이들은 유리 접시 식기가 고기 또는 우유를 먹을 때 사용할 수 있기 때문에 선호한다.

몇몇 자유주의 유대인은 음식을 바꾸지 않고 아예 그들의 규정식을 바꾸어서 발효식품을 멀리하는 금식을 준수한다. 그들은 단순히 하메츠가 들어있는 것을 사거나 먹지 않는다.

유대인 공동체에 봉사하는 슈퍼마켓에서는 특별 유월절 선반에 "유월절을 위한 정결한 음식"이라는 뚜껑이 달린 포장된 음식이 비축되어 있다. 이는 유대교 랍비들의 감독하에 그 물건들이 준비되었음을 의미한다. 이 전시 품목이 일주일 동안 필요한 모든 것을 다 포함하고 있지

---

50 유월절 기간 동안 유대인들이 하메츠에 대한 소유권을 포기한다는 명령은 휴가 기간 동안 비유대인들에게 하메츠를 팔아 다시 구입하는 법적 허구를 불러 일으켰다. 이 관행은 빈곤층과 사업주를 보호하기 위해 제정되었으며, 이 요구 사항은 압도적인 어려움이 될 수 있다.

않을 수 있다. 즉, 주의 깊게 라벨을 읽어야 한다.

자녀에게 라벨을 확인하는 '형사'(detectives)로 행동하도록 요청하라. 통로를 오르내릴 때 쇼핑 목록에서 일종의 게임을 만들어라. "유월절을 위해 과립 설탕이 괜찮을까? 겨자는 어때?" 유월절에는 학교 급식을 위한 특별한 대접 물품을 골라내도록 하라.

유월절을 위한 봄 청소 의식은 어른들을 위해서나 심지어 방을 청소하고 유월절 요리로 바꾸는 일을 돕는 아이들에게도 많은 일이 될 수 있다. 프로젝트에 재미를 더함으로써 당신 자신과 아이들을 보상해 주라.

- 가능한 한 많은 방에 신선한 봄꽃을 놓아라.
- 가구를 옮기거나 벽에 예술작품 배치를 변경하라.
- 좋아하는 색으로 모두를 위한 새로운 칫솔을 구입하라.
- 집에서 "유월절을 정결하게" 하는 모든 일을 마쳤으면, 즐겁게 축하할 일을 하라. 1시간 동안 아이들이 좋아하는 놀이터를 방문하라. 포도주 잔으로 제공되는 밀크셰이크로 건배를 하라.

시작하기

비데카트 하메츠(Bidekat Hametz)라는 고대 의식은 마치 아이들을 염두에 두고 발명된 듯하다. 집에서 마지막으로 먹는 음식을 찾는 이 상징적인 게임은 전략적으로 숨겨진 겉껍질이나 일정치 않은 '만세'를 위한 숨바꼭질, 사냥 게임이다. 어떤 사람들은 이 목적을 위해 작년의 빵 한 조각을 저장한다. 불을 끄고 촛불이나 손전등을 키고 가능한 경우 깃을 사용하여 종이접시 위에 있는 부스러기를 닦아라. 첫 번째 유월절 축제의 아침 혹은 전날 밤에, 빵 부스러기를 바깥으로 가져가 태우거나 또는 새들의 먹이로 삼을 수도 있다.

이 의식에 대한 축복은 대부분의 아가다(Haggadot)에서 발견되며 유월절 청소가 실제로 상징적인 행위임을 보여주는 훌륭한 면책 조항을 포함한다.

내가 보았든 안 보았든, 그것을 제거했던 안 했든, 내가 소유한 모든 하메츠는 지구의 먼지처럼 무효화되고 임자가 없는 것이 된다.

하메츠가 의식적 행사로 제거된 후에, 전통적으로 유월절 축제까지 무교절 빵 먹는 것을 피한다.

유월절 도중 아이들 먹이기

일반적으로, 아이들은 부모님의 모범을 따르며 큰 소란을 피우지 않고 유월절을 위해 정결한 음식 먹는 것을 지킨다. 특히 있는 그대로 아이들에게 "유월절 동안 온 가족이 다르게 먹는다"라는 사실을 제시한다면. 일부 아이들은 다른 애들보다 쉽게 받아들이기는 하지만 대체로 아이들은 변화에 정말로 잘 적응한다. 아침식사로 시리얼과 스파게티를 먹으며 전적으로 생활해 가는 아이들에게 유월절 정갈한 음식 위주의 부엌이 불가능한 어려움이 될 것이라고 어떤 부모들은 걱정한다. 하지만 아이들은 문제없이 버텨낸다. 비록 아이들이 그 유월절 기간을 위해 정결한 유월절용 초콜릿과 감자칩을 과하게 먹는 것으로 마무리 짓더라도….

아이들이 일반적으로 일 년 중 나머지 기간에 음식을 먹는 것에 대한 많은 선택권을 가지고 있는 가정에서는 이런 종류의 규칙을 고수하는 것은 더 힘들다. 또는 부모가 유월절 규칙에 초보자인 가정에서도 마찬가지다. 일부 가정에서는 부모는 하메츠를 피하더라도 자녀가 일반 음식을 먹는 것을 허락한다. 이러한 것이 당신의 경우라도, 왜 당신이 빵이나 시리얼을 먹지 않는지를 반드시 지적하고 설명하라. 그리고 어떤 종류의 금식은 진정 어른들을 위한 것이지만 자녀들도 이런 선택을 할 정도로 충분히 나이가 들면 당신과 합류하기를 원할 것이라는 사실을 설명할 수도 있다.

일반 학교에 다니는 학령기 아이들은 점심시간에 특별한 어려움을 직면한다. 유대인이 아닌 친구는 호기심이 많아 무교절 빵을 맛보기 원한다. 일부 아이들은 그 빵이 좋아서 자신의 보통 샌드위치와 바꾸기를 원할 것이다. 다른 유대인이 아닌 아이들은 이 모든 것을 '이상한' 것으로 생각하고 놀릴 수도 있다. 이런 이유로 당신은 유월절을 설명하기 위해 자녀의 교실을 방문하자고 제안하고 무교절 빵과 기타 공휴일 음식 샘플을 나누어주자고 제안할 필요가 있다.

점심 메뉴는 땅콩버터와 마자 샌드위치 또는 요구르트를 좋아하지 않는 아이들에게는 진정한 어려움이 될 수 있다. 삶은 계란, 또는 좋아하는 치즈나 견과류 스프레드가 있는 마자 크래커나 견과류 또는 크림치즈로 담근 것을 제공하라. 교장 선생님께 미리 조리한 채소로 만든 구운 감자나 전자레인지로 어젯밤의 저녁식사 중 일부를 다시 데울 수 있는지 물어보라. 그리고 과일과 디저트를 틀림없이 포장하라.

아이를 위한 유월절 음식
- 가족들이 먹지 않을 것들에 대한 포스터를 만들어 보게 한다. 유월절 동안 빵이나 피자 등의 광고 콜라주를 만들고 보편적인 "아니오" 표시를 그려라.

- 학교 점심에는 마시멜로와 초콜릿 덮인 마짜를 싸주라.
- 자녀가 단지 특정한 유월절 음식만을 즐긴다면, 아침식사 마차브레이(matzah-brei: 메이플 시럽 또는 갈색 설탕을 넣은 프랑스식 토스트와 비슷한 빵)로, 저녁식사는 마차 라사그마(matzah lasagna, 토마토소스. 야채 및 물과 부드러운 빵 사이에 치즈를 넣은 것)로, 점심식사는 크림치즈가 들어간 발효 안 된 빵으로 자녀를 즐겁게 하라.
- 모든 형태의 과일이 변질되는 것을 예방하도록 권장하라. 과일, 샐러드, 스무디, 과즙 음료, 딸기를 얹은 아이스크림 등을 대접하라.
- 아이들이 유월절 요리와 굽는 일에 참여하도록 격려한다. 이렇게 하면 맛이 다른 옥수수빵을 먹을 확률이 높아진다.
- 박탈감을 고려하여 그 주가 진행될 때 특별한 디저트를 제공하라.
- 감자의 기쁨을 재발견하라. 직접 만든 감자튀김은 매년 유월절 음식이 될 것이다.
- 주중에 당신과 같은 나이의 자녀를 둔 가정과 함께 각자 음식을 가져와 먹는 유월절 식사를 계획하라. 그것은 아이들을 위한 재미뿐만 아니라, 요리하는 사람들에게 좋은 휴식을 제공한다.

금식 끝내기

유월절은 기세 좋게 시작되지만, 대부분의 가정에서는 그것이 신음으로 흐지부지 되는 경향이 있다. 어떤 유월절의 "금식 풀기"(break fast) 식사도 단순히 매년 같은 일을 하는 것이지만 메뉴에 관계없이 아이들에게는 특별한 기억이 될 수 있다. 당신이 발효 안 된 빵의 첫 맛을 오래 기대한 것처럼, 아이들에게 마카로니와 치즈를 얹은 특별한 "유월절 빵"을 한입 물면 얼마나 맛있는지를 상기시켜라. 마찬가지로 가족의 관행이 유월절 끝 무렵에 로터스 블로즘 중국 식당에 가는 것이라면, 그것이 일명 '전통적'이 될 것이고 아이들은 다른 사람들이 금식의 마지막에 피자를 먹는 것을 알고 놀라게 될 것이다.

찬장에 금지된 음식이 없는 경우 빵, 시리얼, 파스타 및 쿠키를 비축하기 위해 시장으로 기념 여행을 가라. 차를 타고 현지 빵집에 가서 다양한 종류의 빵을 사서 맛을 보라.

마이무나(maimuna)[51]라고 불리는 모로코 유대인 관습은 유월절을 종결짓는 또 다른 모델을 제시한다. 꽃과 밀 줄기로 장식된 테이블에서 제공되는 전통 마이무나는 무플리타(muflita)라는 특별한 팬케이크 또는 크레페가 특징이다. 그러나 당신의 마이무나 식사가 집에서 만드는 팬케이크 또는 테이크아웃 피자로 이루어져 있더라도, 그것은 친구, 가족 및 당신의 회중의 회원들과 나누기에 훌륭한 식사이다. 빵 먹기 전에 하는 기도(Hamotzi)를 하고 재미삼아 목청껏 노래하고 발효된 빵 맛을 만끽할 시간을 가져보라.

회당에서 하는 기념행사

첫 번째 1~2일과 유월절의 마지막 1~2일은 축제일이다. 일부 유대인들은 일하러 떠나거나 학교에 가지 않고 마지막 날에 돌아가신 사랑하는 사람들을 회상하는 기념 추도예식(Yizkor)을 포함하여 유월절 예배에 참석한다.

일부 회당은 모든 사람들이 축하할 곳을 갖도록 하는 지역 사회 유월절 축제를 개최한다. 흑인과 유대인 및 아일랜드 유대인 같이 종파를

---

51 위대한 12세기 유대교 랍비의 아버지인 Maimon ben Joseph에게 경의를 표하기 위해 명명되었다.

초월하고 공유하는 축제는 친교 축제이다. 이 행사들은 일반적으로 유월절 전에 또는 주중에 하루를 정해서 개최된다.

(7) 유월절: 연령과 단계

영유아

아무리 빨리 시작되더라도, 유월절 축제는 항상 아기의 잠자는 시간을 훨씬 지나서 진행된다. 다른 여느 밤처럼, 보모가 보살피게 한 채로 그 작은 아이들을 집에 남겨놓아야 할 것이다. 하지만 대부분의 부모들은 비록 그 아이들이 진행되고 있는 것을 이해하지 못하더라도, 아기들과 함께 유월절 축제에 가기를 원한다.

유아들은 흥분에 반응할 것이지만 유월절 축제는 아이가 이해할 수 있는 능력을 넘어 설 것이다. 3세 미만의 자녀를 둔 부모는 식탁에서 벗어나 유월절 축제의 좋은 시간을 보내기를 기대할 것이다. 이 현실에서 박탈감을 느낀다면, 보모를 고용하여 아이들이 일어나서 놀 필요가 있을 때 감독하도록 하는 것을 생각해 보라.

미취학 아동들

이 시기는 유월절에 관해 배우기에 가장 좋다. 3세에서 6세 사이의 아이들은 유월절 축제 식탁이 평상시 저녁 식탁 또는 심지어 안식일 식탁과 어떻게 다른지에 대한 기대감을 느낄 것이다.

어떤 면에서, 유월절 축제는 실제로 취학 전의 아이들 마음에 맞추어져 있다. 아가다(haggadah)에 나오는 일명 네 가지 질문은 아이들의 발육상으로 보면 여전히 기초를 배우고 있는 미취학 아동이 물을 수 있는 질문이다. 아이가 일곱 살 쯤 되면 "왜 우리는 오늘 밤에 발효 안 된 빵(matzab)을 먹지?"라는 질문의 답을 알게 될 것이다. 상상력이 풍부한 놀이를 즐거워하고 그런 척하는 미취학 아동들은 극적인 것, 인형극 등과 같은 것을 통해 전심으로 출애굽 이야기에 빠져든다. 그 극적인 요소들은 아이들이 참여하게 하고 식탁에 머물게 하는 좋은 방법이다.

아이들이 원하는 대로 늦게까지 머물 수 있다는 약속과 더불어 오후에는 낮잠을 자게 하도록 노력하라. 어른들이 축제를 끝내는 동안 아이들이 거실에서 나왔더라도 또한 괜찮다. 그런 상황을 통해 아이들은 좋은 그림과 달콤한 추억을 갖게 된다.

취학 연령 아동

이 연령대에 이르면 아이들은 유대인이 다니는 모든 종류의 학교에 등록하여 수업 중 유월절에 관해 배우게 된다. 많은 교사들은 학생들이 히브리어로 네 가지 질문에 대한 공식적인 낭송을 준비하도록 도와준다. 이 암송은 아이가 성숙해졌고 의식에 참여하기에 충분히 완성되었다고 인정하는 성인식의 순간을 나타내는 것이다. 많은 가정에서의 관행은 서서 혼자서 행동할 수 있는 가장 어린 자녀를 위한 것이다. 관심의 중심이 되는 것을 즐기는 아이들에게는 이것은 아이들이 어른들의 총애를 받는 좋은 기회이다. 그러나 부끄러운 아이들에게는 시련이다. 성년식 이전의 아이들은 모두 차례대로 혹은 함께 그 질문들을 공유할 수 있다.

질문 자체가 공식화되었지만, 이 지점은 질문에 대한 대화를 위해 잠시 멈추는 가장 중요한 순간이다. 교훈서에서 나온 질문은 좋은 질문일까? 당신은 더 나은 것들을 생각해 낼 수 있을까? 화성인이 테이블에 앉은 경우, 어떤 질문을 던질 것인가?

어디서든 가능한 한 아이들을 진지한 참가자로 포함시켜야 한다. 낙담하지 마라. 연령에 관계없이 누구나 공손하게 들어 줄 자격이 있다. 아무도 억지로 참여하지는 않아야 하지만, 의견을 제시하는 것이 안전하다고 느끼도록 명확히 하라.

학령기 아이들은 앉아 있거나 참여하거나 하는 다양한 능력을 지니고 있다. 어떤 아이들은 내내 그 테이블에 있기를 원하지만 다른 아이들은 참여하는 것에 인내심의 한계를 느낄 정도로 지루해 할 수도 있다. 어떤 가정에서는 모든 아이가 휴식을 취하도록 허락한다. 다른 방에서 유월절 비디오를 설치하거나 예술 및 공예 자료를 꺼낼 수 있다. 유월절 축제의 중요한 순간에는 징이나 휘슬로 아이들을 호출할 수 있다. 유월절을 자녀의 공립학교 교실로 가져가는 것도 고려하라.

하누카 보다 더 중요한 축제일뿐만 아니라 선물하고 설명하는 것이 더 재미있다. 진짜 양고추냉이 뿌리를 가져와서 모두가 노예의 괴로움을 맛보도록 하라. 히브리 노예가 사용했던 반죽을 상징하는 하로셋이 왜 달콤한 것으로 바뀌었는지 설명하라. 자녀가 자발적이고 히브리어로 네 가지 질문을 알고 있다면, 노래를 부르거나 암송하게 하고 꼭 번역판을 제공하라.

질문은 유월절 축제의 핵심이기 때문에 자녀의 급우들을 초청해서 질문을 생각해 내게 하고 가장 재미있고, 가장 어려운, 가장 사려 깊은 질문에 대한 보상으로 초콜릿 덮인 빵(마차) 조각을 나누어 주라.

청소년

청소년들은 유월절 축제에 대한 다양한 반응을 보인다. 그들은 어른

들과 함께 앉아 완전한 참여자로서의 어른스러운 역할하기를 원할 것
이다. 다른 아이들은 어린아이들을 감독하기 위해 왔다 갔다 하는 것을
선호한다. 강요할 수는 없지만 십대 자녀의 참여를 유도하는 몇 가지
방법이 있다. 지역 대학생을 당신의 유월절 축제에 초대하라. 그리고
자녀에게 친구를 초대할 것을 제안하라. 자녀가 그 축제의 리더 역할을
하고 싶어 하는지 물어봐라.

　　일반 학교에 다니는 십대들은 지금까지 적어도 집 밖에서 먹는 것에
관한 것처럼, 발효음식을 금식하는 것을 준수할 것인가에 대해 스스로
결정을 내릴 것이다. 선택을 강요할 수는 없지만 확실히 질문을 제기할
수 있고 다음과 같이 질문함으로써 그들을 알 필요가 있다. "유월절 카
페테리아는 어땠니?", "사람들이 아이들을 위해 발효 안 된 마차빵을
꺼내오든?", "집에서 마차빵을 가져 오는 아이들이 놀림을 당하니?"

권 장 할 만 한   책

아동용 도서

The Carp in the Bathtub, by Barbara Cohen (Kar-Ben, 1987) Passover.

The Magicians Tale: A Passover Tale, by I. L. Peretz, retold by Barbara Diamond Goldin
　　(Viking, 1993).

Matza Ball Fairy, by Carla Heymsfeld (URJ Press, 1996).

The Matza That Papa Brought Home, by Fran Manu_shkin (Scholastic, 2001).

Miriam's Cup: A Passover Story, by Fran Manuskhin (Scholastic, 2006).

Only Nine Chairs, by Deborah Uchill Miller (Kar-Ben, 1982).

The Passover Seder, by Emily Sper (Scholastic, 2003).

The Purim Costume, by Peninah Schramm (URJ Press, 2004).

Seder with the Animals, by Howard Bogot and Mary K. Bogot (CCAR, 1995).

비디오 / DVD

The Animated Haggadah (Sisu Home Entertainment, 2005). DVD.
The Prince of Egypt (Paramount Home Video, 1999). DVD.
A Rugrats Passover (Paramount Home Video, 1991). VHS.

학부모를 위한 도서

Creating Lively Passover Seders: An Interactive Sourcebook oJ Tales, Texts & Activities, by David Arnow (Jewish Lights, 2004).
Keeping Passover: Everything You Need to Know to Bring the Ancient Tradition to Life and to Create Your Own Passover Celebration, by Ira Steingroot (Harper One, 1995).
The New York Times Passover Cookbook, by Linda Amster (William Morrow, 1999).

가족 친화적 교훈서

A Different Night: The Family Participation Haggadah, by David Dishon and Noam Zion (Shalom Hartman Institute! 1997).
The Family Haggadah, by Ellen Schecter (Viking, 1999).
A Family Haggadah II, by Shoshana Silberman (Kar-Ben, 1997).
A Night of Questions: A Passover Haggadah, edited by Rabbi Joy Levitt and RabbrMichael Strassfeld (The Reconstructionist Press, 2000).
We Tell It to Our Children: A Haggadah for Seders with Young Children, by Mary Ann Wark (Mensch Makers Press, 1988).

3) 유대인 대학살 기념일, 이스라엘 독립 기념일, 제33일절

유대인 대학살 기념일(욤 하쇼하 Yom HaShoahHa),
이스라엘 독립 기념일(욤 하츠모트 Yom HaAtzmaut),

제33일절(래그 비오마 Lag B'Omer)

욤 하쇼하(Yom HaShoah)와 욤 하츠모트(Yom HaAtzma'ut)는 비교적 새롭고 공적인 기념일이다. 그 기념일에는 가정 중심의 전통은 없지만, 이 두 기념일은 유대인 의식을 형성하고 세계를 변화시킨 20세기의 유대인 역사에서 두 가지 중요한 사건에 대한 살아있는 연관성을 아이들에게 제공한다. 둘 다 유월절의 주제를 울려 퍼지게 하여, 어둠에서 빛으로, 노예에서 자유로 옮긴다.

홀로코스트 기념일은 유월절이 시작된 후 12일이자 니산(Nisan: 유대력의 7월, 그레고리오력의 3-4월) 27일에 기념된다. 이스라엘 독립 기념일은 8일 후, 이스라엘이 주권 국가가 된 1948년 5월14일에 해당하는 히브리 날짜인 이야르(Iyar, 유대력의 여덟 번째 달)의 다섯 번째 날에 기념된다.[52]

(1) 욤 하쇼하(Yom HaShoah)

유대인 대학살(Holocaust, 홀로코스트) 기념일은 부모에게 있어 모든 유대인의 모든 기념일 중 가장 어려울 수 있다. 그러나 홀로코스트에서 죽은 사람들에 대한 기억을 생생하게 유지하는 것과 그리고 결코 그 일이 다시 일어나지 못하게 하려는 결단은 유대인 부모가 자녀들에게 계속 전해야만 하는 신성한 의무이다.

다른 어려운 주제들을 처리하는 것과 같이, 일부 부모는 공포에 대

---

52 1948년에 유대인 대학살 기념일이, 1951년에 이스라엘 독립기념일이 이스라엘의 Knesset(의회)에 의해 공휴일로 제정되었다.

한 지식에서 자녀를 보호하려 노력하고 그 주제를 토론하는 것도 미루려고 애쓴다. 그러나 홀로코스트는 아이들이 그 사실을 알기도 전에 배우게 되는 많은 미묘하고 무의식적인 방식으로 유대인 전역을 통해 울려 퍼지고 있다. 나치의 "최종 해결책"이 가져다준 희생은 유월절 축제와 속죄일 예배에서, 종교학교 참고서와 저녁 식탁에서 되살아난다. 소아(Shoah, 히브리어로 홀로코스트라는 단어)에 직접적으로 맞닿은 가족들인 경우, 아이들은 강제 수용소에서 살해되거나 제2차 세계대전에서 싸우다 죽임을 당한 친척들의 이야기를 들었거나 사진을 보았을 수 있다. 초등학교에서 대부분의 아이들은 유대인 용어로 "홀로코스트"를 인식하고 그들과 개인적으로 관련된 악의 상징으로 나치 만자(卍字)를 식별한다.

어느 연령대에서든 홀로코스트에 관해 묻는 아이에게는 적절한 대답을 하라. "너는 그 내용을 듣기에는 너무 어려"라는 말은 아이들을 매우 불안하게 만들 수 있다. 그 악몽이 무엇인지 모르고서는 그 악몽이 사라지게 할 수 없다. 아주 어린아이들은 끔찍한 세부 내용으로부터 보호받을 필요가 있지만 침묵보다는 간단한 설명을 하면 아이들이 더 안심할 것이다. "홀로코스트는 매우 나쁜 사람들 때문에 유대인이 되는 것이 매우 위험한 시기였단다. 나치라는 사람들은 유대인을 너무 많이 싫어해서 우리 모두를 없애고 싶어 했어. 하지만 그렇게는 안됐지. 나치를 막기 위해 전쟁에서 싸웠고 우리 유대인들은 오늘날에도 여기에 여전히 있게 됐단다."

6세의 아이들을 위해 홀로코스트 관련 훌륭한 책들이 많이 있다. 유대인 학교뿐 아니라 일반 학교에서 5학년 이상 되는 아이들은 종종 홀로코스트에 기초한 소설 작품을 읽는 것이 종종 숙제로 되어 있다.

욤 하쇼아는 다양한 공공 기념식에서 거행된다. 회당 예배의식은 다양하지만 종종 기도와 시와 찬송가 외에 홀로코스트 희생자, 생존자, 목격자들의 증언을 활용한다. 성인이 울거나 큰 슬픔으로 이야기하는 것을 아이들이 목격하기에 예배는 일부 아이들을 당황케 할 수 있다. 그러나 예배 후에는 어른들이 회복되어 미소 짓는 것을 보게 되면 아이들은 결국 편안해질 것이다. 더 나이든 아이들은 홀로코스트에 대한 독서나 교실에서의 대화로 감동이 된 이후에, 어른들이 자신의 감정을 확인하고 있다는 것을 알게 되면 위로가 될 것이다. 그러나 결코 아이나 10대가 욤 하쇼아 예배에 참석하도록 강요하지는 마라.

종교 예배 외에도 많은 도시와 마을에서 홀로코스트 희생자를 기념하여 일반적인 시민 기념 의식을 개최한다. 이 엄숙한 행사에는 대개 생존자의 증언이 포함되며 공무원과 모든 신앙의 성직자가 참석한다. 당신이 갈 계획이고 아이의 나이와 성숙 정도에 적절하다면 아이들에게 그것에 대해 이야기하고 동행할 수 있는 기회를 제공하라.

이스라엘에서는 소위 홀로코스트와 레지스탕스 기념일(Resistance Remembrance Day)에는 모든 공공 예능 관련된 행사가 폐쇄된다. 정오에 전국에서 3분간의 사이렌 소리를 듣게 되는데 사람들은 무엇을 하고 있든 중지한다. 심지어 자동차와 버스에서 내리는 경우도 있다. 그리고 모두가 침묵 상태로 서 있다.

아이와 함께하는 욤 하쇼아

- 여섯 개의 기념 촛불을 밝힌다. 살해당한 600만 명의 유대인에서 1백만 명당 하나의 촛불.
- 홀로코스트에서 살해당한 비유대인들을 기념하거나 유대인들을 돕

기 위해 목숨을 잃은 의로운 비유대인들을 존경하기 위해 일곱 번째
촛불을 밝힌다.
- 당신의 정원에 여섯 개의 노란 튤립을 심거나 꽃병에 여섯 개의 노란 튤립을 꽂는다.
- 유대인 희생자들 기념하기 위해 지방 홀로코스트 기념관에 여섯 개의 꽃을 놓는다.
- 자녀와 함께 대학살에 관한 책을 읽는다. 자녀가 홀로코스트 소설을 읽는 것이 학교 숙제라면 그 소설을 읽고 등장인물들과 그들이 왜 그런 행동을 했는지에 관해 이야기하라.
- 자선을 베풀어라.

권장할 만한 책

아동용 도서

학부모는 홀로코스트에 관한 모든 책을 미리보고 내용에 관해 이야기해야 한다.

3학년 이상

The Grey Striped Shirt: How Grandma and Grandpa Survived the Holocaust, by Jacqueline Jules (Alef Design Group, 1994).

The Number on My Grandfather's Arm, by David A. Adler (URJ Press, 1987).

Promise of a New Spring, by Gerda Klein (Rossell Books, 1982).

5학년 이상

The Diary ofa Young Girl, by Anne Frank (Bantam, 1993).

Island on Bird Street, by Uri Orlev (Houghton Miffiin, 1992).

Number the Stars, by Lois Lowry (Laurel Leaf, 1998).

Middle Schooland Up The Devils Arithmetic, by Jane Yolen (Puffin, 2004).

The Sunflower, by Simon Wiesenthal (Schocken, 1998).

중학생 이상

The Devils Arithmetic, by Jane Yolen (Puffin, 2004).

The Sunflower, by Simon Wiesenthal (Schocken,1998).

(2) 이스라엘 독립 기념일(욤 하츠모트-Yom HaAtzmaut)

망명 생활에서 거의 2천 년이 지난 후에 이스라엘 땅에 유대 국가가 설립되었다. 이로써 유대인 세계가 변모했고 유대인들이 이스라엘의 지원으로 전 세계 유대인들과 연결되었다. 이스라엘 독립 기념일은 세속의 축제로서 종교 의식 없이 이루어지지만, 이스라엘이라는 땅과의 연결은 하나님이 아브라함에게 약속하신 율법에 뿌리를 두고 있다. "나는 너와 네 자손이 영원히 보게 되는 모든 땅을 주겠다."[53] 이 주제는 "내년에는 예루살렘에서"(Lshanah ha-ba'a b'Yerushalayim)로 끝나는 유월절 축제에서 매년 되풀이된다.

이스라엘에서는 독립기념일에 사람들이 깃발, 밴드 콘서트, 불꽃놀이, 소풍, 거리 파티 등으로 축하한다. 이스라엘은 또한 나라를 지키기 위해 사망한 사람들을 기리기 위해 기억의 날(Yom HaAtzma'ut)을 독립기념일 전날로 하여 기념하고 있다. 이스라엘 독립기념일의 3주 후인 예

---

53 창세기 17:8.

루살렘의 날(Yom Yerushalayim)은 1967년 이스라엘 군대가 예루살렘을 재통일한 것을 기념하는 날이다.

미국에서는, 독립 기념일에 이스라엘 춤, 영화제, 이스라엘 음식, 강의 등으로 회당과 유대인 커뮤니티 센터가 경축하고 있다. 일부 도시에는 퍼레이드, 거리 박람회 및 시위도 있다. 유대인 보충학교와 주간학교는 종종 교과 과정의 일부를 이스라엘에 집중하고 파티로 마무리한다.

회당 또는 공동체에서 주관하는 기념행사에 가족으로서 참여하면 이스라엘의 공동체, 전 세계 유대인 사이의 유대감, 이스라엘 땅과의 독특한 연관성 등에 대한 개념을 강화할 수 있는 훌륭한 기회가 된다.

자녀와 함께 이스라엘 독립 기념일 축하하기

- 지역 사회 및 회당에서 진행하는 기념행사에 참석하기. 회당에서 특별한 프로그램을 운영하지 않는다면 목록을 확인하고 다른 회당이 하는 일을 보라.
- 파란색과 흰색 건축용지로 이스라엘 국기를 만들기.
- 이스라엘에 있는 가족이나 친구에게 전화하거나 이메일을 보내기.
- 자녀를 위해 이스라엘 이메일 친구를 마련하기.
- 이스라엘 레스토랑에서 식사하기. 이스라엘 음식을 요리하기. 이스라엘 과일이나 사탕을 사기.
- 이스라엘을 마지막으로 방문했을 때 찍은 사진을 보거나 아직 방문하지 않았다면 지도와 가이드북으로 여정을 계획하기.
- 어린 자녀를 둔 이스라엘에 관한 그림책을 읽기. 좀 더 나이든 아이들에게 이스라엘에 관한 책이나 전집을 주기.
- 자선용 선물을 이스라엘 자선 단체에 기부하기.

- 이스라엘 DVD 또는 할리우드 고전 출애굽(Exodus)을 대여하기.
  히브리어로 몇 가지 새로운 단어를 말하는 법을 배우기.

권 장 할 만 한   책

아동용 도서

The Great Israel Scavenger Hunt, by Scott E. Blumenthal (Behrman House, 2003).
A Kids' Catalog of Israel, by Chaya M. Burstein (Jewish Publication Society, 1988).
Snow in Jerusalem, by Deborah da Costa (Albert Whitman, 2001).

(3) 제33일절

제33일절은 고대 곡물을 측정하는 단위 오메르(Omer)에서 33번째
(히브리어로 lag)이다. 고대 이스라엘에서는 유대인들이 유월절 둘째 날
에 시작하여 늦봄 추수축제일(Shavuot)로 끝나는 49일 동안 예루살렘
회당에 하루에 보리 하나를 보냈다.

유대인 역사상 오메르(Omer)는 사람들이 머리를 자르지 않고 결혼
식을 축하하지 않는 준 애도 기간을 상징했다. 오메르 계산의 33일째는
이러한 제한 사항에서 잠시 중간 휴식일로 되었으며 따라서 결혼식에
있어 가장 선호하는 날짜가 되었다.

이스라엘에서는 이날을 모닥불과 바비큐로 기념한다. 미국에서 이
날은 유대인의 "들판의 날"이다. 유대교 회당은 소프트볼이나 배구 게
임, 3발 경주 및 기타 야외 활동으로 회중 전체의 가족 소풍을 개최한다.

권 장 할 만 한 책

아동용 도서

Jewish Sports Stars: Athletic Heroes Past and Present, by David J. Goldman (Kar-Ben, 2006).

The New Big Book of Jewish Baseball, by Peter S. Horvitz and Joachim Horvitz (Specialist Press International, 2007).

9. 여름: 오순절, 회당파괴 기념일

오순절과 회당파괴 기념일

이 두 가지 여름 공휴일은 많은 미국 유대인들에게 익숙하지 않다. 이 공휴일들은 학기가 끝난 후나 그날 전후에 해당되는 경향이 있기 때문에 종종 유대인 교과 과정에서 많은 관심을 받지 못한다. 그리고 이 공휴일들은 가족 모임과 가정 중심의 관습, 적어도 아시케 나지 문화에서는 그 전통이 없기 때문에 유대인의 달력에 있는 다른 공휴일에 비해 감정적인 연결이 부족하다.

그러나 여름은 창조적인 유대인 가족의 축하 시간이 될 수 있다. 오순절 기념은 의미 있고 사랑스러울 수 있다. 그리고 낮 시간이 더 길고 주간 일정이 좀 더 느긋할 때 안식일은 특히 달콤하다. 근처의 공원이나 자신의 집에서 금요일 밤에 일몰을 보기 위해 약속을 정할 수 있다.

멀리 떨어진 나라에서, 해변 오두막에서, 또는 텐트에서 공휴일을 즐기는 안식일은 유대인의 기억에 초점이 될 수 있다. 여행용 촛대 세트를 가져 오거나 한 쌍의 아름다운 조개껍질에서 나만의 촛대를 만들어 보라. 호텔 방에서 포도주에 대한 축복을 한다. 당신이 현지 상점에서 옥수수빵을 찾을 수 있는지 알아보고 할라빵이 없다면, 당신이 찾을 수 있는 최고의 빵을 사서 그 위에 축복하라. 길에서 보내는 안식일은 너무 많은 관광에서 잠시 휴식할 수 있는 환영할 만한 기회이며, 식탁에 가족 모두를 모으는 방법이며, 유대인의 전통과 의식을 휴대용으로 지니고 다닐 수 있다는 하나의 교훈이다.

(1) 오순절(Shavuot)

율법을 주심을 기념하는 이 공휴일의 이름은 히브리어 단어 '주'(weeks)이다. 히브리 노예가 유월절 이후 7주, 유대인 노예가 이집트를 떠난 지 7주일 후에, 유대인들은 '가르침'또는 '인도'라는 뜻의 율법을 받았고 그 율법이 그들을 유대인 민족으로 바꿔놓았다. 유월절이 모든 유대인을 해방된 노예인 것처럼 느끼도록 격려하는 것처럼, 오순절은 우리 자신이 시나이 산에서 율법을 받는 것으로 상상해 보도록 권장한다.[54]

오순절은 5월말이나 6월초에 시작된다. 그것은 축제 음식으로 시작하여 양초, 찬가, 감사기도 및 빵에 대한 축복으로 출발한다. 오순절 식사는 전통적으로 낙농품이며, 그 관습은 양치기 시절로 거슬러 올라가는데 그때는 우연히도 봄철 우유가 풍부했던 때와 일치했다.

---

54 오순절에 대한 성경적 언급은 율법이나 계시에 대해서는 언급하지 않았지만 유대인들이 밀과 과일 수확의 첫 열매를 예루살렘의 회당에 가져 와서 하나님께 드리는 예배 때의 농업 순례 공휴일을 묘사한다. 서기 70년 두 번째 회당이 파괴된 후, 그 날이 변형되어 율법을 받는 축하일로 바뀌게 되었다.

아쉬케나직 유대인들은 달콤한 치즈 혼합물로 가득한 팬케이크의 일종인 블린체스(blintzes)를 요리한다. 과일 스프는 이 계절별 공휴일 테이블에서 가장 인기 있는 음식이며 치즈 케이크는 많은 가정에서 전통적인 디저트이다.

테이블에 할라빵 두 덩어리가 일반적이다. 때때로 이것들은 나란히 구워져 있는데 모세가 시내산에서 가져온 두 가지 '평판'(tablets)과 비슷하게 보이기 위해서이다. 오순절 아침 예배에서는 토라의 내용 중 흔히 "십계명"으로 잘못 번역된 10가지 발언(the Ten Utterances)[55]을 읽는다.

많은 회당들에게 오순절(또는 그것에 가장 가까운 안식일)은 교인의 생활 순환에 대한 이정표와 관련이 있다. 일부 유대교 회당은 회당 종교학교로부터 수료식 혹은 졸업식을 갖는다. 그리고 안식일에는 성경의 룻기를 읽는 것이 전통적이기 때문에, 일부 회당은 유대교로 새로이 개종한 자를 인정하거나 환영하는 특별한 예배를 가지고 있다.

출생으로가 아니라 선택에 의해 유대인의 일부가 된 룻은 유대인의 계시 개념을 언약으로 구체화한다. 그 언약은 일종의 계약으로 유대인 각자의 동의와 참여가 필요하다. 룻에 관한 이야기는 종교 통합과 실천이 점차 개인적인 자기표현의 문제가 되고, 유대교로의 개종이 공동체에서 눈에 띄는 중요한 부분이 된 바로 지금이 가장 관련이 있다.

오순절 행사는 아이들에게 강력한 교훈을 줄 수 있다. 수료식에서 고등학교 아이들을 보는 것은 성인식 이후에도 유대인의 배움은 계속된다는 것을 나타내는 것이며 고등학교 프로그램이 기대할만한 것이라

---

55 발언(Utterances)을 "계명"으로 쓰는 것은 실제로 오도된 번역이다(역자주).

는 것을 나타내는 것이다. 예배 중의 공식적으로 뿐 아니라 친교 모임이
나 나중에 포도주 축배에서도 개종자들이 환영받는 것을 보게 되는데 이
는 유대주의가 열린 공동체요 가치 있는 선택이라는 생생한 예증이다.

많은 회당에서 오순절 저녁 예배에 이어 틱쿤(tikkun)이라는 공부
기간이 있다. 이 관습은 16세기로 거슬러 올라간다. 이스라엘의 사페드
(Safed) 도시에 살았던 신비주의자들이 밤새도록 성경과 조하르(Zohar,
14세기경의 유대교 신비주의의 경전)를 연구하기 위해 머물렀다. 이 기간
의 목표는 아침에 열리는 10가지 발언 내용을 듣고 받아들이도록 영적
으로 준비하는 것이다.

분명히 심야 학습은 어른들의 활동이다. 그러나 가능한 한 아이들을
침낭, 간식, 장난감 등을 지참하고 데려 오면 그 아이들은 비공식적인
환경에서 유대인 학습을 즐기는 어른들을 볼 기회를 갖게 되고, 아이들
에게 자신의 회당을 '소유'할 수 있는 새로운 방법을 제공하는 계기가
될 것이다.

아이들과 함께 오순절 축하하기

- 자녀 방에 신선한 장미 놓기.
- 두 개의 '태블릿' 모양으로 당신 자신의 할라빵 굽기.
- 요구르트 치즈를 만들기.
- 출입구에서 신명기의 몇 절을 기록한 메주자(mezuzot)를 확인하
  기. 그것들을 열고 신명기에서 나온 현자가 들어있는 두루마리 내
  용(klaf)을 자녀들에게 보여주기.
- 이야기를 읽거나 DVD로 성경 영화를 보도록 다른 가정을 초대하여
  오순절 저녁 예식을 집에서 진행하기. 그리고 아이들이 늦게까지

머무는 것을 허가하기.

- 회당 율법을 보기 위해 가족 방문을 준비하기. 율법이 입은 '옷'과 '보석'을 지적하고 그것을 10가지 발언으로 풀어내기.
- 서예 펜을 사용하여 창세기의 첫 번째 단어(가능한 경우 히브리어로)를 적어놓기.
- 10가지 발언 (계명)을 읽기. 어느 것이 따라 하기 가장 힘들고, 어느 것이 가장 쉬운지에 대해 이야기하기.

(2) 회당파괴 기념일

유대교 5월(Av)의 여름 달 9일(히브리어, Tisha B'Av)은 보통 7월 말 또는 8월 초에 해당된다. 이것은 처음에는 주전 586년에 그리고 다시 6세기 후 서기 70년에 예루살렘에 있는 성전이 파괴된 것을 애도하는 날이다. 유대인 역사과정에서 다른 손실과 흩어짐의 사례를 이날에 기념하게 되었고, 그러한 이유로 결혼식은 5월 아홉째 날에는 열리지 않게 되며, 그날 직전에 열려야 한다.

일부 회당은 성전파괴 기념일을 위해 우울한 촛불 의식을 진행한다. 그 의식은 예레미야 애가를 찬송하는 것을 포함하고, 슬픔으로 몸을 구부리고 누워있는 모습이 보이는 상징으로 바닥에 앉아 있는 행위를 포함한다.

이 날은 속죄일을 제외하고 하루 온 종일 금식으로 기념되는 유일한 공휴일이다. 유대인 여름 캠프에 참석하는 아이들은 종종 부모보다 회당파괴 기념일에 더 친숙한데 그 이유는 많은 캠프가 여름철의 유일한 유대인 공휴일인 이 날을 수용하기 위해 프로그램을 기획하기 때문이다.

5장
갈등

- 히브리 학교가 싫어!
- 절대로 나 데리고 회당에 가지 마.
- 예배에 찢어진 청바지를 입지 않는 거야.
- 왜 금요일에 안식일 저녁식사에 집에 없느냐?
- 야구 경기에 키파(유대인 모자) 쓰지 마.
- 올해 할아버지의 유월절 저녁 축제에 가고 싶지 않아.

행복한 커플은 논쟁한다. 건강한 가정은 말다툼한다. 우리가 희망하는 만큼 가정이 항상 평화롭기를 위해. 갈등은 정상이다. 행복하고 건강한 유대인 가정이 가사를 공유하고 숙제를 마무리하고, 또한 안식일 예배에 참석하고 회당을 선택하는 것 등에 관해 충돌한다.

사실상 모든 유대인 가정에서 유대인이 되는 방법과 유대인이 어떠해야 하는가에 관해 긴장감이 생긴다. 대부분의 경우, 유대인 갈등은 다른 종류의 가족 갈등과 동일한 근본적인 문제, 즉 의사소통, 기대치의 차이, 권력 등에 근거하고 있다. 갈등에 대한 유대인들의 구실을 벗겨 내면 대개 이 중 하나로 드러난다.

다음 페이지는 종교적인 인화점에 숨어있는 감정적인 짐들의 일부를 "풀고 있다." 가령 배우자가 휴가를 축하하기를 바라는 방식이 다르거나 십대가 불교도가 되겠다고 발표할 때와 같이.

우선 부모는 기본적인 것에 동의해야 한다. 당신 중 하나가 감정이 교차하거나 적대적이거나 유대인 자녀 양육의 목표에 반대하는 경우, 갈등은 만성적이고 좀먹는 것이 될 수 있다. 그러나 당신 모두가 같은 목표에 전념할 때, 다음과 같이 한다면 대부분의 불일치는 해결되거나 혹은 최소한 완화될 수 있다.

- . 당신의 감정과 목표에 대해 솔직하고 분명하다면.
- 의견 차이를 용인하고 존중할 수 있다면.
- 차이점을 수용할 수 있는 해결책을 찾을 만큼 유연하다면.

"나는 가고 싶지 않아."
"히브리 학교 싫어."
"할아버지네 유월절 축제는 너무 지루해."
"나는 금요일 저녁 예배에 가기에는 너무 지쳐있어."

이와 같은 말을 듣는 상태에 있으면 상처가 된다. 특히 당신이 그들이 이렇게 말하는 것을 듣는 다면. "나는 유대인이 되고 싶지 않다", "나는 당신처럼 되고 싶지 않아", 또는 "나는 더 이상 당신을 사랑하지 않아."

당신이 상처 받는 느낌이 들고 방어적이 될 때 신중하게 반응하는 것이 어렵다. 그래서 사람들은 종종 "나는 네가 원하는 것 신경 쓰지 않

아. 네 맘대로 해"라는 말로 세차게 내리친다. 그러나 당신이 하고 싶지 않은 일은 가족의 유대인 선택을 줄다리기로 바꾸는 것이다. 당신이 더 세게 당길수록 당신은 더 많은 저항을 만든다.

화내고 분개하는 분위기에서는 유대인의 긍정적인 기억이나 가르칠만한 순간을 장려하는 것은 불가능하다. 그래서 다음번에 "나는 가고 싶지 않아"라고 말하면 멈추고 묻는다. "왜?" 방해나 논쟁 없이 대답을 경청해야 한다. 상처 입은 감정을 치우고, 무엇이 말하고 있는지의 실체를 평가하라.:

아마도 히브리 학교에 가고 싶지 않은 아이는 선생님이 지루하거나 구식 책을 읽거나 다른 아이들이 수업 중에 큰소리로 말하고 분열시키기 때문일 것이다.

아마도 할아버지네 유월절 축제가 실제로 아이들을 너무 많은 이해할 수 없는 것으로, 배고픈 시간으로 시련을 받게 할 수도 있다.

아마도 회당에 가고 싶지 않은 배우자는 예배에서 히브리인에 의해 겁먹거나 소외당하는 느낌이 들어서일 것이다.

"나는 원하지 않아" 뒤에 진정한 문제가 있는 경우 이를 인정하고 상황을 개선할 수 있는 방법을 전략으로 세워라.

자녀가 교실에서 무슨 일이 벌어지고 있는지 당신은 염려하고 있다고 말해라. 히브리 학교가 좋은 경험이 되기를 원한다고 설명하고, 하고 싶은 커리큘럼, 교재 또는 교실 활력에 관해 선생님이나 교장과 이야기할 것이라고 설명하라. 그런 다음 교사와 만나서 자원 봉사자 또는 이사회 멤버로서 학교에 참여하는 일을 수행하라.

조부모에게 새롭고 아이 친화적인 요소를 가족 유월절 행사에 추가하는 것에 대해 이야기하라.

배우자가 친숙하고 편안하게 기도할 수 있도록 당신 회당에 학습자 예배를 요청하거나 구성하라.

물론 쉬운 '수정'이 항상 가능한 것은 아니다. 열 살된 많은 소년들은 교실에 앉아있는 것보다 방과 후에 축구를 하는 편이 낫다. 그러나 유대 교육이 우선이라면 가족 규칙에 대해 분명하고 일관성이 있어야 한다. "내가 그렇게 말하기 때문에"라는 설명으로는 충분하지 않다.

"히브리 학교는 정규 학교만큼이나 중요해. 그 학교가 더 나은 경험이 되도록 내가 노력할게. 너도 학교는 가야지. 우리 가족의 아이들은 12학년까지는 히브리 학교에 다녀야 돼. 이것은 협상할 수 있는 게 아냐"라고 말하는 것이 낫다. 그리고 자녀가 당신의 결단력을 시험해 보기를 마칠 때까지 계속될 아이들의 징징거림이나 분개를 안고 살 준비를 하라.

조부모님을 유아를 위한 교훈서(haggadah) 재작업 워크숍에 초대하거나 유월절 축제 중간에 작은 인형극 쇼를 제안하라. 아니면 할아버지 할머니의 방식대로 진행하는 것은 노인들을 존경하는 행동이며, 대가족과 연결하는 방법이고 그리고 두 번째 밤의 축제는 완전히 아이 중심의 행사로 만드는 것이라고 자녀에게 설명해야 할 수도 있다.

예배에 소외당하는 배우자와 공감하라

그 배우자의 선택이 둘의 관계와 가족에게 위협처럼 느껴지는가? 히브리어를 덜 사용하는 다른 회당을 찾거나, 히브리어 수업을 함께 듣거나, 또는 당신 자신이 예배에 참석하는 것에 동의하는 것과 같은 다른 대안을 기꺼이 고려하고 있는가?

(1) 부모님이 동의하지 않을 때

커플이 종교적 또는 영적 삶에 관해 정확하게 일치하는 경우는 거의 없다. 건강한 목표도 또한 그렇다. 당신의 차이를 용인하는 유대인 가족 문화를 발전시키고 노력하는 것이 더 낫다.

당신이 진정으로 동의하지 않을 때라도, 다음과 같은 최후통첩에는 반대하는 입장을 유지하라. "나는 오로지 개혁파 회당에만 들어갈 거야", "우리는 아버지가 했던 방식대로 전체 유월절 축제를 진행해야 돼. 또는 내 아이들은 결코 유대인의 날 학교에 다니지 않을 거야."

만약 당신이 강경한 자세를 취하는 자신을 발견한다면 뒤로 물러서서 무슨 일이 일어나고 있는지 되물어 봐라. 당신이 긍정적으로 생각하는 유대인 기억이라 하는 것이 개혁파 유대교 프로그램에만 묶여있는 것인가? 유월절 축제를 바꾸는 것이 무례한 행동처럼 보일까? "주간학교"라는 용어가 당신 자신의 어린 시절에 불행한 "종교 단체의 원조를 받는 학교"와 너무 흡사하게 들리는가?

어린 시절로부터 솟구치고 있는 것과 배우자가 결정이나 변경을 하기 전에 더 많은 정보를 진정으로 필요로 하는지 여부 등을 분류하도록 노력하라. 이러한 종류의 대화는 사람들이 실제로 느끼는 것을 두려워하게 만든다. 당신이 꼼짝도 못하고 있거나 스스로 이 문제점들을 이야기할 수 없는 경우 도움 받는 것도 고려하라.

명심할 것은 모든 유대인의 선택이 '만장일치'(unanimous)가 되어야 할 필요는 없다는 것이다. 어떤 결정은 "우리는 안식일을 한 가족으로서 준수할 거야. 우리는 우리의 자녀를 유대인 학교에 보낼 거야"처럼 양쪽 부모의 완전한 지지가 필요할 수도 있다. 그러나 부모 모두가 회당생활이나 유대 공동체 활동, 성경 연구, 또는 정기적인 회당 예배에 동등하게 참여해야만 하는 이유는 없다.

유대인의 표현 방식에 대한 서로의 불일치를 인정하는 부모는 자신의 선택을 자녀에게 설명해야 한다. 자녀들의 '머리 위로' 말하는 것에 대해 걱정하지 마라. 자녀가 더 세밀한 점을 파악할 정도로 나이가 들었을 때 다시 무슨 뜻인지 설명할 수 있다. 숨겨진 적대감이나 의제 없이 서로의 유대인 선택을 존중하고 용납하고 지지하는 부부는 그들의 자녀에게도 유대인이 될 수 있는 방법은 다양하다는 것을 가르친다. 부모님이 각자 다른 선택을 하신 것에 대해 공손하게 말하도록 항상 주의하라 그리고 항상 정직하라. "나는 엄마가 생각하는 것을 정말로 설명할 수는 없어. 엄마에게 물어 보렴 그러면 엄마가 말씀해 주실 거야."

(2) 일관성 및 유연성

아이들은 일관성을 필요로 하고 그에 근거하여 반성하지만 융통성이 없으면 질식한다. 이러한 양자의 요구를 균형 잡는 것이 훌륭한 육아의 어려움 중 하나이다. 부모들은 잠자는 시간과 숙제 규칙 같은 특별한 것에 대해 만장일치가 되는 것이 훨씬 낫지만, 유대인의 의무는 습득되어지고 다른 형태를 띠거나 시간이 지남에 따라 변화하는 진지한 의무로 틀이 형성되어질 수 있다.

안식일은 일관성과 유연성의 균형을 유지하는 좋은 예이다. 매주 안식일 준수 약속을 지키며 생활하고 있는 아이들은 일명 내장된 유대인의 시계를 습득한 것이다(4장 참조). 그러나 그 시계는 종이접시로, 해변에서, 또는 의식을 매우 다르게 행하는 가정의 손님으로 안식일을 행한다 하더라도 파괴되거나 훼손되지 않는다.

일관성과 유연성을 균형 있게 유지하는 긴장감은 때때로 연속성 문제로 부모들 사이에서 발생된다. 즉 부모님이 하는 방식대로 일을 처리는 연속성과 부모님과 다른 방식으로 일을 처리하는 변화에 관한 논쟁점이다.

- "왜 이번 여름에 유대인 가족 캠프에 갈 수 없지?" 대(對) "왜 우리는 해변에서 우리의 여행을 엉망으로 망쳐야 하지?"
- "나는 더 젊은 그룹이 있는 개혁파 회당에 가입하고 싶다" 대(對) "나는 보수파로 자랐으며 개혁파 예배에는 결코 익숙하지 못해."
- "안식일에 음식 쇼핑하는 것을 그만하고 싶다" 대(對) "토요일은 집안일을 위해, 일요일은 놀이를 위해…."

당신 자신이 확고한 입장이라고 깨닫고 있다면 자문해 보거나 서로에게 물어 봐라. "나는 무엇을 정말로 두려워하고 있나? 우리가 정확하게 할머니가 했던 것처럼 전체 교훈서(haggadah)를 읽지 않으면 '진정한' 유월절 행사가 아니라고 생각하는가? 나는 예배에 영어가 더 많이 있으면 정말로 우리는 '미끄러운 비탈길'(slippery slope)에 있는 것이라고 생각하는가?"

일관성과 유연성에 대한 요구를 균형 잡기 위해서는 타협이 필요하다. 그 의미는 당신이 어린 시절의 전통을 존중해야 할 때가 있고, 완전히 다른 어떤 것을 시도할 때가 있고, 당신의 10대 자녀가 신년(Rosh Hashanah)예배에 참석하기를 주장할 때가 있고, 그 딸이 대신에 정원에서 명상하며 지내도록 허락할 때가 있다는 것이다.

(3) 경계

애정이 필수적인 기반이요, 가족을 함께 묶을 필요성이 있다는 것이 가끔 우리가 서로를 분명히 알게 되는 것을 어렵게 한다. 부모와 자녀가 서로의 행동에 의해 일상적으로 '기분이 상하게' 되는 일이 가족생활에서 일어나고 있는 것은 사실이다. 따라서 어머니들은 자녀가 "제발" 또는 "감사한다"라고 말하지 않을 때 어색해 한다. 그리고 십대 딸들은 유머로 행하는 아버지의 시도에 꽁무니를 뺀다.

우리는 자녀와 배우자를 자신의 연장선으로 보는 경향이 있다. 때로는 우리에게 되돌아오는 영광을 누리기도 하고 때로는 그 자녀와 배우자가 말하거나 행동하는 것에 의해 판단을 받을 까봐 두려워한다. '나'와 '너'사이의 경계에 대한 혼란은 유대인 가족 갈등의 일부이기도 하다. 십대 청소년이 회당에 찢어진 청바지를 입고 가면 부모는 자녀가 무례하다고 느낄 수 있다. 비행기 승무원이 누가 유대인의 정결한 음식을 주문했는지 묻는다면 십대들은 얼굴을 숨기고 불평하면서 "왜 우리는 달라야 만 해?" 볼 게임에 유대인 모자(kippah)를 쓰고 가기를 결정한 아들을 둔 부모는 세속적인 장소에서 유대인임을 공개적으로 발표하는 것에 당혹스러워 할 것이다. 정결한 유대인 음식(kosher) 규칙을 지키는 새 신부가 이웃 사람이 준비하고 제공하는 정성들인 새우 요리를 거부하는 것을 본 남편은 그녀의 '무례'(rudeness)에 격렬한 태도를 보일 수 있다.

자녀나 배우자가 "충분히 유대인답지 않거나" 또는 "너무 유대인 스럽게" 되면 당신 또는 가족의 유대인 선택에 대한 도전이나 심지어 거부감을 느끼게 할 수 있다. 멈추고 왜 특정한 행동이 당신을 미치게 하는지 스스로에게 물어 보라. 당신은 아이가 청바지 입고 회당 가는 것에 대해 싸우고 있는가? 비록 다른 10대들은 청바지를 입더라도 당신의 아버지가 얼마나 공포스러워 하실지 알기 때문에 아이가 청바지 입고 회당 가는 일로 싸우고 있는가?

물론 부모는 자녀가 특정 가정의 규범에 따라 행동해야 한다고 주장할 권리가 있다. 작은 것에 땀 흘리지 마라. 당신이 모든 단어를 고르고 선택하면, 자녀는 결국 당신이 말하는 모든 것으로만 될 것이다. 당신에게 중요한 것이 무엇인지 생각하라. 아들이 입고 갈 바지가 정말로 당신과 함께 회당에 가는 것을 싫어하게 하는 것보다 더 염려되는가?

자신과 사랑하는 사람들 사이의 경계를 분명히 하는 것은 지속적인 도전이지만 중요한 과제이다. 자녀를 양육하여 자신의 본격적인 유대인 선택을 하도록 하는 부모는 자녀가 젊은 성인이 될 때, 특히 자신의 것과 다를 수 있다는 사실에 직면해야 한다.

청소년기의 주요 발달 과업 중 하나는 부모와 자식 사이에 새로운 경계를 정의하는 것이다. 10대들은 뚜렷하고 분리된 정체성을 구축함에 따라, 보는 법, 모방할 대상, 믿는 것에 대한 결정을 내린다. 그 과정에서 많은 청소년들이 가족의 신앙과 풍습에서 벗어났다.

이 실험과 개성화의 시대는 십대들에게는 혼란스러울 수 있다. 그 과정을 절연으로 경험하는 부모에게는 종종 고통스럽다. 청소년기는 분명 당신의 영향력의 한계를 보여준다.

그럼에도 불구하고 십대들은 부모의 의견과 지지를 소중히 생각한다. 청소년들과의 열린 커뮤니케이션을 유지하고, 청취하고, 부모와 아이들 사이의 지울 수 없고 무조건적인 관계를 확인하는 것이 중요하다 (9장, "15세에서 18세" 참조).

(4) "왜 아빠와 교회(church)에 같이 갈 수 없지?"

『유대인 자녀를 양육하는 방법』이라는 제목의 책을 읽는다면, 당신과 당신의 배우자는 분명히 이미 자녀를 위한 유대인의 길을 택한 것이다. 그러나 당신 중 한 명이 다른 종교를 갖고 있다면, 혼란이나 갈등이 있을 수 있다. 최소한, 아이들은 유대인이 아닌 부모의 신념과 관행에 관해 질문을 하게 되어 있다.

유대인 부모를 당황하게 하는 이 질문은 중요한 대화의 기회가 될 수 있다. 자녀가 왜 아빠가 유대인이 아니며 왜 가족 종교를 기독교 대신에 유대교로 결정했는지 또는 언젠가는 자녀가 엄마와 회당에 참석할 수 있는지 묻는다면, 그 시작을 잘 활용하라. 그것은 가족의 유대인 약속을 설명하기 위한, 서로에 대한 존경을 표명하기 위한 그리고 자녀들의 가정 내에서의 위치에 대해 안심시켜주기 위한 것이다.

자녀의 질문은 때로는 나누어진 충성심에 관한 걱정이나 유대인이 아닌 부모를 마음 상하게 하는 것에 대한 걱정 때문에 생긴다. 때때로 교회 대 회당의 갈등은 교회나 회당과 아무런 관련이 없다. 아이가 "나는 주일 학교에 가고 싶지 않다. 나는 아빠와 함께 교회에 가고 싶다"라고 선언하면 그녀가 말하는 것을 파악하라. 여러 연령대와 단계에서 아이들은 부모 중 한 분을 다른 한 분보다 더 많이 동일시한다. 자녀가 의미하는 바는 "나는 아빠와 더 많은 시간을 보내고 싶다"라는 것이다.

자녀가 필요한 것을 알고 있으면 적절하게 대답할 수 있다. "주일학교는 중요하단다. 하지만 집에 돌아오면 아빠랑 특별한 오후를 가질 수 있을 거야."

두 가지 신앙이 계속 긴장과 갈등이 되는 영역이 되면 다른 가족, 성직자 또는 종교 간 관계에 있어 그 분야에서 경험이 있는 전문가와 이야기하는 것을 고려하라.[1]

(5) 도움 받기

당신은 유대인이 되는 방법이나 유대인이 어떠해야 하는가에 대해 싸우는 첫 번째 또는 유일한 가족은 아니다. 고립되어 있거나, 꼼짝 못하거나, 압도당했다고 느끼면 직계가족 외의 사람과 이야기하라. 자녀가 다니는 종교학교 친구들의 부모가 상당한 현실 점검을 해 줄 수도 있고, 몇 가지 전략을 제안할 수도 있다.

자신이 가장 편안하게 생각하는 회당이나 주간학교에 있는 유대인 전문가와 이야기할 약속을 하라. 일부 유대교 랍비, 성가대 지휘자, 교육자는 숙련된 상담자이다. 특정 주제에 대한 도움을 받으려면 학부모를 대상으로 "유대인 십대 기르기 전략", "유월절 도중 당신의 자녀 모두에게 파스타 음식 먹이기", "성인식에서의 우울함" 등과 같은 주제로 워크샵을 요청하거나 직접 조직할 수도 있다.

---

1 미국의 히브리 성회(개혁 운동)는 전국의 많은 도시에서 타종교로 이루어진 가족을 위한 지원팀을 운영하고 있다. 국가별 사무소는 별도 확인하고, 해당 지역사무소는 지역 및 지역 연락처를 안내해 줄 수 있다.

상담이나 치료법이 적절하다고 판단되면 종교인으로서 당신이 선택한 것을 지지할 임상의를 고르라. 당신의 유대교 랍비가 누군가를 추천할 수도 있다. 첫 번째 모임에서 그분에게 종교적 신념과 정체성이 중요하며 응원해 주는 응답을 경청한다고 이야기하라.

권장할만한 책

학부모를 위한 도서

The Guide to Jewish Interfaith Family Life, edited by Edmund Case (Jewish Lights, 2001).

Inside Intermarriage: A Christian Partner's Perspective on Raising a Jewish Family, by Jim Keen (URJ Press, 2006).

The Intermarriage Handbook: A Guide for Jews and Christians, by Judy Petsonk and Jim Remsen (HarperCollins, 1991).

Mixed Blessings: Overcoming the Stumbling Blocks in an Interfaith Marriage, by Paul Cowan'with Rachel Cowan (Penguin, 1988).

제2부

연령과 단계

어린 시절의 모든 단계는 새로운 축복과 도전을 가져온다. 유대교는 의식과 축하, 기도 및 파티로 당신의 기쁨과 감사를 표현하는 것에 하나의 목소리를 낸다. 어린 시절의 모든 단계는 또한 새로운 선택과 요구를 의미한다. 유대인 공동체는 여름 캠프 선택에서부터 가족 치료사 찾기에 이르기까지 모든 것을 공식 및 비공식으로 지원한다.

유대인 자녀를 양육하는 방법 제2부는 유년기부터 청소년기까지 어린 시절의 단계를 따른다. 다음 네 개의 장은 세 단계로 나누어져 있는데, 유대인 발달과정 상의 각 단계 즉 유아기, 초등학교 연령, 초기 청소년기, 청소년기 말기 등에 있어 발달과업을 설명하는 것으로 시작한다. 다음으로, 당신은 나이와 관련된 유대인 생활 주기에서 행해지는 의식 행사 및 축하행사에 대한 정보를 찾을 수 있다. 마지막으로, 유대교 교육, 비공식 학습, 여가 활동의 주요 선택에 대한 논의가 있다.

2부 중 많은 부분이 유대교 교육에 관한 것이다. 아이들을 가르치는 임무는 그렇게 주된 의무로 간주되어 모든 예배에서 기도문의 일부분으로 낭송된다. "내가 오늘 너희에게 명하는 이 말은 너희 마음에 새겨질 것이다. …그리고 너는 이 말을 너의 자녀들에게 가르치게 될 것이다."

이것은 유대인 부모가 계속해서 진지하게 받아들여야 할 명령이다.

모든 유대인 아이의 약 80%는 특정 종류의 공식 유대교 교육을 받는다. 그와는 상반되는 모든 극단적인 발표에 의하면, 미국 공동체는 오늘날 역사상 가장 유대인답게 읽고 쓸 줄 아는 것 같다. 북미 지역의 60개가 넘는 지역 사회에서 유대인 교육위원회가 운영되면서 유대인 교육 분야에서 그 어느 때보다 다양하고 포괄적인 선택이 가능하게 되었다. 따라서 이 유대인 의무 이행을 이전보다 더 쉽게 할 수 있다. 이 책임을 허드렛일로서가 아닌 선한 거룩한 행동으로 이해한다면, 그것은 자녀 뿐만 아니라 당신과 당신의 가족에게도 커다란 선물이 될 수 있다. 학교는 지역 사회 형성의 중심지이다. 자녀가 배우고 성장함에 따라 당신도 그러할 것이다.

미리 읽어 보시길

불가피하게, 부모는 가장 절박한 부분에 의지한다. 유아가 있는 경우 '대학 선택'에 관해 읽는 것은 터무니없이 관계가 적은 것으로 느껴질 수 있다. 그럼에도 불구하고, 초창기에 선택한 것들이 장기적으로 의미가 있다. 미리 읽어보고 다시 되돌아보라. 십대들을 위한 교육적 선택을 연구하고 있다면, 취학 연령 아동에 관한 것 중 많은 부분이 당신의 상황에도 적용될 것이다.

6장
출생부터 4세까지
: 유대인 정체성 형성기

아이가 유대인의 자아를 확립하도록 키우고자 하는 부모에게 있어, 출생과 유치원 사이의 몇 년은 유대인다움과 달콤함 사이, 유대인다움과 가정 사이, 유대인다움과 자식에 대한 부모의 무조건적인 사랑 사이에 지울 수 없는 연관성을 창조해 가는 것에 대한 그 모두인 것이다.

무기력한 유아단계에서부터 제멋대로인 걸음마단계를 거쳐서, 어린아이들은 잠에서 깨어날 때마다 배우기 시작한다. 유아들은 가족과 가정에서 나오는 소리와 냄새를 따뜻함과 안전함으로 연상하기 시작한다. 그 소리와 냄새가 자신을 꼭 안고 있는 사람과는 별개라는 사실을 깨닫기 전에도. 유아들이 손가락과 발가락을 발견하기 시작할쯤, 아기들은 주변의 어른들에 밀착해서 자라고, 그 모든 것 중 가장 중요한 것인 사랑하는 방법을 배운다.

건강하고 사랑받는 아기들은 그들이 태어난 문명의 기초를 흡수한다. "안 돼"라는 세상 이전에 그들의 짧은 에덴동산과 같은 거주 기간 동안, 자라나고 있는 두뇌는 문법의 기초를 통합하고, 성에 관한 무수하게 많은 미묘한 단서를 받고, 자신의 가족의 문화 즉 사람이 얼마나 크게 말하는지, 얼마나 가까이 서 있는지, 얼마나 많이 접촉하는지 등과 같은 것에 대한 무의식적인 예절을 배우게 된다. 4세쯤, 대부분의 아이들은 칠리 페퍼 및 블리체, 모짜르트 또는 클레머 등에 대한 부모의 취향을 알게 된다. 유아들이 책과 독서에 노출 되었다면 그 아이들은 읽고 쓰는 것과 학교를 열망할 것이다. 그리고 아이들이 매주 발효 안 시킨 빵과 포도 주스를 맛본다면 아이들은 낮이 가면 밤이 오는 것을 예상하듯이 당연하게 안식일을 기대할 것이다.

오늘날 부모들은 인생의 첫 해의 발달상 중요성을 예민할 정도로 잘 알고 있다. 우리는 아기의 영양에 대해 부단히 경계하고, 클래식 음악을 틀어주고, 아이 방에 자극을 주는 모빌을 걸어놓고, 아기 말투를 사용하는 것을 피한다. 유대인 부모에게는 아이에게 유대인의 요소를 포함시키는 것과 유대인의 자아 및 영혼을 보살핌 속에서 양육하는 방법에 주의를 기울이는 것은 결코 이른 것이 아니다.

모든 가족은 일요일의 박물관 방문, 9월의 백 투 스쿨 쇼핑 여행, 가족 캠핑 원정과 같은 이벤트를 통해 주와 계절의 계획을 수립한다. 유대인 가족은 안식일 의식, 계절에 따른 공휴일 및 가족 방문 등으로 한 주를 만들어 갈 수 있다. 어린아이들이 유대인의 삶에 일찍 노출되는 것은 기억이 아니라 그것 자체의 표현으로 깊이 인식하게 된다.

부모는 무수히 많은 방법으로 아이의 유대인 자아를 위한 견고한 토대를 마련하는데 도움을 줄 수 있다. 그중 많은 부분이 가정과 공휴일에 관한 것으로 이전 장에서 논의하였다. 유대인의 생활이나 유대교 자체에 익숙하지 않은 부모들에게는 유년기와 걸음마 단계를 통해 아이와 더불어 유대인 세계를 발견할 기회와 신년 축제일에 죄를 쫓아내는 의식에서 오리에게 먹이를 주는 새로운 관습을 시도해볼 기회와 키두쉬나 브라차 같은 새로운 단어를 사용하는 방법을 발견하게 되는 기회 등을 갖게 된다.

그러나 대부분 이 단계의 교육은 언어보다는 감각과 더 관련이 있다. 유대교의 감각적인 우주로 아이들을 안내하라. 즉 안식일에 빵 냄새로 가득한 곳, 유대인의 기도문을 노래하고 유대인 책을 읽으며 서로 껴안는 일상 속의 잠자리, 히브리어 이름을 지닌 부드러운 도브(Dov) 곰 인형, 신년 축제일에 사과 따러 과수원 가는 길, 회당과 유대인 지역 센터에서 개최하는 부림(Pruim)축제 때 얼굴에 색칠하기 등과 같은 것이 가득한 장소로 아이들을 인도하라.

1. 생활의 주기

Baruch habah.

B'rucha haba'ah.

당신이 오심에 축복하소서.[1]

이것들은 아기의 탄생을 축하하는 유대인의 의식을 시작하는 단어이다. 분만실에 있어 본 적이 있거나 입양아를 처음 입양한 사람은 누구나 '축복받은'이라는 단어의 의미를 알고 있다. 아이의 출생은 인생에서

---

1 글자 그대로 "오는 자는 복이 있나니 오는 자가 복이 있느니라."

가장 흥분되고, 무섭고도 거룩한 순간 중 하나이다. 유대 전통에 따라 부모는 말할 수없는 이 경이로운 존재에 이름을 지어주고, 가족 및 친구들과 함께 기쁨을 나누고, 아기와 자신에게 약속을 한다. 그러한 이유로 아이가 출생한 것은 지역 사회와 전통을 연결하는 유대인의 전환점이 될 수 있다.

유대인들이 하나님과의 관계를 묘사하고 정의하는 방식은 히브리어로 '언약'이라는 단어인 브리트(Brit)이다. 유대인 아기들은 브리트라는 의식을 통해 언약에 들어간다. 언약은 일종의 계약이며 상호 이해이다. 율법 그 자체(성경의 처음 다섯 권)는 하나님과 유대인 사이의 성약이다. 유대 민족과 맺은 하나님의 언약은 할례(brit milah) 언약을 통해 남성 유대인에게만 개별화 되었고, 아브라함과 그 모든 후손들이 그 언약을 명령 받았다.[2] 1960년대 후반 이후, 유대인 부모는 딸에 대한 언약식을 의미하는 딸에 관한 언약(brit bat)을 포함시키는 의식으로 언약을 확장시켰다.

할례 언약과 딸에 대한 할례의식은 새로운 생명에 대한 경이로운 기쁨과 유대 공동체 내에서 이것을 표현할 필요성과 각각의 유대인은 언약과 이스라엘 민족의 일부라는 생각을 공유하는 것이다.

1) 브리트 밀라(할례의 언약)

브리트 밀라(Brit milah)는 여러 유대인과 문화를 통해 유대인들이

---

2 할례는 "아브라함의 언약"이라고 불리며, 첫 번째 사람은 유대인으로 할례를 받았다. "네가 지켜야 할 너와 너의 자손 사이의 언약은 이것과 같으니 너희 가운데 있는 수컷 모두 할례를 받을 것이요 너는 포피의 육체를 할례 할 것이요 그것이 나와 너 사이의 언약의 표시가 되리라"(창세기 17:10-11).

연습한 유대교의 가장 오래된 의식이다. 유대인 역사를 통틀어 모든 신념을 가진 유대인들은 성경 계명 중 가장 어려울 수 있는 것을 완수했다.[3] 하누카 이야기에 나오는 악당 안티오처스(Antiochus) 시대와 히틀러 시대처럼 할례가 불법이고 위험한 때조차도, 유대인들은 아들에게 할례를 했다.

유대인들이 할례를 하는 이유는 복잡하다. 할례 언약은 하나님에 대한 신앙의 표식이며, 우리의 가장 오래된 뿌리와 연결되는 방식으로 다른 세대의 유대인의 삶에 대한 확증이다. 왜 우리가 아들들에게 이런 일을 하는가에 대한 질문에 대한 가장 강력한 대답은 우리가 할례언약을 그만두면 유대인이 되는 것을 멈추게 된다는 것이다. 전통적인 방식으로 할례를 하기로 결심하는 것은 강력하고 명료한 방법으로 유대교와 함께하는 당신의 정체를 알리는 것이다.

오늘날 할례는 반대에 직면하고 있는데 반 셈족 독재자로부터가 아니라 그 절차를 "성적인 절단"으로 낙인찍는 할례 반대 운동으로부터이다. 의료계는 포피의 수술적 제거, 음경의 귀두를 덮는 외과 수술이 건강상 이롭다는 점에 중립을 유지한다. 할례에 관한 미국 소아과 학회 1999년 3월의 정책 성명서는 적당한 건강상의 이점과 극히 낮은 합병증의 발생률에 대한 연구 결과를 지적했지만 "일상적인 신생아 할례를 권장할 압도적인 이유는 없다"라고 말했다.[4] 그러나 유대인은 의학적

---

3 유대교의 랍비 시몬 바 요차이(Shimon bar Yochai)가 말하기를 "보라, 사람이 자기 아들을 가장 사랑하지만 그 아들을 할례하는구나. 유대교의 랍비 나크만 바 슈뮤엘(Shmuel bar)은 "아들의 피가 흘렀음을 알았음에도 불구하고 그 의무에 기뻐한다"(Midrash Tanchuma on Tetzaveh 1).

4 Task Force on Circumcision, "Circumcision Policy Statement"(RE9850), Pediatrics 103, no.3(March 1999). 성명서는 소년이나 남성이 할례로 인한 성적 기능 손상이나 심리적 손상을 입었다는 증거도 발견하지 못했다고 한다.

이유로 아들을 포경 수술한 적이 결코 없다.[5]

실제로, 병원에서 의사가 수행하는 할례의 의료 절차는 본질상 할례 언약이 아니다. 언약은 기도와 유대인들의 언약에 아들을 넣으려는 의도에 의해 정의 내려진 의식 할례이다.

의식과 의료 할례의 엄격한 차이는 기도에만 국한되지 않는다. 병원 포경 수술은 다소 경험이 많은 의사 또는 인턴이 절차를 수행하는데 신생아가 10분 동안이나 움직이지도 못하는 추운 수술실에서 수행된다. 아기는 의료 할례 전 몇 시간 동안 식사를 하는 것이 허용되지 않고 간호사가 아기를 어머니에게 돌려주기까지 약간의 시간이 걸릴 수 있다.

집에서는 방은 따뜻할 것이고, 환경은 익숙할 것이고, 경험 있고 숙련된 개업의가 있을 것이다. 아이는 위가 비어있는 경우는 거의 없을 것이고, 대개 절차가 시작되기 전에 아이는 포도주 한 모금을 맛보게 된다.

사랑의 손이 그를 붙들고, 안전장치가 사용된다면 할례 그 자체의 순간은 얼마 되지 않는다. 그 이후에 아기는 포대기에 싸여 즉시 어머니에게 돌아간다.

타이밍에도 중요한 차이가 있다. 의학적 포경 수술은 출생 후 둘째 날과 여섯째 날 사이에 언제든지 할 수 있지만 언약할례는 아기가 더 크고 더 잘 치료할 수 있는 생후 여덟 번째 날 이후에 수행된다.[6] 언약할

---

5 위대한 열두 번째 세기의 유대교 랍비, 철학자이자 의사인 Maimonides의 말에 따르면, "어느 누구도 순수한 신앙을 위한 것을 제외하고 다른 이유로 자신이나 자신의 아들을 할례 해서는 안 된다"라고 말했다. Guidefar the Perplexed, translated by M. Friedlander (Dover, 1956), p.378.

6 한 연구에 따르면, 며칠을 기다리는 것이 유리하다는 증거가 있다. 만삭 아기의 경우 혈액 응고를 조절하고 치유를 촉진하는 물질은 출생 시 정상보다 약간 낮으며 이들 중 하나는 생후 2일에서 6일 사이에 실제로 감소한다. 그러나 여덟 번째 날까지 신체의 존재는 정상

례는 단순한 포경수술이 아니라 강력하고 극적인 몸짓이다. 이는 우리가 잠시 멈춰 신생아의 기적에, 새로운 한 세대에, 유대 민족의 미래에 대해 경이로움을 느끼도록 하는 것이다.

(1) 할례에 대한 기획

유대인의 율법에 따르면, 언약 할례는 생후 8일 후에 예정되는데 이는 아브라함이 그의 아들 이삭을 할례 했던 때이다.[7] 의학적 이유가 없다면 여덟째 날은 신성불가침이며, 이는 할례가 안식일이나 속죄일을 포함하는 공휴일에 행해진다는 의미이다.[8] 그러나 아기가 아프거나 허약할 경우 연기될 것이다.

유대인의 달력에 따르면 그 일은 일몰에서 시작된다. 즉, 월요일 저녁에 태어난 아들은 해가 지기 전 다음 화요일에 할례를 받을 것이다. 대부분의 할례는 집에서 이루어지며 언약 절차와 할례 기도 모두에서 훈련받은 사람인 모헬(mohel)에 의해 수행된다.

전통적으로, 모헬림(mohelim, 히브리어 모헬의 복수)은 확고한 개업의 수습기간을 통해 할례 언약의 역사, 민간 지식, 기도 및 절차를 배웠다. 오늘날 개혁주의와 보수주의 운동은 할례 언약에 대한 율법의 법률과 예식에서 자격을 갖춘 유대인 남녀 의사를 훈련시켜 자유주의 공동체를 위한 모헬로서 그들을 공인한다.[9] 당신이 모헬이 없는 지역에 산

수준 이상이다(Sheldon B. Korones, M.D., *High Risk Newborn Infants*, Mosby, 1976).

7 할례 언약에 관한 성문화된 법률과 전례는 1세기경으로 거슬러 올라간다.

8 할례는 개종이나 입양 목적을 위해 또는 제왕 절개 수술로 태어나는 아기 또는 건강 상 이유로 지연되었을 때 안식일이나 휴가에 예정되어 있지 않을 수 있다.

9 아기의 엄마가 유대인이 아닌 경우 정통파 모헬림들은 할례를 집행하지 않는다.

다면 유대교의 랍비 또는 성가대 지휘자가 의식을 수행할 유대인 의사에게 안내할 수 있다.

아기가 여아가 될 것이라는 확신이 들지 않는 한, 만기일 몇 달 전에 적어도 한 명의 모헬과 연락하라. 유대교의 랍비와 성가대 지휘자의 추천이 최고이지만 유대인 신문에 광고 문의를 할 수 있다. 모헬이 도시에 있는지 여부를 알아내고 비용에 대해 물어보라. 궁핍할 경우 모헬이 비용을 줄여 준다.

당신은 많은 질문을 할 때 편안하게 느껴야 한다. 만약 당신이 전화로 모헬이 당신에게 말하는 방법을 좋아하지 않는다면, 다른 사람을 찾으려고 노력하라. 아들이 태어난 후 첫 번째 전화 중 하나는 할례 시간을 정하기 위해 모헬에게 전화하는 것이어야 한다.

할례 하루나 이틀 전에, 당신의 모헬은 전화를 해야 한다. 아기가 어떻게 행동하는지 알기 위해서, 당신에게 비품과 방 배치에 관한 지시사항을 제공하기 위해서이다. 할례의식 날에 모헬은 아기를 시험하기 위해 일찍 도착할 것이다. 그때까지 모헬은 아기의 히브리어 이름을 알 필요가 있을 것이다(아래 의식행사를 위한 내용 참조).

(2) 전례 예식과 의식 행사

대부분의 유대인 생활 주기 의식 행사에서와 마찬가지로, 할례 예식의 핵심은 5분을 넘지 않을 정도로 짧다는 것이다. 그것은 할례와 포도주 축복기도 전후에 진행되는 축복으로 구성되어 있고, 아기 이름을 정하는 것도 포함된다. 당신이 회당 신도라면 유대교의 랍비나 성가대 지휘자가 예식의 책임을 공유할 수 있지만, 모헬이 보통 할례에서 의식의 주관자로 역할을 한다. 그리고 그 의식은 일반적으로 할례 언약의 역사와 종교적 중요성에 관한 비공식적인 가르침의 요소를 포함한다.

시작하기 위해 아기는 보통 조부모 또는 다른 가족 구성원에 의해 방으로 옮겨진다. 모헬이나 유대교의 랍비가 아기에게 다음 어구로 인사한다. "오는 자 복이 있도다"(Baruch habah). 그런 다음 그 아기를 잠시 동안 '엘리아의 의자'(kisei shel Eliyahu)에 내려놓는다. 엘리야는 메시야의 전령이라고 하는 고대 선지자이며 모든 할례에 존경받는 '손님'이다.[10]

모헬은 몇 마디의 소개와 설명을 한다. 그 후 다음의 축복을 낭송하고 포피를 제거한다.

복 있는 주님, 만물의 지배자여, 당신은 우리를 계명으로 거룩하게 하시고 할례에 관해 우리에게 명령하시나이다.

모헬은 정말로 아버지를 대신하는 역할을 하기 때문에 아기의 아버지 또는 부모 모두는 모헬 뒤에 다음과 같은 축복을 반복한다.

복 있는 주님, 만물의 지배자여, 당신은 우리를 당신의 계명으로 거룩하게 하시고 할례에 관해 우리에게 명령하시나이다. 우리의 아들 아도나이, 당신의 계명으로 우리를 거룩하게 하시며 우리 아들을 우리 조상 아브라함의 언약으로 데려가라 명하십니다.

---

10 할례언약의 중요성에 관해 설교한 선지자 엘리야는 모든 할례에 '초대'된다. 엘리야(Elijah)의 의자 엘리아후(Elryahu)는 중세 이래로 관습이었다. 오늘날 이 의식 제스처를 위해 의자가 장식되거나 특별한 베개가 사용된다.

모든 사람들은 아멘을 말하고, 손님들은 전통적인 소원을 낭송할 때
모헬을 따른다.

그가 성약에 들어온 것처럼 그가 율법 공부로, 결혼식 천막 속으로, 선
행을 행하는 곳으로 들어가게 하소서.

아기가 옷을 입자마자, 모헬(또는 유대교의 랍비나 성가대 지휘자)은
포도주를 통해 기도(Kiddush)를 인용하고, 포도주를 마시며, 아기에게
몇 방울을 준다. 그 다음에 아기 이름을 포함하는 더 긴 찬미 기도를
드린다.[11] 아기는 엄마에게 돌아간다.

대부분의 부모는 아기의 이름과 같은 이름을 가진 사람들에 대한 간
단한 연설을 하여 의식을 개인화한다. 대부분의 미국 유대인들은 그들
의 아이 이름을 죽은 사랑하는 사람의 기억으로부터 짓게 되기 때문에
이것은 대개 매우 감동적이고 아름다운 순간이다. 일부 가족은 조부모,
형제자매 또는 가까운 가족의 읽기를 포함한다.

의식은 대개 새로운 축복에 대한 감사의 기도(Shehechiyanu)와 "행
운과 안녕"(Siman Tov U-mazal Tov)이라는 기쁨에 대한 활발한 노래로
끝난다.

---

11 자유주의의 할례에서 항상 사용되는 것은 아니지만 전통적 축복은 "생명의 근원이시여,
당신의 사랑하는 자를 거룩하게 하시며 육체로 당신의 법령에 감명을 주시고 거룩한 표적
으로 자손을 표시하셨으며 그러므로 언약에 따라, 살아 계신 하나님, 우리의 부분, 우리의
바위는, 당신이 우리의 육체에 두신 언약에 따라 아이를 모든 불행으로부터 보호하라."
"우리 조상들의 하나님, 이 아이를 그의 아버지와 어머니로 유지하라. 그는 누구누구의
아들 누구라고 부를 수 있다." "그의 아버지는 자식의 문제에 기뻐하고 어머니는 자궁의
열매에 기뻐하며" 쓰여진 바대로 "당신의 아버지와 어머니는 기뻐할 것이다. 당신을 낳은
그녀는 기뻐할 것이다."

할례 후 식사는 의식의 필수 부분이다. '계명의 식사'(s'eudat mitzvah)라고 불리는 이 프로그램은 가족이나 친구들을 위한 비공식 아침식사 또는 점심식사로 되는 경향이 있다.

할례에서 꼭 있어야 하는 사람들은 아기, 모헬 그리고 할아버지같이 존경받는 가족 중 한 사람(sandek)[12]으로 아이를 안은 채로 지원하는 사람이다. 그러나 할례가 새 유대인을 공동체에 추가하는 것을 기념하기 때문에 적어도 10명의 성인 유대인으로 구성된 정족수(minyan)가 참석하는 것이 바람직하다. 유대인이 아닌 조부모와 다른 가족은 아기의 편안함의 수준에 따라 아기를 방으로 옮기거나 또는 축복을 읽음으로써 참여할 수 있다(아래 글 참조).

집을 떠나기 전에 모헬은 아기를 검사하고 할례를 돌보는 것에 대한 지침을 제공한다. 왜냐하면 할례는 한 달 안에 완전히 치유되어야 하기 때문이다. 합병증은 매우 드물지만, 주저하지 말고 걱정이나 질문이 있으면 모헬이나 소아과 의사에게 전화하라.

(3) 비유대인 가족 구성원과 할례

심지어 아기의 조부모 중 일부가 유대인이 아닌 경우 유쾌한 유대인 의례조차도 경합이나 고통의 핵심이 될 수 있다. 유대인 축하를 결정하는 것은 유대인으로서 자녀를 양육하는 것에 대해 당신이 진지하다는

---

12 운이 좋아 현존하시는 할아버지가 한 명 이상이라면, 그들은 산덱(sandek)의 영광을 공유할 수 있다. 한 사람은 할례 도중 아기를 안고, 다른 한 사람은 명명하는 동안 아기를 안으면 된다.

첫 번째 구체적인 증명일 수 있다. 이것은 비유대인 가족 구성원에게는
거부감으로 느낄 수 있다. 왜냐하면 그들은 때때로 세례 받지 않은 손자
의 불멸의 영혼에 진정한 관심을 갖기 때문이다.

이러한 상황에 처한 부모는 참을성 있고 예민해야 한다. 의식의 의
미를 설명하고 두 가지 전통 사이의 연관성을 강조하라.13 적절하고 가
능하다면 예를 들어 유대인이 아닌 조부모님을 초대하여 축제에 참여
하도록 하고 축하연에서 건배할 것을 제안하라. 보통, 손자가 태어났을
때의 기쁨은 어색함과 두려움을 극복하기에 충분하다. 특히 가족이 질
문하고 답변할 수 있다면.14

2) 딸에 대한 언약(BRIT BAT)

딸에 관한 언약은 1960년대 후반에 유대인 부모가 소년 출생을 둘
러싼 의식 축하와 소녀 출생을 위한 유대인 의식의 상대적 부재 사이에
불균형을 알게 되었을 때 나타났다.

딸의 탄생에 참석하는 기쁨에도 유대인 표현을 해야 할 필요가 있기
때문에 온갖 종류의 전례 규정에 근거한 실험이 생겨났다.

한 세대도 안 되는 기간에 딸을 위한 성약 예식이 실험적인 가장자
리에서 주류의 중심으로 옮겨졌다. 비록 하나의 규범적 전례는 없지만,
딸에 관한 언약은 현재 미국 유대인 생활주기의 확립된 한 부분이다.15

---

13 Anita Diamant, The New Jewish Baby Book(Jewish Lights, 1994), pp.251-256.
를 보라 "비유대인들이 알아야 할 것"이라는 제목의 부록을 보시고, 할례의식에서 정보
제공용으로 활용하라.

14 Ibid. The discussion on "Addressing Your Non-Jewish Family's Concerns,"
pp.234-39.를 보라.

실제로, 현대의 딸에 관한 언약 의식은 완전히 새로운 것은 아니다. 세파르딕 유대인들은 수세기 동안 사랑스러운 전통으로 딸들의 탄생을 환영했다. 예를 들어, 스페인의 유대인들은 아기를 베개위에 올려놓고 방으로 데려 가 주위로 건네면서 지나치는 모든 손님이 그녀에게 축복할 수 있도록 하는 의식을 수행했다. 유대교의 랍비는 건강과 행복을 위한 축복을 낭송했고, 호화로운 식사가 제공되었다.[16]

(1) 딸에 대한 언약 기획하기

이 행사에 대한 규범적인 전례는 없으며 언제 어디서 거행되는지에 관한 규칙도 없다. 이 행사는 집이나 회당에서 열린다. 일반적으로 부모는 엄마가 축제를 즐기기에 충분히 건강하다고 느끼는 날을 선택한다. 이 날짜는 마찬가지로 시외의 가족이나 친구들에게도 편리한 날짜로 한다. 그 행사를 위한 시간 규정은 없지만, 많은 가정은 역사적, 종교적 공명으로 한 날을 선택한다.

8일째 되는 날에 행사를 계획하는 것은 고대 할례예식을 회상하는 것이고, 부모의 마음속에 탄생의 경이로움이 여전히 신선하다는 것을 확인하는 것이다. 30일은 회복과 계획을 가능하게 하기 때문에 대중적

---

15 그 행사는 "딸의 기쁨"(simchat)을 포함하여 많은 이름으로 알려져 있다. "아기 이름짓기"라고도 한다.

16 최근의 아시케나지 전통에서, 딸들은 율법 예배 중에 회당에서 지명되었다. 새 아버지는 율법으로 불렸으며, 미쉐베라크(Mir Shebeirach)의 축복, 어머니와 아기의 건강을 위해 다목적 치유/특별 축복이 있고, 딸의 이름이 처음 발표되었다. 종종 엄마와 아기는 예배에 참석하지 않았다. 어떤 종류의 아시케나지 언약 예식을 암시하는 고대 용어 브리시제(brisitzeh, 이디시어로는 bris 여성형)의 증거로 입증된 바와 같이 딸의 이름을 지어주고, 환영하고, 축복하는 다른 민속 관습이 있었다.

인 선택이다. 그 또한 전통에 근거하고 있다. 탈무드에 의하면 30일은 아기가 생명력이 있는 것으로 여겨졌기 때문이다. 몇몇 부모는 다음 초승달(Rosh Hodesh) 첫날에 새로운 예식 일정을 잡는다.

안식일에 거행되는 딸에 대한 언약은 금요일 밤이나 토요일 아침에 회당 예배 중에 가능하다. 일부 회당에서는 부모님과 때로는 조부모가 아기를 데리고 회당 연단(bimah)에 데리고 가서 유대교의 랍비가 간단한 의식을 진행하는 것을 관례로 한다. 여기에는 여러 축복, 아기의 이름 발표, 아기의 이름을 받은 사람들의 이야기를 밝히는 부모의 말이 포함될 수 있다. 이후에 안식일 축복(Oneg Shabbat)이 부모 또는 가족의 명예로 후원되는 가운데 진행될 수 있다.

또 다른 선택은 딸에 대한 언약식을 아침 예배 직후에 진행하는 것이다. 하지만 축하 의식 진행은 회당이나 집에서 정오 식사와 함께할 수 있다. 마지막으로 이 행사는 때때로 안식일이 끝난 후 구별을 기념하는 행사(Havdalah)에 포함된다.

당신이 선택한 만큼의 많은 손님들이 축복의 말, 시, 독서 또는 기도를 할 수 있다. 식사 전에 전통적으로 땋은 빵에 대한 축복(Hamotzi)을 낭송하는 것과 같은 과제로 사람들을 영광되게 할 수 있다. 또는 행사 도중에 부모와 아기에게 기도 목도리를 들고 있는 것으로도 영광되게 할 수 있다. 조부모는 보통 이러한 의식에서 가장 중요한 영예를 부여받는다.[17] 비유대인 조부모와 가족들도 자신의 편안함의 수준에 따라

---

17 조부모에게는 때때로 대모 및 대부(kvatterin, kvatter) 및 스폰서(sandek)라고 하는 특별한 의식적인 역할이 주어진다. 스폰서 또는 여성 스폰서(sandeket)는 명명 중에 아기를 붙들 수 있다. 대부와 대모는 방에 아기를 데려 올 수도 있고, 의식의 일부 동안 아기를 붙잡거나, 촛불 등의 의식을 할 수도 있다. 그러나 유대교 의식에서와 달리, 대부와 대모는 자녀의 종교적 양육에 대한 책임을 지지 않는다. 그들의 역할은 엄격히 명예와

다양한 방법으로 참여할 수 있다.

이 행사는 여전히 상대적으로 새롭기 때문에 그리고 유대인과 비유대인을 포함한 많은 손님들도 기도와 상징에 익숙하지 않기 때문에 많은 부모들이 절차에 대해 인쇄된 안내서를 준비한다.

(2) 전례와 의식

이 행사 가운데 변형된 것들이 있음에도 불구하고, 대부분에 있어 기본적인 4가지 구조가 있다. 즉 소개, 언약 의식, 명명 그리고 축하 음식(s'eudat mitzvah)이다.

제1부: 서두의 축복과 기도

대부분의 이 행사는 기도 혹은 부모나 유대교 랍비의 성경봉독 이후 "오는 이에 축복이"(B'rucha haba'ah)라는 인사말과 함께 시작한다. 어떤 가정에서는 아기를 엘리야의 의자(kisei shel Eliyahu)로 데려오는 관습을 채택한다. 메시아 전령인 선지자 엘리야는 모든 예식에 '참석'한다고 말해진다.[18]

축복과 함께든 아니든, 촛불을 밝히는 것은 또 하나의 아름다운 시작일 수 있다. 부모는 꼰 양초(Havdalah)나, 흰색 안식일 촛불 한 쌍이나, 조상 전래의 촛대, 또는 아기에게 새로운 선물 세트를 사용해 왔다.

포도주에 대한 축복(Kiddush)은 항상 이 행사의 한 부분이다. 축복

의식이다. 스폰서에 대해서도 마찬가지다. 아마도 스폰서는 "후원자"를 뜻하는 그리스어에서 유래한 단어일 것이다.

18 위에 있는 각주 10을 참고하라.

후에 컵은 공유되고 아기는 한 방울을 받게 된다. 종종 컵 자체는 특별한 의미를 갖게 될 것인데 아마도 부모님의 결혼식에 사용되는 손잡이 없는 잔이나 아기에게 주는 선물 등등으로 사용될 것이다.

제2부: 연령과 단계

딸아이는 축복과 상징적인 행동을 하여 이스라엘 백성의 성약에 들어간다. 딸들은 일반적으로 다음과 같은 축복(b'racha)과 함께 성약에 들어간 사람들이다.

당신은 사랑하는 자를 태에서 거룩하게 하여 여러 세대에 걸쳐 거룩한 성약을 맺었다. 언약에 대한 헌신이 우리를 백성으로서 계속 유지할 수 있기를 기원한다. 축복받은 당신, 영원한 하나님, 당신은 언약을 만드셨다. 그 성스러움이 우리의 삶을 채워주시니, 우리는 언약에 대해 감사드린다.[19]

많은 부모들은 이 행사가 단어뿐만 아니라 상징적인 행동을 요구한다고 생각한다. 이 목적에 부합하는 제스처 중 일부는 촛불 밝히기, 율법 두루마리(Torah scroll)에 아기의 손을 접촉하기, 아기를 기도용 숄로 감싸거나 덮기, 혹은 몇몇 형태의 씻기와 침례 등을 포함한다.

물은 아마도 딸들에게 가장 유행하는 언약적 상징일 것이다.[20] 잘

---

19 유대교의 랍비 Sandy Eisenberg Sasso의 "공손함", Beth El Zedeck Congregation, 인디애나 폴리스, 인디애나.

20 어떤 사람들은 이 세례와 기독교 침례 사이의 유사점에 의해 당황스러워 하지만, 물 의례는 유대인의 관행의 한 부분이다. 유대인은 손을 씻고 식사 전에 축복을 말하며, 의식에서 잠김(mikvah)은 여성의 삶의 순환을 표시한다. 율법은 여성과 관련된 비유적 표현이 풍부하다. 사라와 아브라함은 아들의 소식을 가져온 세 명의 손님에게 그들이 씻을 물을

알려진 히브리어나 유대인 여름 캠프의 노래인 "물"(Mayyim)은 훌륭한
반주이다.

씻기 전에 유대교의 랍비나 지도자는 이렇게 말한다.

복되신 주님, 만물의 지배자여, 당신은 언약을 염두에 두셨나이다.

씻은 후에 부모는 이렇게 말한다.

복되신 주님, 만물의 지배자여, 당신은 발을 씻음으로써 언약을 염두에
두셨나이다.[21]

율법을 위한 세 가지의 소원, 결혼 및 선한 행위는 종종 언약의 의식
을 따른다.

아기가 언약 속으로 들어 가기게, 그렇게 아이가 율법과 결혼식 덮개
(huppah)와 선한 일을 성취하는 삶으로 들어가게 하소서.

삼중의 소망에 대해 설명하는 다음의 독서는 모든 종류의 딸에 관한
언약 의식에서 유명하다.

우리는 자녀를 공부와 배움에 결코 끝이 없는 매혹인 율법에게 바치나
이다. 책이 있음으로 그녀는 결코 외롭지 않을 것이다.

가져다줌으로써 그들을 환영했다. 레베카는 레이첼과 마찬가지로 우물에서 그녀의 성경
적 모습을 만든다. 미리암은 광야에서 히브리인들을 유지시켰던 샘물과 관련이 있다.
21 히브리어와 음역에 대해서는 Diamant, *The New Jewish Baby Book*을 참조하라.

우리는 우리의 자녀를 사랑을 주고받을 수 있는 인간으로서 끊임없는 성장(huppah)에 바칩니다. 사랑하는 가족과 친구들과 그녀는 결코 외롭지 않을 것이다.

우리는 우리의 자녀를 가족과 공동체, 정의와 자선에 대한 끊임없는 관심(ma'asim tovim)에 바치나이다. 그녀가 다른 사람들을 돌보는 동안 결코 외롭지 않을 것이다.

제3부: 이름 짓기 및 결론

아기의 이름은 히브리어와 영어로 주어진다. 대부분의 미국 유대인들은 사망한 가족의 기억을 존중하기 위해 자녀들의 이름을 짓기 때문에, 사랑하는 사람에 관한 이야기는 손실과 희망, 과거와 미래를 강력하고 아름다운 관계로 만든다. 또한 주디쓰(Judith)와 같은 성서의 이름과 관련된 이야기에 대해 이야기할 수 있고, '봄'을 의미하는 아비바(Aviva)같은 히브리어 이름의 선택에 대해 설명할 수 있다.

기도, 시, 소망 그리고 독서가 여기에 추가 될 수 있다. 참여하기에 충분히 나이 많은 형제자매는 때로는 갓 태어난 여동생에게 책을 읽어주고, 할아버지가 말하는 것은 무엇이든 확실히 감동을 준다. 부모는 또한 아기 딸에게 보내는 소원과 기도를 기록한 편지를 읽어 줄 것이다. 그것은 보관되어지고, 아마도 성인식에서 다시 읽혀질 보물이다.

행사는 다음과 같은 세 가지 기도 중 하나, 일부 또는 전부로 끝난다.

- 새로운 축복을 위한 감사의 기도(Shehechiyanu).
- 딸을 위한 전통적 축복: 금요일 밤, 안식일에 축복을 받은 후 많은 가족들이 자녀들에게 축복을 더 한다. 언약식에서 처음으로 이 단어

를 낭독하는 것은 가족 안식일 연습의 출발이 될 수 있다. 당신은 또한 전통적인 축복에서 언급된 성경상의 여장부들에게 할머니들과 증조할머니들의 이름을 추가할 수도 있다.[22]

• 몇몇 부모는 또한 성직자의 축복이나 삼중의 축복을 금요일 저녁 축복에 포함시킨다.

제4부: 율법으로 정한 식사(S'eudat Mitzvah).

유대인의 법에 따르면, 주요 생활주기 행사는 율법으로 정한 식사(S'eudat Mitzvah)와 더불어 축하된다. 그것은 빵에 대한 축복 (Hamotzi)으로 시작하여 식사 후 기도(Birkat Hamazon)로 끝난다. 여러 샘플 행사들은 유대인 베이비 북에 나타나고, 이 장의 끝 부분에 적혀있다.

3) 입양

입양아가 유대인 가정에 온 것을 축하하는 것은 생물학적 아동의 도착을 축하하는 것과 매우 비슷하여 같은 유쾌한 의식 및 축하로 진행된다. 그러나 입양아는 대부분 유대인 어머니에게서 태어난 것이 아니기 때문에 입양은 어린 시절의 첫 번째 의식에 특별한 선택을 추가한다. 유대인다움은 유대인의 법률(halachah) 아래에서 합법적인 지위이기 때문에 부모는 공식적인 개종에 관한 문제를 결정해야 한다.

아이들의 개종을 위한 법적 요구사항은 남자와 여자 모두에게 있어

---

22 Marcia Falk's alternative version in The Book of Blessings (Harper SanFrancisco, 1996), pp.124-25를 보라.

의식상의 미크바(mikvah)와 남자의 할례 언약을 포함한다. 둘 다 전통적으로 성인 세 명의 유대인 법정(bet din) 혹은 보통 세 명의 유대교 랍비의 입회하에 행해진다. 개종 의식이 언뜻 보면 어려운 것처럼 보일지라도, 그 의식들은 어렵지 않고, 미크바는 입양 과정에 매우 감동적이고 독특한 유대인 차원을 더한다.

(1) 미크바

고대 성전 시절 이후로, 미크바는 공동체 및 관계와 그 사람 자신의 마음속에서의 개인적 지위가 변화한 것을 나타내기 위해 사용되어 왔다.

테빌라(tevilah)라고 불리는 침수 의식은 "죄를 없애 버리는 것"과는 상관이 없고 새로운 시작과 관련이 많다.[23] 유대교로의 개종을 위해 미크바는 이스라엘 집으로 인도하는 의식의 문지방이다.[24]

물이나 웅덩이를 의미하는 히브리어 미크바(mikvah)는 의식상 침수를 위해 특별하게 만들어진 실내 수영장 뿐만 아니라 하천, 호수, 대양과 같은 "살아있는 물"(mayyim chayyim)의 자연체를 가리키는 데 사용된다. 의식을 위한 용도의 욕조를 갖춘 건물도 또한 미카라 불린다.

---

23 기독교는 유대인의 관습에서 빌린 정결의식에서 물의 정결함과 재생력을 인정한다. 유대인들에게, 침례의 물은 시작을 상징한다: 에덴의 원시 바다, 지구상의 생명이 시작된 바다, 자궁의 물.

24 미크바는 정통 유대인 여성들이 성행위를 위한 전제 조건, 정화, 또는 생리 중에 남편과 분리를 아내가 제의하는 방식으로 주로 사용된다. 이 관습은 대부분의 자유주의적 유대인들에 의해 포기되었지만, 정통파 여성(남성)은 가족 순결의 법은 여성 비하가 아니라 여성의 월간 주기에 영적으로 민감하다는 것을 나타내는 것이라 주장한다.

자유주의 유대인은 결혼하지 않은 사람에서 신부 또는 신랑으로 변화하는 것과 같은 중요한 전이를 표시하는 데 사용되는 미크바를 되찾기 시작했다. 안식일이나 속죄일 전에 침수하는 것은 다시 시작하고 더 잘 하기를 바라는 것의 표현이다.

일부 미크바오트(mikva'ot: 미트바의 복수형)가 이 목적을 위해 지어
진 현대 시설에 위치하고 있고 다른 것들은 교회, 학교 또는 심지어 아
파트 건물에 세워진다. 수영장 자체는 축소형 수영장처럼 보인다. 미크
바는 최소 24입방피트의 물(대략 760리터)을 지니고 있어야 하며 물이
평균 높이의 성인 허리 위로 올라갈 정도로 깊어야 하고, 자연적인 흐름
을 경유하여 웅덩이로 이동되는 보통 빗물 같은 천연수의 특정한 비율
을 포함해야 한다. 이것은 그 다음 다른 웅덩이의 경우처럼 수돗물과
희석이 되고, 위생을 위해 처리되는 혼합물이 된다.

미크바에 있는 물은 신성한 것으로 여겨지지 않는다. 그것은 단지
물이다. 미크바를 신성하게 하는 것은 그 물에 들어가는 사람의 단어와
행동으로 표현되는 의도이다.

(2) 자녀의 미크바 의식 계획

일반적으로 입양 후 가능한 한 빨리 개최된다. 일부 소아과 의사는
아이가 생후 6개월이 될 때까지 미크바 의식을 연기할 것을 할 것을 권
장한다.[25] 의식은 거의 언제나 유대교의 랍비에 의해 실시된다. 당신의
유대교의 랍비가 흔쾌히 받아들이고 날씨가 허락한다면 연못, 호수, 강
또는 바다에서 침수를 하는 것은 완벽하게 '정결한'것이다. 행사가 실내
에서 진행될 예정이면 유대교의 랍비는 보통 약속을 하고 시설 사용료

---

25 아래의 Ⅱ장, "입양 가족"에서 논의되는 포기의 권리를 감안할 때, 일부 부모와 랍비는
  성년식 직전까지 연기하거나 반복한다. 그러나 이것은 매우 논란의 여지가 있는 선택이
  다. 십대 자녀들은 스스로를 정의하는 데 어려움을 겪고 있는 취약한 발달 단계에서 큰
  감정적 부담을 감당할 수 있다. 유대인 정체성에 대한 대중의 도전이 필요한 마지막 일일
  수 있다.

를 포함하여 가져올 필요가 있는 것을 설명한다. 의식은 평일에 이루어지며, 안식일이나 공휴일이 아닌, 낮 시간 동안에 행해진다.

당신의 유대교 랍비는 아기가 물속에 잠겨있는 것을 목격하기 위해 세 명의 유대교 랍비, 또는 세 명의 유능한 성인 유대인의 법정인 베트딘(bet din)을 소집해야 할 책임이 있다. 조부모님이나 다른 가족이나 친구들이 미크바 의식에 올 수 있는지 물어보라. 휴게실에서 대기하는 일련의 사람들이 있으면 더욱 축제 분위기가 된다.

부모 중 한 사람 또는 양쪽이 의식을 위해 아기를 물속으로 데려간다. 어른들은 욕실용 복장을 하지만, 아기는 완전히 벌거숭이가 되어야 한다. 그러나 먼저, 이 의식에 들어가는 모든 사람들은 철저히 청결상태가 되어야 한다. 당신은 의식용 욕조 근처에 샤워기, 세면대, 수건이 있는 완비된 욕실을 볼 수 있다.

당신이 물속에 있고 아기는 그 온도에 적응하게 되는데, 보통 따뜻하고 편안하다고 느끼는 정도이며, 이후 유대교의 랍비가 아기를 완전히 물속에 넣으라고 말할 것이다. 유아의 머리를 수중에 빠뜨리면 대부분의 부모는 매우 불안해하지만 사실 아기들은 거의 반대하지 않는다. 비밀은 침수시키기 직전에 아이의 얼굴에 바람을 불어 넣는 것인데 그러면 아기는 반사적으로 눈을 감고 숨을 멈추게 된다. 유대교의 랍비와 밴토의 수년간의 경험으로 이러한 기교는 맹세코 결코 실패하지 않는다. 조언을 따르는 부모는 그것이 얼마나 효과가 있는지 놀랄 것이다.

아이를 물에서 들어 올릴 때, 유대교의 랍비 중 한 명이나 가족이 다음 축복을 낭송한다.

복되신 주님, 만물을 창조하신 자여, 당신의 계명으로 우리를 거룩하게 하시며 침수에 관해 우리에게 명하시나이다.

유대교의 랍비와 지역의 관습에 따라 한두 번 더 똑같이 짧게 침수한 후에, 유대교의 랍비는 축복을 낭송할 때 배트딘, 부모 그리고 참석한 그 외 사람들을 인도할 것이다.

딸의 경우, 미크바 의식만이 필요 사항이다. 전통적으로 여자 아이들은 침수 이후 이름이 지어진다. 유대교의 랍비는 축복을 하고 물 가장자리에서 바로 그녀의 히브리어 이름을 발표하거나, 회당이나 집에서 언약식을 하는 동안 이름을 말할 수 있다.

입양아를 위한 할례의식도 다른 남자 아기의 경우와 아주 똑 같다. 단지, 의식상 유일한 차이점은 할례 전 기도가 추가되는 것이다:

복되신 주님, 만물을 창조하신 자여, 당신의 계명으로 우리를 거룩하게 하시며 우리가 개종한 자에게 할례를 하도록 부르셨나이다.

할례 받지 않은 남자 입양아는 출생 후 8일 또는 가능한 빨리 그 이후에 할례언약식을 받아야 한다. 3개월 이상된 입양아의 경우, 병원에서 의사의 진료와 전신 마취하에 절차가 진행된다. 유대인의 율법에 따르면, 모헬을 포함한 세 명의 성인 유대인이 참석하여 증인으로 역할을 해야 한다. 처음에 충분한 치유를 위한 시간이 허용되어야 하기 때문에 미크바 의식은 할례의식 이후에 진행된다.

입양된 아이가 유대인의 의례식 없이 의사에 의해 이미 포경 수술을 받았다면, 유대인의 전통은 "핏방울의 언약"(hatafat dam brit) 식을 요구한다.[26] 이것은 모헬이 수술 자리에서 작은 양의 피를 뽑아내는 것과 관련이 있다. 핏방울 언약식은 그 피가 준비되자마자 수행된다. 통증은 거의 없고 사실상 상처도 거의 없다. 이 의식은 모헬이나 의사 사무실, 교회나 심지어는 침례의식에서도 행해질 수 있다.

(3) 입양 의식

많은 부모가 할례언약식이나 여아 언약식에서 신생아의 기적을 인정하는 것만으로 충분하다. 이것은 보통 추가적인 기도의 형태를 취하고 이 특정한 아이가 당신의 가족에게 어떻게 왔는지에 대한 이야기를 필요로 한다.

어떤 부모는 입양 행위를 거룩하게 하는 또 하나의 의식을 개최하기로 결정한다. 그러한 의식을 위한 전례가 거의 없기 때문에 사실상 그것에는 제한이 없다. 이 장의 끝에 열거된 몇 권의 책에는 견본 의식이 포함되어 있다[27](입양아 가정생활에 관해서는 2장 참조).

---

26 모든 개혁파 유대교의 랍비들이 핏방울 언약식을 요구하는 것은 아니다.

27 하나의 샘플로, 의식을 위해서, "Ametz HaBrit, Adopting the Covenant, Jewish Adoption Rituals," in Shelley Kapnek Rosenberg, Adoption and the Jewish Family (Jewish Publication Society, 1998), pp.239-267을 보라. 그리고 the brit immuts("covenant of adoption") in Diamant's Choosing a Jewish Life: A Handbook for People Converting to Judaism and for Their Family and Friends (Schocken, 1997)를 참고하라.

2. 선택

1) 이름 및 발표

이름을 선택하는 것은 많은 부모들이 처음으로 하는 유대인의 결정이다. 당신이 왜 아이의 이름이 데보라나 미리암, 벤자민 또는 여호수아여야 하는지 고려할 때, 그것은 놀라운 결정이다.

유대인 이름은 개인의 정체성뿐만 아니라 가족과 유대인의 전통을 이어준다. 대부분의 미국 유대인들은 아쉬케나직 관습을 따르고 죽은 친척들의 이름을 따서 아이를 명명하는 경향이 있기 때문에 다니엘이나 레베카라는 아기는 종종 사랑하는 조부모에게는 살아있는 유언이된다. 대니 또는 베카는 또한 모든 유대인 다니엘과 레베카와 성경으로연결되는 길이다. 살아있는 친척들에게서 아이를 명명한 세파르딕 유대인들은 의식에 참석한 조부모를 존경할 수 있는 사랑스러운 기회를갖는다. 모든 유대인 이름에는 부모 히브리어 이름도 포함되어 있기 때문에 유대인 이름은 부모를 '다니엘, 라파엘과 말카의 아들'처럼 자녀에게 연결한다. 유대인의 전통은 이름과 명명에 매우 세심하다. 이집트의노예로 있던 유대인들은 할례의 관례와 그들의 히브리어 이름, 이 두개의 식별 표지를 통해 이집트인들과의 완전한 동화에서 구원받은 것으로 알려졌다. 그러나 유대인 이름을 짓는 것은 언제나 논쟁의 주제였다.

성경에는 2,800개의 개인 이름이 있고, 오늘날 공통으로 사용되는이름은 5% 미만이지만 성서의 이름은 매우 유행하여 유치원에는 사무엘과 라첼로 가득하다. 그러나 유대인들은 스스로를 성경에 결코 한정하지 않았다. 역사를 통틀어 우리는 아이 명명을 위해 다른 출처에서도 차용해 왔는데 예를 들어 그리스어인 알렉산더는 기원전 4세기경부터 유대인들에게 인기가 있었다. 죽은 친척들 이름을 따서 아이들을 명명하는 관례는 기원전 6세기 이집트 유대인들에게 거슬러 올라간다.

1948년 이스라엘 국가 창립 이래 유대인 이름의 어휘집은 요람과 타마르 이전에는 폐기된 성서 이름을 포함하고, 자연에 영향을 받은 새로운 이름인 Barak(번개)와 Ilana(나무) 등 새로운 이름을 포함하도록 확대되었다.

기도와 유대인 법률 문서에 대한 일상적인 사용과 종교적인 이름을 위해 세속적인 초당적인 이름을 주는 관습은 동유럽 중세 시대에 발달했다. 이 관습은 미국에서 여전히 일반적인데, 세속적인 이름(Suzanne)과 히브리어 이름(Sarah) 사이의 연결이 처음 자음만큼 희박하다. 그러나 히브리어 이름은 개인적인 성품을 반영하여 선택될 수 있다. 즉 샬롬(Shalom), 평화를 사랑하는 사람처럼.

많은 부모들이 이제는 동일함을 증명할 수 있게 유대인 이름을 아비가일(Abigail)에서 자하리아(Zachariah)로 선택하는데, 그것은 미국 유대인들이 스스로를 찾을 가능성이 있는 세 가지 환경인 세속 생활에서, 교회에서, 이스라엘에서 잘 작동한다.

그러나 당신이 그렇게 선택하더라도, 자녀의 히브리어 이름은 성인식을 위해 율법에 호출되었을 때 자녀가 대답해야 할 그 이름일 것이다. 그 이름은 자녀의 유대인 결혼 증명서에도 나타난다. 그 이름은 자녀가 당신의 손주에게 계승할 이름이다.

(1) 입양아의 이름

미국 유대인들이 입양할 때, 그들은 가족을 공경하기 위해 자녀를 명명하는 관례를 따르는 경향이 있다. 따라서 아이의 전체 히브리어 이름에는 부모의 이름도 또한 포함될 것이다. 즉 모세와 레베카의 아들인 데이빗(David ben Moshe v'Rivka) 또는 라파엘과 레아의 딸 길라(Gila bat Raphael v'Leah)처럼.

아브라함과 사라를 부모로 지칭하는 성도의 개종자가 다음과 같은 습관을 따르는 것은 드물다. 즉 우리 아버지 아브라함과 우리 어머니 사라의 아들 데이비드(David ben Avraham Avinu v'Sara lmenu)처럼.[28]

(2) 유대인 아기 이름 발표

유대인의 발표를 특징짓는 것은 히브리어로 된 편지, 유대인 단어, 성경 구절 또는 유대인 디자인 요소를 포함하는 것이다. 서예가 또는 히브리 언어 컴퓨터 프로그램의 도움을 받아 아기의 히브리어 이름을 영어 및 히브리어로 추가하여 "유대인이 될 수 있다." 또는 유대인 요소를 추가할 수 있는데 가령 세속적인 달력이나 유대인 달력에 따라서 혹은 아이가 안식일이나 공휴일에 태어났는지를 주목하면서 아이의 출생일을 지정하는 것이다.

대부분의 유대인 부모가 사랑하는 사람들을 기리기 위해 아기의 이름을 짓기 때문에 이름이 같은 사람을 발표에서 언급한다. 즉 "Rebecca는

---

28 입양아가 대개 유대인 어머니에게서 태어났을 때, 아기를 위한 "일반적인" 개종자의 이름은 과거에 더 흔했다.

증조모 할머니 Rivka Felker의 이름을 따서"지은 것이다.

또는 성경 구절을 영어나 히브리어로 사용하는 것을 고려해 볼 수 있다. 예를 들어 아기가 성서적 이름을 가지고 있다면 "솔로몬이라 불리우며 주님은 그를 사랑했다" 또는 "깨어라, 데보라야 노래하라"[29]는 구절을 찾아 낼 수 있다. 또 다른 출처 인용문은 자녀가 태어난 주의 주간 율법 부분이다.

출생 발표 시 흔히 볼 수 있는 몇 가지 일반적인 유대인의 인용문은 "이 아이를 위해 기도했다"(사무엘 27)와 "각각 아이와 함께 세상이 새로 시작 된다"(Midrash)와 같은 것이다.

입양 발표도 동일한 유대인 요소를 활용할 수 있다. 일부 입양 부모는 자녀가 태어난 날짜와 집에 도착한 날짜를 모두 기록한다. 국제 입양은 가끔 출생지로 기록된다.

리사와 조셉 밀러
기쁜 듯이 그들의 딸 ORA RUTH의 도착을 알린다.
출생: 1999년 11월 4일, 중국, 후난
집에 도착: 2000년 7월 15일

2) 유아원(Preschool)

양질의 유아 교육은 재미있을 뿐만 아니라 또한 아이들의 발달에 좋다. 그러한 이유로 대부분의 유아는 유치원에 입학하기 전에 특정 종류

---

29 그러한 인용문을 찾으려면, Alfred J. Kolatch, The New Name Dictionary: Modern English and Hebrew Names (Jonathan David Publishers, 1989)을 보라.

의 유치원 프로그램에 참석한다. 부모가 집 밖에서 일을 하든 하지 않든….

유아원은 아이들이 토끼를 가볍게 두드리며 공유하고, 차례 지키기 등의 사회질서 지키는 기술을 연습하고, 모래상자에서 놀고, 술래잡기에 대한 규칙을 배우는 곳이다. 유치원은 또한 이야기 시간 동안 유대교의 랍비 옆에 율법 두루마리(Torah scroll)가 가까이에 있고 마루에 앉을 수 있는 곳이기도 하다.

유아 전문가는 유아원은 "학문적인 경험의 장소여서는 안 된다"라는 것에 동의한다. 비록 아이의 지적 준비를 개선하는 게임이 있을 수 있지만, 하나의 목표로서 교실 수업은 유치원을 위해 남겨 놓는 것이 좋다. 유아원 시기는 이전 장에서 설명한 것과 같이 감각과 예를 통해 배우는 종류의 학습으로 가장 잘 채워진다.

명시적으로 유대인 유아원은 다른 유아원처럼 읽고 쓰는 능력과 계산력을 양성할 것이다. 또한 유대인의 정체감과 더 큰 공동체로의 갈망을 양성할 것이다. 유아원은 유대인 생활의 리듬을 매주, 매 계절별로 강화하고 되풀이하여 설명한다. 유대인 유아원은 교사뿐만 아니라 다른 아이들과 그들의 부모도 포함한 다양한 유대인 역할 모델을 제공한다. 유대인 예술 프로젝트 진행하기와 유대인 공휴일 음식 먹기, 안식일 지키기 등의 과정에서, 유아들은 히브리어와 이디시어 단어와 개념의 인상적인 어휘를 습득한다.

지역 사회 센터나 회당에 있는 유대인 유아원에 유아를 입학시키는 것은 미국에서 유대인 자녀가 되는 불가피한 긴장감을 완화하거나 연기하는 데 도움이 된다. 즉 당신은 부활절 달걀(Easter egg)을 염색하지 않거나 그 반의 다른 아이처럼 쇼핑몰에서 산타를 방문하지 않는 이유를 3세 아이에게 설명할 필요가 없게 될 것이다.

유대인 유아원의 이점 중 하나는 아이뿐 아니라 부모를 위한 동료 모임을 제공한다는 것이다. 모든 유치원에서는 화장실 훈련, 낮잠 관리, 까다로운 식사 등 여러 가지 동일한 관심사를 가진 부모 그룹을 소개한다. 유대인 유치원을 선택하면 가족의 유대인 개발과 육아 경력을 연결할 수 있고, 다방면의 종종 열광적인 생활을 하나의 더 의미 있는 전체로 통합해 넬 수 있다.

지역 유대인 유아원이 적용 범위나 특별한 필요사항에 있어 가족을 위해 일하지 않는 경우가 있다. 많은 유대인 아이들은 지역 사회를 기반으로 하거나 회당을 기반으로 하는 유아원에서 훌륭한 유아원 경험을 해오고 있다. 서로 다른 배경을 가진 사람들도 모든 사람들에 대한 존중, 비폭력 분쟁 해결, 학습에 대한 사랑 등 여러 가지 기본 가치를 공유하고 가르칠 수 있다. 당신은 취학 전 아동의 삶에 유대인 공동체 중심인 부림절 파티나 유대인 신년(로쉬 하샤나)음악회를 가져 와서 나이에 적합한 공동 유대인 요소를 쉽게 추가할 수 있다.

그러나 무종파 유아원에 입학한 아동의 경우, 유대인 부모는 교사와 교과 과정이 미묘하게 다른 종교 전통을 지지하지 않도록 할 것을 분명히 해야 한다. 이것은 예를 들어 크리스마스에 관해 유아원 감독과의 다음 같은 대화를 요구할 수 있다.

"당신은 그 나무에 대한 이교도적 기원과 무관하게 아이가 크리스마스
를 세속적 축하로 생각하지 않는다는 것을 이해합니까?"

이러한 대화는 당신의 전통을 학교 공동체와 나누는 것을 의미할 수

도 있다. 유대인 부모님은 신년 축제일뿐만 아니라 유월절에 있는 행사에서 사과와 꿀을 가져올 수 있다. 이런 종류의 참여는 대개 엄마 또는 아빠가 "우리 가족의 전통"에 대해 설명하는 것을 지켜보는 아이를 위한 자부심의 원천이다.

유치원 선택 기준

유치원에 '아이'를 보내려면 선택한 사람과 기관에 대한 믿음과 신뢰의 도약이 필요하다. 그래서 자신의 선택에 자신감을 갖는 것이 중요하다. 정보를 수집할 때 항상 당신의 본능을 신뢰하라. 당신 자신이 자녀에 대한 전문가이다. 유치원이 '최고의' 평판을 가지고 있다고 해도, 여전히 귀하의 아들 또는 딸에게 적합한 것은 아니다. 한번 이상 고려중인 프로그램을 방문하고, 유치원 책임자와의 면담 후 활동 중인 반을 관찰하기 위한 두 번째 만남의 시간을 정하라.

시설이 주정부에 의해 허가되었는지 확인하고 싶을 것이다. 또한 해당 분야의 "황금 표준"인 영아 교육 협회(NAEYC)의 인증을 받았는지 확인하라.

직원은 모든 학교에서 가장 중요한 부분이므로 당신은 꼭 파악해야 한다. 즉 교사가 잘 준비되어 있고, 학생 대 교사 비율이 낮으며, 교사 교육이 진행 중이라는 사실에 스스로 만족하고 싶을 것이다.

취학 전 선생님과 직원은 안내 및 전략을 위한 훌륭한 자료가 될 수 있으므로 정규 학부모와 교사간의 회의가 예정되어 있는지 또는 비공식적 공유를 위한 체계가 있는지 알아보라. 직원들이 형제자매 경쟁, 분노 조절, 수면 장애와 같은 주제에 관한 육아 프로그램을 제공하고

있는가? 유대인 공휴일에 관해 부모와 아이가 함께 배울 수 있는 기회
가 있는가? 가장 일반적인 주제는 "어린아이들과 함께하는 안식일 만
드는 법", "유월절 축하" 및 "12월의 결혼한 가정을 위한 딜레마" 등을
포함한다.

　유대교 교육 과정에 대해 물어보라. 즉 공휴일, 안식일, 식사 전의
축복, 예술과 공예, 노래 등. "일반적인 것과 유대교적인 요소가 개별적
으로 또는 얽혀서 제공되고 있는가?"

　만약 학교가 회당의 배경에 있는 경우라면, 유아원생들이 지역 사회
의 다른 면에 노출되어 있는지 확인하라. "더 나이든 히브리 학교 학생
들이 어린아이들과 어떤 상호활동을 하는가? 유대교의 랍비가 교실을
방문하는가?"

권장할만한 책

학부모용 도서

Choosing a Jewish Life: A Handbook for People Converting to Judaism and for
　Their Family and Friends, by Anita Diamant (Schocken, 1998).
Circumcision: Its Place in Judaism, Past and Present, by Samuel A. Kunin, M.D.
　(Isaac Nathan, 1998).
Creating Ceremonies: Innovative Ways to Meet Adoption Needs, by Cheryl A.
　Lieberman, Ph.D., and Rhea K. Bufferd, LICSW (Zeig, Tucker & Theisen,
　1998).
The New Jewish Baby Book: Names, Ceremonies, and Custams far Todays
　Families, by Anita Diamant (Jewish Lights, 2005).
The New Name Dictionary: Modern English andHebrew Names, by Alfred
　J.Kolatch(Jonathan David, 1994).

개혁 운동 후원자를 찾으려면 다음을 방문: www.rj.org/beritmila

보수주의 운동에 의해 훈련된 모헬의 소개는 다음 참조: www.rabbinicalassembly.org/law/brit_milah.html.

유치원 및 유아기에 관한 최신 정보를 위한 것은 교육, 아동 교육 협회에 문의. www.naeyc.org.

7 장
5세에서 10세까지
: 가치관 가르치기, 좋은 사람에 도달하기

미취학 아동은 추상적인 아이디어를 이해하지 못한다. 청소년은 당신이 하는 말에 논쟁할 수 있다. 그러나 5세에서 10세의 아이들은 저녁 식탁에서 토론하는 주제들, 당신이 당신 부모님과 이야기하는 방법, 당신이 친구, 이웃 사람 및 유대교의 랍비를 토론하는 방법 등에 관해 당신의 입에서 나오는 말에 주의를 기울인다.

행동은 말보다 여전히 중요하지만 학령기 아이들은 정말 주의 깊게 잘 듣는다. 이 기간은 자녀가 성장하여 참된 인간이 되기 위해, 자녀가 소중히 하고 구현하고자 하는 가치를 구체화한 개념과 유대인의 용어를 도입하는 가장 중요한 시기이다.

이디시어 용어인 멘쉬(mensch)는 단순히 사람(Homo sapiens)의 일원이 아니라 '사람'(person)을 의미한다. 멘쉬는 신뢰와 존경의 가치가 있는 가장 높은 계층의 사람이다. 멘쉬는 노인을 존중하고 정의를 위해 싸우고 평화를 소중히 여기며 가난한 사람들에게 주는, 다른 사람들을 대우하고 유대인임을 자랑스러워하는 사람이다.

멘쉬는 부모가 개인적 책임과 정직 같은 기본적 인간 가치를 연결하기 위해 사용할 수 있는 많은 환기시킬 단어 중 하나 일뿐이며, 아이들이 유대인이라는 것이 무엇을 의미하는지에 대해 계속 성장하고 있는 감각에 연결시키는 단어이다. 여기에 몇 가지 다른 핵심적인 유대인의 가치와 좋은 사람이 되는 것의 특징(menschlichkeit)을 가르치는 이야기가 있다.

(1) 공정성 (Tzedek)과 친절(Gemilut Hassadim)

우리 모두는 우리 아이들이 다른 사람들, 특히 특별히 고려해야 할 사람들에게 공손하게 행동하기를 바란다. "우리는 휠체어를 이용하는 사람들을 놀리지 않는다. 우리는 축구장에서 잘 하지 못한 사람들을 놀리지 않는다. 그와 같은 공손한 행동에 더하여 율법은 우리에게 '장님 앞에서 걸림돌을 놓지 마라'라고 말한다. 즉, 우리는 볼 수 없는 사람들을 걸려서 넘어지게 해서는 안 되며, 어떤 사람의 약점을 결코 놀리지 말아야 한다는 것을 의미한다."

공정성은 취학 연령의 아이들에게는 커다란 문제이다. 그 아이들 가운데 "그것은 공정하지 않아!"라는 것이 흔한 불평이다. 자녀에게 "공정한"의 뜻이 무엇인지 물으라. 자녀의 대답을 유대인의 생각과 연결하라. 즉 힐렐(Hillel)에 관한 이야기를 함으로써 모든 사람이 동등한 대우를 받아야한다고 생각과 연결하라.

힐렐이라는 지혜로운 유대교의 랍비는 율법의 모든 것, 유대교의 모든 것이 한 문장으로 요약될 수 있다고 말했단다. 네 생각에는 그 문장이 무엇인 것 같니?

자녀가 자신의 답을 찾은 후에 유대교의 랍비 힐렐의 대답을 들려준다. "너에게 싫은 것을, 너의 동료 사람에게 하지 말라. 그것이 전체 율법에 관한 모든 것이다. 나머지는 주석일 뿐이다. 가서 연구하라"

(2) 용서(Teshuvah)

성스러운 날 동안, 당신의 말이나 행동으로 상처받은 사람들에게 사과하는 것이 관행이다. 당신의 자녀에게 "인내심을 잃고 당신에게 소리지르는 시대에 유감이다. 용서해 주시겠습니까?"라고 말하는 것이 좋은 사람의 모범을 보이는데 있어 가장 좋은 방법이다. 마찬가지로, 부모님이 서로에게 사과하는 것을 보는 아이들은 갈등 후에 화해가 온다는 사실을 배우게 된다.

(3) 남에 대한 험담(Lashon Harah)

등 뒤에 있는 사람들에 대해 이야기하는 것은 유대인들 사이에서 심각한 잘못으로 간주된다. 라손 하라(lashon harah)란 말은 '악의 혀' 또는 '사악한 말'을 의미한다. 아이가 학교에서 들은 이야기를 하는 것에 직면했을 때, 부모는 유대교의 가장 위대한 교사 중 한 명을 인용할 기회를 갖는다. 한때 마이모니즈(Maimonides)라고 하는 위대한 유대교의 랍비가 있었는데, 말씀하시길 "세 명의 사람들이 소문에 의해 상처를 입는다. 그 세 사람은 험담의 대상인 사람, 험담을 말하는 사람, 험담

을 듣는 사람이다. 그러나 한 사람이 가장 많이 상처 입는다." 네 생각에
는 어느 사람이 험담으로 가장 큰 상처를 입을 것 같니?[1]

자녀가 자신의 대답을 생각해 내도록 한 다음 답을 말한다. 마이모
니즈는 험담을 듣는 사람이 가장 큰 피해를 당한다고 생각했다. 왜냐하
면 그 험담은 잊히지 않기 때문에 가장 큰 피해를 당한다고 생각했다.

(4) 존경심(Kevod)

자부심은 다른 사람들에 대한 존경심(kevod)을 보여주는 종교적 가
치에 근거하여 육성될 수 있다. 유대인의 가르침에 따르면, 모든 사람
은 독특하고 특별한 선물을 가지고 있다. 왜냐하면 우리 모두가 "하나
님의 형상대로 지음을 받았기" 때문이다. 이는 주시아(Zusia)라는 이름
의 하시딕 유대교의 랍비(Hasidic rabbi)로 추정되는 이야기에서 멋지
게 설명되고 있는 가치이다.

오래전에 살았던 유대교의 랍비 주시아는 나이 들고 아팠다. 그는 곧
죽을 것이라는 것을 알았기에, 주시아는 울고 있었다. 그의 학생들은
"선생님, 선생님, 선생님이 왜 모세와 같지 않은지 하나님이 당신에게
물으실까 두려워서 울고 있나요?" 하고 물었다. "아니." 유대교의 랍비
가 말했다. "혹시 여호수아와 같은 위대한 전사가 아니란 이유로 하나
님이 물으실까 두려워서 울고 있는 것인가요?" "아니." 유대교의 랍비
가 말했다. "혹시 솔로몬과 같은 위대한 재판관이 아니란 이유로 하나

---

1 Maimonides, Mishneh Torah, Sefer Mahda, The Book of Knowledge Hilkot
  Dayot, translated by Rabbi Lawrence Kushner, 1979.

님이 물으실까 두려워서 울고 계신가요?" "아니"라고 유대교의 랍비가 말했다. "나는 왜 내가 주시아가 아닌지 하나님이 나에게 물으실까 두려워서 운다."[2]

(5) 관대함 (Tzedakah)

자선 행위는 집에서 시작되며 부모는 너그러운 기부의 예를 보임으로써 자선의 정신을 육성한다. 크리스마스 날에 노인에게 식사를 제공하고 기금 모금 행사에 참여하는 등 자원 봉사 활동을 함께하면 자선은 가족 활동으로 바뀐다.

부모는 또한 아이들이 개인으로서 관대할 것으로 예상된다는 것을 알게 하고 있다. 자녀가 용돈을 받기 시작하자마자, 그 용돈의 일부는 가족 자선용 상자에 속해 있음을 분명히 하라. 또한 돈을 보낼 곳을 결정하도록 돕는 권리를 자녀에게 주는 것도 부모의 책임이다. 마찬가지로, 세상을 복구한다(tikkun olam)라는 것은 유대인의 가치와 말을 일상생활의 측면, 예를 들어 일간 신문과 유대인 정기 간행물의 사건을 논의하고 재활용하는 것과 연결함으로써 만들어 진다.

(6) 하나님과 대화(God Talk)

편안하고 진정한 느낌을 주는 방식으로 하나님을 대화 속에 두라. 이를 행하는 한 가지 방법은 유대인 아동 도서를 크게 읽는 것이다. 자

---

2 From Martin Buber, Hasidism and Modern Man (Horizon Press, 1958).

녀가 독서를 할 수 있게 된 후에도 취학 연령의 아이들은 잠잘 때 이야
기에 친밀감을 즐긴다. 점점 더 세련된 책을 선택하고 자녀의 추측과
질문을 불러일으킨다. 아이가 "엄마, 엄마는 하나님의 존재를 믿어요?"
라고 물으면 아이가 믿고 있는 것을 되물어 봄으로써 답하라. 신앙에
관한 질문에 대해 거짓말하지 마라. "나는 여전히 그것을 알아내려고
노력하고 있다"라고 말하는 것은 정직하고 참으로 종교적인 대답이다.

(7) 유대인다움(Yiddishkeit)

아이들은 유대인이라는 것이 무엇을 의미하는지 부모님에게서 모
든 종류의 신호를 받는다. 유대교의 랍비나 선생님이나 지방 연맹 지도
자들에게 '속임수'를 표하는 것은 없으며, 이스라엘인이나 미국 유대인
들이 올림픽 메달을 획득할 때 진정한 흥분을 숨길 방법도 없다.

부모가 유대인의 업적에서 자부심을 나타내고 유대인 문제를 파악
할 때, 아이들은 자신들이 유대인다움이라는 더 큰 세계에 속한다는 것
을 알게 된다. 유대인다움은 국적과 거리를 뛰어 넘으며 때로는 심지어
시간을 초월한다.

부모는 자녀에게 유대 공동체에 속한 것에 대한 자부심을 조금씩 심
어준다. 부모가 자신이 속한 교회에 자부심과 성직자에 대한 존경을 표
현할 때, 부모가 종교학교와 공립학교의 교사에 대해 동등한 존경을 주
장할 때, 부모가 다른 유대인 단체를 칭찬할 때 바로 그 모범을 보이는
것이다. 이것은 부모가 결코 동료 유대인 비난해서는 안 된다거나 문제
를 좋게만 표현하라는 말은 아니다.

당신의 자부심 또는 양면성, 동일성 또는 거리감 등 전반적인 태도

가 아이에게 중요한 본보기를 만들고 있다는 사실을 인식하라.

(8) 라인 열어두기(Keep the Lines Open)

5세에서 10세 사이의 부모들은 앞으로 수년간 대화의 토대를 마련한다. 그들의 개방성을 십분 활용하고 자녀들에게 성관계와 마약에 관해 이야기하고, 하나님에 대해 의심하고 실수를 저지르고 보상하는 것에 관해서 이야기하면, 자녀들은 어떠한 주제도 자신들과 당신 사이의 경계를 넘지 않는다는 것을 배우게 된다. 그리고 이것은 대화의 특정 내용이 잊힌 후에도 오랫동안 기억될 교훈이다.

적어도 당신이 말하는 만큼 그렇게 많이 들을 수 있어야 한다. 부모가 자기 말을 듣지 않는다고 생각하는 아이들은 결국 부모와 이야기하는 것을 멈춘다.

잘 들어준다는 것은 수동적인 활동이 아니라 당신이 서둘러서 판단하거나 고치거나 위로하지 않는다는 것을 진정 필요로 하는 것이다. 무시하거나 화를 내는 부모는 두려움과 침묵을 심어줄 수 있다. 책임을 지고 모든 것을 즉각적으로 잘 만들고 싶어 하는 부모는 수동성, 비밀성 또는 반항심을 고취시킬 위험이 있다. 자녀의 성장통을 견딜 수 없는 부모는 아이들이 문제를 숨길 수 있도록 조장하는 것이다.

당신이 하는 말이 무엇이든, 당신의 자녀는 당신의 말을 당신이 하는 행동과 비교할 것이다. "유대인의 배움은 중요하다"라고 말하면서도 쇼핑을 가기 위해 아이를 히브리 학교에 빠지도록 허락하면, 아이는 "립 서비스"라는 의미를 갖게 될 것이다. "유대인의 방식이 아름답다"라고 말하면서도 생활 속에선 인생을 아름답게 하기 위해 어떠한 노력도

하지 않는다면, 아이는 냉소를 배울 것이다. "우리의 것은 의미 있는 삶의 방식"이라고 말하면서도 정치를 이야기하거나 길거리에서 거지를 지나칠 때 유대인의 가치에 대한 언급을 하지 않으면, 아이들은 유대교가 텅 빈 꼬리표임을 알게 된다.

그러나 당신의 유대인다운 말과 행동에 일관성이 있다면, 자녀들은 그 참된 사람인 부모에게서 참된 사람이 되는 법을 배운다.

1. 생활 주기

1) 유대인 교육

이 기간과 관련하여 중요한 의식은 없다. 그러나 유대교의 랍비 시대로 거슬러 올라가는 관례에 따라, 유대인 회당, 학교 및 가족들은 일반적으로 아동의 공식 유대인 교육의 시작에 대해 사랑스러울 정도로 야단법석이다. 중세 시대에, 종교학교(cheder) 첫날에는 어린 소년들에게 꿀 케이크가 주어지는데 이는 아이들이 항상 히브리어 글자를 배우는 것을 단맛과 연관시키기 위함이다. 오늘날 가족들은 주일학교와 주간학교에서 하는 유대인 학습의 시작을 축하하기 위해 초대받는다.

봉헌은 대개 유대인과 율법의 관계를 축하하는 두 가지 명절인 율법 독서주기의 끝을 기념하는 축제(Simchat Torah) 또는 늦봄 추수축제(Shavuot)에서 개최되는 회당의 관례이다. 유치원이나 1학년에 입학한 아이는 회당 연단으로 불려가거나 커다란 기도용 목도리로 만든 결혼식 천막(huppah) 아래 모여 있을 수 있다. 어떤 회당은 아이의 종교

교육의 공식적인 시작을 표시하기 위해 각 아이에게 장난감용 율법 또
는 작은 기도용 목도리를 준다.

주간 학교에서는 때로 유치원의 마지막 부분에 "책을 완성했음"
(siyyum ha-sefir)이라는 축하 행사가 있다. 이 축제에서는 각 히브리어
문자를 모두 배웠던 것을 기념하여 각 아이에게 기도 제목이 주어진다.

조부모님, 다른 가족 구성원과 친한 친구를 모으기에 좋은 시간이
다. 카메라를 가지고 오라.

2) 선택

이 책의 거의 모든 페이지에서 강조하고 있는 것처럼, 유대인 정체
성은 집에서 만들어 진다. 말로 할 수 없는 소속감, 소위 유대인다움은
멜로디와 향기, 가족 농담과 조리법, 언어 이전의 기억과 비언어적인
기억 등과의 연관성에 근거한다. 유대인 학교 교육이나 회당 생활의 다
층적 공동체 경험도 부모와 가정생활에서의 가르침과 모델링을 대체할
수는 없다.

그러나 유대인의 전통은 마음의 삶을 중요하게 생각한다. 사실 유대
인의 연구는 일차적인 의무이자 삶의 위대한 즐거움 중 하나이다. 방대
한 양의 신성한 텍스트로 시작되며 문학, 음악, 예술, 유머를 포함하는
유대인 문화는 모든 유대인 자녀의 장자상속권이다. 이 보물에 대한 접
근성을 아이들에게 제공하는 것은 모든 유대인 부모의 신성한 의무이다.

미국의 유대인 부모에게 정식 교육의 기본 선택은 유대인의 주간학
교와 일반학교와 보충종교학교 사이이다. 자유주의 유대인 교육 기관
에 등록된 아동의 대부분은 회당에서 운영하는 보충학교로 간다. 유대

인의 주간학교는 미국의 모든 유대인 아이의 약 1/5을 차지한다. 그 수
의 4분의 3이 정교회 학교에 있지만, 보수적인 학교, 개혁 학교, 초교파
학교에서도 등록이 급증하고 있다.

주간학교와 보충학교는 둘 다 강점과 약점을 가지고 있지만, 둘 중
어느 학교도 부모가 핵심 유대인의 목표를 달성하는데 도움을 준다. 그
목표는 유대인 성서구절 텍스트, 예배, 언어 및 가치, 유대 공동체의 감
각, 유대인 동료 집단 등에 노출되는 것이다.

유대인 학교에 등록하게 되면 주요한 생활 스타일을 결정해야 한다.
왜냐하면 아이가 학교에 등록하는 것은 당신 가족 구성원 모두에게 있
어 온전한 하나의 공동체로 들어가는 관문이기 때문이다.

이 중요한 선택을 할 때 다음을 기억하라.

자신의 목표를 분명히 하라. 학교를 방문하라. 자녀 교육에 있어 완
벽한 파트너가 되라.

(1) 목표를 분명히 하라

자녀가 무엇을 배우기를 희망하고 기대하는가? 현대 히브리어를 배
우는 것이 중요한가? 지역 사회 봉사가 유대인 교육의 일부가 되어야한
다고 생각하는가? 교실에서 신학이나 하나님 말씀을 어떻게 처리하는
가? 자녀의 유대인 학교에 얼마나 기꺼이 참여하고 있는가?

학교를 검색할 때 이러한 질문에 대한 답을 알 필요는 없다. 실제로
검색 자체가 당신의 사고를 명확히 하는 데 도움이 될 수 있다. 당신과
당신 자녀에게 유대교를 탐험하기에 적합하고 환영할 만한 여건을 제
공하는 그런 환경을 찾으라.

모든 고려 사항에도 부모의 목표를 충족시킬 수 있는 학교는 없다는 것을 명심하라. 모든 교육 환경은 일종의 타협이다. 그래서 당신이 목표를 보고 있느냐에 대해 분명히 하는 것이 중요한다. 예를 들면 활발한 유대인 고등학교를 선택한 것에 대한 대가로 현대 히브리어는 포기하는 경우처럼.

그럼에도 불구하고 부모로서, 가장 높은 기대치를 유지하는 것은 당신의 책임이다. 도전적인 커리큘럼, 열정적인 가르침, 다양한 학습 스타일에 대한 관점, 비판적 사고에 대한 헌신 등의 관점에서 질적인 것을 찾아보라.

(2) 학교 방문

자녀를 등록하기 전에 최소 1년 동안 방문할 계획을 세우라. 다양한 수준의 수업에 참석하라. 어쨌든 1학년 학생이 중학교에 다니고 있을 수도 있다. 방문하는 동안 기관의 '문화'를 확인하라. 벽에 있는 예술품, 교실과 놀이터에서 아이들의 얼굴을 보라. 선생님이 학생들과 이야기하는 방법을 들어보라. 주간학교 또는 회당학교의 '풍토'를 고려하라. 사람을 환대하며 매력적인가? 다른 부모들은 자녀 교육에 열성적으로 보이는가? 친구들이라고 생각할 수 있는 사람들인가?

재능과 지도력으로 학교의 표준과 분위기를 만드는 교장, 주임 또는 부장과의 개인 면담을 계획하라. 모임이 진행되는 동안 그에게 주소도 문의하라.

학교의 사명에 대한 비전

모든 학교는 "우리는 학식 있는 유대인을 키우고 싶다"라는 더 큰 사명과 "4학년 말까지, 아이는 히브리어로 기도 읽기"처럼 학년별로 수준을 정하는 것, 이 같은 학교의 비전을 소식지 및 팸플릿과 같은 출판된 자료에서 분명히 해야 한다.

교과과정

신중한 의사 결정의 증거는 좋은 징표이다. 선택과 상관없이 의사결정과 딜레마에 대한 신중한 접근을 경청하라. 예를 들어, "우리는 구어체 히브리어를 가르칠 것인지 기도서용 히브리어를 가르칠 것인지를 결정해야 했다. 이것이 우리가 선택한 것이고 이유이다."

학급 여행, 묵상 및 기타 밖에서의 경험은 지역 사회 건설에 헌신하는 프로그램임을 나타낸다.

아이들이 유대인 생활의 방법뿐 아니라 이유들도 배우고 있는가? 아이들이 안식일 촛불 밝히기에서 어떻게 기도하는지 그 말이 무슨 뜻인지 그리고 왜 유대인은 그 말을 하는지 등에 대해 배우고 있는가?

아이들이 주요 출처로 율법과 기도서 같은 성경구절을 사용하고 있는가? 기도는 학교 경험의 일부인가? 교사는 하나님에 관해 어떻게 이야기하고 있는가? 사회 정의와 자선행위가 교과과정에 어떻게 포함되어 있는가? 과목 영역이 매년 개발 되고 있는가? 예술은 교과과정에 통합되어 있는가?

교원

교사는 학교에 얼마나 오래 머무는 경향이 있는가? 그들은 연수를 받는가? 그들은 커리큘럼 개발에 참여하는가? 선생님이 교실 앞에 서서, 아이들은 책상에 앉아 하는 '정면(frontal)' 학습에 얼마나 많은 시간을 할애하는가? 대화와 토론이 강조되고 있는가?

예산 확인

재정적 할당은 학교의 가치에 관한 크기, 특히 교사의 연봉과 훈련, 특수 교육 및 가족 교육에 관한 품목의 이름을 말한다.

(3) 자녀를 위한 완벽한 파트너가 되기

좋은 유대인 학교는 학급 봉사자, 학교 이사회 멤버, 학부모-교사 단체 지도자 등 다양한 방법으로 학부모 참여를 환영하며 도움을 구한다. 당신이 모임에 모습을 나타내거나, 간식을 가져오거나, 초대 받았을 때 교실을 방문하거나, 가족 피정에 가입하는 등 학교 프로그램을 적극적으로 지원할 때, 당신은 자녀에 대한 책임을 다하는 것이다.

학교에서 전체 가족이 함께 배우고 축하할 수 있는 기회를 제공하는지 알아보라. 학교는 종종 빵 굽기, 히브리어 노래와 춤 배우기 등 학부모와 자녀가 함께하는 가정교육 설명회와 연구학기를 운영한다. 그리고 개별적으로 학부모는 기도서 구절을 공부하고 아이는 빵 덮개를 만들기도 한다.

가능하다면 자녀가 학교에서 배우는 것과 가족생활을 연결하라. 예를 들어 공립학교의 깡통 모으기를 "자선행동"이라고 말하거나, 안식일 식탁에 미술시간에 만든 빵 덮개를 사용하거나, 저녁식사 대화가 이스라엘 정치로 바뀌면 중동 지도를 꺼내거나 하는 것이 연결의 예가 된다.

2. 보충학교

보충학교는 히브리 학교, 회당 학교, 종교 학교, 주일 학교 등 많은 이름을 따른다. 모두 늦은 오후나 주말에 열리는 파트타임 유대인 학교 교육을 의미한다. 대부분은 회원 가족을 위한 회당에서 운영한다. (종교 학교에 자녀를 보내기 위해 회당에 가입하는 것을 생각하고 있다면, 3장의 "회당의 가입"을 읽으라.) 지역 사회에 기반한 조직에 의해 운영되는 회당 외의 프로그램이 있다.3 이디시족 중심의 노동자 계와 인본주의 유대교를 위한 비회원 단체들에 의해 운영되는 프로그램도 있다.4

유대인 보충 교육은 커리큘럼, 헌신 및 질적 측면에서 광범위한 영역을 포함한다. 소요 시간은 주당 2시간에서 10시간 사이이다. 감독관은 유대교의 랍비, 성가대 지휘자 또는 전문 유대인 교육자일 수 있으며, 학교는 자원 봉사자나 유급 교사들로 구성된다. 몇몇 소규모 교회에서는 학부모가 운영한다.

유대인 보충 교육은 수년간의 나쁜 여론으로부터 회복되기 시작했다. 그 여론의 대부분은 그것을 억압적이거나 둔한 것으로 기억하는 성인들로부터 나온 것이다. 그러나 유대인 부모는 자녀를 돌보는 노력을 계속 지지하고 있으며, 많은 사람들이 전국의 모델 프로그램에서 성취한 수준을 달성하기 위해 주도적으로 동참했다.5

---

3 커뮤니티 기반한 보충학교의 예로 메사추세츠주 케임브리지에 있는 Kesher Cambridge Community Hebrew School이 있다. 이 학교는 일주일에 최대 15시간의 혁신적인 방과 후 유대인 프로그램을 제공하는 국가 모델이다.

4 인본주의 유대교 협회에 관한 정보는 제3장 "당신의 유대인 이웃" 편을 참조.

5 전국의 자유주의 회당에서 8개의 뛰어난 회당 학교에 대한 설명은 "Supplementary Schools Education," edited by Barry Holtz, project director of the Best Practices Project in Jewish Education, a program of the Council for Initiatives in Jewish

회당에 기초한 보충학교의 내재적인 강점 중 하나는 학생들에게 더 큰 여러 세대 간의 유대 공동체에 소속감을 갖게 한다는 것이다. 같은 건물에서 공부하는 아이들과 때로는 부모와 교사들에게는 평생 학습의 중요성에 대해 설교할 필요가 없다. 보충학교와 유대인 여름 캠프, 청소년 그룹, 유대인 공동체 센터 참여 및 가족에서의 기념일 준수 등은 강력한 시너지 효과를 창출한다.

좋은 보충학교는 기본적인 유대인 지식의 핵심과 평생 유대인 학습자가 될 수 있는 기술을 아이들에게 제공한다. 성경, 윤리, 히브리어, 이스라엘, 생활주기 준수, 전례, 유대인 의무, 안식일과 공휴일, 세상을 복구하기, 자선 등의 연구에 사실상 모든 시간을 할애하지만 교과 과정의 세부 사항은 학교마다 다르다.

보충학교에서 아이들은 유대인의 가르침과 전통이 얼마나 영원하고 동시에 시기적절한가를 배우고, 형제와 대화하는 법과 용돈 쓰는 법, 사형과 시민의 자유 같은 추상적인 논쟁 등을 일상생활의 결정 내용에 어떻게 적용할 수 있는지를 배운다. 보충학교는 아이들이 큰 신학적 질문, "왜 내가 여기에 있습니까? 신이 있습니까? 나는 어떤 종류의 신을 믿는가?"와 같은 것을 씨름하기에 좋은 장소이다.

(1) 당신의 목표를 분명히 하라

많은 학부모들에게 보충 교육의 하나의 분명한 목표는 성인식 준비

Education (CIJE), 1993. Available at www.jesna.org/publicat/rsrch7.htm에서 얻을 수 있다. 유대인 교육 이니셔티 브위원회(CIJE) 프로그램인 유대인 교육 모범 사례, 프로젝트의 책임자인 Barry Holtz 가 편집한 "Supplementary Schools Education"(1993)을 참조. www.jesna.org/publicat/rsrch7.htm에서 구할 수 있다.

이다. 그러나 이것이 유일한 목적이라면 결과는 당황스러울 수 있다. 성인식은 유대인 교육의 끝이 아니라 시작을 의미한다.

의식이 당신에게 왜 중요한지 그리고 자녀가 그 경험에서 무엇을 얻게 되기를 원하는지 분명히 밝혀주라. 그러나 과거의 성년식을 생각해야 한다. 아들이나 딸이 다른 유대인과 데이트하기를 원하는가? 고등학교 청소년 그룹의 일원이 되기를 원하는가? 회당 학교를 고려하고 견학할 때, 그 프로그램이 당신이 이러한 목표를 달성하도록 도울 수 있는지 스스로에게 질문하라.

(2) 학교를 방문하라

회당 중심의 학교를 살펴볼 때, 자녀들이 회당공동체에 어떻게 적응할 수 있는지 알아보라. 유대교의 랍비는 아이들이나 교사들을 가르쳐서 학교와 그 감독자를 지원하고 있는가? 보충학교 성공의 좋은 지표는 고등학교를 통해 유대 교육을 계속하는 학생의 비율이다.

(3) 자녀 교육에 전폭적인 파트너가 되라

카풀 의무를 시작으로 전반적인 경험에 긍정적인 태도를 취하라. 운전할 차례가 되면, 인내하고 긍정적이 되고 특별한 간식도 가져 오라. 종교학교 밤마다 자녀가 가장 좋아하는 음식을 제공하라. 히브리 학교 마지막 날에 아이스크림을 사러 카풀 전체 책임을 맡아라.

(4) 문제 및 해결책

시간이 큰 문제이다. 전형적인 보충학교 학생은 3학년에서 7학년까지 5년 동안, 일 년에 평균 26시간 동안 주당 평균 4시간에서 5시간 동안 참석한다. 그것은 약 1년 동안의 공립학교 교육 1년의 가치가 있는 것으로 밝혀졌다. 분명히, 이것은 4천 년된 전통을 가르치는 데는 많은 시간이 아니다. 그런데 불행히도 대부분의 아이들은 기본을 익힌 성인식 이후에 바로 학교 가는 것을 중단한다.

오후 프로그램은 피곤하고 불안한 아이들을 교실에 집어넣는다. 주말 프로그램은 늦게 자는 시간을 줄어들게 한다. 보충 교습은 스포츠, 댄스 교실, 음악 수업, 치과 의사와의 경쟁에서 우위를 점하며, 분노까지는 아니지만 스트레스를 유발한다.

보충학교를 완전하고 균형 잡힌 유대인의 생활에 대한 일명 '보충'으로 이해한다면 시간문제에 대한 압박감은 덜할 것이다. 즉 공휴일 준수, 부모로서 모범을 보이기 그리고 청년 그룹, 여름 캠프, 유대인 커뮤니티 센터 등을 포함하는 지역 유대에 대한 보완으로 이해할 때.

그러나 시간문제를 복잡하게 하는 것은 부모의 기대가 낮다는 것에 있다. 많은 사람들이 파트타임 프로그램에서 양질의 것을 찾는데 절망하고 그 프로그램을 단지 "없는 것 보단 낫지"라는 것으로 간주한다. 이 태도는 교사를 무시하고 학교에 참여하거나 지원하기를 꺼리는 것으로 해석된다. 아이들은 마침내 학부모들의 오만함을 공유하게 되어 전체 학교의 계획을 훼손시킬 것이다. 자녀가 유대인학교 교육을 좋아하도록 하고 싶다면 교사, 교장, 유대교의 랍비에 대해 존경심을 갖고 이야기하고 자녀가 주일 학교에서 배운 것에 관심을 보이라.

히브리 학교에 출석하는 것에 대한 당신의 태도 또한 중요하다.

큰 수학 시험을 위해 공부하거나 드레스 리허설에 참석하는 경우처럼 가끔 결석하는 경우는 쇼핑을 하거나 일상적인 축구 연습을 위해 건너뛰는 것과는 같지 않다.

축구와 시 대항 합창대회는 종종 보조 프로그램과 충돌한다. 그러나 많은 부모들은 유대인 학교 직원의 총체적인 협조와 유연성을 기대한다. 그러나 코치나 지휘자가 자녀의 교육을 수용하기 위해 잃어버린 게임이나 연습을 허가하라고 절대로 주장하지는 마라. 당신의 우선순위를 점검하라. 어느 것이 궁극적으로 더 중요한가? 남녀가 숙달된 축구 선수가 되는 것인가 혹은 헌신적인 유대인이 되는 것인가?

3. 주간학교

자유주의 유대인 주간학교는 북미에서 유대인 학습에 있어 가장 빠르게 성장하는 부분이다.6 정통유대인 공동체 이외의 지역 사회에서 여전히 소수가 선택할지라도, 이 성장은 극적인 변화를 반영한다. 이민자 공동체 출신 미국 유대인들이 공교육을 미국 사회로 가는 출입구로 만들었고, 유대교와의 의미 있는 연결을 추구하는 공동체로 통합시켰다.

---

6 자유주의의 주간학교 운동은 1950년대에 보수파 운동이 최초의 솔로몬 쉐허학교 (Solomon Schechter School)를 열었을 때부터 시작되었다. 이 학교는 유대인 대학의 최초 학자의 이름을 딴것이다. 1999년 현재, Schechter 학교는 북미에 63 개가 있다. 1970년 개교 한 첫 개혁 학교에서 그들의 수는 1999년까지 21개까지 증가했다. 1990년대에 미국 전역의 도시에 새로운 교외 또는 교외의 날 학교가 설립되었으며, 수요를 따라 가기 위해 계속 확대되고 있다.

대부분의 주간학교 학부모는 공립학교에 다녔으며, 많은 사람들에게 있어, 자녀를 위한 유대인 학교의 선택은 일반 교육에 대한 거부는 아니다. 왜냐하면 대부분의 비정통유대인 주간학교 학생들은 공립학교에서 수년을 보냈고 거의 모든 사람들이 일반대학에 다니고 있기 때문이다. 오히려 주간학교를 선택하는 것은 유대인임을 확인하는 것이다. 부모들은 자녀들에게 미국 사회에서 편안한 장소를 제공할 수 있다는 자신감이 있기 때문에, 주간학교 학부모들은 전일제 유대인교육이 완전히 유대인 생활을 준비하는 것으로 보고, 뿐만 아니라 더 큰 사회에 참여를 준비하는 것으로 본다. 또한 그 교육이 아이들을 자신들의 유산에 기초하게 하는 방법으로 생각한다. 이 발전은 미국 문화 자체의 변화를 반영한다. 그곳에서는 용광로의 이미지가 결국 무지개로 되어 각각의 색깔이 개별적인 색조를 유지하면서 전체의 아름다움을 더해 준다.

학부모는 유대인 학교의 교육을 선택하는 다음과 같은 많은 이유를 언급한다.

(1) 학교 환경

약간의 예외를 제외하고는, 주간학교는 상대적으로 작으며 학생들은 전체 교수진에게 알려져 있다. 다른 사립학교와 마찬가지로, 학급 규모도 작아서 각 아이는 개별적인 관심을 받는다. 자유주의 주간학교는 여건이 잘 갖추어져 있으며 기술적으로 최신이다. 학문 분야에 따라 팀을 가르치는 커리큘럼 통합이 일반적이다. 비판적인 사고 기술을 배우고 귀중하게 생각한다.

(2) 일반 교양

주간학교 학생들은 수학, 영어 및 언어 예술, 역사 및 사회 과목, 과학, 체육 및 예술을 완벽하게 완성한다. 주간학교 졸업생은 시험을 잘 치르기에 중학교 또는 고등학교의 공립 또는 사립학교에 등록하면 월등하다. 졸업생은 선택한 대학 및 단과 대학에서 일상적으로 인정된다.

(3) 유대인 교양

유대인 학문과 일반 학문은 주간학교에서 평등한 시간을 부여 받았으며, 많은 것들은 "미국 역사 내에서의 유대인 역사"와 같이 통합된 접근법을 강조한다. 이 학교는 뛰어난 유대인 교육을 제공한다. 커리큘럼은 학교마다 다르지만 일반적으로 다음과 같다.

- 읽기 및 학습을 위한 접근 언어나 제2 구어체 언어로 사용되는 히브리어. 언어 능력을 강조하는 학교는 히브리어를 교육 언어로 사용한다.
- 율법 구절. 주일 학교는 특히 유대인의 핵심 텍스트인 율법에 심층적인 노출을 제공하며 또한 유대인의 가치와 윤리의 근원을 세우고 찾아내는 선지자와 유대교의 랍비 텍스트도 제공한다. 유대인 텍스트 연구의 전통적인 형태는 좋은 질문을 할 수 있는 능력을 강조하고, 다양한 "올바른" 대답에 대한 평가를 배양하고, 비판적 사고를 가르치는 것이다.
- 유대인의 달력. 학업, 예술, 종교 서비스 및 축하를 통해 학생들은 학교에서 유대인의 공휴일을 보내고 있다. 유대인 생활주기 속 행

사들도 다룬다.

- **유대인의 역사.** 학생들은 시온주의와 현대 이스라엘에 대한 이해를 포함하여 성경 시대에서 현대에 이르기까지 유대인 역사에 대해 잘 알고 있다.
- **유대인의 가치.** 주간학교는 존경(kevod), 다른 사람들과 공유해야 하는 명령(tzedakah), 세상 개조(tikkun olam)와 같은 가치를 분명히 가르친다. 이미 유대인 텍스트에 근거한 이 가치들은 일반적으로 양로원 방문, 통조림 식량 원조, 선출된 대표자들에게 편지 쓰기 등 실무 프로젝트와 관련이 있다.
- **유대교의 종교 기술과 영성.** 수업일에는 대개 기도 예배가 포함된다. 하나님, 기도, 신앙, 공립학교 범위를 벗어나는 것 등은 학교에서 일상생활과 교실 토론의 일부로 다루어진다.

(4) 사회적 이점들

주간학교는 이스라엘 땅 밖에서는 자유주의적 유대인들에게 제공되지 않는 통합된 유대인의 몰입 경험을 제공한다. 주간학교에서는 동급생이 유대인이며 대부분 교사들 또한 지식이 갖춰져 있고 헌신적인 유대인일 것이다. 자녀들은 특정 종류의 갈등으로부터 분리되어 있다. 학교 친구들이 집에서 크리스마스를 축하하는 사람이 없으므로, 공립학교에 다니는 유대인 자녀와 같은 방식으로 휴가의 요란스러움을 느끼지 않을 것이다.

주간학교에서는 건물 내에서 먹는 음식도 유대인 음식 규율을 위반하는 것이 아닐 것이다. 학교 달력은 유대인 달력 주위에 배치되어져 있어 성 패트릭의 날(Saint Patrick Day) 없음, 부활절 없음, 안식일에 축구 없음 등으로 표시된다. 유대인 보충학교의 아이들은 종종 스포츠와 수업 사이에 갈등을 겪고 있지만, 주간학교 학생들은 오후에 그러한 활동이 자유롭다.

주간학교는 사회적 차원에서 온 가족이 포함된다. 부모는 만나서 친구가 된다. 헌신과 의사소통이 서로 교차하여 아이들뿐만 아니라 성인을 위해서도 보다 통일되고 모호하지 않은 유대인의 세계를 만들어낸다.

(5) 우려와 문제점

주간학교 교육과 관련된 가장 까다로운 문제는 비용이다. 1년에 1인당 1만 달러에서 2만 달러이다. 때때로 조부모님이 학비를 지원하고 장학금은 이용 가능하다. 그리고 재정적 부담을 덜어 주려는 자선적 노력이 늘어나고 있다.

또한 주간학교 출석에는 사회적 비용이 있다. 일반적으로 여러 교외 지역에서 통학하는 학생들에게는 이웃에 대한 인식이 거의 없다. 주간학교 아이들은 자신의 블록에서 다른 아이들을 알지 못할 수도 있다. 따라서 학교에서 친구들과 함께 방과 후 및 주말 놀이를 위해 더 많은 운전을 해야 할 경우도 있다.

어떤 부모들은 유대인 학교의 인종적, 종교적 다양성의 부족에 대해 걱정하고 있다. 그러나 주간학교 학생들은 도시 스폰서 스포츠리그, 방과후 활동 및 여름 프로그램에서 다양한 배경을 가진 아이들을 만날 수 있다. 그리고 많은 주간학교 학생들이 궁극적으로 일반 고등학교에 다니고 거의 모든 주류 대학에 진학하기 때문에, 많은 부모들은 유대인의 학습과 정체성에 대한 확고한 기초가 종교 다양성의 경험보다 먼저 실행될 가치가 있다고 생각한다.

사실, 유대인의 주간학교 인구는 대부분의 교외 공립학교 못지않게 동질적일 수 있다. 근대 정통유대인 회당에서 세속 유대인까지 넓은 종교적 스펙트럼의 아이들이 지역사회에 기반한 학교에 다니고 있다. 그리고 문화적 인종적 혼합은 구소련 출신의 이민자들, 이스라엘인들의 입국과 국제 입양을 통해 풍요롭게 되었다.

또 다른 우려는 가족, 자녀, 회당에서 주간학교 아이들이 별로 중요하게 여겨지지 않는다고 느낄 수 있다는 것이다. 그들은 회중의 보충학교 공동체의 일원이 아니며, 유대인의 학습과 기도에 잠겨있는 한 주를 보내고 안식일이나 심지어 공휴일에도 회당에 가는 것은 어려운 일이 될 수 있다. 학부모는 주간학교 학생들이 주니어 회당, 청소년 단체 행사, 공휴일 파티, 피정 등을 알도록 적절한 우편 목록에 올려놓아져 있는지를 확인함으로써 이러한 상황을 완화할 수 있다. 회당에 근거한 공휴일, 학업 및 축하 모임인 소그룹에 회원이 되어 같은 나이의 아이를 둔 다른 가족과 함께하는 것도 자녀가 회당에 속하고 회당도 자기들에 속한다고 느끼도록 돕는 또 다른 방법이다.

(6) 목표를 분명히 하라

왜 당신이 주간학교 교육을 선택하고 그것이 당신의 온 가족에게 영향을 미칠지에 대해 분명히 하라. 자녀의 관심과 능력에 대해 솔직하려고 노력하라.

주간학교 교육은 헌신적인 유대인 성인의 탄생을 보장하거나 타종교인과의 결혼을 방지할 수 있는 "마법의 총알"(magic bullet)이 아니다. 주간학교가 일반적인 유대교의 탁월함이나 소규모 학급의 기초 위에서만 만들어진 것이라면 유대인의 좋은 선택이 아니다. 일반적으로 유대인 연구의 이중 경로는 더 많은 과목, 더 많은 교실 시간 및 더 많은 숙제를 의미한다. 이것은 많은 학생들에게 놀라운 도전이지만 다른 사람들에게는 압도적인 것이다. 자녀의 한계를 알고 존중하라.

(7) 자녀 교육에 완벽한 파트너가 되라

어떤 면에서는 주간학교도 유대인 생활의 더 큰 프로젝트의 한 부분일 뿐이라는 점에서 '보충적'인 수업이다. 학교생활이 아이의 삶에서 유일한 유대인 경험이라면, 아이는 유대인다움이 나뉘어져 있는 어떤 것이고 지역 사회에서나 집안에서 일어나는 일이 별개라고 배우게 될 것이다.

모든 학교 환경에서와 마찬가지로, 생활에서와 교육기관에서의 임무와 관련 되어있는 학부모는 자녀가 모방하는 경향이 있기에 강력한 모범을 보여야 한다. 자녀들은 가족의 신념과 관습을 정확하게 반영하지 않는 학교에서도 긍정적인 경험을 할 수 있지만, 모든 유대인 주간학교는 어느 정도의 종교적 실천을 포함하며 가정 실천에 대해 약간의 기대를 가지고 있다. 프로그램은 모든 유대인 공휴일 동안 닫힌다. 그 프로그램은 다음 질문에 답하지 않는다. "당신 가족은 초막절에 무엇을 했습니까?"

(8) 장애인들의 특수 요구 교육

대부분의 유대인 주간학교와 보충 프로그램은 특별한 도움이 필요한 아이들을 수용하려고 노력한다. 그러나 자원과 헌신은 학교마다, 교사마다 다르다. 청각장애인, 시각장애자 또는 학습장애 아동이나 발달지체 아동의 요구를 수용하는 학교 교실의 개별 사례가 많이 있지만, 대체로 유대인 기관은 특별 요구 학생과 관련된 비용으로 어려움을 겪고 있으며, 개별적인 기초에서 활동하는 경향이 있다. 미국 장애인 법(American Disabilities Act)이 유대인 기관이 보다 쉽게 접근 할 수 있도록 촉구하고는 있지만, 심각한 장애를 가진 아이를 돌볼 수 있도록 구비되어 있는 학교는 거의 없다.(10장 참조)

(9) 재택학습

북미의 홈스쿨링 운동은 성장하고 있다. 학부모는 유대인 공동체에서 격리되거나, 자녀의 특수 학습 필요성에 맞게, 또는 단순히 사용 가능한 옵션에 만족하지 않아서 유대인 교육을 자녀에게 제공하는 방법으로 이 경로를 선택할 수 있다. 책뿐만 아니라 커리큘럼, 컴퓨터 프로그램 및 호스트 사이트를 지원하는 많은 웹 사이트가 있다.

학부모는 반 친구들과 또래 집단이 없는 것을 놀이 그룹, 회당 참여, 유대인 지역 사회 센터 활동, 청소년 그룹, 여름 캠프 등으로 보상할 수 있다. 그러나 유대인 학문은 학생과 교사 집단에서 발생하는 열과 빛으로 번성하는 근본적으로 공동체적인 기획이라는 사실은 여전히 남아 있다. 부모와 자녀가 분명히 역할을 수행할 수는 있지만 가족의 동력이 그 과정에서 엉망이 되는 경향이 있다. 가장 포괄적이고, 엄격하고, 창조적인 가정교육이라 할지라도 본질적인 유대교 교육 경험인 성경구절에 기반한 주장을 대체할 수는 없다.

4. 여름 캠프

여름 캠프는 아이들이 새로운 기술을 배우고 집에서 멀리 떨어져 성장할 수 있다는 것을 발견하고 깊은 우정을 쌓고 평생 동안 지속될 수 있는 일부를 발견하는 곳이다. 캠프가 유대인이 쉽고 재미있는 곳인 경우, 이 모든 강력한 경험은 어린 유대인의 기억의 일부가 된다.[7] 유대인 여름 캠프에 간 부모는 거의 항상 자신의 경험을 자녀에게 주고 싶어 한다.

캠프는 다양한 조직에 의해 운영된다. 유대인 공동체 기관이 운영하는 비영리 캠프는 유대인의 기술과 가치를 가르치고 유대인 공동체를 육성하며 유대인의 기억을 강하게 만들고 종교 성장을 장려하고 스포츠, 예술과 공예, 하이킹 등을 모두 포함하는 여름캠프를 전문으로 한다. 유대인 지역 공동체 센터와 젊음의 유대(Young Judaea)와 하보딤 드러(Habonim Dror) 같은 이스라엘의 문화와 히브리어를 강조하는 시온주의 단체가 여기에 포함된다. 사회 정의와 가치, 환경 문제, 유대인 문화를 강조하는 소수의 유대인 진영도 있다.

---

7 캠핑은 나중에 유대인 정체성을 촉진한다는 확실한 증거가 있다. 1990년 유대인 인구 조사는 세 가지 특별한 유년기 경험과 유대인 관계 및 실천 사이에 명확한 상관관계를 보여주었다. 학교 출석, 십대 청소년 이스라엘 방문, 유대인 여름 캠프.

재건주의자, 개혁파, 보수당 운동은 캠핑 프로그램을 후원한다. 여러 면에서 다르지만 유대인의 일상생활을 배우고 안식일을 중심으로 한 주간 달력을 만들고 유대 공동체의 유쾌한 감각을 기른다.[8]

소수의 비영리적인 캠프가 의미 있는 유대인 프로그램을 제공하지만 유대인 고객을 위해 유대인이 운영하는 대부분의 개인 캠프는 닭고기 만찬이나 금요일 밤을 제외하고는 유대인식 내용을 제공하지 않는다.

유대인 캠프의 시설은 시골에 있는 곳에서부터 매우 편안한 곳까지 다양하다. 모든 캠프가 다르긴 하지만 유대인 프로그램에는 일반적으로 노래와 춤이 많이 곁들여진 이스라엘과 환경과 유대교 간의 관계에 중점을 둔다. 히브리어의 단어와 이름은 일상생활 속에 섞여 있으며, 안식일은 주간의 하이라이트이다. 유대인 콘텐츠 외에도 캠프는 수상 스포츠, 팀 스포츠, 예술 및 공예, 노래와 춤, 하이킹, 연극 및 게임에 대한 일반적인 여름 체험을 제공한다. 테니스나 드라마와 같은 단 하나의 기술이나 관심사를 전문으로 하는 소수의 유대인 진영도 있다.

여름 프로그램의 규모가 제한되어 있어 캠프가 매우 빨리 마감된다. 1년 전에 계획을 세우고 일찍 예약을 하는 것이 가장 좋다.[9]

---

8 캠프의 차이점은 사회운동의 차이를 반영 한다: 보수 진영은 정결하게 유지하며, 대부분의 개혁 진영은 그렇지 않다. 보수파 진영은 전통적이지만 개혁 진영은 창의력이 뛰어나고 캠프장과 상담가가 만들어가는 경향이 있다.

9 유대인 캠핑 재단의 1999년 통계에 따르면 유대인 공동체가 후원하는 북아메리카에는 약 100개의 주거 캠프가 있다. 약 3만 명의 젊은이들이 캠프 연령의 아이로 추정되는데 이는 유대인 인구의 약 4%에 해당하며 캠프로 이들을 지원한다. 여기에는 개혁운동 캠프 15개, 보수파 8개, 종교적 시온주의 12개, 정교회 캠프 12개, 세속주의 시온 진영 12개 (영 유대와 하보 딤), 유대인 공동체 센터 캠프 23개, 민간 재단 후원 12개 . 주로 정통파 유대인 회당이 운영하는 다른 작은 프로그램도 있다.

(1) 캠프 선택

시간을 들여 신중하게 선택하라. 왜냐하면 한 번의 행복한 여름 이후의 대부분의 아이들은 전환을 고려조차하지 않을 것이기 때문이다. 대부분의 가정은 입소문을 토대로 캠프를 선택한다. 일반적으로 아이들은 친구들이 다니는 곳이나 부모님이 가는 곳으로 가고 싶어 한다. 다른 캠프 권장 사항에 대해서는 당신의 유대교 랍비, 성가대 지휘자 및 교육자에게 문의하라. 그들은 배타적이지는 않지만 일반적으로 자신의 운동이 후원하는 캠프를 제안한다. 유대인 교육청의 지국 직원도 제안할 수 있다.

평범한 캠프가 없기 때문에 자녀와 잘 어울리는 캠프를 찾는 것이 중요하다. 안내 책자 및 비디오와 같은 캠프 마케팅 도구에 의존하지 마라. 결정하는 가장 좋은 방법은 자녀가 있을 때 캠프를 방문하는 것이다.

방문할 여유가 없다면 캠프 담당자와의 면담을 준비하고 아들이나 딸을 데려 오라. 연속성과 리더십은 캠프의 중요한 지표이다. 이사는 일반적으로 1년 내내 직원이며 프로그램의 분위기를 조성한다. 재직 기간 및 직원 연속성에 관해 질문하라. 상담자 중 많은 수가 캠프에서 '자랐다'는 것은 좋은 징조이다.

캠프 감독자에게 할 다른 질문:

- 카운슬러는 몇 살인가?(나이가 많을수록 일반적으로 더 좋다. 당신은 8세를 담당하는 16세를 원하는가?)
- 직원 캠프 비율은 얼마인가?(건강한 비율은 카운슬러당 4-6명이다)
- 얼마나 많은 야영자가 다음 여름에도 오는가?

- 방문 및 전화 정책은 무엇인가?
- 직원들은 어떤 종류의 훈련/오리엔테이션을 받는가?
- 직원에게 사회복지사가 있는가?
- 향수병은 어떻게 처리되는가?

마지막으로, 비용의 문제가 있다. 여름 캠프는 비싸다. 그러나 장학금을 받을 수 있다. 지방 연맹은 재정 보조를 제공하고, 일부 유대교 회당은 자신들의 운동의 일환으로 아이들이 캠프를 떠날 수 있도록 지원할 것이다.

(2) 준비

일반적으로 다른 아이 집에서 잠자기를 즐기는 아이는 캠프 준비가 되어 있지만, 그러나 그런 예측도 실패일 때가 있다. 당신은 '몇 년 안에' 고려할 어떤 것으로 캠프에 관해 이야기하고 전략을 세우는데 도움을 줄 수 있다. 유대인 캠프에 가는 것을 좋아하는 나이든 아이, 사촌 또는 이웃에게 자녀를 소개함으로써 캠프 무대를 마련하는 것을 도울 수 있다. 일부 주거 캠프는 "어린아이들을 캠핑에 소개하기 위해 짧은 미니 캠프"를 운영한다.

(3) 향수병

향수병은 가정과 가족생활의 리듬과 편안함으로부터 분리되어짐에서 오는 정상적인 반응이며, 대부분의 아이들은 첫 해의 캠프 동안 그것을 경험한다. 카운슬러는 아이들의 이러한 감정을 다루도록 돕는 훈련을 받아야 한다. 또한 부모님은 향수병을 최소화하고 멋진 여름을 맞이하도록 많은 것을 할 수 있다.

어떤 아이들이 향수병으로 고투할 것인지 예측하기는 어렵다. 대부분의 아이들이 잠을 자는 동안은 괜찮으면서도 일부는 변화와 이별에 적응할 수 없다.

자녀가 스스로를 돌보는 것에 대해 유능한 느낌을 갖도록 도움을 줌으로써 향수병을 완화할 수 있다. 캠프가 시작되기 몇 개월 전에 어린 자녀들은 스스로 침대에 눕고, 빨래하고, 칫솔질하는 연습이 필요하다.

당신 자신의 이별 문제에 직면해라. 자녀에 대한 걱정으로 계획을 세우지 말고, 아이가 멀리 있을 때 당신이 얼마나 많이 그리워할 것인지에 집착하여 아이를 부추기지 마라. 캠프가 얼마나 재미있을 것인지 강조하고 "며칠 동안 시도해 봐. 네가 그것을 좋아하지 않는다면 집에 올 수 있단다"라고 말하라. 대부분의 아이들이 향수병을 겪는다는 사실에도 안심하라. 정상이고 그리고 그것은 사라진다.

자녀가 떠나기 전에 편지 쓰기를 시작하여 캠프 첫날에 편지가 있을 것이다. 가능하면 매일 글쓰기를 계속하라.

(4) 당일 캠프

대부분의 유대인 커뮤니티 센터는 유치원과 초등학교 아이를 대상으로 하는 도시 캠퍼스 및 전국 시설에서 하루 캠프를 제공한다. 일부에는 중학교와 고등학생을 위한 프로그램이 있는데, 당일치기 여행과 단기간의 모험에서 많다. 캠프가 진행되는 동안 당신의 자녀와 방문해서 활동, 카운슬러 및 시설을 함께 확인할 수 있도록 하라.

유대인의 날 캠프는 수영 레슨, 예술 및 공예, 스포츠 및 게임 외에도 안식일 준수, 히브리어 노래 및 이스라엘 춤을 강조하면서 다방면의 유대인 경험을 제공한다. 당일 캠프는 또한 유대인과 환경 간의 관계를 촉진하면서 식사 전후에 히브리 단어와 기도 사용을 소개하거나 강화할 수 있다.

당일 캠프를 고려할 때, 위에 열거 된 것과 같은 질문을 감독자에게 하라. 또한 버스 타는 시간을 고려하라. 한 시간씩 이동하는 것이 좋은 생각일까?

당일 캠프는 대개 각 영역마다 야간 프로그램을 제공한다. 그것은 집에서 멀리 떨어져 있다는 생각을 자녀에게 소개하는 좋은 방법이다. 자녀가 어떻게 그 분리를 처리하는지 보라.

주거형 캠프보다는 저렴한 반면, 당일 캠프 비용은 상당히 높을 수 있다. 다시 장학금을 이용할 수 있다.

(5) 학교 자원

세속적인 유대인 단체 의회는 유대인의 전통, 역사, 문학, 음악, 예술, 언어(이디시어뿐만 아니라 히브리어)와 공휴일 축하에 대한 창의적이고 비종교적인 접근 방식을 연구하는 프로그램을 운영한다. www.csjo.org.

유대인 사회의 날 학교 네트워크(RAVSAK)는 어느 한 운동과 관련이 없지만 다원적 유대인 학습에 전념한 유대인 공동체 학교의 연합이다.

www.jesna.org.

북아메리카의 유대인 교육 서비스는 국가 재검색 및 개발 조직이다.
www.jesna.org.

개혁의 날 학교(PARDeS)의 진보주의 협회는 개혁주의 유대교를 위한
연합의 산하 조직이다. www.pardesdayschools.org.

보수 운동에 소속 된 솔로몬 스카치 데이 학교 연합회(Social Schechter
Day School Association)는 www.ssdc.org에서 찾아볼 수 있다.

Workmen's Circle은 이디시어의 언어와 문화, 사회 정의 가치를 강
조하는 세속적인 유대인 학교와 여름 캠프를 운영한다.
www.circle.org.

보충학교에 관한 더 자세한 정보는 보수당, 재건주의자, 개혁 교회
관련 제3장의 운동 목록을 참조하라.

(6) 캠프 자원

주요 산업 단체인 미국 캠핑 협회(American Camping Association)
는 웹 사이트(www.acacamps.org)에 있는 대화형 데이터베이스에 많
은 유대인 캠프 웹 사이트 링크를 제공한다.[10]

---

10 ACA는 미국과 캐나다의 캠프 중 약 25%에 대한 인증을 받았다. 많은 유대인 진영이

캠프 건설, 모집 및 프로그램 개발을 지원하는 유대인 캠핑 재단 (Foundation for Jewish Camping)은 북미 지역의 모든 유대인 캠프 디렉토리를 제공 할 수 있다. www.jewishcamps.org.

ACA 인증을 받았지만 그 유적이 반드시 열악한 캠프에 신호하지는 않는다. 그 과정은 시간 낭비와 비용이 많이 들기 때문에 일부 캠프는 단순히 그것을 버린다.

8장
11세에서 14세까지
: 어울리거나 가까운 나이

초기 청소년기는 신체적, 정서적, 지적, 사회적, 도덕적 측면에서 급진적인 변화와 급격한 성장의 시기이다. 자기 몸을 거의 모르는 아이들은 자신의 외모를 과장 인식하고 "나는 내 머리가 싫다", "왜 키가 크지 않은가?"처럼 친구와 미디어 롤 모델의 모습을 비교하고 성적으로 자의식을 느끼게 된다. 초기 사춘기도 인정되지 않은 손실의 시대이다. "부모님은 세상에서 가장 똑똑하고 가장 매력적인 사람들이다"라는 행복한 감각은 아버지의 농담이 어리석고 어머니의 옷이 초라하다는 것에 충격을 받고 당황하게 된다. 어린 십대들은 자유롭지만 무서운 통찰력에 직면해 있다. 즉 "나는 부모님과 분리되기를 원한다."

11세~14세 사이의 우주의 중심은 가족생활에서 또래 집단생활로 이동한다. 친구, 급우 및 동료가 정체성과 검증의 주요 원천이 되며 학교의 주요 매력은 복도와 식당, 버스 및 경기장에서 일어나는 일이다.

초기 청소년기는 부모에게 어려운 시기이다. 한때 사랑스런 아이는 당신을 밀어 내고, 더 많은 독립을 고집하며, 모든 사람 앞에서 당신의 권위에 도전할 것이다. 그러나 자녀가 생각하고 말하는 것보다 친구의 생각과 말에 더 관심을 가지는 것처럼 보이지만 부모의 모델링은 여전히 기본이다. 십대들이 일시적으로 때로는 격렬하게 가족의 방식을 거부하더라도 압도적인 증거는 결국 대부분의 사람들이 부모로서의 기본 가치와 삶의 선택을 성인이 되면 재현한다는 것이다. 그럼에도 불구하고, 그룹에서 받아들여지는 부분은 10대 청소년에게 중요한다. 유대인 부모는 유대인 동급 집단 육성에 중점을 두어야한다. 부모가 여러 가지 유대인 십대 커뮤니티를 제공 할 수 있는 몇 가지 방법이 있다. 여기에는 다른 유대인 가정(3장의 "당신의 유대인 이웃" 토론 참조)과 함께 도시나 마을에서 생활하면서 청소년 그룹 활동을 지원하고, 유대인 여름 캠프에 어린 십대를 보내고, 유대인 학교에 계속 다니는 것을 권장하는 것 등이 있다.

유대인 생활주기에서 유대인 아이들의 대다수가 성인식을 준비하고 있는 해이기 때문에, 아이 발달의 현 시점에서 또래 집단을 제공하는 것도 도움이 된다. 왜냐하면 방대한 다수의 아이들이 성인식을 준비하고 있기 때문이다. 교실에서의 상호작용 외에도, 아이가 친구들과 지인들의 행사와 즐거운 축하자리에 참석하기 때문에, 성인식은 거의 2년 동안 아이의 사회생활의 초점이 된다. 보충학교와 주간학교 모두에 등록한 학생의 경우, 학년 그룹화는 더 가깝게 되는데 이는 이 통과 의례를 통해 전체 학년의 순환이 이루어지기 때문이다.

1. 생활 주기

성인식(Bar and bat mitzvah)

성인식은 미국 유대인 생활의 조직 원리이다. 미국 유대인의 상당 부분이 다가오는 성인식에 자녀를 준비시키기 위해 회당에 가입한다. 유대인 공동체에 수년간 불만을 가진 사람들조차도 이 목적을 위해 다시 연결된다. 일부 가족의 경우, 성인식은 결혼식이나 부모님 자신의 성인식 이후 처음으로 유대인 세계와 접촉을 유발한다.

성인식은 유대인 정체성을 공개적으로 진술하는 것이며, 완벽하게 영예로운 목표라고 할 수 있는 할아버지, 할머니를 기쁘게 하는 방법이고, 유대인의 미래에 대한 서약이다. 이러한 소년 소녀들의 성인식은 가족을 위한 감정적인 척도가 될 수 있으며, 아이들과 부모 모두를 위한 최고의 경험이 될 수 있다.

아이에게 성인식은 승리의 순간이다. 성인식이 없었더라면 고통스럽게 자의식을 지녔을 13세 소년 소녀는 가족, 친구 그리고 그 아이들을 뿌리 내리게 한 회중들로 가득 찬 성소에 직면한다. 성인식은 사랑, 존경, 자부심 그리고 명예로 보통 청소년기의 자기 의심을 압도하게 한다.

공연이나 연주회보다 더 중요하고, 성적표보다 더 개인적인 이 성인식은 한 아이의 전체 자아를 확인하는 것이다. 새로운 체격에서부터 그 주의 율법성서의 일부분을 설명하고 있는 새로운 영적 유대인의 목소리에 이르기까지 발달의 모든 측면을 보여주는 순간이다.

부모의 경우, 자녀의 성인식은 더없는 최고의 순간이다. 아들이나 딸이 성경을 손에 들고 가족, 친구, 회중들 앞에 서 있는 모습을 보며 부모는 큰 자부심과 기쁨의 순간을 맞이하는 것이다. 허나 또한 슬픔의 색조를 지닌다. (왜냐하면 성인식을 앞둔) 이 젊은 여성 또는 남성은 더 이상 아기가 아니며 당신 또한 '젊은 부모'가 아니다.

성인식과 더불어 엄마 아빠는 일종의 육아 경력의 중간지점을 찍는다. 당신은 아기의 사진을 꺼낸다. 그리고 토실토실한 유아가 자신만의 취향과 열정을 가진 길쭉한 팔다리를 지닌 한 인간으로 변신한 모습을 보며 경이로움을 느낀다. 그리고 당신이 성인식 인물 사진을 사진사에게서 받게 될 때, 당신은 어렴풋이 자녀가 다 자란 남녀같이 보인다는 것을 알게 된다.

다른 모든 생활주기의 행사처럼, 성인식은 가족생활에 심오한 변화를 구체화한다. 부모는 자녀가 성숙해 가고 있다는 사실을 인식할 필요가 있다. 이러한 점에서 자녀는 자신의 선택을 실천할 필요가 있는 싹트는 성인인 것이다. 성인식 자체가 이 새로운 무대의 시작을 의미한다.

전국 또는 전 세계에서 모인 대가족의 경우, 성인식은 모든 기대 이상으로 영향을 미칠 수 있다. 가족 간의 불화가 화해로 되어 길 잃은 사촌들이 재발견되기도 한다. 이혼한 부모는 한때 꿈꿔 왔던 꿈을 기억하며, 이제는 설교 연단에 서 있는 젊은이의 존재를 깨닫게 된다.[1]

이 큰 행사를 기획하는 것과 관련해 많은 압박감이 있지만—일반적으로 혼돈을 향하는 경향이 있지만—, 정상적인 청소년기의 힘은 함께 포함되고 유지된다. 비록 자녀가 당신이 이상하다고 생각하고 당신을 미치게 만들지만, 성인식은 유대교의 랍비와 성가대 지휘자, 요리담당

---

1 Judith Davis's book Whose Bar/Bat Mitzvah Is This, Anyway? 성인식에서 역동적 가정에 대해 더 자세히 알고 싶으면 A Guide for Parents Through a Family Rite of Passage(St. Martin's, 1998)를 보아라.

자와 그 외 대부분의 사람들이 함께 앉아서 이야기하는 것을 요구한다. 이야기는 때로는 치마 길이 또는 이발에 대한 큰 싸움으로 이어지지만, 그러한 논쟁조차도 전체의 거룩한 의식의 일부이다.

(1) 역사

유대인의 법에 따르면, 유대인 13세의 모든 사람들은 성인식에 참여하든 안하든 성인 의식의 상태를 인정받지만, 그 성인식은 가족 전체와 유대인 공동체 전체를 위한 주요 생활주기 행사가 되었다. 사실 성인식은 유대인 역사의 웅대한 흐름에서 보면 비교적 새로운 '의식'이다. 성경이나 탈무드에서 언급되지 않았지만, 성인식은 14세기의 독일과 폴란드에서 관례가 되었다.[2] 의식의 핵심 행위는 율법에게 부름을 받는다는 뜻의 알리야(aliyah)를 얻는 영예였고, 설교 연단에 불려가 정기적인 회당 예배에서 축복하거나 율법을 읽을 것을 요구받았다. 그 성인식은 확장 되어 성인식과 관련된 성서의 일부를 강연하는 것도 포함하게 되었다. 몇몇 회당에서는 성인식을 이미 마친 학생이 그 예배의 일부를 주도하는 것이 전통이 되었다. 성인식에 참가하는 소년은 그리하여 그의 학식과 지적 성숙을 보여주었는데, 이렇게 성서를 정기적으로 읽는 공동체의 다른 남자들 중에 그가 한 자리를 차지함으로써 능력을 보여주었다.

성인식은 훨씬 짧은 역사를 가지고 있다. 여성은 역사적으로 율법을

---

2 1세기에 이르러 성년기는 남자 13세, 여자 12세로 보편적으로 개최되었다. 탈무드(Talmud)에서 성문화 된 "13세가 되면 사람은 계명에 복종한다." 중세 때까지 13세가 된 것은 특정한 의식이나 축하와 관련이 없었다.

읽거나 10명의 기도 정족수(minyan) 구성원으로 간주되는 등의 공공의 종교적 명예를 부여받지 못했기 때문에, 여아의 성년은 20세기까지 공동의 인정을 받지 못했다. 최초로 기록된 성인식 여아는 1922년 미국에서 재구성 운동의 창시자인 주디스 카플란(Mordecai Kaplan)의 장녀인 쥬디스 카플란(Eisenstein)이었다. 소녀 성인식은 마침내 1970대에 자유주의 유대인에 의해 완전한 규범이 되었고, 이제는 대부분의 자유주의 회중에서 소년 성인식과 구별할 수 없게 되었다.3

13세의 나이에, 유대인들은 자동적으로 "계명의 아들" 또는 "계명의 딸"이 된다. 13세 아이는 성인으로 취급되지 않지만, 통과의례는 부모가 자녀의 종교적 의무에 대해 전적으로 책임을 지지 않는다는 사실부터 성숙의 시작을 인정한다. 예를 들어 속죄일(Yom Kippur)에서 성인식을 치룬 소년, 소녀는 성인의 금식 의무를 이행해야 한다. 13세의 아이들은 미니언(minyan)에서 계산되거나 유대인 결혼식에서 합법적인 증인으로 봉사하는 등 성인의 의무를 이행할 수 있다.

(2) 현재의 관행

율법서를 꺼내 읽고 읽는 모든 회중 예배 중에 성인식을 할 수 있다. 월요일, 목요일 및 안식일에 아침 예배(Shacharit)에서, 안식일 오후 예배(Mincha)에서 그리고 공휴일에 진행된다. 대부분은 안식일 아침에

---

3 처음에는 소년 소녀 성인식이 분명히 달랐다: 여자들은 토요일 아침에 성경을 읽거나 노래를 부르는 것을 보통 기대했다. 여자들은 금요일 밤에 주간 성경 부분(Haftarah)을 읽거나 찬양했다.

예정되어 있다. 결혼식이나 아기 명명과는 달리, 성인식은 초대받은 사람만이 할 수 있는 사적인 행사가 아니다. 왜냐하면 이스라엘 사람(klal Yisrael)들에게 새로운 유대인 성인을 추가하는 것을 기념하기 때문이다.

성인식에 대한 구체적인 관습은 교회마다 다양하다. 일부 교회에서는 청년 남녀가 예배의 일부를 인도하고, 히브리어와 영어로 기도문을 읽으며, 노래와 반응하는 독서를 인도한다. 다른 사람들은 성경 일부분을 읽고 연설을 하는 것에 국한된다. 일부 회당은 모든 소년 소녀 성인식에 대해 동일한 전례 참여를 요구하지만, 다른 곳에서는 더 숙달된 학생들이 더 많은 봉사를 하도록 권장 받는다. 성인식을 원하는 특별한 도움이 필요한 아이는 거의 항상 감수성과 존중심을 가지고 적응하게 된다(10장 참조). 다양한 관습에도 불구하고 사실상 모든 성인식에는 알리야, 연설 및 축하의 세 가지 보편적 요소가 있다.

(3) 율법에게 부름을 받음(aliyah)

알리야를 받는 것은 율법에 대한 축복을 낭송하고 두루마리 성경을 찬송하고 읽기 위해 설교 연단(bimah)으로 부름을 받는 것을 의미한다. 성인식에서는 3개의 구절 또는 전체 주당 율법 부분만큼을 읽거나 찬송한다. 그런 다음 그 자녀는 전후의 축복과 함께 예언서 기록들 중의 하나인 하프타라(Haftarah)를 읽을 것이다.

성인식의 가족과 친구는 일반적으로 알리오트(aliyot, 알리야의 복수형)를 받는다. 율법의 축복이나 율법을 외우려면 부모, 조부모, 형제자매, 삼촌, 숙모, 사촌이 소집될 수 있다. 다른 명예로는 율법이 보관되어 있는 방주를 여는 것과 율법을 장식용으로 드레싱하는 것 등이 있다.

일부 회당에서는 율법 두루마기가 조부모에서부터 부모의 성인식에 이르기까지 한 세대에서 다음 세대로 전통되어 가는 것을 상징한다.

(4) 연설(The speech) 또는 설교(D'rash)

이 연설에서 성인식 학생은 자신이 읽은 히브리어 성경구절에 대한 자신의 이해를 보여준다. 연설에서 종종 부모님, 교사 및 형제에게 고맙다고 하지만 요점은 젊은 사람이 가족, 친구 및 지역 사회 앞에서 유대인의 신념과 학습에 접근하는 방법을 보여주는 것이다. 주간 성경 부분(Haftarah) 독서의 내용에 초점을 맞춘 성인식은 종종 자신의 실생활에 적용되는 도덕적인 가르침을 보여준다.

유대교의 랍비는 일반적으로 성인식 및 그 자녀의 가족에게 개인 설교의 일종인 설교를 하거나 "책임을 떠맡는다." 많은 교회에서 부모도 또한 짧은 연설을 하거나 자녀에게 축복을 한다.

(5) 축하

모든 유대인 생활주기의 행사와 마찬가지로, 성인식은 축제식사(s'eudat mitzvah)의 의무가 있다. 종종 가족들은 예배 후에 키드 뷔페 또는 점심식사를 후원한다. 이곳에서 안식일 축복과 빵 축복으로 식사를 시작한다. 이 점심식사는 전체 축하 행사로 구성될 수 있지만, 많은 가정에서는 오후나 저녁 파티를 집에서, 회당에서, 또는 호텔 무도실이나 홀에서 개최한다.

거의 모든 성인식은 가족 구성원이 있는 회당에서 열린다. 연계가 없는 가족은 율법 두루마기(Torah scroll)를 빌려 기능홀, 거실, 야외에서도 성인식을 개최한다. 유대인 예배는 유대교의 랍비가 필요하지 않기 때문에 가족이나 친구, 성인식의 소년 소녀에 의해 진행될 수 있다. 이러한 종류의 스스로 진행하는 행사는 친밀하고 소박한 경향이 있다.

(6) 이스라엘

일부 부모는 이스라엘에서 가족과의 연결을 확인하고 특별한 선물로서 바/바트 미츠바(bar/bat mitzvah) 축하 행사를 계획한다. 이스라엘에서는 여러 가지 장소에서 예식을 진행할 수 있는데 가장 인기 있는 곳은 예루살렘의 서쪽 통곡의 벽(정통파 판결은 벽에서 여성을 위한 공공 예배를 드리는 것을 제한하여 소년만 해당)과 유적지 마사다(Masada, 남, 여 학생 모두)이다. 이스라엘의 개혁파 회당이나 보수파의 바/바트 미츠바 성찬을 준비하는 것도 가능하다. 그러나 그 곳에서 봉사할 때마다 모국어 히브리어를 사용된다는 것을 기억하라.

이런 종류의 바/바트 미츠바 여행은 유대인 정체성과 헌신의 전환점이 될 수 있다. 특히 가족들의 이스라엘 방문이 처음이라면 더욱 그렇다. 이스라엘에서 바/바트 미츠바 여행을 전문으로 하는 여행사는 필요한 모든 준비를 하는데 도움을 줄 수 있다.

(7) 성인식을 위한 준비

성인식을 준비하는 것은 지적으로나 발달상 어려운 일이다. 아이들은 히브리 성경이나 주간 성경 부분을 읽는 데 충분한 히브리어를 배워야하며 어떤 경우에는 전례 중의 일부분 예배를 인도해야 한다. 연설은 지성, 사려 깊음 및 훈육을 점검하는 것이다. 친구, 친척, 낯선 사람들로 가득 찬 방에서 앞에 서서 무엇이 가장 위대한 삶인지 알려주는 것은 많은 자신감과 균형을 필요로 한다.

아이들은 소년과 소녀의 성인식을 의미 있게 만드는 지식과 기술을 습득할 시간이 필요하다. 유대교 학교는 4학년 또는 5학년 때 준비를 시작하여 율법의 축복을 가르치고, 기도책(siddur)을 공부하고, 히브리어 독서를 한다. 마지막 달에 학생들은 성가대 지휘자나 유대교의 랍비 또는 히브리어 교사에 의해 개별적으로 개인 교습을 받는다.

사려 깊게 운영되는 교회학교는 이를 위해 공부하는 아이들을 위해 최소한 1년 동안 특별 프로그램을 기획하고 있다. 많은 학교들은 봉사활동을 하는 것, 자선(정의로운 헌금)에 대한 토론과 실천 등과 같은 공공 봉사활동을 필요로 한다. 성인식 교과 과정에는 일련의 가족 학습 기간 및 부모와 자녀를 위한 안식일 묵상이 포함될 수 있다.

부모는 또한 할 일이 많다. 예배에서 명예를 얻는 사람(alryot)을 선택하는 것, 손님 목록, 호텔 예약, 식사, 교통 등 많은 세부 사항이 있다. 이 과정에서 초대장의 크기와 같은 사소한 것조차도 선택의 여지가 당신의 아들 또는 딸을 위한 교훈이 될 수 있다.

많은 부모님들이 성인식의 일환으로 율법을 읽으면서 글쓰기를 해야 한다. 두 가지 책임 모두 큰 준비와 사전 고려가 필요하다.

각 회당마다 자체적인 성인식의 습관과 문화가 있기 때문에, 행사 전년도에 예배에 참석하여 확인하고 예배에 익숙해지도록 하라. 어떤 회당은 학기의 안식일마다 성인식이 있는데 다른 사람들에게는 드문 경우로 여겨진다. 어떤 회당에서는 회중이 정기적으로 안식일 예배에 참석한다. 다른 사람들은 초대 손님만 토요일 아침에 나타난다.

일부 지역 사회는 가족이 예배를 개인화하도록 허용하고, 다른 지역 사회는 성인식 가정이 회당의 민간 봉사 활동(minhag)에 부합할 것으로 기대한다. 성인식에서 유대인이 아닌 친척의 역할과 같은 특별한 요청이나 우려가 있는 경우 유대교의 랍비에게 이야기하라.

이 행사를 위해 손님을 준비하는 한 가지 방법은 이전 성인식에 참석하지 않았던 사람들을 위해 예배를 설명하는 팜플렛을 보내는 것이다.

(8) 성인식을 의미 있게 만들기

성인식 시즌은 부모가 자신의 선택을 통해 가치를 가르치는 중요한 시간이다. 자녀의 기도용 목도리보다 케이크에 더 많은 시간과 돈을 투자하는가? 당신은 모든 사촌들을 초대할 것인가? 축구 연습에 참석하기 위해 자녀가 예배를 놓치더라도 친구들의 성인식 모임에 참석하도록 허용할 것인가? 당신 스스로 예배에 가는가? 그러나 당신이 선택하면, 당신의 아이들은 당신을 지켜볼 것이다.

성인식의 가치에 관한 강력한 메시지를 보내는 한 가지 방법은 축하 행사에서 자선행위를 중요한 요소로 만드는 것이다. 많은 가정들이 이제 성인식의 식량에 소비된 돈 중 3%를 자선단체(Mazon)에 기부한다. 메이존 미국과 전 세계의 수프 주방, 식품 저장실 및 기타 식품 프로그램에 기금을 제공하는 "배고픔에 대한 유대인의 반응"이라는 단체가 있다.4 성인식의 주요 의제로 기타 자선을 우선순위에 두는 방법은 다음

---

4 Mazon, A Jewish Response to Hunger, 12401 Wilshire Boulevard Suite 303, Los Angeles, CA 90025-1015.

과 같다. 파티 후에 꽃 장식을 지역 양로원에 가져 오는 것, 남은 음식을 피난처로 보내기, 성인식 초대장에 지역 식료품 저장실에 기부하기 위해 깡통제품을 가져다 달라고 요청하는 메모를 포함시키기, 중앙 장식품을 위해 세면화장품으로 가득한 바구니를 사용하여 그것이 쉼터에 기부될 것이라고 설명하는 메모 등이 있다.

불행히도 성인식 축하는 자선과 관련되기보다는 뚜렷한 소비, 나쁜 취향 그리고 종교적 천박함에 더 관련이 있는 것 같다. 소비문화에서 생활의 함정을 피하는데 도움이 되기 위해 성인식을 계획하면서 다음 질문을 고려하라.

(9) 음식 쟁반은 진짜로 누가 걱정하는가?

당신의 회중에 있는 모든 사람들이 호화로운 파티를 열면, 의심할 여지없이 똑같은 일을 하도록 압력을 받게 된다. 10대 청소년들의 정신적 미성숙을 고려할 때, 아이들은 '다른 모든 사람들'이 즐겁게 지내려면 3명의 디스크자키와 파티를 좋아하는 많은 사람들이 필수적이라는 생각을 갖게 되는데 그 지점을 이해하기는 쉽다.

미국 유대인 공동체의 부의 수준은 터무니없이 낭비되는 양의 음식, 롤러스케이트, 침팬지, 룰렛 테이블, 타이타닉의 재현 등 전설적인 허례허식과 부실한 판단을 이끌어 냈다. 그러나 축하를 과용하는 경향은 새로운 것이 아니다. 중세 시대에 유대교의 랍비들은 손님 수에 대한 제한과 심지어 성찬례 행사에서 착용하는 종류의 옷까지도 제한했다. 부분적으로 그러한 법률은 유대인의 재산에 대한 반유대주의적 분개를 막으려는 시도였다. 그러나 진정 유대교의 랍비들은 부유한 사람들과 비교하여 부채를 겪거나 곤란을 겪을 수도 있는 더 가난한 유대인의 압박감을 누그러뜨리기를 원했다.

오늘날 과도한 지출에 대한 건강한 반발이 있다. 성인식에서 초점을 자선에 맞추기 위한 노력으로, 교회 교육 과정은 지역 사회 봉사와 자선을 강조하며, 많은 회당은 모든 가족이 자선단체에 기부하도록 강력히 권한다. 가족들은 댄스파티 대신 무너진 교회 복구에 도움을 주거나 노인들을 방문하는 등의 자선 파티를 택하기까지 했다.

(10) 누가 책임지고 있나?

당신의 자녀는 자신의 성인식에서 주니어 파트너여야 한다. 결국, 이 의식은 성숙과 책임감이 커지고 있음을 유도하고 인정하는 것이다. 그럼에도 불구하고 13세의 아이들은 스스로 모든 결정을 내릴 만큼 충분히 성장하지 못했다. 학부모는 자녀의 성숙함과 사회적 압력에 균형을 맞추어야 하며 경제적 측면뿐만 아니라 가치관, 상식 그리고 훌륭한 취향에 대해서도 확고해야 한다.

예를 들어 부모는 자녀에게 현금 선물에 관해 안내해야 한다. 결국, 일부 제한을 설정하지 않고 13세에 500달러(또는 2,000달러 또는 10,000달러)를 양도하지는 않을 것이다. 자녀가 개인적인 사용을 위해 어느 정도의 금액을 유지할 수 있다고 말할 수도 있지만, 설정된 비율은 자신이 선택한 자선 단체에 보내진다. 일부 학부모는 대학교 또는 고등학교 수학여행을 위해 가장 큰 몫의 돈을 지정하는 것이 적절하다고 생각한다.

당신이 13세와 함께하는 의식이나 축하에 관해 이야기하기 전에 앉아서 당신이 성취하고자 하는 것에 대해 분명히 하고 동의하는지 확인하라. 그런 다음 두 가지 목록을 작성 하라. 예를 들어, 하나는 협상 불가능한 항목으로 예산 또는 히브리어를 행사장의 종교적 성격을 강조하는 방법으로 초청장에 넣을 것 등이다. 그러나 타협이 적절한 다른 항목이 있다. 예를 들어, 색채 구성과 댄스 음악과 같이 대부분 미용에 초점을 맞춘 축하 행사에 관해 토론할 때 자녀의 친구들이 받아들일 수 있을 내용에 대해서는 아이의 발달의 과정상 필요하다는 것을 명심하라.

(11) 누구를 위한 것인가?

한 걸음 물러서서 왜 많은 돈을 쓰고 성인식 행사에 많은 에너지를 소비하는지 직접 자문해보라. 이 의식은 당신에게 무엇을 의미하는가? 자녀에게 어떤 의미가 있기를 원하는가? 차이점이 확실한가?

자녀에게 성인식이 의미가 있기를 원한다면, 그것은 당신 자신의 입장에서도 독자적으로 의미가 있어야 한다. 이 행사에 성인인 당신 자신이 연결되게 하는 한 가지 방법은 성인식에 이르는 기간 동안 공부하는 것이다. 많은 회당이 가족 수업 및 묵상시간을 통해 촉진하는 것이다. 또 다른 옵션은 자기 자신을 위해 알리야를 받아들이고 예배에서 율법을 읽을 준비를 하는 것이다. 당신의 자녀보다 당신이 훨씬 더 어려울 수도 있다. 공유된 노력을 평생 한 번도 해 본 적이 없다면, 당신이 그렇게 노력함으로 새로이 동등한 발걸음을 내딛게 되는 계기가 된다.

(12) 파티가 끝난 후

성인식이 큰 파티보다 더 무언가 의미 있는 것이 되게 하기 위해서,

부모님은 중학교를 끝내는 의식이 영어와 수학 공부의 끝이 아닌 것처럼 성인식도 유대인 학습에서 벗어나는 것은 아니라는 믿음을 전달할 필요가 있다. 성인식은 중학교 및 고등학교 프로그램, 청소년 그룹, 캠핑, 공휴일에 성경 읽기, 유대교 학교에서 어린아이들을 가르치기, 유대인 학교에서 자원 봉사하기, 회당 음식 보관소에서 자원봉사하기 등 유대인 교육에서 새롭고 성숙한 무대의 시작을 의미한다. 이러한 기대를 현실로 만들기 위해서는 자녀가 학습, 일 및 유대인으로서 역할을 연습할 수 있는 또래 집단에 기초한 환경에서 그리고 교실 안팎에서, 부모는 도전적이고 의미 있는 경험을 찾아내고 격려해야 한다.

2. 선택 사항들

형식적 교육, 비형식적 학습

초기 청소년기에 공식적인 유대인 학습을 위한 두 가지 주요 선택은 취학 연령 아동의 경우와 동일하다. 대부분 유대교 회당과 관련된 보충학교와 전일제 사립학교이다(7장 참조).

보충학교와 주간학교 간에는 상당한 차이가 있지만, 어느 쪽이든 이 단계에서 결정적으로 중요한 유대인 동료 집단을 제공할 수 있다는 것이다. 둘 다 히브리어 기술, 텍스트에 대한 비판적 접근법, 보다 정교한 유대인 어휘, 미드라쉬(Midrash), 미쉬나(Mishnah), 탈무드의 항(tractate), 힐렐(Hillel), 마이모데스(Maimonides), 라쉬(Rashi), 하시디즘(Hasidism) 등을 포함하여 평생 유대인 학습을 위한 도구를 제공할 수 있다.

(1) 보충학교

성인식 직전의 보충학교 입학 시기가 가장 우세한 것으로 나타난다. 대부분의 유대인 11, 12, 13세 학생들은 입학을 준비하는 수업에 참석한다. 보충학교는 언제나 히브리어 독서와 수업 중 기도 서적 읽는 기술에 중점을 둔다.

다른 코스는 학교에 따라 생활주기(일부는 유대인 장례식장 또는 공동묘지 방문), 이민 및 가정생활(가족 역사 프로젝트가 배정될 수 있음)에 대한 심층적인 연구, 현대 이스라엘(이스라엘 전자 메일, 친구들과 교사 팀 아이들이 있음), 비교 종교(지역 교회와 모스크 방문자와 방문객), 개인 윤리(아마도 유대교가 파벌에 관해 말하고 있는 것에 초점을 맞춘다) 그리고 홀로코스트이다.5 일부 학교는 유대인 예술 과목, 하나님과 영성에 대한 개인적인 개념, 윤리와 함께 고학년 학생들에게 선택 과목을 제공한다. 텍스트 연구(성경, 탈무드, 미드라쉬 등)는 거의 모든 주제에 포함될 수 있다.

이 단계에서 동료 집단의 발달 중요성을 감안할 때, 학교는 로프 코스에서의 하루 또는 자선을 위한 기금 마련 서약 워크 참여와 같은 팀 구성 활동을 통해 1년을 시작할 수 있다. 때로는 중학교 프로그램에 교제가 들어가며, 먹고 놀기 위한 시간을 갖는다.

---

5 Facing History and Ourselves, 16 Hurd Road, Brookline, MA 02146; 617-232-1595; www.facinghistory.org. A foundation that develops curriculum and trains teachers in Holocaust education for people of all ages and backgrounds.

학생들이 정규 교실에서 점점 더 까다로운 작업에 직면함에 따라 유대인 교육자들은 "정면을 보고하는" 수업을 피하고, 선생님이 옆줄에 배열된 아이들과 '대화'를 나누려고 노력한다. 토론 형식은 학생들로 하여금 자신의 관심사를 유대인 출처와 연결하도록 권장한다. 일부 프로그램은 압박감을 주는 생활스타일 주제(신체 이미지, 마약 사용, 성 윤리)를 중학년 및 고등학교 커리큘럼에 통합한다. 학생들이 유대인 전통은 모든 것을 다룬다는 메시지를 받게 하기 위해 그렇게 한다. 즉 유대교는 일주일에 한 번 혹은 일 년에 두 번의 종교가 아니라 삶의 방식에 대한 모든 것을 다룬다는 것이다(9장의 보충 교과 과정에 대한 토론을 참조).

성인식을 염두에 두고 보충학교를 살펴보는 경우, 자녀의 진행 중인 유대인 교육 및 정체성 측면에서 '성공'을 가장 잘 예측하는 것은 성인식 이후에도 유대인 학업을 계속하는 학생들의 비율이 높다는 것이다. 이 사실을 명심하라. 상당수의 8학년과 9학년 학생이 교회 프로그램이나 지역 사회 협회의 일원으로 종교 학교에 계속 다니는 경우, 학교는 훌륭한 일을 하고 있는 것이다.

(2) 문제 및 우려

숙제에 대한 기대가 커지고 아이들이 특정 스포츠나 예술에 전념할 때 시간 제약이 더욱 심해진다. 육체적, 정서적, 지적 긴장감으로 인해 많은 아이들이 그날 늦은 시간에는 초점을 맞추기가 어렵다.

게다가 이 나이쯤 되면, 학생들은 보다 정교한 학습자이며 나쁜 가르침과 약한 커리큘럼에 대해 훨씬 더 민감하다. 그들은 또한 가정과 학교에서 한계를 테스트하고 있다. 이 시기는 창조적인 프로그래밍과 유대인의 학습을 가능한 한 창의적이고 정교하게 만들기 위해 새로운 헌신을 요구하는 까다로운 시기이다.

보충 프로그래밍의 가장 큰 문제점 중 하나는 성인식 이후 유대인 교육은 전적으로 선택 사항이라는 부모의 메시지이다. 학부모가 당장 나와서, "그것은 당신들에게 달려있다"라고 말하거나 또는 어떤 구실로 자녀의 결석을 허가하든, 그 함축된 메시지, "우리는 유대인의 학습이 수학이나 축구만큼 중요하지 않다고 생각한다"라고 황폐화시킬 정도로 분명한 것이다.

(3) 주간학교

풀타임 유대인 중학교는 학문적 우수성으로 명성을 얻고 있다. 수업은 규모가 작기 때문에 학교의 모든 교사가 모든 아이의 이름을 아는 것이 일반적이다. 이는 교사가 학습 및 개발에 유익하다고 생각하는 친밀감의 한 종류이다.

유대인 중학교의 커리큘럼은 까다롭다. 일반 학업(수학, 과학, 영어, 사회 연구)의 보완뿐만 아니라 히브리어, 유대인의 역사, 성경, 유대교의 랍비의 텍스트 및 이스라엘을 포함한 유대인 학습의 교과 과정이 있다. 유대인 중학교를 졸업한 학생들은 그들이 다니는 고등학교(공립 또는 사립학교)에서 뛰어나고 보통 대학 선택의 어려움이 거의 없다.

사회적으로 주간학교는 학급 안팎에서 유대인의 역할과 유대인의 역할을 담당하는 동급생들과 동료들에게 유대인의 콘텐츠를 제공함으로써 공식적으로든 비공식적으로든 유대인 정체성을 강화하고 육성한다. 동시에 아이들이 서둘러서 십대 청소년이 되어야한다는 압력이 적어지고, 데이트에서 옷장에 이르기까지 아동기에서 성인기로 전환하는 속도가 느려지는 경향이 있다. 유대인 학교의 학생과 공립중학교 학생 사이의 격차가 훈련받지 않은 눈에는 보이지 않을지라도, 유대인 학교의 복장은 일반적으로 좀 더 겸손하다. 실제로 겸손과 같은 문제에 관해 이야기하는 임무는 부모가 호소력이 있다고 생각하는 이점 중 하나이다.

주간학교 학생들은 스포츠에 참여하고 모든 종류의 개인 수업을 듣지만, 경쟁 압력은 더 적다. 우선, 성인식 준비가 방과 후 시간에는 훨씬 덜 요구된다. 주일 학교 학생들은 회당 성인식 프로그램에 참여할 수 있으며 사적으로 개인지도를 받을 수 있다. 그러나 일일 히브리 학업과 정규 예배를 통해 율법을 연습할 수 있는 기회가 주어지기에, 그 과정에 소요되는 시간이 현저히 단축된다.

유대인 중학교는 또한 포괄적인 유대인 생활양식을 강화한다. 학교 공연과 춤은 금요일 밤에 절대로 계획되지 않는다. 그리고 대부분의 다른 아이들은 유대인 여름 캠프에 참석할 것이다.

유대인 중학교를 고려할 때 학교 방문 시 교장 또는 교장 선생님에게 학교의 사회 현실과 커리큘럼 및 시험 점수에 관해 문의하라. 소규모 학교에서 파벌은 특히 잔인할 수 있다. 제7장에서 제안된 질문 외에 연령 관련 질의에 대한 더 많은 질문은 다음과 같다.

학교는 영성을 육성하기 위해 연령에 맞는 방법을 개발했습니까? 교사는 다양한 의견과 비판적 사고를 장려합니까? 성인식 기간에 대한 가족 교육 프로그램이 있습니까? 학교에서 약물 남용 및 폭력에 관한 성교육이나 수업을 제공합니까?"

학교를 방문할 때 공식적인 교실수업 뿐 아니라 비공식적인 상호교류들을 관찰하라. 교실에서 가치를 공부하는 것으로는 충분하지 않다. 이는 사람들이 그 가치가 학교를 벗어나서도 살아 숨쉬기를 원하기 때문이다. 점심, 홀, 모임에서 아이들을 지켜보라. "아이들은 선생님에게 공손하지만 편하게 느끼는가 또한 서로 편하게 하는가? 그 어른들이 10대들과 어울리는 것을 즐거워하고 있는가?"

이미 학교에 등록한 학생들의 학부모에게 이야기하고 사회 현상과 학문적 압력 등에 대해 물어보라.

(4) 전학

학생들은 정말로 이 단계에서 공립 또는 일반사립 학교에서 유대인 학교로 옮기며 대부분 성공한다. 이전 과정을 통해서 학교가 학생과 가족이 전학하는 데 어떻게 도움이 되는지 질문하라. 일부 학교에서는 신입생을 신속하게 유치하기 위해 히브리어로 된 특수한 수업을 운영하며 가정교사를 추천한다. 일부 학교는 학생들이 모든 수업을 계속할 수 있을 때까지 1학기 또는 1년 동안 교과과정을 개인의 희망에 맞추고 있다.

(5) 문제 및 우려

초등학교 교육과 마찬가지로, 유대인 중학교는 비용이 많이 든다. 회당 생활에서의 소외가 더 큰 문제가 될 수 있는데 만약 십대 청소년들이 자신의 회당 보충학교 학생들과 멀어져 있다고 느끼는 경우라면 더욱 그러하다.

지원을 아끼지 않는 성직자와 회당 교사들이 그런 주간학교 학생들이 통합하는 방법을 찾는데 도움을 줄 수 있으며, 청소년 그룹은 더불어 길을 함께 가면서 연결고리를 만드는데 도움을 줄 수 있다(7장의 논의를 보라).

학부모는 주간학교 교육의 스트레스에 민감해야 한다. 추가 수업은 공립 또는 비종파 사립학교보다 더 긴 수업 일과 숙제를 의미한다. 숙제를 포함하여 유대인 중학교 학생들을 위한 전형적인 수업은 주당 60시간이 걸릴 수 있다.

많은 유대인 아이들이 여분의 도전을 즐기지만 다른 사람들, 특히 이중의 짐에 익숙하지 않은 전학생들에게는 압도적일 수 있다. 학부모는 각 자녀를 개인으로 평가해야 하고 자녀의 능력, 관심사 및 기질에 따라 선택해야 한다.

(6) 비공식 학습

비공식적인 학습과 정규 교육 사이의 구분은 약간 인위적이다. 왜냐하면 어린 십대는 캠프와 청소년 그룹에서 유대인 텍스트를 공부하는 것처럼 학교에서 사교적으로 되고 서로를 통해 배울 것이기 때문이다. 중요한 것은 유대인 친구들과 가능한 많은 접촉 기회를 제공하는 것이다. 성공적인 보충 프로그램이나 유대 학교에 등록한 아이조차도 비공식 유대인 동급 그룹의 일원이 된다. 학교를 기반으로 한 그룹은 상대적으로 작고 거의 가족 성향이 있다. 유치원 때부터 같은(왜냐하면 아마도 그들은 같은 유치원과 학교 등을 다닐 수밖에 없는) 꽉 짜인 기초 구조로 인

해 아마 서로를 알고 있었을 것이다. 이것이 나중에 아이들이 데이트에
대해 생각하기 시작할 때 문제가 될 수도 있다.

유대인 청년 그룹, 육상에서 예술에 이르기까지 유대인 커뮤니티 센
터 활동, 유대인 여름 캠프는 모두 가족을 넘어 유대인의 삶을 확장할
수 있는 방법을 제공한다. 일반적으로 유대인 동료, 친구, 역할 모델과
자녀를 연결하는 선택 사항이 많을수록 더 좋다.

일부 회당은 중학교 아이들을 위한 청소년 그룹을 운영하고 때로는
다른 회당과 협력한다. 그 활동은 자선 프로젝트, 청소년 회중 및 회당
서비스 활동이 포함될 수 있다. 그러나 요점은 유대인으로 정체성을 갖
춘 사회 생활자를 육성하는 것이고, 유대인 청년들에게 함께 놀고 우정
을 쌓고 즐겁게 보내며, 지역사회에 의미 있는 공헌을 할 기회를 주는
것이다. 주니어청소년 그룹 활동(나들이, 여행, 파티)은 아이들이 서로
연결되어 있는 상태를 유지시키고, 고등학교 청소년 그룹에 가입할 수
있을 때까지 회당과 연결되어 있도록 한다(9장에서 설명). 일부 유대인
커뮤니티센터와 대규모 회당은 청소년이 직원으로 있는 청소년 라운지
를 운영하기도 한다.

여름 캠프는 이 시대의 아이들을 위한 훌륭한 자원이다. 사실, 유대
인 캠핑은 자녀가 가족과 별개로 자신을 정의내리기 시작하고, 사랑에
빠지거나 실연도 하며, 더 큰 세상을 탐험하기 시작할 때 훨씬 더 중요
하게 된다. 캠프는 종종 도전적인 캠핑 경험(배낭여행, 하룻밤 뗏목 타기,
밤새 머물기 등) 또는 더 많은 현장 견학을 포함하는 청소년을 위한 특별
프로그램을 준비한다. 일부 캠프는 리더십 교육 및 상담자 훈련 프로그
램을 제공한다. 오랜 기간의 야영자가 '선배' 또는 상담자 훈련 중인 교
사가 되는 것은 엄청난 공식 지위를 부여받게 되는 것이다. 어린아이들

에게는 하나의 역할 모델이 될 수 있는 기회이며, 유능하고 멋진 청년기의 모델인 다른 직원들과 보다 평등한 관계를 형성할 수 있는 기회이다 (7장 참조).

권 장 할 만 한 책

아동용 도서

For Kids-Putting God on the Guest List: How to Claim the Spiritual Meaning of Your Bar/Bat Mitzvah, by Rabbi Jeffrey K. Salkin (Jewish Lights, 2007)

The JGirls Guide: The Young Jewish Womans Handbook for Coming of Age, by Penina Adelman, Ali Feldman, and Shulamit Reinharz (Jewish Lights, 2005).

학부모용 도서

The Bar and Bat Mitzvah Mitzvah Book: A Practical Guide for Changing the World Through Your Simcha, by Danny Siegel. www.dannysiegel.com.

Get Out of My Life: But First Could You Drive Me and Cheryl to the Mall? by Anthony E. Wolf, Ph.D. (Farrar, Straus & Giroux, 2002).

Putting God on the Guest List: How to Reclaim the Spiritual Meaning of Your Child's Bar or Bat Mitzvah, by Rabbi Jeffrey K. Salkin (Jewish Lights, 2005).

Whose Bar/Bat Mitzvah is This, Anyway?: A Guide far Parents Through a Family Rite of Passage, by Judith Davis (St. Martin's, 1998).

자원

Rosh Hodesh: It's a Girl Thing! is a nondenominational program promoting self-esteem and Jewish identity for girls in grades 6-12. www.roshhodesh.org.

9장
15세부터 18세까지
: 유대인을 선택함을 배우기

청소년기는 시야를 넓히고, 자기를 발견하고, 새롭게 독립하는 강렬한 시기이다. 독특하고 믿을만한 정체성을 만들기 위해 십대들은 아이디어, 신념, 자신의 이미지를 실험하고 친구와의 모든 미묘한 차이를 확인한다. 또래와의 관계가 이시기에 가장 중요한데 역설적으로 자기 정의가 집단 활동이 된다.

이 시기는 부모에게 있어 악명 높을 정도로 다루기 힘든 단계이다. 십대 자녀와 부모 간의 관계는 긴장 될 수 있으며 때로는 심지어 전투적으로도 된다. 당신이 아이들과 잘 지내는 방법과 자아를 재발견하고 있는 아들이나 딸을 사랑하는 방법을 알아내려고 노력할 때도 그러하다. 부모가 명심할 필요가 있는 것은 당신이 무슨 행동을 하고 무슨 말을 하더라도 그것이 아주 중요하다는 사실이다. 왜냐하면 질문을 받을 때 대부분의 10대들은 삶에서 가장 중요한 사람들이 바로 자신의 부모라고 답하기 때문이다.

청소년들은 동료 집단과 함께 감동을 받고 영감을 받으며 도전할 수 있는 환경을 찾는 경향이 있다. 따라서 유대인 부모님의 임무는 깊고 의미 있는 순간이 피어나는 유대인의 현장으로 이 필요성을 돌리는 것이다.

많은 유대인 십대들에 있어 가장 지울 수없는 추억은 교실에서가 아니라 계획되지 않고 뜻밖에 뭔가를 발견하는 순간에 일어난다. 대학생 정도 나이의 여름 캠프 카운슬러와 함께 호수가 있는 통나무 앉아 있는 순간에, 뉴욕으로 가는 수료 수업 여행 중에, 유대교의 랍비와 늦은 밤 함께 걷는 순간에, 텔 아비브 여행에서 이스라엘 십대와 우연히 만나는 순간에, 청소년 단체 모임 동안 사랑에 빠지는 순간에 그 소중한 추억은 형성된다. 비록 부모는 자신들이 꼭 집어서 그 소중한 추억의 순간들의 일부가 아니라고 하지만, 부모는 회당과 연결하고, 프로그램을 제안하고, 모임에 차로 운전해 주고, 캠프에 비용을 지불하는 등의 내용으로 자녀를 기쁘게 하는 사람들이다.

어떤 면에서 이 단계는 당신이 현재 6피트 키의 아들이 유아였던 날을 기억하게 한다. 아기가 안식일 축복을 이해할 것으로 기대하지는 않았지만, 당신의 안식일 기념하는 소리, 냄새 및 리듬에 노출되어 아이는 달콤한 추억과 편안해지는 기대감이 영구적으로 머릿속에 남아 있다. 당신이 양초를 밝히는 동안에도 성큼성큼 방 밖으로 걸어 나가는 10대들에게 조차도, 당신이 중요하기 때문에 유대인을 관행을 따르고 있다는 그 사실이 모든 것 중에 가장 효과적인 유대인의 본보기로 아이에게 남아 있다.

청소년들은 경청하지 않는 척 하지만, 부모가 이스라엘 정치, 주간 성경 분량 또는 회당 생활에 관해 이야기할 때 정말로 잘 듣고 있는 것이다. 십대들은 엄마와 아빠가 성인 교육 과정을 수강하고 있거나 유대인 서적 그룹에 참여하고 있거나 서비스를 받고 있다는 사실을 머릿속에 기억한다. 부모의 위선이 10대에게는 중요한 죄가 된다는 사실은 아이들이 원하는 만큼 따로 분리할 필요가 있지만 그럼에도 불구하고 자신들과 가까운 어른들을 예의 주시한다.

10대에게 훈계하는 것은 거의 성공하지 못하지만 부모는 여전히 청소년 자녀에게 교사 역할을 할 수 있다. 그들의 의견을 때때로 묻기도 한다. 이 단계에서 돈이 종종 문제가 된다. "어제 너에게 준 20달러는 어떻게 됐냐?"처럼. 가족의 자선활동을 결정할 때 자녀의 역할을 간청하거나 그 아이의 제안을 따르게 되면 당신은 그 아이를 진지하게 여기는 것을 보이게 되고 보답으로 당신의 의견도 진지하게 받아들여질 기회가 늘어난다.

청소년의 목소리에 대한 존경심을 나타내는 또 다른 방법은 당신 자신의 유대인 딜레마 중 일부를 나누는 것이다. 예를 들어 공휴일 예배에서 돌아오는 도중에 차에서 "너는 하나님께 죽은 자를 일으켜 달라고 기도하는 그 기도에 대해 어떻게 생각하니? 그 생각이 항상 나를 너무 괴롭게 해서 크게 말도 못해." 이스라엘 외교 정책의 지혜 또는 유대인 사상이나 관행에 대한 의구심을 아이에게 표현하면 '부모가 자신을 진지한 대화를 나눌 만큼 충분히 나이가 들었다고 생각하시는구나'라고 판단한다.

청소년과 계획된 대화는 인위적이거나 강제적으로 보일 수 있다. 그럼에도 불구하고, 부모는 자녀의 삶과 관련이 있는 윤리적인 문제(가능하면 유대인의 가치와 용어를 사용)를 꺼내려고 노력해야 한다. 예를 들어, 친구에 대한 충성도와 음주 및 다른 위험한 행동으로부터 친구의 건강과 안녕을 보호해야 할 필요성 사이에서 발생하는 긴장 같은 문제이다.

진지한 유대인 담화를 위해 자연스런 환경을 활용하라. 십대 자녀와 함께 TV를 시청하라. 중요한 질문을 제기하는 영화나 연극을 보러 가라. 그리고 빨리 나오는 카푸치노 커피를 놓고 그 영화 제작의 장점에 관해 토론하라.

가능하다면 청소년기의 중요한 순간을 유대인다움과 연결하라. 예를 들어, 운전 면허증을 받은 날에 앞좌석에 앉아서 히브리말로 세헤치아누(Shehechiyanu)라고 말하면 된다.

자녀의 유대인 선택을 분명히 말하고 박수를 보낸다. "나는 너 나이 때 일어나서 예배를 이끌 수 있는 용기를 결코 갖기 못했어." "이스라엘 댄스에 대해 열렬한 반응을 보니 반갑네, 나는 춤에 대해서는 엉망이야."

논쟁하는 것과 잔소리는 걷는 것을 배우는 것이 유아기의 일부인 것처럼 청소년기에서도 그 일부분이다. 조심스럽게 당신의 유대인식 주장을 선택하고 십대에 당신이 자녀에 대해 기대하는 것을 알게 함으로써 시작하라. 일부 항목은 협상이 불가능할 수 있다. 가령 "히브리어 고등학교를 다니는 것은 일반 고등학교에 다니는 것보다 더 이상 논의해서 해결될게 아니야, 너는 계속 그 학교를 수료해야 할 거야." 그러나 다른 것들은 개인적인 희망의 형태로 말하면 된다. 당신이 논쟁을 하지 않을 시점에서는, 자녀에게 다른 희망과 소망에 대해 이야기하라.

"엄마와 나는 정말로 네가 너의 인생에서 비유대인 친구뿐만 아니라 유대인 친구도 가졌으면 해." "나는 우리가 매주 안식일의 일부를 함께 축하하기를 바라." "우리는 네가 고등학교 3학년되기 전에 여름 동안 이스라엘 여행을 가기를 기대해. 그러나 어느 프로그램으로 갈지는 네가 선택할 수 있어." "지금 우리가 대학을 찾아보는 중인데, 우리는 네

가 힐렐 (Hillel) 캠퍼스와 더불어 유대인 공동체가 있는 대학에 다녔
으면 해."1

자녀가 고등학생이 될 때쯤이면, 부모는 사춘기 청소년의 행동이나
선택을 모든 일에서 지시할 수 없으며, 또한 그렇게 해서도 안 된다. 결
국, 당신은 십대가 실제 의사 결정을 연습하기를 원한다. 비록 자녀가
여전히 가정의 비교적 안전한 환경에서 살고 있더라도.

유대인의 삶에 대한 십대들의 견해를 들어라. 그 견해가 자발적으로
나올 때마다. 이러한 것들이 극단적으로 진술 될 수 있지만, 그가 말하
는 것에 합당한 논증이나 제안이 있을 수 있다. 협상할 준비를 하라. 특
히 청소년이 유대인의 선택을 기꺼이 원할 경우:

"히브리 학교는 구덩이야. 우리는 6학년 때와 같은 9학년 때와 똑같은
일을 하고 있어. 게다가 내 친구도 없고 지루해. 왜 조쉬의 히브리 학교
에 갈 수 없지? 그 애들은 피자도 먹고 선생님도 모두 대학생이래."
"나는 유대인의 주간학교에 갈 거야! 크게 소리 지르러! 나는 일주일
내내 유대인식 일을 할 거야, 아빠가 평생 했던 것 보다 더 많이 기도할
거야. 나는 토요일 아침에는 잠자고 싶어."

육아 전문가는 동의하기를 당신의 위치를 가끔 변화시키는 것이 약
점을 표시하는 것이 아니라고 한다. 만약 그 변화가 당신의 기본적인
목표를 달성할 것인 경우에는 타협을 시도하라:

---

1 전 세계 대학 및 대학교 정보는 Hillel 웹 사이트(www.hillel.org)에서 확인하라.

"나는 코헨 선생님 수업에서 다른 수업으로 바꿔달라고 부탁할 것이고, 한 달 후에도 아무 것도 얻지 못하면 다른 회당 고등학교를 살펴볼 것이다." "우리 가족은 항상 안식일을 기념해. 그리고 그것은 여전히 나의 소원이야. 나는 금요일 밤의 저녁식사를 포기하지 않을 거야, 너는 집에 있어야 해. 그러나 토요일 아침 예배에는 네가 우리와 함께 하기를 기대하지는 않아."

데이트는 많은 유대인 부모들에게 뜨거운 주제로 남아 있지만 사실은 "유대인이 아닌 대상과 데이트"(inter-dating)가 자유주의 유대인 공동체에서 복잡한 주제이다. 대부분의 자유주의적 유대인 청소년은 한 부모가 유대교로 개종한 가정을 알고 있다. 그리고 이종교 간 결혼은 했지만 유대교 정체성을 지닌 가족도 아이들은 알고 있다. 게다가, 십대가 당신에게 말한다, "나는 그녀와 결혼하지 않을 것이다. 나는 겨우 열다섯 살이다!"

타종교인과 데이트를 금지하는 것, 특히 당신의 근거도 설명하지 않고 하는 것은 역효과를 가져온다. 아이들은 엘리트 또는 인종 차별주의의 한 형태로서 "유대인들과만 데이트 해주기를 바란다"라는 경고로 듣는다. 이것은 자녀의 행동을 통제하려는 시도와 마찬가지로 나쁘다. 당신이 "나는 네가 크리스(Chris)와 데이트하기를 원치 않아"라고 말하면, 자녀에게 크리스는 즉시 더 매력적으로 된다(발상의 전환).

10대들에게 당신이 왜 유대인이 되는 것을 선호하는지 솔직하게 말해주라. "내 꿈은 언젠가 네가 유대인 가정을 갖는 것이야. 이것이 내가 내 자신과 가족을 위해 선택한 것이야. 나는 유대교가 훌륭한 방법으로 아이들을 키우고 키울 수 있다고 생각해. 나는 이것이 너에게도 또한 최상이라고 생각해. 결혼은 아직 먼 미래의 일이지만, 모든 데이트는 인생 파트너를 선택하는 연습 방법이야. 물론, 궁극적으로, 나는 네 자신을 위해서 네가 좋은 결정을 내릴 것이라는 것을 안다."

당신이 짧고 정직하게 말하더라도 자녀는 눈동자를 많이 돌리며 응대할 것이라고 확신하지만, 적어도 당신은 공개적이고 정직하게 당신의 견해를 밝혀야 할 것이다. 10대들을 모든 전투에서 이기려고 노력하는 것은 값비싼 전략이다.

길게 보는 관점을 지니고 믿음을 갖는 것이 가장 좋다. 당신이 당신의 자녀를 사랑하고 당신 자신의 유대인다움을 사랑한다면, 당신이 장기간에 걸친 모범으로 삼은 그 근본적인 구조는 모든 가능성으로 볼 때 자녀들의 삶의 필수적인 부분이 될 것이다.

1. 생활 주기

성인식, 졸업식

십대 기간과 관련된 유일한 행사는 공식 유대인 학교 졸업식이다.

개혁파 회당에서는 성인식이 거의 보편적이며, 또한 많은 보수파 회당에서도 하나의 특징이다. 사람들이 회합한 결과를 보인다. 흔히 율법을 유대인에게 주는 것을 기념하는 축제, 오순절(Shavuot)의 공휴일 동안 열렸던 인상적인 의식은 히브리 민족이 유대인이 된 순간의 의식 재현으로 율법을 받았다는 것을 기념한다. 꽃 덮인 설교 연단에서, 견진성사 지원자들인 소년과 소녀가 기도 인도자로, 율법 낭독자로 역할을 한다. 또한 자신들의 유대인 학습에 관해 그리고 유대성인으로서 자신에 관한 비전에 대해 개인적 반성 내용을 읽는다. 많은 회당에서 성인식이전 기간은 학문적으로 사회적으로 풍부한 경험이며, 유대교의 랍비가 가르친 특별 강좌와 학교 반에서 진행한 여행이 포함된다.

19세기 개혁운동의 하나의 혁신으로 이 성인식은 그 이전 성인의식에 대한 대체물로 제도화되었다. 이전의 성인의식은 아이들이 너무 어려서 그 의미를 알기 어려울 때 진행되었다고 많은 사람들이 생각한다. 이 변화는 가족에 대한 사회 및 재정상의 압력을 없애고 종교 교육 보완을 위해 수년을 연장하기 위한 것이다. 개혁 운동은 10학년 이후에 학생들을 계속 확인하면서 오래 전에 남자 성인의식을 재주장하고 여자성인의식을 추가하였다 .

그러나 성인식과 졸업식을 같은 것으로 여겨 회당에서 공식 유대인학습의 종료점으로 기능하는 경향이 있다. 많은 회당들이 이제 11학년또는 12학년의 성인식을 예정하고 있다.

자유주의 유대인 고등학교 졸업식은 최근의 현상이다. 왜냐하면 자유주의 유대인 고등학교는 최근 포도 수확기 즉 졸업식을 기다리는 상태이기 때문이다("교육"에 대한 토론편을 보라). 이 행사들은 고등학교 졸업만큼이나 가족과 친구들에게 감동을 주고 의미가 깊다. 또한 이 행사는 유대인의 삶에 대한 강력한 확증과 학습 그리고 연속성을 더하는 감정적 호소력을 더하고 있다.

회당 성인식이든 주간학교 졸업식이든, 가족과 친구들은 예루살렘신문 구독, 다가오는 이스라엘 여행을 위한 배낭, 유대인 내용을 지닌연극을 보기 위한 티켓, 히브리 소프트웨어 등 의미 있는 선물로 그 행사의 내용을 승인할 수 있다.

2. 선택

풀타임 유대인 학교에 등록한 학생들을 제외하면, 유대인 십대들은 상호 교류가 거의 없는 다양한 세계에 거주하고 그리고 일반적으로 비유대인을 비뚤어진 시각으로 본다. 유대교 회당, 청소년 단체 활동, 이스라엘, 캠프에서 아이들이 보내는 시간이 많을수록 유대교는 그들 인격에 더 많은 영향을 미칠 것이다. 만약 10대 청소년이 일주일에 90분 동안만 유대인 동료 집단의 부분이 된다면, 그들이 고등학교, 스포츠 팀, 드라마 클럽 등 비유대인 문화로부터 자아의식을 형성하게 될 것이란 사실이 이치에 맞는다.

십대를 위해 유대인 동료를 제공하는 것은 오래된 선택을 재평가하는 것이다. 공립 고등학교가 유대인 학생의 상당 부분을 차지하고 있는 지역 사회로 이동할 때인가? 유대인 고등학교의 선택을 탐구하고 싶은가?

자신의 회당을 둘러보라. 회당은 십대 청소년을 위한 지역 사회의 목표를 수행하는 것을 돕기 위해 청년 일꾼을 고용하는가? 청년들은 지역 사회의 삶에 어떻게 참여하도록 권유 받았는가? 10대들이 이사회 또는 학교위원회에 있는가? 십대들은 안식일과 토요일에 율법을 읽도록 권유 받았는가?[2]

---

2 유대 교육 컨설턴트 인 Serene Victor는 십대와 교육 기관 간의 이러한 관계를 다음과 같은 세 가지 질문으로 요약한다. "교회의 누군가가 모든 청소년을 알고자 노력합니까? 아이들이 지역 사회에 실제로 기여합니까? 지역 사회가 그들을 책임지도록 합니까?"

　　부모는 자신의 태도와 우선순위도 확인해야 한다. 유대인 청소년을 양육하는 것은 학교와 청소년 단체에서 아이들이 운전을 하도록 하고, 유대인 교육, 여름 캠프, 또는 이스라엘 여행 자금을 조달할 수 있는 방법을 찾는 등의 이벤트를 하는 일도 허락하다는 것을 의미한다.

　　유대인 학교, 캠프, 청소년 단체 또는 이스라엘 여행에서 적절하게 어울리는 것을 찾는 것은 지역 유대인 공동체와 교회에 참여해야 함을 요구한다.3

　　그러나 모든 좋은 의도와 최선의 노력에도 불구하고 십대 청소년이 유대인 고등학교나 회당 청소년 집단에 참여하는 것을 거부할 수 있음을 명심하라. 그들이 고등학교에 갈 쯤, 10대는 자신들에게 영향을 주는 결정에 참여하기를 주장할 것이다. 유대인 전통은 이러한 현실을 존중하여 13세 이상 된 젊은이가 지역사회에서 책임감 있는 구성원이 되도록 했다. 비록 완전한 성인은 아니지만, 그들은 중요하고 의미 있는 역할을 할 수 있다. 가령 기도회 정족수(prayer quorum)로 참가하거나, 종교법정(bet din)에서 목격자로 활동하는 것과 같은 역할을 한다. 당신이 당신 10대 자녀에게 그들이 연구할 이스라엘 프로그램을 선택하거나 얼마나 많은 용돈을 자선용으로 주어야 할지를 결정하는 것 같은 유대인 선택을 스스로 하도록 기회를 줄 때, 당신은 확신, 신앙 그리고 자녀가 신뢰와 존경을 받을 가치가 있는 사람(mensch)으로 되어가는 것에 대한 자부심 등을 표현하는 것이다.

---

3 베이비 붐 세대의 후손인 유대인 십대 인구의 현재 호황은 청소년을 위한 더 많은 자원과 옹호자에 대한 필요성을 시사한다.

1) 교육

비록 75%의 13세 아이들이 특정 형식의 유대인 교육프로그램에 참가하고 있지만, 18세 나이쯤이면 그 아이들의 4분의 1도 안 되는 아이들이 유대인 학습이나 어느 조직화된 유대인 활동에 등록한다.[4]

이 의미는 다수의 유대인들이 단지 초보적인 수준의 학습만 습득하고 유대인 교육을 일명 '졸업'하고 있다는 것이다. 이것은 큰 수치이다. 만약 그들이 같은 시점에서 일반 공부를 그만 둔다면, 그들은 셰스피어 작품을 읽어 보지도 않고 혹은 개구리 해부도 못해본 채 학교를 떠나는 것이다.

유대인 고등학교 프로그램은 유대인 역사, 사고, 문학 그리고 윤리학이 복잡하다는 문제 제기를 할 수 있고, 10대 등에게 활기차게 유대교 성경구절 연구를 주고받는 방식을 소개할 수 있다. 유대인 학교는 또한 청소년들의 진지한 대화를 위한 갈망과 필요성을 충족시킬 수 있다. 그 내용은 개인의 책임, 윤리, 신, 영성 그리고 세상의 악에 관한 문제들이다. 유대인 고등학교 프로그램은 유대인다움을 10대들이 참가하고자 하는 갈망과 연결할 수 있다. 그 내용은 사회적 정의 프로그램(tikkun olam)을 통해 독서에 도움이 필요한 아이들을 개인지도 하는 것 같이 현재 진행 중인 일에 참가하는 것이요, 지역 노숙자쉼터를 위한 기금을 모으거나 혹은 무료급식소에서 일을 하는 것 같은 자선 프로젝트(tzedakah)에 참가하는 것이다. 물론 유대인 고등학교는 동료 집단과 더불어 사회화를 위한 이상적인 환경을 제공하고 있다.

---

4 Amy L. Sales, Ph.D., Jewish Youth Databook (CMJS/ICR Brandeis University, 1996), p.i.

제7장과 제8장에 있는 학교들에 대한 많은 정보 또한 고등학교 프로그램에 적용되고 있고, 보충학교와 전일제 주간학교 사이에 기본적인 선택도 있다.

두 학교 중 어느 한 종류의 유대교 교육프로그램에 등록되어 있는 10대들은 다음의 내용을 받을 만한 자격이 있다.

- 이야기를 나눌 수 있는 감동적이고 높은 권위를 가진 유대인 교사. 청소년들은 유대인 생활에 연결되어 있고 헌신하는 성인 모델(대학생 포함)이 필요하다.
- 유대인 선택을 할 기회, 관심과 호소하는 분야에 집중하고 탐구 할 기회. 많은 고등학교 프로그램은 선택 과목을 제공함으로써 이를 수행한다.
- 유대인의 개념, 가치 및 텍스트를 이미 환경에 대한 관심에서부터 성욕과 미성년 음주에 이르기까지 그들에게 매우 중요한 것들과 연결시키는 방법.
- 이상주의를 행동으로 이끌 수 있는 방법.
- 청소년들이 유대인 음악, 예술, 드라마, 문학, 무용을 만들 수 있는 창의력이 발달되는 환경.
- 개인적 차이가 존중되고 받아들여지는 문화. 비협조적인 사람, 천재, 시골청년이 자신의 친구들이 괴롭히거나 기피하지 않는다는 것을 알고 있는 곳.
- 유대인이 아닌 세상에서 유대인으로 살아가기에 대한 정직한 대화.
- 지적 자유와 호기심을 위한 방. 십대들은 그들이 실제로 생각하는 것은 무엇이든 말할 수 있고, 유대교가 개인과 우상 파괴의 전통이라고

것을 알아야한다. 당신은 당신의 아이가 유대교의 랍비반에 가서 "나는 신을 믿지 않아요"라고 말하기를 원한다. 왜냐하면 자녀가 맹비난을 받지는 않을 거라는 걸 알기 때문에. 당신은 자녀가 유대교가 의심스러움으로 가득 차 있다는 것을 배우기를 바란다. 유대인이 된다는 것은 다른 유대인들과 논쟁하는 것에 관한 것이고, 지적 날카로움에 대해 논쟁하는 것이고, 불일치와 다른 이해 방법에 대한 유대인 텍스트를 채굴하는 것에 관한 논쟁을 하는 것이라는 사실을 아이가 배우기 원한다.

유대인 고등학교 프로그램은 학생들이 창의적인 사고를 할 수 있도록 힘을 실어 주어야한다. 청소년들은 과거에 받은 지혜에 대해서만 듣는 것에 관심이 없다. 그들은 아이디어가 어떻게 달라질 수 있는지를 보기 위해 "상자 밖에서 생각하는" 기회를 원한다.

이것은 유대인 텍스트 연구과정이 오래되었지만 아직도 활발한 가운데 가장 잘 수행된다. 유대인들에게 신성한 텍스트는 일차원적인 것이 아니라 짜임새 있고 복잡하다. 성경은 다양한 목소리의 모음이다. 탈무드는 매우 특이한 목소리를 녹음하고 소수 의견으로 가득 차있다.

우리의 전통은 모든 유대인들이 이 본문의 뉘앙스와 의미를 접하고, 해석하고 토론하도록 권유한다. 유대교 전통에 따르면, 누구든지 오랫동안 펼쳐지는 논쟁에 중요한 공헌을 할 수 있으며, 이것이 청소년들에게 강력한 메시지가 될 수 있다. 왜냐하면 청소년은 자신들의 떠오르는 목소리를 행사하는 것을 즐기지만 때로는 남들이 안 들어 준다는 느낌, 권리를 빼앗긴 느낌이 들기 때문이다.

한 선생님이 반 학생들에게 "성경에 있는 이 구절을 어떻게 생각합니까?"라고 묻는다. 그 선생님은 아이들이 비판적인 사고 능력을 발휘

할 것을 요구하는 것 이상을 하고 있다. 그 선생님은 시간과 공간을 초월한 대화에 아이들이 참여하도록 초청하고 있다. 한 교실에 있는 아이들은 살인 사건 이전에 가인과 아벨의 대화를 상상해보려고 애를 쓰고, 아브라함과 함께 조용히 산에 올라갈 때 이삭의 생각을 되새겨보려고 애를 쓴다. 그 아이들은 자신들이 현대 사상가뿐 아니라 1,500년 전에 죽은 유대교의 랍비들과 '논쟁'하고 있다는 사실을 깨닫는다.

성경구절 연구가 올바로 끝났을 때, 십대들은 자신들이 고대의, 지금도 계속되는, 성스러운 대화의 일부임을 알게 된다. 또한 그들은 이 자료가 재미있다는 것을 깨닫는다.

(1) 보충학교

보충용 고등학교 프로그램은 회당마다 다양하다. 일부는 10학년 성인식 후 10대를 위한 정규 교육을 마친다. 그러나 추세는 12학년 때까지 성인식 이후 과정을 제공하는 것이다. 어떤 회당은 그들 자신의 "고등 히브리어"를 운영하는 반면 어떤 사람들은 공동체 학교를 구성하기 위해 함께 참여한다.

보충 고등 교과 과정은 일반적으로 선택과 성경, 유대교의 랍비학(탈무드와 Midrash), 유대인의 역사, 문학, 철학 등의 영역을 포함하는 핵심 교과 과정의 조합이다.

고등학교에서의 선택 과목은 넓은 영역을 운영한다. 즉 "마틴 부버의 글, 예언서, 유대인들이 예수를 믿지 않는 이유, 내세에 대한 유대인의 견해, 영화 속 유대인, 홀로코스트 때 하나님은 어디 계셨습니까?, 의심하는 자를 위한 기도, 유대인의 명상, 유대교와 성적인 행위

(sexuality), 유대인 여성주의" 등이다.

회화용 히브리어와 이스라엘 강좌는 때로 학생들이 이스라엘 여행을 준비하도록 준비되어 있다.

대부분의 보충 프로그램은 청소년의 관심사를 유대인의 출처, 본문 및 가치에 연결하려고 시도한다. 목표는 유대인의 전통이 일간 신문의 헤드라인 이슈에서부터 섹스, 데이트, 폭력, 스트레스, 험담, 음식섭취 장애, 문신에 관한 자신의 개인적인 딜레마에 이르기까지 모든 것을 다루는 것이다.

대부분의 프로그램은 주(weekly) 단위로 만난다.5 그리고 많은 사람들이 사교 시간을 갖기 위해 저녁 시간으로 시작한다. 수련회, 뉴욕의 로어 이스트 사이드(Loire East Side), 로스앤젤레스의 스키볼 박물관(Skirball Museum)에 대한 수업 여행, 세계 수리(tzedakah)에 관한 유대교 텍스트 연구와 관련된 실습, 자선프로젝트가 커리큘럼의 일부가 될 수 있다. 일부 프로그램의 또 다른 하이라이트는 유대교의 랍비 및 칸도(성가대 지휘자)와 함께 공부할 수 있는 기회이다.

보충학교에 있는 유대인 교육자들은 너무 많은 요리 교실과 너무 적은 탈무드 연구를 제공한다고 비난 받아왔다. 비록 "가벼운" 기간은 고등학생들이 이미 압박감에 시달리는 생활에서 더 이상의 스트레스를 피하는 방법으로, 아이들의 이탈을 막기 위한 방법으로 옹호되고 있지만, 노력과 지능을 요구하지 않는 커리큘럼은 진지하게 여겨지지 않을 것이다. 보충 프로그램의 내용이 무엇이든 간에, 교과 과정은 가혹한 학습연구와 고급 배치고사 기대치에 익숙한 유대인 청소년에게 충분히 호소력을 가질 정도로 정교해야 한다. 한 가지 해결책은 수업에서 진지

---

5 일부 지역 사회는 주 단위 수업 대신 주말 피정을 시도하고 있다.

한 반성과 참여를 요구하지만 숙제는 피하는 것이다.

보충 프로그램을 선택하는 학부모는 잘 고려된 교과 과정, 목표를 표현할 수 있는 교장, 아이들이 선생님들과 활동 중인 듯 하고 서로가 편안하게 느끼는 교실을 찾아야 한다. 또한 고등학교와 청소년 그룹이 십대를 위해서 조정된 노력의 일부인지 여부를 알아보라. 최선의 보충 프로그램은 청소년 그룹과 협력하여 공부하는 것이다.

(2) 주간학교

자유주의 및 초교파 고등학교는 유대인 교육의 새로운 발전이다.6 1990년대까지는 거의 모두 정통 유대인 회당 공동체에 의해 운영되었다. 그러나 1992년부터 1998년까지 보스턴에서 로스앤젤레스까지 40개의 새로운 정통 유대인 회당 학교가 개교되었다.7

가족은 더 어린 자녀들을 위한 주간학교를 선택하는 것과 같은 이유로 유대인 고등학교를 선택한다(7, 8장 참조). 고등학생들, 십대들이 그들의 정체성을 형성할 때, 유대인 환경은 특히 중요한 시기에 강하고 상대적으로 충돌하지 않는 정체성을 더욱 강화시킨다.

이것은 유대인 고등학교에 다니는 10대들이 덜 논쟁적이라고 말하는 것이 아니다. 그들은 아직 청소년이다. 그러나 비유대인 데이트에 대한 부모님과의 충돌이나 안식일이나 공휴일에 참여하는 것에 대한

---

6 개혁파와 보수파에 의해 운영되는 단일 운동 고교가 있지만, 초교파 또는 "초교파" 공동체 유대인 학교는 세속파에서 현대 정통파까지의 광범위한 유대인 가정의 학생들을 받아들인다. 이 프로그램은 종종 까다로운 유대인 세계에서 협력과 존경의 모델이다.

7 Education Week, vol. XVII (no.27, March 18, 1998.

논쟁은 덜 일반적이며, 특히 일반학교에 다니는 유대인 청소년의 경험
에 비하면 그렇다.

유대인 고등학교는 비교적 보호받는 환경을 제공한다. 교육 기관이
상당히 작기 때문에 학생들이 균열을 숨기거나 빠지기가 거의 불가능
하다. 관리자와 교사는 각 학생을 개인으로 알게 되고 공동체 의식과
책임감을 육성시키는데 더 편안한 시간을 갖게 된다.

유대인 고등학교는 그러나 섬 모양의 상아탑이 아니다. 교장은 유대
인 세계와 더 큰 공동체 사이에 "반투명 벽"을 제공한다는 그의 목표를
설명한다. 어떤 이들은 유대인이 아닌 학교와 협력 관계를 맺고 있으며,
교사는 아이들이 더 넓은 세상과 관련하여 유대인 정체성의 문제를 구
성하도록 끊임없이 도와준다. 유대인 고등학교는 확실히 일반 사회에
전면적으로 참여할 수 있도록 학생들을 준비시키며 최고의 공립 및 사
립학교와 동등한 수준의 일반 교육을 제공한다. 졸업생은 일반적으로
자신들이 선택하는 대학에 합격 한다.

유대인 고등학교는 두 개의 동시에 교차하는 교차로에서 운행된다.
유대인 학업 트랙에는 히브리어, 성경, 유대교의 랍비(탈무드)가 있으
며, 유대인 역사, 유대인 생활 및 이스라엘에서 다양한 다른 코스가 있
다. 세속 연구 트랙에는 수학 및 영어, 역사, 과학 및 현대 언어의 대학
준비 과정과 미술 및 체육 교육 과정이 포함된다. 티쿤 올람(지역 사회
봉사) 또한 필수과목이다. 과외 활동은 일상적 영역의 클럽, 학생자치
회, 스포츠, 음악, 연극 등을 포함한다.

자유주의 유대인 고등학교는 모든 가능한 환경에서 통합의 개념을
강조한다. 유대교 텍스트를 자선 프로젝트에 연결하고 유대인 역사와
세계사를 연결하며, 유대인 음악과 서양 음악이 교차하는 방식을 보여

준다. 그리고 유대인 출처를 사용하고 유대인의 가치를 표현하는 의학적으로 건전한 신체, 건강 호조, 성적 관심 등에 대한 커리큘럼들을 개발한다.

비판적인 사고 기술을 배우고 소중히 간직한다. 고전적인 유대인 텍스트 연구의 원리에 기초하여 학생들은 공부한 것을 해석하고, 불일치와 연결을 찾고, 창의적으로 문제를 풀도록 장려한다.

유대인 고등학교에 부과되는 강좌는 너무 벅차다. 일반학교에서 5강좌를 요구한다면 유대인 고등학교는 10강좌를 요구한다. 이런 종류의 도전은 십대에게는 강요될 수 없다. 실제로 대부분의 학교에서는 출석이 저조한 학생들을 인정하지 않을 것이다. 예비 학생은 교장을 만날 기회를 가져야한다. 그들은 또한 부모와 독립적으로 학교에서 짝을 이루어 수업에 참여하고, 점심을 먹고, 다른 아이들과 이야기하면서 하루를 보내야 한다.

십대를 위해 유대인 고등학교를 고려중인 학부모는 정보를 위해 교장과의 모임에 초대받을 것이다. 그들은 또한 수업에 참석하고, 교사를 만나고, 다른 연령대와 배경을 가진 다른 부모와 학생들과 이야기해야 한다.

모든 자유주의 유대인 고등학교의 학생 단체에는 유대인과 비유대인 초등학교 및 중학교의 졸업생이 포함된다. 고등학생들은 때때로 주간학교 출신이 아닌 학생들을 위해 히브리어와 및 유대인 생활 수업에서 특별 도움을 주기 위해 이중 트랙 프로그램을 제공한다. 가족들도 개인교습 뿐 아니라 이해와 인내심을 가지고 도울 준비가 되어 있어야 한다.

2) 비공식 학습

공식적인 학교 기반 교육과 비공식적 학습의 구분은 인위적이다. 청소년들은 캠프와 청소년 그룹에서 유대교에 관해 배우며 학교에서 사교 활동을 하는 것과 마찬가지이다. 청소년 그룹, 여름 프로그램(캠프 포함) 및 이스라엘 여행과 더불어 일부 유대인 커뮤니티 센터에서는 십대 라운지, 청소년 노동자, 스포츠 프로그램 및 자원 봉사자 옵션을 통해 청소년을 위한 훌륭한 프로그램을 운영한다.

청소년 그룹

유대인 청년 그룹은 청소년들이 세속적인 십대 문화의 매력과 요구에 대해 충분한 대안을 제공할 수 있으며 청소년이 전국 각지의 동료들과 심지어 전 세계의 다른 사람들과도 독립적인 유대인 정체성을 형성할 수 있는 사회적 맥락을 제공할 수 있다.

진보적인 유대인 공동체에 봉사하고 지역, 구역 및 교회 수준에서 활동하는 4개의 전국 청소년 단체가 있다. 북미 회당 청년연합회 (NFTY), 개혁 운동의 청소년 프로그램(USY), 보수파 운동에서 운영하는 연합교회청년회(BBYO, 유대인 문화 교육 촉진 소녀협회(BBG)와 Aleph Tzadi Aleph(AZA)로 구성됨, 초교파이며 지역 B'nai B'rith 후원을 받음), 또한 여성 시온주의 조직인 하다싸(Hadassah)가 후원하는 초교파인 영 유대(Young Judaea)도 있다[8](B'nai B'rith와 Hadassah도 해외 지부를 운영한다).

---

[8] B'nai B'rith (그의 이름은 "언약의 아들들"을 의미 함)은 사회적 행동과 공무에 관한 프로그램을 가진 국제 봉사 단체이다.

여름 캠프, 연중 청소년 그룹 활동 및 이스라엘 프로그램을 통해 이스라엘에 대한 관심과 지원을 증진시키는 국제 시온주의자 청소년 단체도 있다. Hashomer Hatzair, 사회주의 시온주의자 청소년 운동; Hadachah의 후원하에 운영되는 Hashachar; 키부츠 운동의 청소년 기구인 하보니림(Habonim Dror)과 역사적으로 노동 시온주의 운동의 일부였다.

청소년 그룹 지부는 성인 고문의 지시하에 유급 또는 자원 봉사로 운영된다. 그러나 청년 그룹의 임무 중 하나가 지도력 개발이므로 많은 결정은 회원들과 선출된 공무원에 의해 이루어진다.

청소년 그룹 활동에는 파티 및 춤, 유대교의 랍비 및 다른 교사들과 함께 수업 및 세미나를 특징으로 하는 수련회 및 '협회'가 있고, 창조적인 안식일과 공휴일 예배의 기록과 인도, 사회 활동 프로젝트의 운영 및 직원 배치를 하고 있다. NFTY, USY, BBYO 및 Young Judaea는 모두 여름 캠프, 청소년 리더십 교육 프로그램 및 다양한 이스라엘 투어 등을 하고 있다.

지역 차원에서 청소년 그룹은 학교의 스트레스와 계층 구조와 별개로 다른 고등학교에 다니고 달리 만나지 않을 수도 있는 유대인 십대 커뮤니티를 창설한다. 청소년 그룹의 가장 큰 매력 중 하나는 주말이나 일주일간의 미팅을 위해 다른 도시와 주를 여행할 수 있는 기회이다. 청소년 활동의 중심지인 춤, 종교 봉사, 첫사랑, 심야 대화, 학습 세션 및 수프 주방 임무교대 등은 평생 유대인의 추억을 만들어낸다. 알라바마와 알래스카에 유대인 친구들을 두면 청소년들이 더 큰 유대인 십대 세계와 연결된다.

위에 언급된 청소년 그룹에 관한 정보는 다음 웹 사이트를 참조하라:

북미 청소년 연합회(NFTY) www.nfty.org.(개혁 운동)

새로운 젊음(Noar Hadash) www.noarhadash.org.(재건축 운동)

미국 유대교 교회 청소년(USY) www.usy.org.(보수 운동)

언약의 아들들(B'nai B'rith) 청소년 단체(BBYO)www.bbyo.org.

영 유대(Young Judaea)

하다사(Hadassah)의 시오니스트 청소년 운동www.youngjudaea.org.

3) 여름 프로그램

유대인 청소년을 위한 여름 프로그램은 전통적인 여름 캠프에만 국한되지 않다.

보수주의 운동으로 북미의 6주간 투어(USY on Wheels)는 관광뿐만 아니라 학습을 특징으로 한다. www.usy.org/programs/wheels.

유대교, 활동 및 성취(Summer JAM)는 정치적 행동주의 및 시민 참여에 대해 배우기 위해 종교 및 교육 분야에서 고등학생을 워싱턴 DC로 데려 온다. www.dcjam.org.

Genesis와 BIMA는 보스턴 근처의 Brandeis University에 위치한 1개월 거주 프로그램이다.

창세기 과정과 프로그램은 인문학, 예술, 유대인 연구, 지역 사회 봉사를 통합한다. BIMA는 고등학교 연령의 배우, 음악가, 화가 및 작가에게 역동적인 유대인 환경 속에서 예술가로서 성장할 수 있는 기회를 제공한다. 자세한 정보: www.brandeis.edu/genesis 및 www.brandeis.edu/bima.

4) 이스라엘 여행

다른 유대인 청소년과 함께한 이스라엘 여름 여행은 삶을 변화시키는 경험이 될 수 있다. 십대 청소년들은 유대교와 이스라엘 땅과의 지울 수 없는 연결성을 지닌 채 되돌아간다.

이스라엘 여름 프로그램은 4-6주간 지속된다. 거의 모든 여행은 중요한 유적지 방문을 포함하고 이스라엘, 이스라엘과 아랍 관계, 홀로코스트, 샤비 아트, 히브리어, 예루살렘, 디아스포라와 이스라엘 청소년 사이의 유대인 정체성과 유대인 주권과 같은 주제와 쟁점을 다룬다. 많은 투어가 "일반적인 관심사"인 반면, 다른 투어는 정치, 집단농장(kibbutz) 생활, 예술, 고고학, 환경, 유대인 학습, 야외 도전, "세계를 수리하자"는 십쿤 올람(tikkun olam)과 같은 특별한 관심사에 맞춰져 있다. 전형적으로 청소년 여행은 이스라엘 청소년과의 접촉뿐만 아니라 전 세계의 다른 유대인 청소년과의 상호 교류를 포함한다.

이스라엘에서 실제 생활의 감각을 얻으려면, 십대 방문객은 일반적으로 쇼핑몰뿐만 아니라 종교 및 역사 유적지로 이동하라. 극장 및 록 콘서트 관람, 베두인 또는 드루즈 공동체에서의 저녁식사가 있을 수 있다.

열일곱 살 때에는 종종 선택의 폭이 넓어지고 경험의 폭을 알 수 있을 정도로 성숙해지기 때문에 11학년 이후의 여름은 일반적으로 십대를 보낼 최적의 시기로 간주된다.

이스라엘 여행은 만병통치약이나 유대교 교육의 대체물이 아니다. 이스라엘에 간 유대인이 아닌 아이들은 그것을 '외국 여행'으로 경험하는 경향이 있다. 이스라엘 여행이 변혁적인 경험이나 '동창회'가 되려면 청소년들에게 상황이 필요하다. 그들은 또한 그들의 요구, 성격 및 관심사와 일치하는 프로그램을 경험해야 한다.

이스라엘 여행의 내용이나 여정이 주요 고려 사항이지만, 이스라엘에 간 청소년들은 여행을 만들거나 깨는 두 가지 요소가 집단 동력과 종교적 기대라고 이야기한다. 일부 십대들은 이 여행에서 완전히 새로운 그룹을 만날 수 있기를 기대하지만 다른 사람들은 교회, 학교 또는 청소년 그룹의 친구나 지인들과 함께 가는 것이 중요하다고 생각한다. 모든 여행에 대해 종교적으로 준수해야 하는 수준을 알아야 한다. 너무 많거나 너무 적으면 아이들을 지루하게 할 수 있다.

이스라엘 여행은 값 비싸지만 다양한 회중 및 공동 출처에서 재정적 지원을 받을 수 있다. 장학금에 관한 정보는 당신의 유대교 랍비에게 물어보라. 유대인 연합회와 유대인 교육위원회에 전화하라. 그리고 이스라엘 영사관이나 전국 청년 그룹 조직에 연락하라.

개혁파와 보수파 청소년 운동은 여름 동안 다양한 이스라엘 프로그램을 운영하고 있으며, 고등학교 학점을 전부 갖춘 학기도 제공한다. 유대인의 주간학교는 종종 여행과 장기 체류를 위해 이스라엘에 수업을 보낸다.

이스라엘 체험(Israel Experience)은 다양한 '맞춤식'(tailor-made) 여행을 제공하는 이스라엘 유대인 관청(Jewish Agency for Israel)의 프로그램이다. www.israelexperience.org.

고등학교 졸업생은 Nativ(보수당), Carmel(개혁), 영 유대의 1년 강좌(Young Judea's Year Course)와 같은 9개월 또는 1년의 프로그램을 통해 이스라엘을 탐험할 수 있다. 자세한 정보는 웹 사이트를 확인하라.

5) 대학 선택하기

대학에 대한 결정은 고등학교를 시작할 때부터 시작된다. 청소년들이 의미 있는 유대인 선택을 계속하기를 원하는 학부모는 자신의 기대에 대해 분명히 해야 한다. "네가 그 캠퍼스와 연관이 될 것이라고 생각하든 아니든, 네가 선택한 어떤 캠퍼스에도 유대인 공동체가 있다는 사실이 우리에게 중요하단다." 다행스럽게도 유대인 생활과 학습을 위한 흥미로운 기회를 제공하는 다양한 사립 및 공립 단과 대학 및 대학교가 있다.

대부분의 공동 유대인 대학 프로그램은 힐렐(Hillel)에 의해 운영된다.9 그 힐렐은 유대인 캠퍼스 생활을 위한 재단으로 특정 종교와 관계없는 국제적인 조직이다. 모든 힐렐 센터는 다양한 프로그램과 서비스를 제공한다. 힐레즈(Hillels)는 춤과 친목회를 후원하는 사회 센터이며 강의 시리즈와 이스라엘 민속춤의 밤으로 유명하다. 대부분은 사회 활동 및 지역 사회 봉사 프로그램을 후원한다. 일부 힐렐즈는 종교 개혁, 보수주의, "인류평등주의적 전통" 및 정회당과 제휴한 학생들을 수용하기 위해 모든 안식일마다 부엌과 4회의 개별 안식 예배를 운영한다. 힐렐 사무소는 학생들이 이스라엘에서 3학년을 준비하는 것을 도울 수 있다. 힐렐 웹 사이트는 유대인 공동체, 사회, 문화 및 종교 프로그램에 대한 캠퍼스 별 정보를 제공한다: www.hillel.org.

---

9 힐렐(Hillel)은 유대교에서 가장 사랑받는 선생님 중 한 명인 힐렐(Hillel the Elder)의 이름을 딴 것으로, 1세기 말엽에 살았던 사람이다.

제3부

현대 생활

오랜 역사를 통해 유대인 가족은 항상 다양한 모양, 크기, 색채 및 별자리를 가지고 있다. 이것은 오늘날 가장 분명한다. 독신 부모, 게이 및 레즈비언 부모, 양부모는 유대인 공동체의 눈에 띄는 활동적인 구성원이다. 입양 부모와 특별 지원 자녀를 둔 부모는 자녀들을 위해 최선을 다하고 그들의 참여를 통해 힘을 얻는다.

모든 종류의 비전통적 가정이 여전히 장벽과 고립에 직면해 있지만 벽은 내려가고 있다. 비공식적이고 공식적인 지원 그룹, 서적 및 잡지 기사, 인터넷의 계속 확대되는 범위를 통해 기술한 모든 유대인 부모는 자신과 자녀를 유대인의 삶에 연결시키는 의미 있는 방법을 찾고 있다.

10장과 11장은 특별 요구와 입양된 자녀가 있는, 성장하며 점점 조직화된 존재를 통해 공동체의 얼굴을 바꾸고 있는 두 종류의 유대인 가족에 초점을 맞추고 있다. 12장 "죽음에 관해 아이들과 이야기하기"는 오랫동안 벗어난 주제를 다룰 때 도움을 준다.

10장
특별한 요구(장애아동)를 지닌 가족들

육체적, 정신적, 발달적 또는 학습 장애가 있는 아이의 부모에게는 탈무드(Talmudic) 금지 명령에 큰 공명(resonance)이 있다. "부모는 자녀에게 아이의 이해 수준에서 가르쳐야한다."[1]

그러나 존경과 명예로 모든 인간을 대우하는 유대인의 의무는 부모뿐 아니라 전체 공동체에게도 의무로 지워져 있는 것이다. 그것은 율법에 포함되어 있다("귀 먹은 사람을 저주하지 말고 맹인인 자 앞에서 걸림돌을 놓지 말라").[2] 그리고 다른 유대인 저술들에서 정교하게 묘사 된다("그릇을 보지 말고 그 안에 있는 것을 보라").[3]

유대인 공동체는 그 특별한 요구를 지닌 구성원의 필요를 충족시키기 위해 과거 어느 때보다도 움직이고 있으며 그중 적어도 17%는 신체적 또는 정신적으로 장애가 있다.[4] 회당, 학교, 유대인 커뮤니티 센터,

---

1 탈무드: 페샤 임 116a.

2 레위기 19:14

3 PirkeAvot 4:27.

4 17% 수치는 일반 미국 인구의 17%가 미국인의 보호가 필요한 장애가 있음을 감안할 때, 그 숫자는 조금 낮을 수도 있다.

주간 캠프 및 야간 캠프는 다양한 기회를 제공한다. 물론 어린 시절부터 성인기에 이르기까지 접근 및 민감도는 교회마다, 캠프마다, 선생님부터 관리자까지 다양하다. 세속적인 세계에서와 마찬가지로, 유대인 부모는 유대교의 랍비, 청소년 그룹 이사 및 캠프 카운슬러와 협력하여 기관들이 가능한 포괄적인 것임을 보장해야 한다.

어떤 환경에서도 옹호자가 되는 것이 쉽지는 않지만 유대인 세계에서, 가족의 필요는 다른 지위를 갖는다. 당신의 접근과 참여 요청은 지역 사회를 위한 신성한 기회이다. 유대인의 틀 안에서 물질적 도움과 소속감을 제공하는 것은 "당신에게 은혜를 베푸는" 것이 아니라 자선을 베푸는 것이다. 그 자선은 유대인을 유대인으로 정의하는 선하고 거룩한 일이다. 특별한 요구를 지닌 가정은 지역 사회 구성원들이 유대인의 가치에 대해 이야기하는 것 이상으로 그 가치에 입각하여 행동할 수 있는 기회를 제공하는 것이다.[5]

현실적으로 가능한 최선의 것을 제공하기 위해 유대인의 목표와 약속을 정직하고 구체적으로 정의하는 것이 중요하다. 유대인 공동체에서 당신의 특별한 요구를 지닌 자녀뿐만 아니라 온 가족을 위해서 무엇을 원하는가? 유대인 생활과 유대 교육 기관에 대한 헌신은 얼마나 기꺼이 하고 있는가? 자녀에게 적합한 유대인의 목표는 무엇인가?

모든 유대인 부모와 마찬가지로 유대인 특수 아동 부모는 유대인 행동을 가정에서 모델화해야 한다. 더 많은 설명과 학습 기회가 필요한 아동을 위해 가정과 회당에서 수업내용을 설명하고 반복하면 장애가 있는 학습자가 새로운 정보, 의식 및 기도를 처리하는 데 도움이 된다.

자녀의 발달에 대해 일관성은 당신이 하는 말과 행동에 있어 아마

---

5 Gemilut hassadim (사랑의 친절), rachamim (자비), tikkun olam (세상의 수리).

훨씬 더 중요할 것이다. 자녀를 유대인 학교로 보내지만 학교의 내용이나 집에서의 가치를 강화하고 반영하지 않으면 자녀에게 또 하나의 "장애물"을 놓는 것이 될 것이다.

당신의 모범과 헌신은 유대인 세계 내에서 자녀가 하나의 장소를 찾는 데 핵심이 된다. 그러나 당신은 이것에 혼자라고 느낄 필요는 없다. 유대인의 "개별화 된 교육 계획"을 자녀의 능력에 대한 현실적인 평가를 토대로 합당한 목표를 세우도록 돕기 위해 유대교의 랍비와 성가대 지휘자, 히브리 학교 교사 및 캠프 카운슬러의 도움을 얻으라(자녀가 히브리어 3시간 동안 계속 앉아있을 수 있는가? 교실에 보조자를 두는 것이 도움이 될까?).

단기 목표뿐만 아니라 장기 목표를 설정하라. 많은 장애를 지닌 아이들은 개인적인 능력에 맞는 아름다운 예식에서 성인식을 치루는 소년 소녀가 된다. 당신 자녀가 이 이정표를 달성하기 위해서는 몇 년이 걸릴 수도 있다. 예를 들어, 일련의 사람들 앞에 서서, 기도용 목도리와 머리 덮개 등 익숙하지 않은 옷을 입고 그리고 수업 시간에처럼 적절하게 행동하는 데는 많은 시간이 요구된다.

다행히도, 자녀가 유대인 세계에서 자신의 자리를 찾을 수 있도록 도와주는 동안에 방법을 새로이 고안해 낼 필요는 없다. 특수 교육 및 접근 가능성에 관한 국가위원회가 있다. 그 기관이 자원, 교육 도구, 워크샵 및 회당 협의회를 제공한다.

일부 연맹(우산 기금 모금 단체)은 또한 장애가 있는 유대인에 관한 위원회를 후원하거나 유대인 정보 및 추천 서비스를 제공하여 가족을 적절한 기관으로 안내할 수 있다. 환영하는 회당, 유대 교육, 유대인 가족 및 아동 기관의 지역위원회는 추천 및 기타 형태의 지원을 제공할 수도 있다.

(1) 회당

유대 공동체 생활의 심장부와 중심은 회당이다. 가장 총괄적인 회당은 일반적으로 유대교 랍비들의 개인적인 헌신과 지도력을 반영한다. 그리고 전형적인 유대인상에 대한 그들의 태도가 위로와 함께 당신에게 많은 것을 알려줄 것이다. 회당을 알아볼 때는 틀림없이 유대 교회의 랍비를 만나서 자녀에 대한 당신의 희망과 꿈을 공유하라. 회당에 당신과 같은 다른 가족이 있는지 물어보고 그들과 이야기하라. 회당의 보충 학교를 이용할 계획이라면, 학급 규모, 개인지도 및 자녀가 배우는 방법에 영향을 주는 다른 쟁점들에 관해 문의하라. 아래의 '교육'에 대한 토론을 참조하라.

명심할 것은 유대교 회당의 교육 자료는 직원과 그 이상이 포함되어 있다는 것이다. 모든 회당 구성원에는 의사, 심리학자, 사회 복지사, 직업 및 언어 치료사 등 도움을 주는 전문가들이 포함된다. 그들에게 팀에 합류하여 자녀를 위한 유대인 특수 교육 양육 계획을 작성하도록 권유하라.

학부모는 때때로 회당과 추가 서비스를 제공할 수 있는 지역 기관들과 파트너십을 맺기 시작한다. 당신의 회당이 당신이 생각하는 만큼 그렇게 총괄적이지도, 도움이 되지도 않는다면, 장애 기록을 보유하고 있는 유대인 기관 및 단체의 도움을 구하라(이 장의 끝 부분에 있는 목록으로 시작하라). 당신의 회당 직원 및 회원을 위해 잘 운영되고 있는 장애 알기 워크숍은 평안함의 수준을 높이는 데 큰 도움이 될 수 있다.

(2) 교육

자녀의 학습 스타일에 어울리는 유대인 기관을 찾는 것에는 6장~9장에서 논의된 것과 같은 많은 의문점과 염려가 있다. 먼저, 자녀가 어떻게 학습하는지에 관해 최대한 많이 알아야한다. 숙련된 교육 전문가가 자녀를 검사하게 하고 교실에서 자녀를 관찰하게 하라. 그리고 그 전문가들이 관찰한 내용을 선생님들에게 요청하라. 그런 다음 교실 환경과 당신의 전략처럼 자녀에게 효과적으로 보이는 전략에 관해 할 수 있는 만큼 알아보라.

유대인의 주간학교 또는 보충학교를 찾을 때, 당신이 내리는 특별한 결정은 자녀의 능력과 학교의 포괄적 헌신에 달려 있다. 유대인 주간학교는 소규모 수업을 특징으로 한다. 이곳에서는 교사가 개별 학생을 알게 되고 특별 학생에게 필요한 추가 관심을 줄 수 있다. 그러나 상대적으로 작은 교실의 선생님조차도 특수 목적 학생에게 히브리어를 읽고 쓰고 이해하는 방법을 배우는 데 필요한 일대일 관심을 제공하지 못할 수도 있다. 따라서 일반적 연구뿐 아니라 히브리어와 유대교를 위한 자료실이 중요하다. 학부모는 추가적인 개인 지도를 제공할 필요도 있다. 그리고 많은 도움을 받더라도, 어떤 아이들은 주간학교의 까다로운 교과 과정에 쉽게 압도당하고 있다.

보충학교가 자녀의 학습 능력에 더 적합하다면, 소규모 학급과 학습 필요성이 있는 아이를 위한 추가 도움을 갖춘 프로그램을 찾아보려고 노력하라(많은 유대교 회당은 아이들이 히브리어를 배우도록 도와주는 개인 교사를 제공한다). 그리고 해마다 기술과 지식에 기반을 둔 집중적인 커리큘럼을 찾아보라. 학교가 제한된 시간 내에 너무 많은 다른 기술과

과목을 가르치려고 하면 아이들은 쉽게 좌절하게 된다.[6]

(3) 여가 활동

학업 설정에 어려움을 겪고 있는 아이들은 레크리에이션 환경에서 많은 것을 배울 수 있다. 유대인 지역 사회 센터에서 운영하는 주간 캠프 또는 잠자는 캠프 등의 활동에 아들이나 딸을 등록하라. 청소년 그룹 활동에 참여하도록 권장하라. 이러한 모든 설정은 유대인 동료를 제공하고, 사회 기술을 가르치며, 유대인 공동체 내에서 자녀에게 독립적인 장소를 제공할 수 있다.

유대인 커뮤니티 센터는 건축 시설(경사로, 수영장에의 의자 사용 등), 청각 장애인을 위한 서명, 모든 종류의 수업이 포함되어 있어 점점 더 접근이 가능하다. JCC는 종종 특별한 도움이 필요한 아이들이 주류를 이루고 있고 독립적으로 되어 있는 그룹을 위해 제공되는 캠프를 운영한다. JCC 활동에 참여하는 과정에서 특별한 도움이 필요한 자녀가 있는 다른 가정을 만날 수 있다.

여름 캠프에는 여러 가지 옵션이 있다(위의 7장에서 자세히 설명한다). 미국 캠핑 협회(American Camping Association) 웹 사이트의 "특별 요구 사항"(Special needs) 링크를 확인하라.

---

6 Miriam Hyman, "학습 장애 아동을 위한 유대인 학교 선택하기", www.jewishfamily.com (1999년 4월 20일).

권장할만한 책

아동용 도서

Jeremy's Dreidel by Ellie Gellman (Kar-Ben, 1992). A boy makes a Braille drayll for his dad.

A Turn for Noah: A Hanukkah Story, by Susan Remick Topek (Kar-Ben, 1992). Noah has trouble spinning the top.

학부모를 위한 자료

- '유대인교육 중앙기관의 특별교육자 협회'는 중앙기관을 통해 특수교육 옵션을 구축하고 전국의 특수교육자를 위한 전문네트워크를 후원한다. 협회활동에는 자원 데이터베이스, 뉴스레터 및 연례 전문가 회의를 포함한다. 협회는 또한 JESNA(북미 유대인 교육서비스)와 제휴관계에 있으며, 웹 사이트에는 조직 및 교육 자료에 대한 링크가 있다. www.jesna.org.

- "되기"(Lehiyot)는 '유다즘의 유대인 가족 우려에 대한 개혁 연합'의 프로그램이다. 발달, 인지, 신체 및 심리적 장애가 있는 사람들에게 접근성을 확대하고자 하는 회당에 기술지원을 제공한다. www.urj.org.

- '아이를 위한 유대인 학습의 선물'(MATAN)은 가족, 학교 및 기타 기관을 위한 웹 사이트 이다. www.matankids.org.

- '장애인을 위한 국립 유대인 협회'는 다양한 문제로 생활하는 유대인을 위한 서비스, 프로그램 및 기회를 제공하는 정보 센터이다. 그것은 정통유대교가 운영한다. www.njcd.org.

11장
입양 가정

모든 입양은 일종의 기적이다. 모든 입양은 또한 손실을 나타낸다.

당신의 입양아는 이 신비한 이원성을 그 아이의 삶에서 핵심으로 두고 있다. 그 이원성은 가족의 일원이 되는 위대한 기적과 그 부모의 심각한 상실이다. 그러나 자녀를 사랑하고 키우는 일상적인 경험에서 유대인 자녀 양육은 이 책에 설명되어 있고 당신에 의해 표현된 유대인 자녀 양육이다. 입양이 자녀의 가장 중요한 특징이 아닌 자녀의 삶에서 일어난 사건이므로 지나치게 강조되어서는 안 되지만, 입양으로 인한 차이를 무시하는 것도 실수이다. 입양 전문가들은 입양의 최고치뿐만 아니라 최저치에 대한 정직성과 개방성이 결정적이라는 데 동의한다.

입양부모는 유대인의 정체성과 진정성에 대한 독특한 다음의 질문들에 직면해 있다. "이 검은 피부나 검은 머리카락을 지닌 아기가 어떻게 유대인으로 보일 수 있을까? 부모님은 내 중국인 딸을 유대인의 손자로 받아들일 수 있을까? 다른 신앙이나 문화로 태어난 아이에게 종교적 정체성과 소수 신분을 선택하게 하려면 무엇을 해야 하나? 우리 아이가 유대인임을 진정으로 느낄 수 있을까? 다른 국제 입양아들이 있는 회당을 찾아야 할까? 우리 아이가 언젠가 자기 자신을 "기독교인의 일부분"이라고 선언하고 크리스마스트리를 가질 자격이 있다고 말하면 어떻게 대응할 수 있을까?

이 질문에 당신은 혼자가 아니다. 거의 모든 회당에는 입양 가정이 포함된다. 많은 지역 유대인 가족 및 아동 봉사국에서 지원 그룹과 도움을 제공한다. 그리고 "다윗의 별들"(Stars of David)이란 단체도 있다.

유대인 입양아부모를 위한 비영리, 국가 지원 네트워크인 이 단체는 다른 가족 및 전문가들에게 귀중한 링크를 제공한다. 1984년에 설립되어 전국 각지에서 뉴스레터를 발간하고, 공휴일 축하행사를 위해 모임을 갖고, 연설자와 사회 행사를 주선한다. 지역 지원 그룹은 흔히 공통된 신분의 편안함, 다른 가정이 비슷한 상황을 통해 살아가고 있다는 인식, 입양이라는 독특한 도전에 이미 직면한 사람들의 집단적 지혜 등을 제공하는 대가족으로서의 역할을 한다.[1]

자세한 내용은 다음을 참조:

Stars of David(다윗의 별들)
3175 Connecticut Avenue
Suite 100
Northbrook, IL 60062
800-STAR-349
www.starsofdavid.org

---

1 Rita J. Simon, Ph.D., Howard Altstein, Ph.D.는 다음과 같이 말한다: "보편적으로 동의하는 것은 데이비드 별과 같은 입양 부모 지원 그룹과 연결하는 것이 중요하다는 것이다. 사회 복지사가 적극적으로 이 단체의 지부에 입양 가족을 보내 줄 것을 권유한다."(유대교 공동체 서비스, 67, 3 번,1991년 봄).

1. 유대인 역사에서의 입양

입양은 오늘날과 마찬가지로 흔한 일은 아니지만 유대인 역사에서 영예로운 부분이다. 가족은 사랑하는 입양 어머니, 파라오의 딸을 포함한 모세의 가족과 관련이 있다.

유대인들은 고아가 된 아이들을 받아들이는 것을 항상 거룩한 행위 (mitzvah)라고 여겼다. 유대인의 법에 따르면, 양부모는 생물학적 부모의 모든 책임을 지고 있으며, 유대교의 랍비들의 견해는 "자연에 대한 양육"의 역할을 선호했다. 탈무드는 "아이를 키우는 사람들을 부모라고 부른다. 아이를 임신한 사람이 아니라."[2]

2차 연방(기원전 586년)기간 동안, 유대인들은 고아가 되었거나 추방된 이방인들을 구출해서 유대인으로 키운 것으로 알려졌다.[3] 그러나 그러한 사실은 유대교로의 개종을 주요한 범죄로 여겼던 기독교와 회교도의 법이 제정되기 전에 있었다. 그 이후 유대교는 대부분 유대인 부모에게서 태어난 고아의 필요성에 대해 우려하고 있다.

그럼에도 불구하고, 유대인이 아닌 아동을 입양하는 일이 빈번히 발생하여 아동이 성숙될 때까지 유대인의 법은 잠정적으로 미성년자가 개종하는 것은 인정하게 되었다. 따라서 유대인으로 양육되었지만 유대인이 아닌 어머니에게 태어난 아이가 13세에 도달했을 때, 그 아이는 자신이 유대인임을 확인하거나 포기할 권리가 주어졌다.[4] 이와 같이 유

---

2 Sanhedrin 19b.

3 Lawrence J. Epstein, The Theory and Practice of Welcoming Converts to Judaism(Edwin Mellen Press, 1992), p. 66.

4 이 "권리"에 대한 공식 행사는 없다. 그 아이의 출신에 대해 알지만 아무런 언급도 하지 않은 사람이 그 결정을 받아들이면 개종이 최종적으로 된다. 오늘날, 성인식은 유대인 정

대교는 항상 아동 입양 상태를 완전히 공개하는 것을 의무로 한다. 그것은 유대인들이 입양한 거의 모든 아이들이 유대인이 아닌 부모들에게서 태어났을 때라도, 오늘날 심리학자들과 입양 전문가들이 전적으로 지지하고 있다는 것을 공개적으로 보여주는 것이다.

오늘날 유대인 공동체는 입양에 대한 태도가 점점 더 환영받고 있다. 점차 많은 사람들이 유대인 세계의 새로운 다양성으로 인한 혜택과 보상을 이해한다. 그러나 어떤 사람들은 유대인 가족의 변화에 저항하고 있다. 이는 단순히 양부모가 비유대인 배경에서 행동했던 것처럼, 그 양부모는 유대인 배경에서 아이들을 양육하는 옹호자로 행동해야 한다는 것을 의미한다.

입양 부모는 자신의 자녀뿐만 아니라 전체 공동체를 위한 모범을 보이는 역할을 한다. 예를 들어, 회당 공지에 입양 발표를 하는 것은 가족이 그 과정에 대해 자랑스럽고 개방적이라는 신호를 보내는 것이다. 당신이 사용하는 언어조차도 다음과 같은 메시지를 보내는 것이다. "교사에게 입양에 대한 조건(새라가 지금 입양 중)이 아니라 사건(새라가 이미 입양되었음)으로 입양에 관해 이야기하는 것이고, 친부모에게는 누가 '아기를 포기했다'라기보다 누가 '입양을 선택했다'고 말하는 것이다.

자녀를 위해 옹호한다는 것은 아이 도서관에 다양한 색, 배경 및 전통을 가진 유대인을 보여주는 책이 있는지 확인하기 위해 회당 도서관을 확인하는 것을 의미한다. 자녀의 학교 또는 보충 교사와 이야기하여 "가계도" 과제로 인한 고통에 민감하게 반응하고 자녀를 괴롭힐 가능성을 경고하는 것을 의미 한다. 그것은 당신의 마을에서 '데이비드의 별들' 부분을 시작하는 것을 의미하고, 당신의 회당 내의 양부모를 위한

체성에 대한 공식적인 인정으로 간주된다.

지원 그룹을 제안하는 것을 의미하고, 유치원 직원을 위한 여러 종류의 가족에 관한 패널 토론을 운영하는 것을 의미 할 수도 있다.

2. 개종

유대인 공동체의 입양, 타종교간 결혼, 양부모 가족의 증가는 아이들의 개종을 상당히 흔한 사건으로 만들었다(행사 및 의식에 대한 설명은 6장 참조). 유대인의 전통은 아이와 성인의 개종 사이에 법적 또는 의식적 구분을 많이 하지 않는다. 그러나 실제 정서적 및 물적 차이가 있다.

근본적인 차이점은 아이들이 개종을 요구하지 않으며, 이 정도의 결정을 내릴 능력이 없는 것이다. 선택과 책임은 유대인으로서 아이를 양육하는 일에 공식적으로 그리고 의식적으로 자신을 헌신하는 부모들에게 달려 있다. 그 약속에는 유대인 교육을 제공하고 유대인 정체성을 육성하는 것이 포함된다. 자녀를 개종시킨 부모는 유대인의 삶을 살기 위해 유대인의 역할 모델로 행동하겠다는 암묵적인 약속을 한다.

아이를 위해 유대교를 선택하는 것은 많은 질문을 제기하며 그 중 어느 것도 모든 것에 맞는 답으로 이루어지지 않는다. 문제와 해결책은 각 아이의 나이, 건강, 발달 단계, 가족 별자리 및 교회 소속에 따라 다르다. 그렇더라도 몇 가지 기본 원칙이 있다.

첫째, 부모가 이 결정에 대해 서로 이유뿐 아니라 방법들에 관해 동의하는 것이 중요한다. 둘째, 자녀는 자신이 이해할 수 있는 모든 설명을 들을 권리가 있으며, 자녀가 나이가 들어 대화에 참여하기에 충분히 성숙한 경우에는 그 자녀의 소원을 고려해야한다. 당신이 과정을 진전시키며 개종 의례를 통해 당신을 안내해 줄 존경하는 유대교의 랍비를 찾아라.

가장 유용한 정보와 조언은 당신 앞에서 이 길을 걸어온 다른 부모들에게서 듣는 것이다. "다윗의 별"에 연락하여 동정적인 유대교의 랍비를 찾는데 도움을 요청하고 일반적인 안내와 지원을 받아라. 이미 회당 회원이라면 회중 가운데 아이를 입양하고 개종시킨 가족이 있는지 여부를 유대교의 랍비에게 문의하라.

성인의 개종과 같이 아이의 개종은 필연적으로 유대인 지위에 관한 고통스런 질문인 "유대인은 누구인가?"에 대한 토론을 야기한다. 비정교회 유대교의 랍비에 의해 감독된 개종은 정교회당 공동체의 많은 사람들에게 받아들여 지지 않을 것이기 때문에 유대인 세계는 이 주제에 대해 크게 분열되어 있다.5 정교회 유대교 랍비들이 이스라엘의 개인 신분에 대한 법적 통제를 하고 있기 때문에, 당신의 자녀가 거기로 이동하기로 결정했다면 이것이 문제가 될 수 있다. 이스라엘에서 용인 받는 것 혹은 자녀가 유대인 자격을 갖는데 어려움 등으로 걱정이 되는 가정은 그들의 유대교의 랍비와 이야기해야 한다.

---

5 보수 운동은 모든 입양아들이 의식상 목욕(mikvah)을 하고, 소년들도 할례의 언약 또는 상징적 할례를 겪어야한다고 요구한다. 재건파와 개혁파 운동자들은 할례나 목욕의식이 없는 개종자도 받아들일 수 있으며, 부계 계급의 교리에 따르면 유대인 아버지의 자녀들도 개종 의식이 유대인으로 받아들일 수 있다. 그러나 개개의 개조주의자들과 개혁 교단의 많은 유대교의 랍비들도 완전한 의식 준수를 강하게 제안하고 있기 때문에 이러한 선택을 할 때 당신의 유대교의 랍비와 상의해야 한다.

나이와 단계

아이들이 성장함에 따라 입양 사실에 대한 반응은 상당히 예측 가능한 패턴을 따르는 경향이 있다. 자녀의 경로에 대한 "독특한 발달상의 어려움"에 대해 더 많이 알수록 자신을 잘 준비할 수 있다.[6]

(1) 1세부터 3세까지

아기와 유아는 입양이나 자신의 삶에서의 차이를 인식하지 못한다. 이것은 부모님이 처음으로 서로를 보았을 때의 사진과 이야기, 출생 부모에 대한 정보, 개종 의식의 세부 사항과 사진, 아기 명명식에서 읽은 에세이, 당신이 아이에게 쓴 편지 등으로 부모가 스크랩북을 만들 수 있는 좋은 기회이다.

(2) 4세~6세

유치원생은 어린 시절의 그림과 이야기에 매료되어 있다. 당신의 아이는 당신이 입양 이야기를 반복해서 들려주는 것을 듣기를 원할 것이다. 그리고 그들은 당신이 만든 스크랩북에 숨을 멈출 것이다. 이 호기심에 대해 말하는 많은 출판된 아동 도서가 있으며, 이 책의 일부는 이장의 마지막 부분에 나와 있다.

자녀의 질문에 대한 당신의 답변은 정직하고 긍정적이어야 하지만

---

6 Shelly Kapnek Rosenberg, Adoption and the Jewish Family: Contemporary Perspecfives (Jewish Publication Society, 1998), p. 214.

조심해야 한다. 입양 전문가들은 "너의 생모는 너를 너무 사랑했기 때문에 입양을 선택했단다"와 같이 말하는 것에 대해 경고한다. 이처럼 매우 상상력이 없는 단계의 아이들에게 그런 말은 양부모인 당신도 역시 입양아인 자신들을 남들에게 줘 버릴 것이라는 사실을 암시할 수도 있다.

이 시기는 또한 아이들이 세상을 아이, 고양이, 소년 소녀, 유대인 아이, 크리스마스를 축하하는 아이들로 분류하기 시작하는 때이다. 이 시기는 또한 아이들이 교회에서 다른 아이들보다 피부가 더 검다는 것을 알아차리기 시작할 때이다. 차이가 존재하지 않거나 "중요하지 않아"라고 가장하려고 애쓰지 마라. 그 차이점들을 인정하고 오히려 자녀에게 더 많이 말하도록 요청하라.

(3) 7세~11세

지금쯤이면, 아이들은 자신을 낳아준 가족을 잃었다는 것을 이해하기 시작하고 슬퍼하기 시작한다. 생일, 어머니의 날 그리고 아버지의 날은 자녀에게 고통스러운 알림이 될 수 있다. 일부 아이는 움츠러들고, 다른 아이들은 당신이 자신들을 거부할 것인지를 알아보기 위해 시험 삼아 '연출 행동'을 한다. 출생 부모에 관해 묻는 것을 그만 두는 아이들이라도 실제로는 그 친부모들이 자신을 포기하도록 '야기한' 것에 대해 궁금해 할 수 있다. 자녀가 친부모를 결코 언급하지 않더라도, 당신 스스로 그 주제를 가져와 아이가 친부모에 대해 말하는 것도 허락된다는 것을 보여라. "오늘은 너의 친엄마가 궁금하니?"

아이들이 학교에 다닐 때 쯤, 그들은 미국의 유대인으로서, 아시아 태생의 유대인으로서, 입양아로서 소수자 지위에 있다는 사실에 또한 직면하게 될 것이다. 아이들은 일반적으로 혼합되기를 원하기 때문에 그러한 차이에 대해 기분이 안 좋거나 화가 나 있을 수 있다.

이러한 감정을 최소화하거나 무시하지 말라. 그리고 방어적으로 되는 것을 피하려고 노력하라. 크리스마스 축하연에서 제외되는 것에 대한 불만은 입양된 아동에만 국한되지 않는다. 그러나 축제일을 축하하고자 하는 입양아는 친부모 부모의 상실을 다루는 방법을, 자신들이 누구인지 알아낼 수 있는 방법을 찾고 있을 수 있다. 그것은 초기 반란 행위일 수도 있다.

그러나 "내 진짜 엄마는 크리스천이야. 그래서 나는 크리스마스트리를 가질 수 있어"라고 자녀가 말하는 것을 듣는 것은 어렵다. 입양된 아이들은 종종 분열된 충성심을 느끼고 있다는 사실을 명심하라. 출생 가족의 문화를 존중하지 않는다면, 자녀는 그 문화를 찾아내고 그것을 신봉함으로써 과잉 보상할 것이다.

자녀의 감정이 정당함을 인정하려고 노력하라. 그러나 당신 자신의 신념을 부정하거나 당신의 전통과 기준을 위반하지 않는 범위에서 그렇게 하라. 학부모는 다양한 방법으로 크리스마스 요구를 처리한다. 일부는 자녀가 조명을 켜거나 방에서 작은 나무를 사용하도록 허용한다. 다른 사람들은 크리스마스를 집에서 보내지 않고 아이들이 친구 집에서 축하하도록 장려한다.

명심하라. 이것은 자녀가 자아를 찾아가는 과정의 일부라는 사실을. 자녀의 질문을 이끌어 내고 정직하게 대답할 준비를 하라. 이 나이의 아이들은 학교에서 놀림을 당할 수 있다. 또는 그들은 아마도 자신의 배경에 대해 설명하도록 요청받고 있을 것이다. "어디서 왔니?"라는 질문에 응답하는 방법을 자녀가 알아낼 수 있게 도와주라.

(4) 청소년기

부모님이나 십대들에게 거의 쉬운 시간이 아니기에, 이 기간은 입양된 아이들에게 더욱 복잡할 수 있다.

입양된 십대들은 여분의 몫의 분노를 더 가질 수 있다. 출생 부모를 일찍 잃었다는 것에, 다양한 면에서 다르다는 것에, 자신의 삶에 대한 통제력이 부족하다고 느끼는 것에 화가 나는 것이다. 그들이 통제권을 주장하려고 시도하는 한 가지 방법은 다음과 같이 선언하는 것이다. "나는 히브리 학교에 가지 않을 거야, 성인식에도 안 갈 거야, 청년 그룹에도 가입 안 할 거야, 유월절 축제에도 안 갈 거야. 왜냐면 나는 아무튼 정말 유대인이 아니니까."

유대인 십대들이 이런 말을 하면 입양되었거나 생물학적으로 볼때, "나는 당신과 같지 않다"라고 발표하는 것이다.[7] 부모에게 있어 어려움은 화를 내지 않도록 노력하는 것 혹은 거부를 두려워하지 않는 듯 연출 행동을 하는 것이다. 자녀들이 말하는 내용에 부분적인 진실이 있다는 것을 인정하라. 결국 대부분의 청소년들은 궁극적으로 성인이 되어 자신들의 부모가 선택한 것과 매우 흡사한 선택하게 된다.

당신이 완전하고 적극적이며 의미 있는 유대인 생활을 모델로 한다면, 당신의 모범은 자녀의 정체성에서 지울 수 없는 부분이 될 것이다. 그 이후에 당신이 어떻게 해서 그들의 부모가 되었든 상관없이 선택은 자녀의 몫이다. 입양된 아이가 성인이 되었을 때 유대교를 받아들일 것

---

7 생물학적 아이들은 때로는 유사하게 똑같이 고통스런 말을 한다. "나는 유대인이 되기를 결심하지 않았고, 우연히 이렇게 태어났다. 그리고 당신은 내가 원하지 않는 일을 강요할 수 없다.

이라는 보장은 없다. 그러나 유대인 부모에게 태어난 자녀에 대해서도 마찬가지라고 말할 수 있다.

　궁극적으로 모든 유대인 자녀들이 성장해서 그들 자신의 유대인 선택을 한다. 그래서 자녀들이 유대교를 받아들이기를 바라는 다른 모든 부모처럼, 당신의 임무는 당신이 하는 행동과 말하는 것에서 유대교가 저항할 수없는 선택임을 보여주는 것이다.

권장할만한 책

아동용 도서

A Brief Chapter in My Impossible Life, by Dana Reinhardt (Wendy Lamb, 2007). Young adult.

The Day We Met You, by Phoebe Koehler (Aladdin, 1997).

I Love You Like Crazy Cakes, by Rose A. Lewis (Little, Brown, 2000).

A Mother far Choco, by Keiko Kasza (Paperstar, 1996).

Rebecca's Journey Home, by Brynn Olenberg Sugarman (Kar-Ben, 2006). The story of a daughter born in Vietnam.

What Makes Someone a Jew?, by Lauren Seidman (Jewish Lights, 2007). A rainbow of young Jewish faces.

학부모용 도서

Adoption and the Jewish Family: Contemporary Perspectives, by Shelly Kapnek Rosenberg (Jewish Publication Society, 1998).

Choosing a Jewish Life: A Handbookfar People Converting to Judaism and far Their Families and Friends, by Anita Diamant (Schocken, 1998).

12장
죽음에 관해 아이들에게 말하기

아이들을 죽음으로부터 보호하기 위한 충동은 너무 강해 본능적인 느낌을 준다. 그러나 우리가 그들을 보호하려고 노력할 때마다 아이들은 종종 슬퍼해야 한다.

가족 고양이는 죽은 채로 발견된다. 학교 급우의 사촌은 사고로 사망한다. 사랑하는 조부모가 죽는다.

상실감에도 불구하고 일부 부모들은 어린아이들이 이해하지 못한다는 개념을 가지고 죽음에 대해 이야기하는 것을 피한다. 그러나 아동 심리학자, 슬픔 전문가, 유대교의 랍비들은 아이들이 진실을 듣고 싶어 한다는 것에 동의한다. 또한 그들은 슬픔에 모양과 의미를 부여하는 데 도움이 되는 슬픔 의례에서 발달상 적절한 방식으로 포함될 필요가 있다.

유족 아이들을 돌보는 것은 혼란스러울 수 있다. 어른들, 흔히 고통이 있는 사람들에게 일어난 일을 설명하는 것은 어렵다. 그러나 정직한 설명이 없으면 아이들은 "죽음의 그늘의 골짜기"에서 스스로를 지켜 나가도록 남겨질 것이다. 슬픔의 고통으로부터 보호받는 대신, 그들은 절실하게 필요로 하는 위안이 없이 남겨지게 된다.

모든 아이와 상실이 다양하지만 유족아이들을 위안하는 데 도움이 되는 몇 가지 일반적인 지침이 있다.

(1) 지연하지 마라

사망 소식은 가능한 한 빨리 부모님이나 다른 신뢰할 수 있는 성인이 전달해야한다. 기다리는 것은 충격을 약화시키지 않으며 부적절한 상황에서 아이가 일어난 일을 알게 될 확률만 높아진다. 최선의 의도조차도 역효과를 낼 수 있다. 당신은 생각할 것이다: "우리가 할머니의 죽음에 대해 룻에게 이야기하기 위해 캠프가 끝날 때까지 기다리면 우리는 룻의 여름을 망치지는 않을 거야." 그러나 룻은 소식을 알게 될 때 혼자 애도할 것이다.

(2) 완곡어법을 피하라

"죽어 있는"과 "죽음"이라는 단어를 사용하라. "지나가신" 또는 "영원한 휴식"과 같은 용어는 일어난 일의 최종 성과로 접전을 벌이고 있는 아이들에게 혼동을 준다. "우리는 할머니를 잃었어"라는 말을 듣는 어린아이는 아마 할머니를 곧 찾을 거라고 믿을 수 있다.

돌아가신 사람에게 무슨 일이 일어났는지, 질문에 어떻게 대답하는지를 주의 깊게 설명하라. 아이들은 문자 그대로이며 잘못된 결론을 쉽게 내릴 수 있다. "할아버지는 매우 아팠기 때문에 돌아가셨다" 또는 "할머니가 병원에서 사망했다"라고 말하면 모든 질병으로 사망하거나 모든 병원 입원이 치명적이라는 인상을 불러일으킬 수 있다. 8세 미만

의 아이의 경우 "심장 마비"와 같은 용어조차도 혼란스럽거나 두려운
것일 수 있다.

(3) 질문을 유도하라

어떤 아이들은 호기심을 표현하고 신체적 붕괴에서부터 천국의 존
재에 이르기까지 모든 것에 대해 물을 수 있을 것이다. 그러나 침묵은
흥미의 부족을 의미한다고 생각하지 마라. 어떤 아이들은 단어가 부족
하거나 혼란스럽거나 어른들을 기분 나쁘게 할까봐 두려워해서 물어
보지 않는다.

아이들이 당신의 분열되지 않은 관심을 받고 있다고 생각해서 특정
한 용어로 질문을 간청할 때 시간을 마련하라.

모든 질문이 대답하기 쉬운 것은 아니다. "아빠가 죽은 후에는 아빠
의 눈동자는 어떻게 되지?", "왜 이번 주 내 생일 파티를 가질 수 없어?",
"수잔은 천사가 될거야?"

어떤 당혹스런 질문에도 좋은 대답은 "아주 좋은 질문이야. 너는 어
떻게 생각해?" 종종 아이들은 마음속에 있는 것을 표현하기 위해 이런
종류의 열림이 필요할 수 있다.

아이들이 가끔 묻는 어려운 질문 중 하나는 "왜 하나님께서는 이 일
을 발생하도록 허락하셨을까?" 먼저, 자녀가 느끼고 있는 것에 정당함
을 인정하라("네가 사랑하는 사람을 잃는 것은 너무 어려워"). 질문 자체에
관해서는 솔직히 말하라. "나도 잘 몰라."

(4) 아이들이 자기 방식대로 슬퍼하는 것을 명심하라

몇몇 아이들은 울고 매달리고, 다른 아이들은 친구들과 놀기 위해 밖에 나가고, 다른 아이들은 슬픔과 명백한 무관심 사이를 왔다 갔다 한다. 어떤 아이들은 성장발달의 초기 단계로 돌아가서 적대적이거나 까탈스럽거나 소심해진다.

아이들이 자신의 감정을 표현할 수 있든 없든 간에, 죽음은 아이들에게 심오할 정도로 혼란스럽다. 그들이 말하거나 행동하는 것이 무엇이든 간에 아이들은 자신의 감정과 기분이 정상적인 것이며 어른들도 동일하게 느끼고 있음을 알아야 한다.

(5) 아이들에게 작별 인사하는 방법을 제공하라

장례식은 사망자를 돌보는 모든 사람들을 위한 것이다. 장례식에 갈 수 없는 아이는 슬픔이 무시되고 있다고 느낄 수 있다. 그들은 또한 유대인의 장례식에서 관이 거의 항상 닫혀져 있기 때문에 실제보다 훨씬 더 끔찍한 장면을 상상할 수도 있다.

부모는 장례식이나 추도기간 방문에서 일어날 일을 설명해야 한다. 누가 거기에 있을 것인지를, 일부 사람들은 울고 있을 수도 있다는 사실을, 예배 혹은 방문 기간이 얼마나 오래 지속될 것인지 등을 설명해야 한다.

(6) 당신의 감정을 공유하라

아이들은 어른들이 자신의 감정을 관리하는 방법에 대해 단서를 보게 된다. 어른들이 울고 서로 위로하면, 아이들은 감정을 표현하는 것이 정상적이고 안전하다는 것을 알게 된다. 그러나 아이들은 눈물 흘리는 어른들의 광경에 놀랄 수 있기 때문에, 그들은 또한 특별한 확신을 필요로 한다. "아빠는 매우 슬퍼하지만 우는 것은 네가 사랑하는 사람이 죽으면 일어나는 일의 일부야." 아이가 당신을 위로하기를 원한다면 허락하라. 다른 사람들을 도울 때 위로가 있다.

(7) 다른 사람들의 도움을 받아들여라

유족 어른들이 위로하는 지역사람들로부터 이로움을 받듯이 유족 아동도 그런 혜택을 받는다. 부모와 가까운 친척들은 보통 같은 상실을 경험하고 있기 때문에 각 아이의 필요에 집중할 수 없을 수도 있다. 친구와 이웃, 유아와 교사, 사촌과 시댁은 자녀와 함께 앉아 질문을 권장하거나 가족의 슬픔에서 벗어나 휴식을 취할 수 있다.

유족아이의 교사들은 아이들의 생활에서 어떤 상실이 있었는지 충분히 알고 있어야 한다. 그래서 그 교사들은 동정심을 나타내고, 급우에게 알리고, 유족아이의 행동 변화에 경각심을 가질 수 있다.

(8) 책을 활용하라

읽기 능력을 갖추기 이전 아이들에게 소리 내어 읽는 것은 대화를 시작하고 일어난 일에 대한 아이의 이해를 추적하는 좋은 방법이다. 자신만의 독서를 할 수 있을 만큼 나이가 된 아이들은 관심사와 불안을 말하는 책을 읽을 수 있다. 조부모, 부모 또는 형제자매 사망과 같은 특정 유형의 손실에 중점을 둔 모든 연령대의 아동을 위한 책이 있다.

당신의 유대교 랍비 또는 자녀의 교사가 아동에게 추천할만한 책자가 있을 수 있다. 아동 사서는 당신을 고전뿐만 아니라 새로운 자료로 안내할 수 있으며, 자녀의 독서 수준에 맞게 제안을 조정할 수 있다. 많은 장례식장에서 부모와 자녀를 위한 팜플렛이나 책을 제공한다. 학부모 또는 보호자는 자녀에게 제공하기 전에 그 책을 읽어야 하며, 그 책은 연령에 적합하고 가족의 가치와 신념을 반영해야 한다.

가족을 잃은 아이에게 줄 책의 또 다른 종류는 기억용 책이다. 게시된 메모리 통합 문서에는 사진 및 그림을 위한 질문 및 장소가 포함되지만, 모든 노트 또는 일기도 동일한 목적을 수행할 수 있다. 몇몇 아이들은 이 책으로 그들이 쓰는 것을 나누고 싶어 한다. 다른 아이들은 그렇지 않다. 그 결정은 자녀에게 맡겨야한다.

(9) 전문가의 도움을 구하라

어떤 아이들은 슬픔에 압도당한다. 어른들은 자신의 핵가족에서 손실을 입은 모든 아이를 위해 치료사와 적어도 한 번 약속하는 것을 고려해야한다.

수면 장애, 무표정함, 통제할 수없는 눈물과 같은 우울증의 징후에 주의하라. 아이 또는 청소년은 공황 발작을 겪거나, 학업에 대한 관심이 감소하거나, 죽음이 발생한 사실을 계속 부정할 수 있다. 때때로 증상이 지연되어 학부모 및 다른 성인이 행동 변화를 상실에 연결시키는 것이 더욱 어려워진다.

학교 상담자는 일반적으로 전문적인 지원의 첫 번째 라인이다. 걱정스러운 다른 사람이 있다는 것을 아는 것만으로도 이야기를 나누는 침착한 어른은 유족의 자녀에게 엄청난 위안이 될 수 있다. 문제가 지속되면 학교 상담자가 전문가에게 추천을 할 수 있다.

추천받은 사람은 당신의 유대교의 랍비 또는 소아과 의사, 지역 유대인 사목 기관, 치유 센터 또는 호스피스 유대교의 랍비일 것이다.

애도하는 어린아이들은 특별한 관리와 치료가 필요하다. 상담자와 면담할 때 유족아동들과 함께 상담한 경험에 대해 물어보라. 그 아이들이 현장에서 수업을 들었는가? 그들은 사망 교육 및 카운슬링 협회 회원인가? 당신의 자녀가 해야 할 말에 대해 또한 잘 경청하라. 2~3회의 기간을 마친 후에도 아이가 계속해서 증상과 싸우면 다른 상담자를 고려해 볼 가치가 있다.

(10) 추도 기간에서의 아이들

대부분의 유대교 랍비들은 부모가 자녀들이 장례식 및 추도기간의 일부에 참여하도록 격려한다. 집에서 방문하고 위안을 하는 날은 매우 안심할 수 있다. 기억의 표면으로 유가족의 부모, 조부모 또는 친구들이 미소 짓거나 혹은 웃는 것을 보는 것은 이 아이들에게 그 끔찍한 슬픔이 결국 사라질 것이라는 사실을 보여 주는 것이다.

추도기간은 또한 가족이 지역 사회에 어떻게 적응하고 지역 사회가 어떻게 가정을 돌볼 수 있는지에 대한 훌륭한 교훈을 제공한다.

더 나이 든 아이들은 자신의 슬픔을 표현하고 가족과의 관계를 유지하는 방법으로 추도예배에 참여하기를 원할 수 있다. 취학 연령 아동이 될 수 있다. 공개적 회상을 위해 마련된 시간 동안 성인과 함께 고인의 추억을 공유할 수 있도록 어떤 압력 없이 초대받을 수 있다. 이러한 선택은 아이에게 강요되어서는 안 된다.

두려워하거나 압도당하는 아동은 뒤로 물러나도록 허용되어야 한다. 장례식이나 묘지 방문, 추도기간 방문을 원하지 않는다고 분명히 말한 아이를 끌어당겨서도 안 되고 그 아이가 자신의 선택을 부끄럽게 생각하게 해서도 안 된다.

나이와 단계

(1) 3세 이하

유아와 걸음마 단계 아이들은 죽음을 이해하지 못하지만 일상적인 것에 있어 분열과 감정적인 풍토의 변화에 민감하다. 사랑하는 보살펴 주는 사람이 없으니 분명히 그들을 그리워하게 될 것이고, 낯선 사람들로 가득 찬 집은 화가 날 것이다. 집안에 죽음이 있을 때, 어린아이들은 평상시보다 많은 관심과 더 많은 신체적 애정을 필요로 한다.

유아와 걸음마 단계 아이들은 사람들이 애도할 때도 방을 밝게 할 수 있다. 그 아이들이 같이 있음으로 해서 어른들은 왜 삶이 계속되어야 하는지를 생각하게 된다. 그러나 장례식이나 추모기간의 호출동안에 야단법석하거나 소란스러운 아이들은 방 밖으로 데려가야 한다.

(2) 3세~6세

아이들은 이 연령대에서 그들이 이해하는 것과 그들이 어떻게 반응하는가, 둘 다에서 엄청나게 다르다. 어떤 어린아이들은 울거나 달라붙는 것으로 죽음의 소식에 반응한다. 이것은 정상적으로 일어난다. 다른 아이들은 아무런 영향을 받지 않고 나타나서 자신들이 밖에 나가서 놀 수 있는지 묻는다. 이것도 마찬가지로 정상적이다.

일부 아이들은 죽음에 대한 생각에 집중할 수 없을 것이다. 그것은 너무 무서운 것이다. 다른 아이들은 매혹당해서 제한 없는 질문을 할 것이다. 영원에 대한 개념은 이 나이에 사실상 이해가 불가능하다. 아이들은 때로는 죽은 사람이 실제로 죽었다는 사실을 부인하거나 잊어버리는 것처럼 보인다. 몇 가지 부드러운 알림이 필요할 수 있다.

다른 성인, 특히 부모를 잃어버린 어린아이들에게는 죽음이 끔찍한 공포감을 일으킬 수 있다. "당신도 죽을 건가요?"는 일반적인 질문이다. 정직과 안심으로 대답하는 한 가지 방법은 "대부분의 사람들은 죽기 전에 오래 살게 돼, 나는 오래오래 살아 있을 거야."

아이들이 분명하게 두려움에 목소리를 내건 아니건 간에, 어린아이들은 자신이 안전하고 상황이 괜찮을 것이라는 말로 하는 확신을 필요로 한다. 비록 자세하게 설명할 필요는 없지만 질병과 죽음에 대해 간단하면서도 정직한 설명이 필요하다.

(3) 7세~11세

이 단계의 아이들은 죽음이 최종적인 것임을 이해하기 시작하며, 그

결과로 그들의 두려움이 더 집중될 수 있다. 질병의 역학에 관한 질문은 더욱 지적될 수 있다. 어떤 아이들은 죽음 이후에 몸에 어떤 일이 일어나는지에 대한 모든 처참한 내용을 듣고 싶어 한다. 이것은 죽음에 대한 두려움을 통제할 수 있는 방법일 수 있다.

상상력은 이 시기의 아이들에게는 여전히 강력한 힘이다. 죽음을 일종의 무서운 부기맨으로 생각할 수도 있고 죽음이 어떻게든 전염성이 있다는 것을 염려할 수도 있다. 자녀들이 자신의 말이나 소원이 실제로 죽음을 초래하지 않았다는 것을 의식적으로 "알고 있는" 반면, 취학 연령의 아이들은 완전히 이것을 믿지 않을 수도 있고 그들이 말하거나 생각한 것에 대해 비참하게 죄책감을 느낄 수도 있다. 일부는 고인에게 보인 불친절했던 것으로 고통을 겪는다. 부모와 보호자는 안도감을 제공하고 죄책감을 면제해야 한다.

(4) 청소년

죽음은 심하게 십대를 강타한다. 인지적으로, 청소년들은 죽음의 최종성을 이해하지만 십대 청소년들은 자신의 감정의 강도를 참아내는 경우는 거의 없다. 또한 어린아이들과 달리 청소년들은 부모의 정서적인 우산 아래에서 벗어나기 시작했으며 슬픔에 잠겨 혼자서 크게 느낄 수 있다.

상실로 인해 십대들은 새롭고 여전히 깨지기 쉬운 독립의식이 깨지게 되고, 발달상의 당혹감을 갖게 된다. 때로는 부모가 아닌 다른 성인이 죽음의 여파로 인한 반응 테스트 역할을 하기가 더 쉽다.

10대들에게 중요한 동료 관계 또한 안락의 원천으로 이해되어야한다. 그러나 청소년들은 자신이 가장 필요할 때 정확하게 친구로부터 끊어지는 경우가 종종 있다. 슬픔에 잠긴 청소년이 장례식이나 추도기간을 포함하여 주위 친구들을 원한다고 말할 때마다 친한 친구를 환영해야 한다.

(5) 발달상의 슬픔

아이들이 성숙함에 따라 그들은 죽음과 죽은 사랑하는 사람들과의 관계에 대한 새로운 수준의 이해로 성장한다. 단계마다 새로운 질문과 느낌이 나타날 수 있다. 유족 아동, 특히 부모나 형제자매를 잃은 아이는 생일과 공휴일에 그들의 생활에서 그 구멍을 마주한다. 사망자에 대한 기억이 없는 경우에도 마찬가지일 수 있다. 가족과 다른 성인들은 고인에 대해 이야기할 의사가 있음을 보여 주어야한다. "돌아가신 아빠가 그 옷을 입은 너를 보면 많이 좋아하셨을 텐데", "내 형이자 너의 삼촌인 조 삼촌이 이 호수에서 가장 큰 물고기를 잡았을 때의 이야기를 내가 너에게 말했나?"

유대인 기념행사에 참여하는 것은 아이가 사랑하는 사람과 개인적인 관계를 느낄 수 있도록 도와준다. 할머니의 1주기 촛불 주변에 있는 사진을 수집하고 정리하거나 맥 삼촌이 죽기 전에 쓴 편지를 읽도록 아이들을 격려할 수 있다. 아이는 추모자의 포도주 축복을 대신할 수 있는 선택권을 제공 받거나 사망한 사람을 기념하여 자선 기부를 보낼 곳을 선택하는 영예를 얻게 된다.

아이들이 성장함에 따라 이러한 행위는 더 깊은 의미를 갖다. 그리고 시간이 지남에 따라 양초와 이야기 자체가 추모기도의 희망을 실현한다. "그대의 기억이 삶의 인연 속에 묶여져 있기를."

권장할만한 책

아동용 도서

"Kaddish for Grandpa in Jesus' Name Amen, by James Howe (Atheneum, 2004).
　A Jewish family remember:s a Christian grandparent.
The Keeping Quilt, by Patricia Polacco (Aladdin, 2006).
When a Grandparent Dies: A Kids Own Remembering Workbookfor Dealing with
　Shiva and the Years Beyond, by Nechama Liss-Levinson, Ph.D. (Jewish Lights,
　1995).

학부모용 도서

Saying Kaddish: How to Carefar the Dying, Bury the Dead, and Mourn as a Jew,
　by Anita Diamant (Schocken, 1998).
Talking About Death: A Dialogue Between Parent and Child, by Earl A. Grollman
　(Beacon, 1990).

유언장 쓰기

유언장 쓰기

미국인의 70% 이상이 유언장을 가지고 있지 않다. 미성년 자녀를 둔 부모는 아마도 이 통계수치에서 합리적인 이유로 인해 과도하게 표현된 것이라고 할 수 있다. 대개 젊고 건강하기 때문에 유언장을 쓰는 것이 그들에게 우울하게 보인다.

그러나 유언장을 쓰는 가장 중요한 이유는 미성년자에게 보호자를 지명하는 것이다. 유언장이 없을 경우, 당신의 자녀가 어디에 거주할 것인지, 누가 그들을 기를 것인지에 대한 결정이 판사와 사회봉사기관에 남겨지게 된다. 누군가가 유언장 없이 사망하면, 그들의 돈과 재산이 각 주의 유산계승법에 따라 분배되며 이는 자녀에게 최선의 이익이 되지 않을 수 있다. 부모가 미혼 파트너인 경우, 주에서는 생존한 배우자의 부모로서 권리를 인정하지 않을 수도 있다. 유언장에 명시되어 있지 않는 한, 미혼 파트너가 부동산을 상속받을 수 있는 것은 아니다.

유언장의 기본 기능은 모두 미성년자에게 영향을 미친다.

• 미성년 자녀를 돌보고 미성년자의 재산을 관리할 보호자를 지명하는 것.

- 돈 및 재산을 물려받을 사람 및 조직을 지명하는 것.
- 다른 사람이 빚지고 있는 채무를 취소하라.
- 채무와 세금을 지불하는 방법을 지정한다.
- 유언 집행자, 유언장의 모든 조항을 감독할 사람을 지정하라.

법적인 도움 없이 유언장을 작성하려면 옐로우 페이지에서 현지 법률 문서 준비 서비스를 확인하거나 가이드북이나 컴퓨터 소프트웨어 프로그램을 참고하라. 유언장 작성을 위한 컴퓨터 프로그램에는 아래에 설명된 건강관리 지침도 포함된다.

만약 당신의 자산 규모가 60만 달러 이상인 경우, 부동산 및 상속세의 영향을 최소화하는 데 도움을 줄 수 있는 변호사, 회계사 또는 재무설계사의 전문 서비스를 받을 수 있도록 준비하라. 많은 사람들이 자신들이 유언장을 쓰도록 강요할 수 있는 유일한 방법은 변호사와 약속을 하는 것이다.

1. 건강관리 지침

유언장을 준비하는 동안 건강관리 지침이나 생전 유서를 만들고 건강관리 대리인을 지명하는 것이 좋다. 건강관리 지침은 아프거나 자신을 표현할 수 없을 때 평생 치료에 대한 당신의 소망을 전달한다. 당신의 의사와 계약의 일종인 이 문서는 당신의 지시를 존중하기 위해 의사를 결속시킨다. 또는 의사를 다른 사람에게 양도하도록 도울 수 있다. 18세 이상의 모든 사람은 유언장처럼 언제든지 변경하거나 철회할 수 있는 건강관리 지침을 만들 수 있다.

유대교의 모든 분파는 유대인의 가치관에 민감한 의료 지시 또는 살아있는 유언장의 사용을 지지하고 장려한다.

장기 기증자 카드는 모든 의학 지침 중에서 가장 단순하며 랍비 당국에 의해 지원됩니다. "생명의 저축"(kuach nefesh)에 대한 종교적 교훈은 생명의 선물(Kuach nefesh)로 성취된다. 랍비 이삭 클라인의 말에 따르면 "살아있는 자의 병을 고치는 것이 죽은 자를 존경하는 것보다 더 훌륭하다."1

의사와 랍비가 장기 기증자로서의 지위를 알고 있는지 확인하고 다른 모든 의료 지시서에 기록하라.

2. 윤리적인 유언장

가족과 친구들에게 서면으로 영적 유산을 남기는 것은 영원한 유대인의 풍습이다.2 수세기 동안 랍비들은 가족과 공동체에 유대인의 삶을 살기위한 올바른 방법에 대한 지침을 작성했다. 19세기 이래로 평범한 사람들은 자신의 자녀와 손주들에게 유산으로서의 삶과 꿈에 관해 썼다.3

---

1 Isaac Klein, A Guide to Jewish Religious Practice (Jewish Theological Seminary of America, 1979), p.275.

2 Jack Reimer and Nathaniel Stampfer, So That Your Values Live On: Ethical Wills andHow to Prepare Them (Jewish Lights Publishing, 1991). See the ethical will of Moshe Yehoshua Zelig Hakoen, head of a Latvian rabbinic court, c.1790-1855(pp.10-18).

3 Ibid. See the ethical will of Rose Weiss Baygel, an immigrant from Riga, who

윤리적인 유언장을 쓰는 것은 당신의 삶에서 가장 중요한 것을 열거하게 하고 어떻게 기억하고 싶은지를 생각하도록 한다. 윤리적인 유언장에는 표준 양식이 없고, 대부분 개인 편지와 같은 것이다. 다음 개요는 제안으로만 제공된다.

(1) 시작하기

대부분의 사람들은 윤리적인 유언장을 편지로 생각하고 인사로 시작한다.

(2) 당신의 인생 여행

부모님, 형제자매 및 유년기에 관한 이야기, 자란 지역 사회에 대한 설명 그리고 유대교가 당신의 여행을 어떻게 형성했는지를 포함하여 당신의 삶을 형성했던 사람과 사건에 관한 것에 관한 이야기를 들려주라. 세부 사항이 많을수록 좋다.

(3) 중요한 것

당신은 무엇을 믿는가? 당신에게 가장 중요한 것은 무엇인가? 유대인이 된다는 것이 왜 당신에게 중요한가?

(4) 끝맺음 소원

자녀에게 남기고 싶은 것이 무엇인가? 당신의 희망과 꿈을 묘사할 때 그리고 당신이 어떻게 기억되길 원하는지 구체적으로 설명하라. 어

---

worked in a sweatshop, picketed with the Garment Workers Union, and raised three children (pp. xxiv-xxv).

떤 사람들은 자녀들을 위한 희망이나 기도로 끝낸다.

유언장, 건강관리 지침 및 윤리적 유언을 가족에게 알려진 안전한 장소에 두어야 한다. 당신의 건강관리 대리인, 가까운 가족, 주치의, 변호사 및 랍비에게 보건 진료 지시서 사본을 제공하도록 준비하라.

서 적 및 기 타 출 처

So That Your Values Will Live On: Ethical Wills andHow to Prepare Them, by Jack
    Riemer and Nathaniel Stampfer (Jewish Lights, 1994).
A Time to Prepare, by Rabbi Richard Address (URJ Press, 2002).
United Synagogue Living Will (United Synagogue Book Service).
    www.uscj.org/bookservice.
WillMaker. www.nolo.com. Software and books.

용 어 해 설

Akedah(아케다)

창세기 22 장에서 이삭의 구속에 관한 이야기. "구속"에 대한 히브리어.

Aleph-bet(아레후벳토)

첫 두 글자의 이름에서 따른 히브리어 알파벳의 이름.

aliyah(알리아)

말 그대로, "올라가라." 유대교 회당에서 율법에게 부름을 받는다는 뜻과 이스라엘 땅으로 이주하는 것을 가리킨다.

Apochrypha(아포크리파)

성경의 최종본에는 포함되지 않았지만 그럼에도 불구하고 중요한 유대교 본문인 14권의 저서.

Aramaic(아라맥)

히브리어와 밀접한 관계가 있는 고대 셈족 언어. 탈무드는 아람어로 기록되었다.

Ashkenazic(아시캐나지크)

동유럽과 중부 유럽의 유대인과 유대인 문화에 대해 설명하고 있다.

Baal Shem Tov(바알 셈 토브)

이스라엘 ben Eliezer(벤 엘리에셀)의 명예로운 이름으로, 18세기의 신비한 부흥운동인 Hasidism(하시디즘: 대단히 엄격한 유대교의 한 형태)의 창시자.

Baruch Ata Adonai Eloheynu Melech Ha-Olam(바루크 아타 아도나이 엘로히누 멜레크 아올람)

히브리어로 축복이라는 단어로 시작하는 말. 일반적으로 영어로는 "복되신 주님, 우리 하나님이시여…"라고 번역되어 있다. 이 책에는 여러 가지 대체 번역을 포함하고 있다.

bat(바트)

"딸": "mitzvah(미쯔버: 계율)에서 나오는"계명의 딸. "바트"로 발음됨.

B.C.E.

Before the Common Era.의 약어. 유대인들은 일반적으로 "그리스도 앞에서"라는 뜻의 그리스도교 지정 B.C. 대신에 이것을 사용한다.

bet din(베트 딘)

3인의 유대교의 랍비로 이루어진 법정 (글자그대로 "법의 집"). 유대교로의 전환과 같은 사건들에 대해 공동의 제제와 그 현장을 목격하기 위해 소집된다.

bimah(비마)

기도의 인도자가 서 있는 회당에서의 연단

bris(브리스)

언약에 대한 이디시어, 할례의 언약을 언급하는 가장 일반적인 방법.

brit(브리트)

언약.

Brit milah(브릿 밀라)

할례의 언약

Bubbe(보버)

이디시(Yiddish)어로 "할머니"라는 단어.

C.E.

Common Era.(공통 시대)의 약자. 유대인들은 일반적으로 Anno Domini ("우리 주인의 해"라는 라틴어)라 불리는 기독교 지정인 A.D. 대신에 그것을 사용한다.

cantor(성가대 지휘자)

유대교 전례 음악으로 훈련된 교회 예배의 지도자 .

challab(찰바브)

안식일과 공휴일 및 축제 행사를 위해 전통적으로 꼬아서 닿은 달걀 빵 덩어리.

chazzan(좌즌)

성가대 지휘자에 대한 히브리어. Chazzanit(좌잔닛)은 여성 성가대 지휘자.

chede(췌더)

유럽에 있는 초등학교로, 유대인 소년들이 율법(Torah)과 탈무드(Talmud)를 공부하는 곳, 나중에 미국으로 이동.

chutzpah(휴츠파)

용기에 대한 이디시 언어: 신경 이상; 놋쇠.

Conservative(콘저버티브)

20세기 동안 미국에서 발전된 유대인 종교 운동으로, 현대성에 대해 개혁운동보다 전통적인 입장을 취하는 운동.

daven(데이븐)

기도하기.

Diaspora(디아스포라)

추방: 성지 밖의 유대인들의 거주지.

d'rash(드라쉬)

종교적 통찰력, 종종 율법(Torah: 히브리 성경 5번째 책)의 본문과 관련이 있다.

d'var Torah(디비에이아 율법)

말 그대로, 율법의 일부를 설명하는 "율법의 말."

draydl(드레이들)

하누카(Hanukkah: 헌신) 축제 기간 동안 진행되는 아이의 게임으로 4면에 숫자를 써놓고 진행하는데 사용되는 회전 탑.

etrog(에트로그)

레몬과 같은 과일인 시트론(Citron), 수콧(Sukkot: 가을 축제) 축제를 기념하기 위해 사용되는 4종의 과일 중 하나.

erev(에레브)

저녁. "그 전날 저녁." 공휴일이 시

작되는 일몰 이후의 시간을 나타내는 데 사용된다. 예를 들어, "Erev Rosh Hashanah"(윤달 첫째 날 저녁)

flayshig(플레이쉬그)
육류를 포함한 음식, 카뉘루트(kashrut: 유대인들이 먹는 것을 지배하는 전통 법칙)에 따라 유제품과 섞이지 않도록 한다.

haggadah(하가다)
유월절 담화 축제인 시더(seder)의 전례가 담긴 책. 비슷하게 Tu B'Shvat seder(투 비지바트: 5월 축제)의 전례. 히브리어로는 "말하기."

haimish(해미쉬)
"가정과 같은"이라는 이디시 언어로 "소속감을 주는"의 뜻

hakafat(해커패트)
"행렬"을 의미하는 hakefah의 히브리어 복수형.
심치 율법 (Simchat Torah) 축하 행사 중에는 율법(Torah)의 7개의 행렬(퍼레이드)이 있다.

halachah(할라촤)
탈무드(Talmud)와 그 주석에 포함된 전통적인 유대인의 법.

hamentaschen(하만타쉔)
삼각형의 과일로 채워진 생과자로 Purim(늦겨울 축제)에서 접대됨. 하만(페르시아 왕 Ahasuerus의 재상으로 유대인의 적: 에스더 3:6)

의 모자와 닮았다고 함.

Hamotzi(하모쉬)
빵을 축복하는 것으로 식사 전에 낭송했다.

hametz(하머츠)
유월절 도중 금지된 발효식품.

Hanukkah(하누카)
"헌신"을 위한 하누카 히브리어, 기원전 165년에 시리아에 대한 마카비의 승리를 기념하는 8일간의 겨울 축제, 하누키아의 조명, 8분지의 촛대로 축하받았다.

haroset(하로셋)
하브 셋 히브리 노예가 준비한 사과즙을 상징하기 위해 유월절 seder 동안 사용된 포도주, 견과류, 사과 또는 야자수 나무의 혼합물.

Hasidism(하디즘)
18세기 유대인의 신비로운 부흥 운동. 세상에서 하나님의 임재하심을 강조하는 운동. 기쁨은 하나님과 대화하기라는 개념을 강조.

hatafat dam brit(해밀 댐 브릿)
이미 할례를 받은 사람이 유대교로 개종한 경우에 행해지는 상징적인 할례(말 그대로, "한 방울의 피를 먹는 것").

Havdalah(하브들라)
일주일의 나머지 부분에서 안식일을 구분하는 토요일 저녁 예식. 말 그대로, "분리."

havurah(하브라)

친교: 기도, 공부 및 축하를 위해 만나는 작은 참여 그룹. 복수형은 havurot이다.

hechsher(햇셔)

그 내용이 정성을 나타내며 유대교의 랍비들의 감독하에 준비된 음식 포장에 관한 상징.

hiddur mitzvah(히두 미츠 바)

종교적 목적으로 사용되던 꾸미거나 장식한 유대교의 랍비들의 교장. 예를 들어, 포도주에 대한 축복을 만들기 위해 종이 잔 대신 아름다운 잔을 사용한다. "mitzvah의 미화"에 대한 히브리어.

Hillel(힐렐)

기원전 1세기 말경에 살았던 훌륭한 탈무드 학자.

또한 유대인 대학캠퍼스 조직의 이름이다.

huppah(후파)

결혼식용 덮개

Kaddish(카디쉬)

애도하는 것과 짧막한 찬가와 하느님의 속성을 열거하는 것과 가장 관련이 있는 기도.

kashrut(카쉬루트)

유대인들이 먹는 것과 그 방법을 규율하는 전통적인 법 제도.

ketubah(케투바)

결혼 계약.

kiddush(키다쉬)

포도주에 대한 축복. 말 그대로 "성화"

kippah(키파)

히브리어 "cap": 하나님을 경외하는 표징으로 쓰는 해골 모자. 이디시어 용어로는 yarmulke.

kittel(키틀)

결혼식에서 신랑과 seder의 지도자가 착용하는 흰 옷. 매장용 수의로도 사용됨.

klezmer(클레즈머)

군대 행진, 유럽 민속 음악, 댄스곡, 20세기 미국 재즈와 조화된 즐겁고 유쾌한 유대인 음악.

kosher(코셔)

kashrut의 법률에 따라 소비에 적합한 것으로 여겨지는 식품.

Lag B'Omer(래그 비오마)

결혼식과 피크닉과 관련된 유월절과 오순절 사이의 작은 휴가.

L'Shanah Tovah Tikatevu (엘 샤냐 토바 티카티브)

좋은 새해를 위해 쓰여 짐(수시로 "Shanah tovah(샤나 토바)", "좋은 새해가 되라.")

lulav(루 라브)

Sukkot(서킷: 임시로 만든 풀막의 축제)동안 사용된 종려나무 가지, 머틀 및 버드나무 가지의 꽃다발.

Machzor(맥소)

특별한 높은 성령의 날 기도서: "순환주기"에 대한 히브리어.

matzah(마자)

유월절 공휴일 동안 먹지 않은 무교절의 빵: "괴로움의 빵"과 "서둘러 빵"으로 알려져 있음.

maven(메이븐)

"전문가" 이디시어.

Mazeltov(마즐토브)

문자 대로는 "행운을 빌어요": 일반적으로 "축하한다"를 의미함.

Megillah(메길라)

에스더서와 퓨림 본문에 대한 개괄서인 메길라 에스더(Megillat Esther). 또한 "이야기"를 의미하는 이디시어 용어.

mensch(맨취)

말 그대로, "사람"이지만 종종 명예롭고 품위 있는 사람을 나타내기 위해 사용됨.

mezuzah(미자자)

유대인 기도 쉐마(Shema)의 처음 두 단락임. 이는 양피지 두루마리에 쓰여 있고 작은 함에 담겨있으며, 전통적으로 유대인들의 집 출입구에 부착되어 있다.

midrash(미드라쉬)

성경을 바탕으로 한 상상력이 풍부한 이야기를 표현.

mikvah(미크바)

의식에서 하는 목욕.

milah(마일라)

할례. 브리마이라(Brit milah)는 할례의 언약이다.

milchig(밀체그)

캐쉬루트(kashrut: 유대교의 식사 계율)에 따르면 유제품은 육류가 들어간 음식 플레이쉬그(flayshig)와 섞이지 않도록 함.

Minchah(민하)

"오후". 오후 예배는 민차(Minchah)라고 한다.

minyan(미니언)

10명의 성인 유대인들이 정족수를 이루어 하는 기도; 정통 유대인 열 명.

Mishna(미쉬나)

탈무드의 첫 번째 부분으로 농업에서부터 결혼까지 모든 것에 관한 6가지 "명령"으로 이루어져 있다.

mitzvah(미츠바)

"계명" 또는 "선행"에 대한 히브리어. "성스러운 의무" 또는 "유대인의 의무"라는 것이 더 나은 번역이지만 이 개념의 복잡성을 포착하는 영어 용어는 정말로 없다.

mohel(모헬)

공식의식과 할례식에서 훈련받은 사람, 히브리어로 mo-hail로 발음되며 이디시어로는 모일(moil).

Ne'ilah(네일라)

대속죄일인 욤 키퍼(Yom Kippur)의 마지막 폐회식; 히브리어로 "잠그다" 또는 "닫는다."

Oneg Shahbat(오넥 쉬바트)

말 그대로 안식일의 기쁨. 금요일 밤 교회 예배 후에 음식과 친교를 위한 모임.

Orthodox(오쏘독스)

일반적으로 이 용어는 전통적인 유대인의 법을 따르는 유대인을 지칭.

계몽주의와 개혁 유대교에 대한 응답으로 19세기에 개발된 현대 정통 운동.

parasha(파샤)

히브리 성경 율법의 주간지

Pesach(페이자크)

유월절의 공휴일.

Purim(푸림)

에스더의 개괄서에서 말한 바와 같이, 파멸로부터 유대인 구출을 축하하는 늦은 겨울 축제.

Rabbi(라바이)

선생. 유대교의 랍비는 신학교에서 정한 성직자. "유대교의 랍비"는 탈무드를 성문화한 사람들을 가리킨다.

Reconstructionist(리컨스트럭셔니스트: 재건론자)

모르데카 카플란(Mordecai Kaplan)이 20세기에 미국에서 시작한 종교 운동으로, 유대교가 진화하는 종교 문명이라고 간주함.

Reform(리폼: 개혁)

유대인의 전통과 근대성을 조화시키려는 19세기 독일에서 시작된 운동.

Rosh Hashanah(로쉬 하샤나)

유대인의 해가 시작되는 가을의 공휴일. 말 그대로, "올해의 머리."

Rosh Hodesh(로쉬호데쉬)

모든 음력의 달 첫날: 반 공휴일.

sandek(산데크)

유대인 대부: 할례 중에 아기를 안고 있는 사람.

schmooze (슈뮤즈)

"잡담"을 의미하는 이디시어 단어.

s'eudat mitzvah(시저 미쯔바)

명령받은 식사. 이정표를 축하하는 축제

seder(시더)

유월절 이야기 잔치. "Seder"("순서"에 대한 히브리어)는 또한 식사 의식의 순서를 묘사하는 데 사용된다. 예를 들면, 새해 축제 잔치(Tu B'Shvat seder).

Shabbat(쉬바트)

안식일. 이디시어는 샵스(Shabbes).

Shacharit(샤카 릿)

아침 혹은 아침 예배 .

Shalom(샬롬)

"안녕하라", "작별 인사", "평화"를 의미하는 보편적인 히브리어 인사말.

shamash(샤마쉬)

"도우미" 또는 "교구 직원", 또한 하누카 머노라 축제(Hanukkah me-norah)의 도우미 촛불.

Shavuot(새바우)

율법을 유대인에게 주는 것을 기념하는 늦봄 수확 축제.

sh'chitah(쉬치타)

적법한 도살 의식에 관한 법칙. 푸
줏간 주인들은 동물을 죽이고, 절
차가 시작될 때 가장 빠르고 가장
인간적으로 간주되는 방법을 사용
할 때 특별한 기도를 한다고 함.

Shechinah (셰차이나)

하나님의 여성적인 속성.

Shehechiyanu(셰 헤취야누)

축복을 위한 감사의 일반적인기
도. 쉐마(Shema) 하나님의 일치
를 선언하는 유대인의 기도.

shiva(쉬바)

장례식에 이어 7일간의 애도 기간.

shochet(쇼셰이)

정결한 정육점.

shtetl(쉐틀)

홀로코스트(1930~40년대 나치
에 의한 유대인 대학살) 이전에 고
대왕국 아시케나지 유대인들이 살
고 있던 작은 동유럽의 마을을 묘
사할 때 사용되는 일반적인 용어.

Shul(슈울)

유대교 회당

siddur(시더)

기도서

simcha(심샤)

기쁨, 기쁨을 축하.

Simchat Torah(심샤트 율법)

마지막 율법 독서주기의 끝과 갱신
을 의미하는 (Sukkot: 셔컷) 말기
의 휴가. 히브리어로 "율법을 기뻐
함."

Siyyum(샤이얌)

완성: 히브리어는 졸업식을 묘사
할 때 사용됨.

sukkah(수카)

셔키드(Sukkot: 가을축제)의 휴
가를 위해 세워진 임시 오두막이나
부스.

Sukkot(셔컷트)

가을 추수 축제: 또한 수카(sukkah)
라는 단어의 복수형.

taharat hamishpachah(타 하랏
하이 머쉬파차)

아내의 성적 유용성 및 미카(mik-
vah: 목욕실)의 사용을 위한 시간
을 규정하는 가족 순결의 법.

tallis; tallit(탈리스)

기도 목도리. 탈리스(Tallis)는 히
브리어(tallit hebrew)인 이디시
어(Yiddish)이다.

Talmud(탈무드)

주전 200년에서 500년에 걸쳐 수
집된 유대교의 랍비들의 사상과 법
률에 관한 장서.

Tanach(타나크)

율법, 저술물 및 예언서를 포함한
전체 히브리 성경이 들어있는 책.

Tashlich(타쉬리크)

유대교 신년제인 로슈 하샤나
(Rosh Hashanah)의식으로, 빵
부스러기를 자연의 물에 던지면서
죄를 "쫓아내는" 의식.

teshuvah(테슈 바)

회개: 히브리어 "돌아옴"에서 나온 말.

tikkun olam(티킨 올름)

"세계를 복구하기"라는 개념으로, 세계에 대해 책임을 지고 개선시키려는 근본적인 유대인 개념.

Tisha B'av(티샤 비에이비)

고대 예루살렘에서 첫 번째와 두 번째 성전의 파괴를 기념하는 날짜인 히브리 달 Av의 9일.

Torah(율법)

히브리어 성경의 처음 다섯 권의 책. 예배 중에 크게 읽혀지는 부분으로 나뉘어져 있다.

Tu B'Shvat(투 비지바트)

히브리 달 Shvat(쉬바트: 5월) 15일, 나무의 새해를 경축하는 축제.

tzedakah(지다카)

가난한 자를 위한 의로운 선물 또는 행동: 자선.

Ushpizin(어쉬피즌)

히브리어로 "손님": 족장과 족장을 임시 초막 수카(sukkah)에 초대하는 초막절 수케트(Sukkot)의 전통을 가리킨다.

yarhzeit(야하라잇트)

이디시어는 "1년의 시간"을 의미한다. 죽음의 기념일.

Yiddish(이디시어)

유럽의 아시 케나지크 유대인 (Ashkenazic Jews)이 사용하는 언어는 10세기 또는 11세기로 거슬러 올라간다.

Yizkor(예스코)

추모기도.

Yom HaAtzmaut(욤 하츠모트)

이스라엘 독립 기념일의 히브리어.

Yom HaShoahHa(욤 하쇼하)

유대인 대학살(홀로코스트)을 기리는 히브리어.

Yom KippurK(욤 키퍼크)

대 속죄일, 성스러운 날의 가장 거룩한 날.